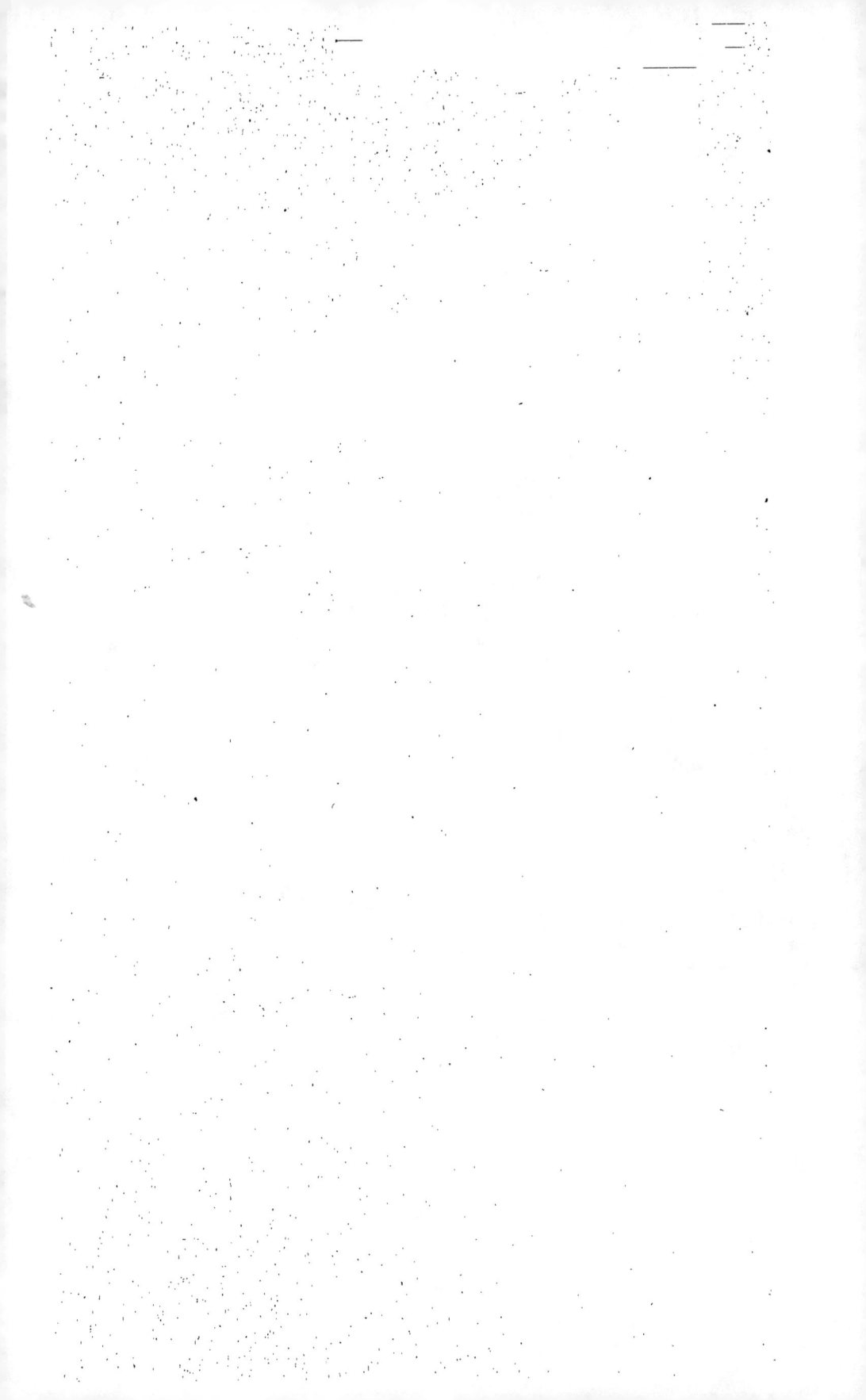

OEUVRES COMPLÈTES

DU CHANCELIER

D'AGUESSEAU.

SE TROUVENT AUSSI

CHEZ L'ÉDITEUR, RUE CHRISTINE, N.º 3, A PARIS;

ET CHEZ LES PRINCIPAUX LIBRAIRES DE FRANCE ET DE L'ÉTRANGER.

DE L'IMPRIMERIE DE I. JACOB, A VERSAILLES.

ŒUVRES COMPLÈTES
DU CHANCELIER
D'AGUESSEAU.

NOUVELLE ÉDITION,

AUGMENTÉE DE PIÈCES ÉCHAPPÉES AUX PREMIERS ÉDITEURS, ET D'UN DISCOURS PRÉLIMINAIRE

PAR M. PARDESSUS,

PROFESSEUR A LA FACULTÉ DE DROIT DE PARIS.

TOME SEIZIÈME,

CONTENANT DES LETTRES SUR DIVERS SUJETS; LA TABLE ANALYTIQUE ET RAISONNÉE DES MATIÈRES; UN TABLEAU CHRONOLOGIQUE DES ORDONNANCES, ÉDITS, DÉCLARATIONS ET COUTUMES DONT IL EST PARLÉ DANS L'OUVRAGE.

PARIS,

FANTIN ET COMPAGNIE, LIBRAIRES,
QUAI MALAQUAI, N.° 3.

H. NICOLLE, A LA LIBRAIRIE STÉRÉOTYPE,
RUE DE SEINE, N.° 12.

DE PELAFOL, RUE DES GRANDS-AUGUSTINS, N.° 21.

M. DCCC. XIX.

TITRES

DES DIFFÉRENS OUVRAGES

CONTENUS DANS LE TOME SEIZIÈME.

Pag.

LETTRES SUR DIVERS SUJETS. I

Épitaphe de Madame d'Aguesseau. 343

Épitaphe du chancelier d'Aguesseau. 344

Inscriptions sur le piédestal de la Croix du Cimetière de la Paroisse d'Auteuil, au pied duquel sont les Tombeaux de M. le chancelier et de Madame la chancelière d'Aguesseau. 345

Avis sur la Table des Matières. 347

Table analytique et raisonnée de toutes les Matières contenues dans les seize Volumes de cette Collection complète des OEuvres de d'Aguesseau. 349

Tableau chronologique des Ordonnances, Édits et Déclarations dont il est parlé dans les OEuvres de d'Aguesseau. 505

Tableau des Coutumes dont il est parlé dans les OEuvres de d'Aguesseau. 515

Avis de l'Éditeur sur les Fac Simile. 516

Fac Simile *de l'Écriture du chancelier d'Aguesseau.* 517

Fac Simile *de l'Écriture du père du chancelier.* 519

Note des Ouvrages qui ne se trouvent pas dans la Collection en 13 *volumes* in-4.°, *et qui forment, dans la nouvelle Édition, la valeur de plus d'un volume.* 521

Errata. 523

FIN DES TITRES DU TOME SEIZIÈME.

ŒUVRES DE D'AGUESSEAU.

LETTRES SUR DIVERS SUJETS.

Vérités plus difficiles encore à découvrir que celle de la création, et cependant connues des anciens philosophes. Induction qu'on en tire pour établir qu'ils ont pu connoître le fait de la création, et qu'ils ont dû même le discuter avec d'autant plus d'activité qu'ils étoient privés des lumières de la révélation.

Rien ne manque à ma satisfaction, Monsieur; vous êtes entièrement guéri, et vous m'assurez que Fresne n'a eu aucune part à votre maladie. J'avois bien de la peine à l'en accuser; mais vous le justifiez d'une manière si flatteuse pour moi, que je me porterois très-volontiers à croire que son séjour est même nécessaire à votre santé. Je n'examine point ce qu'il peut être en votre absence: je sais seulement que la sagesse y habite quand vous y êtes, et qu'elle y a pour compagne une science modeste qui croit s'instruire lorsque c'est elle qui instruit. Si elle vouloit bien résoudre les doutes qu'elle propose, ce seroit alors qu'on verroit des décisions plus lumineuses que celles du Lycée, et plus justes que celles de l'aréopage. Ne croyez donc pas, Monsieur, que je prenne le change, et que je m'expose à décider dans le temps que vous doutez. Vous demeurerez toujours juge entre vous et M. Cudworth. La cause ne sortira point de son tribunal naturel. Vous m'aurez seulement procuré le plaisir de relire plusieurs dialogues de Platon, et quelques ouvrages de Plutarque avec plus de méditation que je ne l'avois jamais fait; mais j'avoue qu'il n'en est sorti que des doutes. Je me contenterai de vous les proposer, et, malgré toute votre modestie, ce sera toujours vous seul qui déciderez.

Il s'agit entre vous et M. Cudworth, de savoir si les anciens philosophes ont connu la vérité de la Création proprement dite, et vous trouvez *qu'il est bien moins glorieux pour la religion* de le soutenir comme fait M. Cudworth, que de montrer, comme vous, que *la raison n'a jamais pu, par tous ses efforts, deviner des vérités, qu'elle peut néanmoins démontrer depuis que la révélation les lui a fait connoître.*

J'ai bien des scrupules sur cette seconde proposition. Elle étend la question au-delà des bornes du point de critique sur lequel vous n'êtes pas d'accord avec M. Cudworth; et il me semble que pour approfondir pleinement cette matière, ou plutôt pour vous proposer tous mes doutes avec ordre, je dois distinguer trois questions dans une seule. En effet il s'agit de savoir:

1.° S'il étoit possible ou impossible à la raison de découvrir, par ses seules forces, la vérité de la création avant que le christianisme la lui eût fait connoître;

2.° Si, dans le fait, les anciens philosophes, et surtout Platon, ont fait cette grande et importante découverte;

3.° Si, supposé qu'ils l'aient faite, il ne seroit pas aussi glorieux, et peut-être plus avantageux à la religion de la soutenir, que de la révoquer en doute.

Voilà les trois points auxquels je réduis la matière de mes doutes: il faut maintenant vous les expliquer. Je commence par ce qui regarde le premier.

Je pourrois vous dire d'abord que la vérité de la création, quelque incompréhensible qu'elle paroisse, n'est pas cependant plus difficile à découvrir que l'existence de Dieu, son être incorporel, sa providence, sa toute-puissance, sa connoissance infinie, son éternité. Si la raison a suffi pour faire connoître toutes ces vérités aux anciens philosophes, pourquoi auroit-elle été plus foible et plus impuissante sur le point de la création, qui paroît même une suite et une conséquence nécessaire de ces premières vérités? La supposition d'une matière éternelle, ou de deux matières, l'une pour les esprits, l'autre pour les corps, toutes deux éternelles et indépendantes de la divinité quant à leur être, et toutes deux cependant d'une nature bornée et imparfaite, est-elle donc plus à portée de l'esprit humain et plus facile à concevoir par les seules forces de la raison, que la supposition d'un Dieu créateur de tout être? Si la révélation nous apprenoit que la matière des corps est éternelle et incréée, qu'il y a aussi une substance qui sert comme de fonds commun à toutes les ames, et qui a toujours existé indépendamment de la volonté de Dieu, la raison humaine, quoique instruite par la révélation, n'auroit-elle pas plus de peine à démontrer cette doctrine, qu'elle n'en a aujourd'hui à prouver celle de la création? Et si la dernière est plus aisée à démontrer que la première, si elle renferme infiniment moins d'inconvéniens, de contradictions, d'absurdités, pourquoi voudra-t-on que ceux qui ont pu concevoir l'une par les seules forces de la raison, n'aient pu comprendre l'autre par les seules forces de la même raison?

Vous direz peut-être, pour lever ce premier doute, que la plus grande difficulté qu'une raison éclairée trouve dans l'hypothèse de l'éternité de la substance générale, spirituelle ou matérielle, est de concevoir un être imparfait qui existe néanmoins par lui-même, et indépendamment de la volonté de l'Être infini, ment parfait ; mais que cette difficulté étoit levée par ceux des anciens philosophes qui ont cru qu'à la vérité la matière ou la substance générale étoit éternelle, mais qu'elle n'étoit pas indépendante de la divinité, et qu'elle avoit toujours existé par sa volonté, comme la lumière est aussi ancienne que le soleil, mais toujours produite par le soleil. Ainsi, direz-vous peut-être, avec cette explication, l'hypothèse de l'éternité de la substance générale n'a plus rien qui révolte la raison, et qui n'ait été plus à sa portée que celle de sa création ; mais mon doute se fortifieroit par cette réponse au lieu de s'affoiblir. Une génération, quoique éternelle, quand elle produit un être différent (en essence) du générateur, est toujours une génération, c'est-à-dire, une véritable création. Suivant ce sentiment, la matière n'est pas increée, mais elle est toujours créée par un acte qui dure et qui se réitère aussi long-temps que son existence, parce qu'il est impossible de distinguer dans cette hypothèse le premier instant du second, ou le second du premier. Or, comment concevra-t-on que ceux qui ont pu comprendre une création durable et réitérée à chaque instant, n'aient pu se former aucune idée de la création ? C'est sur quoi j'attends de vous, Monsieur, un rayon de lumière qui dissipe l'obscurité de mes doutes.

Mais voici quelque chose de plus fort et qui me frappe encore davantage ; c'est un doute que je pourrois bien prendre pour la vérité, puisque c'est vous même qui me le faites naître. Vous me fournissez une démonstration excellente pour prouver par raisonnement la vérité de la création. Je la lis et la relis ; je n'y vois partout qu'une raison attentive et méthodique qui se suffit à elle-même, sans emprunter en aucun endroit le secours de la révélation. Toutes les propositions en sont écrites avec les rayons du soleil.

Un Être increé auroit la force d'exister par lui-même. Ce n'est que la définition ou l'idée simple de l'Être increé.

Tout être existe d'une certaine façon, autrement il n'existeroit pas. La raison aperçoit encore cette vérité du premier coup d'œil.

Donc, tout être qui existeroit par lui-même, auroit aussi par lui-même la force d'exister d'une certaine façon. Conséquence aussi claire que les prémices.

Tous les êtres conjurés ensemble ne pourroient surmonter la force qu'un être increé auroit de subsister par lui-même. Donc, tous les êtres conjurés ensemble ne pourroient aussi surmonter la force qu'il auroit d'exister par lui-même d'une certaine façon. Si tous les êtres sont également increés et indépendans l'un de l'autre, comme les athées le supposent, ce raisonnement est de la même évidence que le précédent.

Cependant tous les êtres changent à chaque instant de modification par l'action des êtres voisins. Il ne faut avoir que des yeux et du sentiment pour être pleinement convaincu de la vérité de cette proposition.

Donc, tous les êtres ne sont pas increés. Donc, ils n'existent point par eux-mêmes. Donc, il y a une puissance supérieure qui les a créés, et qui leur donne leurs diverses modifications, comme elle leur a donné leurs différens êtres.

Je répète avec plaisir votre démonstration, Monsieur; et je ne fais que la partager en plusieurs propositions, pour mieux goûter la satisfaction d'y remarquer toujours, dans chaque degré, la même plénitude de lumière, et le même caractère de vérité. Permettez-moi donc de vous demander, après cela, quel usage vous y avez fait de la révélation? Y en a-t-il une seule de ces propositions qui n'ait pu être clairement aperçue par les anciens philosophes, et par les seules forces de la raison? Y en a-t-il aucune qui ne puisse se présenter à tout esprit attentif et accoutumé à la méditation d'une vérité? Vous-même, Monsieur, avez vous fait autre chose pour former une démonstration si lumineuse, que de consulter vos idées naturelles, d'en examiner la liaison, et d'en tirer des conséquences nécessaires et évidentes? Je ne crains point ici la délicatesse de votre conscience, quoiqu'elle vous ait peut-être indisposé contre M. Cudworth; j'ai besoin au contraire de l'interroger. Je l'appelle donc à mon secours; et comme elle est incapable de déguiser la vérité, lors même qu'elle lui est favorable, j'espère qu'elle me répondra que vous n'avez si clairement démontré l'hypothèse de la création, que parce que vous avez su faire un bon usage de votre raison. Mais cette raison qui vous éclaire et qui vous parle ici sans le secours de la révélation, a été le bien de Platon comme elle est le vôtre; il a pu en jouir aussi pleinement que vous, et dans tout ce qui ne dépend point des vérités révélées, dont il n'y a aucune qui entre dans la suite de votre raisonnement. Platon a pu penser, par la seule force de son esprit, tout ce que vous-même, Monsieur (c'est beaucoup dire, mais il ne s'agit ici que de la possibilité), tout ce que vous-même pouvez penser par la seule force du vôtre. Ne serois-je donc pas en droit de vous dire que votre raison venge malgré vous la raison humaine du mépris que vous en faites, et qu'elle vous apprend à ne pas mettre au nombre des choses impossibles, ce que vous montrez vous-même être possible, puisque vous le faites.

Je prévois une ressource que vous trouverez dans votre modestie plutôt que dans votre esprit. Vous me répondrez qu'à la vérité votre démonstration ne suppose et n'emploie que des vérités connues par les seules lumières de la raison, indépendamment du secours de la révélation, mais que cependant vous ne l'auriez jamais trouvée cette démonstration si claire et si naturelle, sans la certitude que la révélation vous donne du fait de la création.

Si vous me faites cette réponse, je commencerai par louer l'humilité d'un grand génie qui rend hommage de toutes ses lumières à la religion. Je conviendrai même avec vous que la certitude du fait connu par la révélation, peut en un sens exciter l'esprit à faire de plus grands efforts pour en chercher la raison, et en lui donnant plus de confiance, lui donner aussi plus de courage et de force pour la trouver. Mais croyez-vous qu'après tout il y ait assez de différence entre un esprit qui croit la vérité du fait de la création, parce que la religion la lui apprend, et un esprit qui doute de ce fait parce qu'il n'est pas éclairé des lumières de la foi, pour en pouvoir conclure que, par cette seule différence, ce qui est possible à la raison de l'un, soit impossible à la raison de l'autre? La religion donne à l'esprit humain de bien plus grands secours sur l'existence de Dieu que sur la vérité de la création. Non-seulement elle l'assure que Dieu existe, mais elle lui fournit l'argument des miracles et celui des prophéties, preuves les plus courtes et les plus sensibles de la divinité. Dira-t-on cependant que parce que le chrétien a ces secours qui manquent au païen, celui-ci n'ait pu parvenir à connoître l'existence de Dieu par les seules forces de la raison? Et si l'on ne peut pas le prétendre, si le contraire est clairement démontré par les écrits des anciens philosophes, par le témoignage de saint Paul même, comment pourra-t-on soutenir que, parce que nous savons le fait de la création par la religion, qui nous l'atteste seulement sans nous en donner aucune preuve, il y a une si grande différence entre nous et les anciens philosophes, que nous pouvons aujourd'hui démontrer, par les seules lumières de la raison, ce qu'ils ne pouvoient pas seulement *deviner* par les lumières de la même raison?

Enfin, pour achever de vous expliquer tous mes doutes sur ce premier point, peut-on même dire que la connoissance du fait de la création clairement dévoilé aux premiers hommes, transmis par eux à la postérité, conservé dans la famille d'Abraham, rappelé par Moïse, cru par tout un peuple qui avoit été plus de deux cents ans en Égypte, source de toutes les sciences, et qui habitoit dans un pays assez proche des lieux où la philosophie grecque a pris naissance, ait absolument manqué aux anciens philosophes? La tradition, manifestement tirée des livres saints, ou des sentimens du peuple qui les conservoit, avoit fait passer jusqu'à eux un grand nombre d'idées bien plus éloignées de la portée de l'esprit humain que celle de la création, et qui sont même de la nature de celles que l'homme peut apprendre quand Dieu les lui révèle, mais qu'il ne sauroit découvrir par lui-même, parce qu'elles dépendent d'une volonté positive de Dieu. Telle, est par exemple, la distinction des bons et des mauvais anges; la doctrine des deux principes qui se combattent toujours, l'un pour faire le bien, l'autre pour faire le mal; la chute des ames rebelles chassées de la *prairie de la vérité*, selon le langage d'Empedocles (ce qui a un si grand rapport avec le paradis de la Genèse), et précipitées *dans celle de l'erreur et de l'injustice*, d'où elles peuvent néanmoins remonter dans leur première patrie, en se détachant de la terre et des objets sensibles; enfin, cette envie et cette fureur secrète des génies chassés du ciel, qui travaillent toujours à empêcher que les ames des hommes ne parviennent à remplir les places qu'ils ont perdues par leur faute; tradition que Plutarque, dans la vie de Brutus, regarde comme une des plus anciennes opinions qu'il y ait dans le monde. Croira-t-on que ceux qui ont su tant de vérités obscures, profondes, impénétrables à la raison, qu'ils n'ont pu apprendre que par la tradition des juifs, aient ignoré qu'il y avoit au moins une tradition d'un fait aussi éclatant que l'est celui de la création, et qui se présente si naturellement à l'esprit, qu'il a fait le sujet de presque toutes les disputes des philosophes? Ne voit-on pas même des vestiges de cette tradition dans les opinions de tous les peuples qui ont cultivé leur esprit, et qui ont fait usage de leur raison.

Le *cahos* dont le monde a été formé, si semblable à cet état de confusion et de désordre où la Genèse nous représente la nature entière dans le premier moment de la création; cet esprit qui, selon Thalès, agissoit sur les eaux pour en former tous les êtres corporels, idée si conforme encore à l'écriture qui nous apprend qu'un souffle divin porté sur les eaux, les animoit par sa chaleur féconde; cette opinion, qu'on peut appeler le premier dogme du genre humain, que le monde avoit commencé, opinion plus ancienne que les subtilités des philosophes qui ont distingué depuis un commencement d'être et un commencement de manière d'être; tout cela, et tout ce que vous y ajouteriez beaucoup mieux que moi, Monsieur, comme entr'autres choses, ce principe que rien ne se fait sans cause, et que la cause est antérieure à ce qu'elle produit; tout cela, dis-je, ne prouve-t-il pas manifestement que le fait de la création, ou du moins la tradition de ce fait n'a pas été ignorée des anciens philosophes; et si cela est, en falloit-il davantage pour les exciter à raisonner sur un sujet si important, et sur lequel la seule vue du ciel et de la terre donne lieu au moins de concevoir des doutes? Ils n'ont pas été éclairés comme nous par la lumière d'une révélation assurée; mais ils ont été au moins avertis du fait que la révélation nous atteste; et c'en étoit assez pour les engager à en examiner la vérité ou la fausseté. Ils devoient même le faire avec plus d'ardeur que nous, parce que la sécurité que la révélation nous donne sur ce point, peut ralentir et comme attiédir l'activité de notre esprit; au lieu que leur raison n'ayant pas, comme la nôtre, un point fixe et immobile sur lequel elle put se reposer tranquillement, devoit faire de continuels efforts pour parvenir à la découverte d'une vérité si intéressante.

Ainsi, pour réduire en deux mots une dissertation qui est devenue plus longue que je ne le pensois quand je m'y suis engagé, je crois avoir assez montré que les anciens philosophes devoient chercher ce que vous avez montré qu'ils pouvaient trouver. La question de la possibilité de la découverte, qui est notre premier point, paroît donc bien avancée. Je ne regarde néanmoins tout ce que je viens de vous dire que comme des doutes sur lesquels je m'imagine quelquefois que je suis bien fort, parce que je crois combattre avec vous contre vous-même. Mais vous me montrerez que je suis bien foible; quand vous me ferez voir que vous êtes toujours parfaitement d'accord avec vous-même; et que c'est moi qui ai voulu vous diviser mal à propos pour me fortifier, en soulevant, si je le pouvois, une partie de votre raison contre elle-même.

Voilà tout ce que vous aurez de moi aujourd'hui, Monsieur. Je remets les deux autres points à une seconde lettre. Vous ne vous plaindrez pas sans doute de ce que celle-ci n'est pas assez longue. Je suis fort las d'écrire. Vous devez l'être encore plus de lire; mais je ne le serai jamais de vous demander le secours de vos lumières, et de vous assurer qu'on ne peut être à vous, Monsieur, avec plus d'estime que je le suis, etc.

La possibilité de la création nécessairement renfermée dans l'idée que nous concevons de la puissance divine. Sentimens d'Aristote et de Platon sur cette puissance.

Vous m'excitez, Monsieur, par votre dernière lettre à continuer d'approfondir les sentimens des anciens philosophes sur la vérité de la création. Je me suis bien repenti d'avoir eu la témérité de m'y engager. Je n'ai point ici les livres qui seroient nécessaires pour discuter exactement ce point de critique philosophique, et je trouve encore moins dans mon esprit ce fonds de connoissances que les livres ne sauroient donner en un jour, et qu'il faudroit avoir amassé de longue main, comme vous, pour être en état de porter un jugement certain dans une matière si obscure. Plus je lis et relis Platon et Aristote, les deux seuls philosophes anciens que j'aie ici, plus je suis obligé d'avouer que ma raison ne voit que des nuages, et que mes recherches ne produisent que des doutes qui me font sentir de plus en plus combien cette pensée de Socrate est vraie, au moins pour moi, que la seule science à laquelle l'homme puisse parvenir se réduit à bien savoir qu'il ne sait rien.

Le doute dans lequel je me suis renfermé en vous écrivant, n'est donc point un doute de bienséance ou de modestie, comme le vôtre, ni un doute de spéculation et de méthode, comme celui de Descartes. C'est un doute sérieux et de bonne foi, un doute forcé que j'éprouve malgré moi, et qui me met seulement en état de sentir le besoin que j'ai d'être instruit par vous, bien loin de m'inspirer la confiance de vous instruire, comme vous me le demandez avec la même humilité qui vous fait dire que vous vous êtes mal exprimé dans votre première lettre. Il y a bien peu de savans capables d'avouer la faute la plus légère ; mais il y en a encore moins qui puissent tomber dans des fautes de la nature de celle que vous vous reprochez. Tout votre tort en effet, si vous en avez quelqu'un, est d'avoir prouvé, sans le vouloir et sans y penser, que votre raison pouvoit démontrer ce que celle des anciens philosophes n'avoit pu découvrir. Je crains donc d'avoir peut-être loué trop tôt votre humilité. On n'a besoin que de se défendre de la vanité quand on avoue de telles fautes. Pour moi qui ne me sens que trop à découvert du danger d'en faire de semblables, je continuerai volontiers de vous proposer seulement mes doutes. Vous avez rassemblé dans vos deux lettres les principales raisons dont on peut se servir pour montrer que les anciens philosophes n'ont pas connu la vérité de la création. Je vais y opposer les raisons contraires. La question sera traitée des deux côtés, et je vous dirai, comme Grotius à M. Bignon : *Audies testes, vim testimoniorum expendes, judicium feres, ego judicatum faciam.*

Vous m'assurez, Monsieur, que j'ai suffisamment prouvé dans ma première lettre, qu'il n'étoit pas impossible aux anciens philosophes de découvrir la vérité de la création par les seules lumières naturelles. Je ne commence à le croire que depuis que vous le dites. J'entrevois dans votre seconde lettre que vous conviendrez encore que non-seulement ils ont pu ; mais qu'ils ont dû faire cette découverte, en se servant aussi utilement qu'ils le pouvoient et qu'ils le devoient des premières vérités qui leur étoient connues.

Vous en donnez vous-même une preuve par l'exemple de Critolaüs, célèbre péripatéticien, qui auroit dû conclure la vérité de la création, du même principe dont il conclut l'éternité du monde. Permettez-moi d'y en ajouter une seconde qui ne me frappe pas moins.

La possibilité de la création est nécessairement renfermée dans l'idée de la puissance divine, que nous concevons autant qu'il nous est possible, quand nous la faisons consister dans une volonté souverainement efficace, à laquelle rien ne peut résister, qui agit sans moyens, sans instrumens, sans ressorts, qui opère par le seul vouloir, et qui se suffit pleinement à elle-même.

Ce n'est pas seulement la révélation qui nous en donne cette idée. La raison seule avoit suffi pour la faire concevoir aux anciens philosophes. Vous les connoissez trop, Monsieur, et vous êtes trop juste pour les soupçonner d'avoir cru que Dieu avoit pris, comme par la main, c'est-à-dire, d'une manière corporelle et sensible, les différentes substances ou les différentes parties de la même substance pour en former la nature de chaque être (car vous ne faites aucune difficulté de reconnoître que les plus éclairés des anciens philosophes ont enseigné qu'au moins le mouvement, l'ordre, ou l'arrangement et la forme de l'univers, étoient l'ouvrage de la puissance divine); vous savez donc mieux que moi, et vous le prouveriez par une longue suite d'autorités, que, suivant leur doctrine, tout ce que Dieu fait immédiatement, tout ce qu'il produit par lui-même, il le fait, il le produit par sa seule volonté.

Il suffit presque d'ouvrir Platon et Aristote pour être convaincu que telle étoit l'idée qu'ils avoient de la puissance divine. Les deux Timée la présentent partout. Je n'y ajouterai qu'un seul endroit tiré du dixième dialogue des lois, où, après avoir supposé que les planètes, comme le soleil, sont régies, ou assistées, ou animées par des intelligences, Platon dit que cela ne peut s'expliquer qu'en trois manières : ou en concevant que les intelligences unies au corps de la planète comme notre ame l'est à notre corps, la remuent et la conduisent de la même manière ; ou en imaginant que, sans être au-dedans de la planète, elles la gouvernent par le moyen d'un corps aérien ou igné qui leur sert de char, en sorte qu'en ce cas ce seroit un corps qui pousseroit un autre corps ; ou enfin, en *supposant que ces intelligences, quoique pures et dégagées de tout être corporel, dirigent leur planète par un autre genre de puissance d'un ordre fort supérieur.* Or, ce dernier genre de puissance, qui n'a pas besoin du secours des corps, et que Platon oppose visiblement ici à toute mécanique corporelle, ne peut être que l'efficacité de la volonté même ; et, s'il a cru pouvoir l'attribuer à des intelligences qu'il ne regardoit que comme de moindres divinités, et des Dieux du second ordre, peut-on s'imaginer qu'il l'ait refusée à l'Être suprême ?

Aristote, quoique fort inférieur à Platon dans ses idées, et peut-être plus digne du nom de dialecticien, souvent même de celui de sophiste, que du titre de philosophe, est si éloigné de croire qu'il y ait rien de corporel dans l'opération de Dieu sur les corps, qu'il loue Anaxagoras d'avoir dit, que *la cause du mouvement étoit un esprit pur et impassible ou inaltérable, parce qu'il n'y avoit qu'un être immuable qui pût tout mouvoir, et qu'un être pur et sans mélange qui pût tout mêler.* Il emploie un chapitre entier de sa physique à prouver qu'il n'est pas possible qu'un être corporel donne le premier mouvement à la matière, et qu'il faut nécessairement que le premier moteur soit un *être immuable, sans parties et sans étendue*, c'est-à-dire, un être indivisible et incorporel. Or, comment un tel être peut-il mouvoir toute la matière, si ce n'est par sa seule volonté? Enfin, dans ce qu'il a écrit contre Zénon, il nous apprend que ce philosophe prouvoit que s'il y avoit un Dieu, il ne pouvoit y en avoir qu'un, parce que, sans cela, *il ne pourroit pas faire tout ce qu'il voudroit.* Tant il est vrai que les anciens philosophes supposoient, comme une vérité certaine et incontestable, qu'il étoit essentiel à la divinité de pouvoir tout ce qu'elle veut, en sorte que sa puissance n'ait point d'autre instrument que sa seule volonté.

Le Livre du Monde contient des expressions si magnifiques sur ce sujet, que je voudrois qu'il fût certainement d'Aristote. Mais je ne pense pas que je péche contre mes principes, en vous citant des auteurs que vous possédez beaucoup mieux que moi.

Je reviens donc à ma proposition simple, et je dis qu'on ne sauroit douter que les anciens philosophes n'aient eu une juste idée de la puissance divine, en la regardant comme l'apanage ou le caractère auguste d'une volonté suprême, pour laquelle le vouloir et le faire n'étoient qu'une même chose.

Ce n'étoit pas seulement le langage des philosophes; c'étoit celui des poètes mêmes. Jupiter, dans Homère, ne fait que baisser le sourcil, et la nature entière est en mouvement. Au travers d'une image corporelle, Homère nous fait concevoir l'idée la plus pure et la plus spirituelle du pouvoir divin. Tous les autres poètes, grecs et latins, sont ses échos, et continuent la chaîne de cette ancienne tradition. La fable est ici d'accord avec la vérité. Ses prodiges, ses miracles, si témérairement annoncés, et si légèrement reçus par un peuple crédule, supposent toujours cette opinion gravée dans le cœur de tous les hommes, qu'il suffit à Dieu de commander pour être obéi, contre les lois même de la nature. Le philosophe se moquoit, si l'on veut, de la supposition du miracle, pendant que le peuple y ajoutoit foi. Mais le philosophe, comme le peuple, en reconnoissoit la possibilité; et c'en est assez pour donner lieu de conclure, que, soit par raison ou par tradition, les savans et les ignorans convenoient également de cette grande vérité, que Dieu étoit souverainement puissant, parce que sa volonté étoit souverainement efficace par elle-même.

Or, si la possibilité de la création est évidemment et nécessairement renfermée dans une idée si vaste et si générale, non-seulement les anciens philosophes ont pu, mais ils ont dû la comprendre. Étoit-il plus difficile à leur raison de concevoir un Être créateur de la matière par sa seule volonté, que de concevoir un Être créateur du mouvement de la matière par sa seule volonté? Faire tout *de rien* est-il plus au-dessus de notre intelligence que faire tout *par rien?* Je m'explique.

Si les anciens philosophes nous indiquoient une suite et un enchaînement de moyens, une espèce de mécanique corporelle et grossière par laquelle la matière, supposée éternelle, eût pu recevoir le mouvement et toutes les modifications qui distinguent les différentes espèces d'êtres dont le monde est composé, je comprendrois aisément qu'ils auroient eu moins de peine à concevoir Dieu comme auteur de la forme, qu'à se le représenter comme auteur de la matière. Mais, quand je leur demande quelle est la cause de tant de mouvemens et de formes particulières, ils ne me répondent autre chose si ce n'est que c'est une seule volonté toujours agissante et toujours efficace par elle-même. J'insiste encore, et je les presse d'expliquer comment elle a fait une machine si admirable. C'est en le voulant, me disent-ils. Mais qui lui a donc donné des bornes par rapport à l'être même et à l'existence de la matière? Seroit-ce l'imperfection de l'Être divin; mais ils m'assurent qu'ils le croient souverainement parfait. Mais si l'on suppose qu'elle n'existoit pas encore, pouvoit-elle lui résister? Le néant a-t-il plus de force pour résister à l'être que pour résister à la manière d'être, qui, selon Aristote, est un nouvel être, précédé par un néant ou par une privation d'être? De si misérables difficultés ont-elles pu arrêter des philosophes qui concevoient le pouvoir divin comme renfermé dans l'idée d'une volonté souverainement parfaite; et ceux qui ont pu découvrir ce grand principe, n'ont-ils pas dû en conclure que la création, qui n'en est qu'une suite nécessaire, étoit non-seulement possible, mais véritable?

Il ne seroit peut-être pas difficile d'ajouter encore à ce raisonnement de nouveaux degrés de vraisemblance, et de le mettre dans un si grand jour, qu'il paroîtroit presque incroyable que la vérité de la création, ou du moins sa possibilité, ait été inconnue aux anciens philosophes; mais je n'en ai déjà que trop dit sur ce sujet, parce que toutes les probabilités du monde, entassées et accumulées les unes sur les autres, ne seront jamais à l'égard de la vérité, que comme ces lignes géométriques, qui s'approchent toujours, et qui ne se touchent jamais. C'est seulement un beau champ pour faire le procès à la nature humaine, et pour déplorer la foiblesse de notre esprit. La conséquence paroît souvent plus aisée à découvrir que le principe dont elle dérive. Cependant il nous arrive tous les jours d'ouvrir les yeux sur le principe, et de les fermer sur la conséquence. C'est l'état dans lequel vous pensez que les anciens philosophes sont demeurés à l'égard de la création. Ils ont pu, ils ont dû même la connoître, et ils ne l'ont pas connue. Leur esprit les a bien servis dans ce qui étoit plus difficile, il leur a manqué dans ce qui étoit plus facile. Après avoir fait un grand chemin, il ne leur restoit plus qu'un dernier pas à faire pour arriver jusqu'au terme de leur voyage; mais ce dernier pas est précisément celui qu'ils n'ont pas fait.

Vous voulez donc absolument, Monsieur, qu'on en vienne à la question de fait. Il y a long-temps que je l'évite; et, comme je ne cherche qu'à douter, je m'arrêtois avec plaisir dans le pays des vraisemblances: il faudra donc en sortir enfin pour vous suivre dans celui de la vérité, et voir si dans ce séjour même on ne trouvera pas des raisons apparentes pour soutenir que les anciens philosophes ont connu le dogme de la création, quoique les termes obscurs et équivoques dont ils ont voilé cette vérité, aient pu donner lieu à leurs interprètes de la méconnoître.

Mais vous conviendrez aisément avec moi que j'ai besoin de reprendre haleine avant que de m'engager dans une nouvelle dissertation. Je la remets donc à une autre lettre ; et j'ajouterai seulement à celle-ci, que c'est uniquement par une distraction involontaire que je ne vous ai rien dit dans ma dernière lettre au nom de Madame la Chancelière. Vous m'aviez transporté dans une région si éloignée des dames et de ce qui les occupe ordinairement, que j'oubliai absolument tout ce qu'elle m'avoit prié de vous dire pour elle. Je suis donc le seul coupable, et je lui dois la justice de vous assurer qu'elle vous conserve toute la place que vous méritez dans son souvenir. Il me semble qu'elle a pour vous autant de goût que si vous n'étiez point savant, et que vous en avez pour elle autant que si elle étoit savante. Vous voyez que je sais au moins réparer ma faute : je n'en commettrai jamais que d'involontaires à votre égard, Monsieur, puisque personne ne peut honorer votre mérite plus que je le fais, ni être à vous plus véritablement que moi, etc.

---

*La Création connue des anciens Philosophes. Deux époques de la Philosophie, dont la plus ancienne remonte jusqu'au temps d'Orphée, et la seconde au temps de Socrate. Discussion des opinions des Philosophes de ces deux époques sur le fait de la Création. Connoissance de ce fait transmise aux Grecs par les Égyptiens, qui l'avoient appris de Moïse. Raisonnement sur l'*unum et omnia *des Pythagoriciens.*

Nous avons laissé les anciens philosophes au moins fort près de la vérité sur le point de la création, et n'ayant plus à faire pour y arriver qu'un reste de chemin fort court et encore plus facile. Il s'agit à présent, Monsieur, de savoir s'ils ont achevé heureusement leur route, ou s'ils ont eu le malheur de faire naufrage à la vue de la terre, et de périr lorsqu'ils étoient sur le point d'entrer dans le port.

Permettez-moi de rappeler d'abord ici en général ce que j'ai dit dans ma première lettre, de ces vérités sans comparaison plus difficiles à découvrir que celle de la création, parce qu'elles dépendent absolument de la volonté positive de Dieu, et qui cependant ont été connues des anciens philosophes, sans doute par une tradition fondée sur la révélation, dont la mémoire, conservée dans sa pureté chez les hébreux, avoit passé sous différentes images chez les peuples voisins, souvent obscurcie ou défigurée, mais toujours reconnoissable. Supposerons-nous donc que le grand fait de la création, qu'une vérité si intéressante, qui est le fondement de toutes les autres, ait été presque la seule qui n'ait pu être transmise aux hommes par cette même tradition? J'avoue que je suis plus effrayé que vous de cette supposition. Vous dites, Monsieur, que si la mémoire de ce grand fait s'est effacée dans la suite des siècles, c'est peut-être parce que *le dogme de la création est une vérité abstraite et métaphysique, que les choses sensibles ne rappellent point*. Mais je suis bien tenté de vous répondre que je ne vois rien au contraire qu'elles nous rappellent si souvent, ou plutôt si continuellement. Quel est l'homme raisonnable qui, pensant à sa propre existence, et ouvrant les yeux sur le spectacle de la nature, ne sente pas naître ces doutes dans le fond de son ame? Me suis-je fait moi-même? ai-je toujours existé? Ou si j'ai commencé, quel est l'auteur de mon être? Ce monde que je vois, cet ordre, cette harmonie, cette unité que j'y admire, est-ce la production heureuse du hasard, ou l'ouvrage merveilleux d'une nature souverainement intelligente et souverainement puissante? A-t-il toujours existé, ou son être a-t-il eu un commencement? Croyez-vous vous-même, Monsieur, qu'il faille être philosophe pour se sentir frappé de toutes ces pensées? je ne sais si je me trompe; mais il me semble qu'elles se présentent bien plus naturellement à l'esprit que la distinction des bons et des mauvais anges, ou la chute des ames rebelles précipitées du séjour lumineux de la vérité dans la religion ténébreuse de l'erreur.

Oserois-je même dire que saint Paul paroît en avoir jugé comme moi? C'est par la beauté de l'ouvrage qu'il veut que les anciens philosophes aient jugé de la perfection de l'ouvrier; sa puissance, sa force invisible, en un mot, sa divinité leur étant devenue en quelque manière visible et sensible par le monde qu'il a créé, c'est comme s'il disoit que Dieu est plutôt connu des hommes sous l'idée de créateur, que sous quelque autre notion que ce puisse être. Et si cela est, mettrons-nous la création au nombre *de ces vérités abstraites que les choses sensibles ne rappellent point*, ou plutôt au nombre de celles qui s'offrent comme d'elles-mêmes à la curiosité de l'esprit humain, et dont on peut dire ce que saint Paul a dit de Dieu: *non longè est ab unoquoque nostrûm?* Disons donc encore avec lui, que, puisque les poètes mêmes ont appris aux hommes que c'est de Dieu qu'ils tirent leur origine, il n'est pas vraisemblable que les philosophes aient ignoré le fait ou du moins l'hypothèse de la création. Si tous n'y ont pas ajouté foi, ils en ont douté au moins, ils en ont fait le sujet de leurs disputes, et c'en est assez pour montrer que la tradition de cette grande vérité n'étoit pas effacée de la mémoire du genre humain.

Mais tout cela ne vous paroîtra encore que des conjectures, et vous demandez des preuves. Il faut donc examiner, non pas s'il est possible qu'une telle tradition se soit conservée, non pas même s'il est très-vraisemblable qu'elle ait toujours subsisté, mais si l'on peut prouver qu'elle se soit conservée en effet dans les écrits ou dans les discours des anciens sages de la terre.

Distinguons d'abord deux âges différens dans l'ancienne philosophie.

Le premier remonte jusqu'à la plus grande antiquité dont il nous reste quelques vestiges, et l'on peut en fixer le commencement vers le temps d'Orphée, le premier des Grecs, selon Marsham, qui ait voyagé en Égypte, et qui a vécu, selon le même auteur, environ deux siècles après Moïse.

L'époque du second temps, où la philosophie semble avoir été plus réduite en méthode et en art, peut être placée vers l'âge de Socrate, qui a eu pour contemporains ou pour successeurs les plus grands philosophes dont les écrits aient passé jusqu'à nous, quoiqu'ils aient peut-être été moins éclairés que ceux dont ils nous ont fait perdre les ouvrages.

Je trouve une grande différence entre ces deux âges de l'ancienne philosophie par rapport à la matière présente, ou plutôt ce n'est pas moi qui en fais la remarque; elle vient de Plutarque, l'auteur le plus favorable de tous à l'opinion que vous paroissez avoir de la doctrine de Platon sur le point de la création. Voici cependant le témoignage qu'il rend sur ce sujet à la très-ancienne philosophie dans son traité *de la cessation des oracles*.

« Toute production ou toute génération ayant deux » causes, les très-anciens philosophes, et les poètes » du même âge, ont cru devoir donner toute l'at- » tention de leur esprit seulement à celle qui est la » plus excellente, ayant toujours ces paroles dans la » bouche :

» *Jupiter est le commencement, Jupiter est le milieu.*
» *C'est de Jupiter que toutes ces choses procèdent* ».
(C'est un des vers orphiques).

» Après quoi ils ne s'attachoient plus à rechercher » les causes nécessaires et physiques. D'un autre côté » les philosophes plus récens, qui ont été appelés » physiciens, prenant une route contraire, et s'égarant » loin de la cause excellente et divine, font tout » consister dans les corps ou dans les modifications » des corps, c'est-à-dire, dans leurs percussions, » leurs changemens ou leurs mélanges ». D'où Plutarque tire cette conséquence « que le système des » uns et des autres est imparfait, et qu'il y manque

» de chaque côté une partie essentielle, les uns igno-
» rant ou négligeant d'examiner *par qui* ou *de qui*
» tous les êtres procèdent; et les autres *de quoi* et
» *par quoi* il sont produits ».

Je n'examine point ici la justesse du raisonnement de Plutarque; mais il en résultera au moins qu'il a cru que les premiers philosophes ne reconnoissoient qu'une seule cause, un seul principe, un Être suprême, auteur de toutes choses.

Arrêtons-nous donc un moment sur ce passage qui paroît répandre une si grande lumière sur la question que nous examinons.

Plutarque n'admet ici que deux causes de toute production ou génération; et il est évident que par ces deux causes, il entend *Dieu* et la *matière*, ou si vous voulez, *les atomes*. De ces deux causes, selon lui, les plus anciens philosophes ont ignoré ou négligé la seconde. Ils n'en ont donc connu ou admis qu'une seule et véritable, sans faire aucune distinction entre la matière et la forme. Or, si Dieu est la seule cause de tout, donc, c'est Dieu qui a tout fait; donc, tous les êtres émanent de la divinité; donc, Dieu en est le créateur; donc, la vérité de la création est non-seulement connue, mais démontrée en quelque manière. C'est le sens naturel que le vers orphique, ce vers que les anciens philosophes répétoient à chaque instant, et qu'ils appliquoient à tout, comme la clef de la nature entière; c'est, dis-je, le sens naturel que ce vers présente à l'esprit; et l'usage que Plutarque en fait, ne permet guère de douter qu'il ne l'ait entendu de cette manière.

La suite de son raisonnement ne mérite pas moins d'attention. En quoi trouve-t-il que cette ancienne philosophie étoit imparfaite et défectueuse? En ce qu'elle ne joignoit pas une cause matérielle, et si l'on peut parler ainsi, une cause médiate et instrumentale à la cause efficiente et primitive. Car c'est le sens propre de ces mots : ἐκ ὧν, καὶ δι ὧν, dont il se sert pour exprimer ce qui a manqué à la doctrine des très-anciens philosophes; mais ce prétendu défaut est la plus grande preuve de la perfection de leur philosophie. Il nous apprend qu'ils ne croyoient pas que Dieu eût besoin de matière ni d'instrumens ou de causes secondes pour produire tous les êtres. Et quelle autre idée avons-nous aujourd'hui de la création?

Enfin, l'opposition même que Plutarque observe entre les théologiens et les physiciens, ne seroit ni véritable ni parfaite, si les premiers n'avoient pas cru que Dieu étoit la cause unique et universelle de toutes choses. Il oppose un système à un autre système, tous deux imparfaits selon lui, qui ne supposent chacun, ou qui ne reconnoissent qu'une cause, au lieu que chacun de ces systèmes devroit en reconnoître deux. Ainsi, afin que l'opposition soit véritablement exacte, il faut nécessairement que comme il est certain que les physiciens dont parle Plutarque n'admettoient que la matière et ses modifications pour cause universelle, il fût aussi certain, selon lui, que ceux qu'il appelle théologiens n'admettoient que Dieu et ses attributs pour cause générale. On ne peut donc pas douter que tel n'ait été le sentiment de Plutarque, et je crois volontiers un critique dans le bien qu'il me dit de ceux qu'il censure. Si Plutarque louoit les très-anciens philosophes d'avoir été de ce sentiment, je douterois plus aisément de la vérité de ses observations; j'entrerois au moins dans quelque défiance sur sa prévention pour l'antiquité. Mais je vois au contraire qu'il les blâme de n'avoir vu la vérité qu'à demi, et la rigueur même de sa critique me garantit la vérité du fait qu'il atteste.

Ainsi, vous dira M. Cudworth ou ceux qui voudront prendre son parti, mettez Plutarque tant qu'il vous plaira au nombre de ceux qui ont cru que Platon n'avoit pas admis la vérité de la création telle que nous la concevons; mais s'il est pour vous dans ce point particulier qui ne regarde que le sentiment de Platon, il est certainement contre vous dans la question générale, puisque de la censure même qu'il exerce mal à propos sur la très-ancienne philosophie, il suit nécessairement que les premiers philosophes ont cru et enseigné la vérité de la création.

Reprenons cependant, si vous le voulez, Monsieur, une défiance dont nous nous sommes peut-être trop pressés de nous défaire; et voyons si Plutarque n'a pas été trop crédule, comme on le lui reproche quelquefois, lorsqu'il a supposé que ces philosophes, dignes du nom de théologiens qu'il nous donne, avoient regardé l'Être suprême comme la seule cause véritable.

Jugeons-en par ces restes précieux de leur doctrine, qui ont échappé à l'injure du temps, et ne rejetons point ici le témoignage des poètes mêmes. Vous savez mieux que moi qu'ils ont été les premiers philosophes, les théologiens, et comme les prophètes du paganisme, jusque-là même qu'il semble que les vers étoient d'abord regardés comme la langue naturelle de la philosophie; les fragmens qui nous restent d'Epimenides, d'Empedocles, de Lysias, de Xenophanes, de Parmenides, etc., ne permettent pas d'en douter.

Une première vérité, également attestée par toute l'antiquité philosophique et poétique, est que Dieu est tout-puissant; c'est-à-dire, que non-seulement il agit par une volonté souverainement efficace, comme je l'ai expliqué dans ma seconde lettre, mais qu'il peut généralement tout ce qu'il veut.

Les autres idées se sont perfectionnées par la méditation et l'étude d'une longue suite de siècles. Celle de la toute-puissance divine a été parfaite dès sa première origine, ou plutôt elle est née avec le genre humain. On ne sauroit en nommer l'auteur, ni faire voir quand elle a commencé. Elle a toujours été si vaste, si universelle, si infinie, qu'elle n'a pu faire aucun progrès. On la trouve, comme nous venons de le voir, dans les vers orphiques qui nous ont conservé au moins les sentimens d'Orphée, s'ils n'en contiennent pas les expressions; et quand on ne les feroit remonter qu'au temps d'Onomacritus, ou de

Cecrops, ils seroient toujours d'une très-grande antiquité. On trouve la même idée dans Linus, selon quelques savans contemporains d'Orphée. Il a dit autrefois : *tout est facile à Dieu, pour lui rien d'impossible;* et tous les poëtes qui l'ont suivi ont répété cette vérité encore plus que les nombres de la poésie, dont une ancienne tradition veut qu'il ait été l'inventeur. Combien de fois Hésiode et Homère croient-ils avoir tout expliqué quand ils ont dit que Dieu peut toutes choses? Ce signe de tête dont j'ai parlé ailleurs, ce signe que rien ne peut priver de son effet, cette chaîne mystérieuse par laquelle Jupiter enlève le ciel, la terre, tous les Dieux et toutes les Déesses unis contre lui, qu'est-ce autre chose que la force invincible et universelle de la volonté du Tout-Puissant? *Le seul pouvoir qui lui manque,* selon le poëte Agathon, *est de faire que ce qui s'est fait n'ait pas été fait.* Mais pourquoi accumuler ici des citations inutiles? Pourquoi vous produire Epicharme, Sophocles, Euripides, Menandre, et tant d'autres qui vous sont tous également présens? je m'en rapporte à votre mémoire. Elle vous en dira plus que je ne pourrois faire.

La seule épithète de *Tout-Puissant*, devenue synonyme avec le nom de Dieu, chez les latins comme chez les grecs, est une preuve suffisante d'une vérité si commune. Croyons-en Lucrèce même, qui en fait un reproche aux défenseurs de la divinité, insultant à la foiblesse de ceux qui ont l'aveuglement de croire qu'il puisse y avoir un pouvoir infini.

> *Rursus in* antiquas *referuntur* religiones,
> *Et Dominos acres adsciscunt,* omnia posse
> *Quos miseri credunt* (1).

On est surpris, permettez-moi cette digression, d'entendre un philosophe sérieux tenir ce langage,

(1) Liv. 5, ỳ. 87.

pendant qu'un poète, aussi frivole qu'Ovide, nous dit au contraire,

Immensa est, finemque potentia Cœli
Non habet, et quidquid superi voluere, peractum est (1).

Mais il est aisé d'en comprendre la raison. C'est que le poète ne parle que d'après l'ancienne tradition, dont il nous a conservé des vestiges si éclatans au commencement de ses métamorphoses; au lieu que le philosophe, trop fidèle disciple d'un mauvais maître, veut s'élever par la subtilité de son esprit au-dessus d'une tradition si respectable. Mais en l'attaquant, il en atteste lui-même la certitude, il la fait remonter aussi haut que les plus anciennes religions. Tant il est vrai que de l'aveu des athées mêmes, la première opinion du genre humain est que Dieu peut tout ce qu'il veut, et cela sans limitation, sans restriction. On n'en voit aucune dans tous les passages des anciens poètes ou philosophes qui parlent de la puissance divine. Si le poète Agathon semble y en mettre une, c'est une de ces exceptions qui confirment la règle. Nous dirions nous-mêmes comme lui que Dieu peut tout ce qui ne renferme pas une répugnance et une contradiction évidente, parce que, comme dit saint Paul, *il ne peut pas se nier lui-même*. Or, si les très-anciens philosophes ont cru que la puissance de Dieu n'avoit aucunes bornes, Plutarque ne s'est pas trompé lorsqu'il a regardé comme un axiome, ou une proposition fondamentale de leur philosophie, que Dieu est le seul principe, la seule cause fondamentale de tout ce qui existe. La création est une suite évidemment nécessaire de cet axiome. Mais les très-anciens philosophes ont-ils tiré expressément cette conséquence? c'est ce que le progrès de notre recherche nous conduit naturellement à examiner.

Dire que Dieu a créé toutes choses, ou dire que Dieu est *le premier et le dernier Être*; que *c'est*

(1) Métamorph., l. 8, ℣. 168.

de lui que tous les êtres procèdent, ou que *c'est par lui qu'ils ont été faits*, qu'*il en est la tête et le centre*, que *c'est lui qui est le fondement* ou *la base du ciel et de la terre*, qu'*il en est en même temps le père et la mère;* expression que d'anciens pères de l'église ont imitée, et qui exclut si évidemment le concours de toute autre cause : il me semble que ce sont des manières de parler entièrement uniformes, et je crois ne voir dans tout cela que des termes synonymes, les uns plus simples, les autres plus poétiques, mais ne signifiant tous qu'une seule et même chose. Or, je trouve les derniers dans les fragmens non suspects des vers orphiques, dans Linus, dans Empedocles, dans beaucoup d'autres monumens de la plus saine antiquité. Donc, il me semble que je suis en droit d'en conclure, que ceux qui ont ainsi parlé, je veux dire les théologiens de Plutarque, ont connu la vérité de la création, et l'ont regardée comme l'effet de ce pouvoir infini qu'ils révéroient dans le premier Être.

Permettez-moi de m'arrêter un moment à ce terme de *premier Être*, et à celui de *dernier Être*, que je lis aussi dans les vers orphiques. J'admire d'abord le rapport singulier de ces expressions avec le *primus et novissimus*, l'*alpha et l'omega*, le *principium et finis* des livres saints. Mais comme vous ne seriez peut-être pas d'humeur à trouver bon que je voulusse prêter à Orphée ou à Onomacritus les sentimens des prophètes ou des apôtres, ce sera d'Aristote que j'emprunterai la véritable signification de ce mot πρῶτος, ou *premier*, que les vers orphiques appliquent à la Divinité.

C'est ainsi qu'il l'explique par rapport au *premier moteur*, c'est-à-dire à *Dieu*, que d'ailleurs il appelle partout le *premier Être*. Le terme de premier, s'entend d'un Être qui est *tel que s'il n'existe point, nul autre Être n'existera*, et qu'*il peut au contraire exister sans les autres*, soit *par priorité de temps*, ou *par supériorité de substance*. Il est aisé d'appliquer cette définition dans le sens contraire au terme de *dernier Être* : et si je joins l'une à l'autre, je crois y découvrir une idée complète de l'éternité de Dieu. Je commence donc à comprendre pourquoi les vers orphiques lui donnent le titre de *premier* et de *dernier Être*. Je sens en même temps qu'il m'est impossible de concilier cette notion du terme de *premier*, avec la supposition d'un autre être indépendant de Dieu, et cependant éternel comme Dieu. Je m'efforce inutilement de concevoir deux Êtres également *premiers* dans le sens d'Aristote ; sans que l'un ait sur l'autre aucun avantage ni en genre de durée, ni en genre de cause. Et pourquoi même voudrois-je attribuer à l'auteur des vers orphiques une pensée qui me paroît absurde et incompréhensible? Je n'ai qu'à le lire, et je trouve qu'il exclut formellement cette supposition, puisqu'il dit que *c'est par Dieu que tout a été fait*, et que *c'est lui qui, ayant tous les êtres comme renfermés dans son sein, les a mis au jour par une opération merveilleuse*.

J'entre donc d'autant plus volontiers dans la pensée de Plutarque, que je ne vois là aucune distinction de matière et de forme ; cette distinction n'étoit pas encore née. *Heureux*, comme quelqu'un l'a dit sur un autre sujet, *heureux les peuples qui l'ont ignorée ! Heureux les temps qui ont précédé sa naissance !*

La philosophie s'enseignoit alors par tradition plus que par raisonnement. Noé l'avoit apprise à ses enfans, cette véritable philosophie ; et ses enfans l'avoient transmise aux Égyptiens. Leurs colonies l'avoient répandue dans la Grèce, où les premiers philosophes des Grecs l'y avoient rapportée de l'Égypte. Telle fut la cause des voyages d'Orphée et de Pythagore dans ce pays. Le dernier, comme Plutarque l'observe dans son traité d'Isis et d'Osiris, en avoit pris jusqu'à ce langage figuré et symbolique, qui étoit le voile sous lequel les prêtres égyptiens cachoient aux yeux d'un peuple grossier leurs mystères théologiques. Mais au travers de ces ténèbres savantes qui couvrent la doctrine de Pythagore, on en voit assez pour sentir qu'il ne pensoit pas autrement qu'Orphée sur la vérité de la création.

La *monade*, ou l'unité, seul principe de toutes choses, est, selon Hermias, une des principales énigmes de la doctrine de Pythagore. Dieu est *un* : la matière est *deux*. L'énigme n'est pourtant pas bien difficile à expliquer. L'indivisibilité de Dieu est exprimée par l'unité. La divisibilité de la matière est représentée par ce que Pythagore appeloit la *dyade*, ou le nombre de *deux*. Comme l'unité est la source et le principe de tous les nombres, ainsi Dieu est la source et le principe de tous les êtres. Ce n'est point une conséquence que je tire des termes de Pythagore par une interprétation favorable, c'est ce qu'Alexandre, auteur ancien cité par Diogène Laërce, assure qu'il a trouvé dans les commentaires de Pythagore. *La monade est le principe de toutes choses ; et de la monade sort la dyade infinie ou indéfinie*, c'est-à-dire, la matière, qu'on peut appeler le divisible infini ou indéfini ; *en sorte*, ce sont encore les termes de Pythagore rapportés par Alexandre, *que la matière est subordonnée à la monade qui en est la cause*.

Théaridas, ancien pythagoricien cité par saint Clément d'Alexandrie, suit les traces de son maître, lorsqu'il dit que le *principe des êtres, le principe véritablement digne de ce nom est un, parce que c'est dans ce principe que se trouve le véritable un*. Sera-t-on surpris, après cela, d'entendre dire à saint Cyrille, que Pythagore a cru que Dieu étoit la source de toutes choses qui *avoient reçu de lui le premier mouvement du néant à l'être* : τὴν ἐκ τοῦ μὴ ὄντος εἰς τὸ εἶναι κίνησιν, paroles qui expriment avec tant de précision et d'exactitude le dogme de la création, mais qui ne sont qu'une suite nécessaire des principes de Pythagore, attestés par d'autres auteurs non suspects, s'il est vrai que les pères de l'église le soient en cette matière.

Je ne cite une partie de ces passages que sur la

foi de M. Cudworth ; mais si ses citations sont justes, a-t-il grand tort d'en conclure que la plupart des anciens patriarches de la philosophie, et surtout ceux qui ont précédé Leucippe et Démocrite, ont cru, comme le dit Plutarque, qu'il n'y avoit qu'un seul principe, une seule cause, un seul Être, auteur de tous les êtres.

Aristote, dont vous vous défierez sûrement moins que de M. Cudworth, paroît rendre ce témoignage à Empedocles, une des plus grandes lumières de l'école pythagoricienne. La jalousie de ce philosophe, je veux dire d'Aristote, contre ceux qui l'avoient précédé, nous a souvent mieux servi que sa science. C'est presque toujours en leur faisant des reproches, qu'il nous a découvert quelques restes précieux de leur doctrine. Il accuse Empedocles de se contredire lui-même, lorsqu'il met la discorde au nombre des principes ou des causes physiques. Car, dit Aristote, quoiqu'il en fasse une cause ou un principe, *il semble la faire naître, comme tout le reste, de ce qu'il appelle un, de cet un dont tous les êtres procèdent, excepté Dieu.* C'est par cette raison, suivant la remarque de M. Cudworth, que l'auteur du livre du Monde fait dire à Empedocles, *que c'est de Dieu que vient tout ce qui a été, tout ce qui est, et tout ce qui sera.* Il a changé à la vérité le texte d'Empedocles, en mettant ἐξ οὗ, qu'il rapporte à Dieu, au lieu de ἐξ ὧν, qu'Empedocles rapporte à l'amitié et à la discorde ; mais il n'en a pas moins exprimé le sentiment de ce philosophe, parce que selon l'explication ou plutôt selon la critique d'Aristote, Empedocles fait sortir l'amitié et la discorde du véritable *un*, dont tous les êtres tirent leur origine, à la réserve de Dieu, qui ne se produit pas lui-même.

Entrons encore plus avant, si vous le voulez, Monsieur, dans les mystères de la philosophie pythagoricienne, et voyons si cette expression, que Dieu est *un* et *toutes choses*, expression dont on a prétendu qu'Orphée avoit été l'auteur chez les grecs, mais que Pythagore, que Xenophanes, que Parmenides, que Zenon d'Elée, et tant d'autres pythagoriciens ont adoptée, et qui me paroît renfermer la plus sublime pensée de l'antiquité philosophique, ne suppose pas nécessairement la vérité de la création.

L'explication de ces deux termes, *un*, et *toutes choses*, seroit là matière d'une longue encore plus ennuyeuse dissertation, si l'on vouloit épuiser tout ce que les anciens philosophes ont dit sur ce sujet. Mais, sans entrer dans une discussion aussi épineuse qu'inutile, les notions les plus générales, et la seule définition des termes peuvent être suffisans pour faire voir que ceux qui ont parlé ainsi de la divinité, l'ont regardée comme la cause féconde et unique de tout ce qui existe, soit dans le monde visible ou dans le monde intelligible.

On ne peut avoir aucun doute sur l'idée qu'ils attachoient au premier terme, je veux dire à cet *un*, par excellence, qui n'étoit autre chose que Dieu même : *Être sans parties*, *sans étendue*, *sàns figure*, *sans commencement*, *sans milieu*, *sans fin*, *aussi éloigné* de ce que nous appelons *repos*, que de ce que nous appelons *mouvement. C'est à cet un seul*, dit Parmenides, *qu'il est réservé d'être véritablement un*. Au-dessus de toute autre essence, au-dessus même de tout ce qu'on nomme *essence*, c'est un Être d'un ordre supérieur et transcendant. Dire qu'il existe, c'est en parler improprement. Tout ce qu'on en peut dire, est que *c'est l'un*. S'il se communique en un sens à d'autres êtres, ce n'est pas l'*un* qui participe à leur essence ou à leur existence : c'est au contraire leur essence ou leur existence qui participe à l'*un*, et qui n'y partipent que très-imparfaitement, par ressemblance, par imitation, par comparaison, plutôt que par une véritable conformité de substance.

Je rassemble ici plusieurs notions éparses dans les écrits d'un grand nombre de philosophes. Il seroit trop long de les prouver chacune en particulier;

mais je crois pouvoir supposer que vous y reconnoîtrez le caractère de cet *un* qui a donné lieu chez les anciens à tant de discours et de disputes philosophiques.

Le second terme, c'est-à-dire, *tout*, ou *toutes choses*, qui est le ϖαι ou ϖαῖια des anciens pythagoriciens, peut paroître d'abord plus équivoque, par l'abus que des philosophes plus récens, comme les stoïciens, en ont fait, et avec eux des peuples encore plus grossiers, lorsqu'ils ont cru que le monde visible étoit non-seulement un Dieu, mais le seul Dieu. On en peut juger par ces épithètes magnifiques qui ne conviennent qu'à la divinité, et que le vieux Pline prodigue si libéralement à l'univers : *sacer, æternus, immensus, totus in toto, imò verò ipse totum, infinitus extrà intrà, cuncta complexus in se, neque genitus, neque interiturus unquam.*

Rien ne seroit certainement plus contraire à la vérité de la création, que cette idée de Dieu. C'est là, à proprement parler, le Dieu des athées, ou le Dieu de ceux qui n'en connoissent point, quoique les stoïciens aient voulu attribuer à un tel Dieu des qualités et des vertus purement spirituelles, par une contradiction que toute l'éloquence de Cicéron ne sauroit rendre supportable.

Mais il s'en faut bien que les pythagoriciens aient pensé de cette manière.

Comment auroient-ils pu confondre leur Dieu, c'est-à-dire, l'*un* avec l'univers, puisqu'ils le croyoient indivisible, immuable, incorporel ? Ils ne vouloient pas même convenir qu'il existât, de peur qu'on ne le mît au nombre des choses passagères ou *fluides*, pour parler comme eux, et qui n'avoient pas en elles-mêmes un être permanent. L'idée de l'*un* et l'idée du monde étoient donc chez eux des idées incompatibles et répugnantes, dont les essences n'avoient rien de commun. Mais s'ils avoient cru que Dieu étoit le monde même, ils n'auroient eu aucune peine à concilier ces deux idées, puisqu'ils les auroient même réunies, et qu'ils n'en auroient fait qu'un seul Être.

Ainsi, toutes les contrariétés sur lesquelles Parménides se joue dans Platon jusqu'à la satiété et au dégoût du lecteur, se seroient évanouies d'elles-mêmes, s'il n'avoit pas supposé qu'il y avoit une énorme distance, et pour ainsi dire, un intervalle plus grand que le cahos entre le véritable *un* et la matière dont le monde est composé.

Allons encore plus loin : si ces philosophes avoient dit seulement que Dieu *étoit toutes choses*, on auroit pu s'y méprendre, et leur attribuer le sens grossier de Pline et des athées ou des déistes matériels. Mais prenons garde, s'il vous plaît, qu'ils joignent ces deux choses *un* et *tout*, comme pour renfermer toute leur doctrine dans une antithèse mystérieuse, qui exprime en deux mots l'unité de Dieu dans son essence, et l'universalité de Dieu dans son action. C'est par là qu'ils ont voulu nous faire concevoir, autant que l'humanité le permet, l'idée d'un Être incompréhensible. Dire seulement que Dieu est l'*un*, c'eût été nous donner une idée trop abstraite. Dire seulement que Dieu est *toutes choses*, c'eût été nous le représenter sous une image trop sensible, ou même grossière et dangereuse. Mais dire l'un et l'autre, réunir ces deux idées *un* et *tout* dans le même sujet, c'est nous faire entendre en même temps quelle est l'essence et quelle est la puissance de Dieu ; c'est ménager d'un côté la foiblesse de notre entendement qui s'épuiseroit vainement dans la spéculation de l'*un*, si l'on n'ajoutoit que l'*un* est *toutes choses*, et prévenir de l'autre la licence de notre imagination qui se seroit bientôt fait un Dieu matériel et sensible, si l'on ne lui apprenoit pas que celui qui est *toutes choses* est aussi l'*un* par essence. Par cette explication je commence à concevoir pourquoi les pythagoriciens ont réuni dans la définition de Dieu deux idées aussi différentes, ou plutôt aussi contraires que celles d'*un* et de *toutes choses*. Mais cette antithèse si évidemment affectée, cette contradiction apparente que ces philosophes ont recherchée avec tant d'art, ne me présente plus aucun sens raisonnable, s'il est vrai qu'ils aient voulu seulement nous faire entendre par cette expression, que Dieu étoit l'univers, ou que l'univers étoit Dieu. Je ne vois là que la moitié de leur définition. J'y reconnois la propriété d'*être toutes choses*, attribuée par les pythagoriciens à la divinité; mais je n'y aperçois plus cette *unité* mystérieuse, cet *un* par essence, cet *un* absolument indivisible, cet *un* qui ne participe point à l'existence des êtres bornés, en un mot, cet *un* qui seul peut justement être appelé de ce nom.

Il est donc absolument impossible de supposer que ces philosophes aient confondu l'idée de *l'un* avec celle de l'univers matériel et insensible; mais peut-être n'ont-ils voulu faire entendre par cette expression, que ce qu'ils appeloient l'*ame du monde*. Voici comme l'auteur des vers orphiques s'exprime:

Ἐν δ' αὐτοῖς αὐτὸς περινίσσεται.

Virgile s'explique encore plus clairement dans le sixième livre de l'Énéide:

Principio cœlum ac terras, camposque liquentes,
Lucentemque globum lunæ, Titaniaque astra,
Spiritus intus alit, totamque infusa per artus
Mens agitat molem, et magno se corpore miscet.

Tel est donc le second sens qu'on pourroit donner à l'*unum* et *omnia* des pythagoriciens. Voyons s'il seroit plus solide que le premier, et jugeons-en par ce parallèle de l'ame du monde avec l'*un*.

L'ame du monde a été produite selon eux, si vous ne voulez pas dire créée, et leur *un* n'a été ni créé ni produit.

L'ame du monde n'est pas simple, et sa composition est décrite dans les deux Timée. Au contraire, la simplicité non-seulement indivisible mais incommunicable, est le caractère essentiel de l'*un*.

L'ame du monde a commencé, selon eux, avec le temps qui exprime sa durée. L'*un* a toujours été, ou plutôt l'*un* est toujours, et l'éternité seule est l'expression de sa persévérance dans l'être.

L'ame du monde pourroit être détruite par la volonté de son auteur, si sa sagesse n'y résistoit pas. L'*un* ne peut avoir de fin, comme il n'a pas eu de commencement.

Enfin, l'univers considéré comme un tout, suivant les pythagoriciens et les platoniciens, ou comme un animal composé d'une substance spirituelle qui en étoit l'ame, et de la matière mise en ordre qui en étoit le corps, étoit regardé par eux comme un Dieu d'un ordre inférieur, et comme l'ouvrage parfait de l'Être parfait. Preuve évidente et démonstrative qui suffiroit seule pour faire voir qu'ils ne confondoient pas l'ame du monde avec la suprême divinité, et que par conséquent le sens de cette expression *un et toutes choses* qu'ils n'appliquoient qu'au premier être, ne pouvoit convenir à ce Dieu du second ordre qui étoit l'ame de l'univers, ou l'univers même.

Ne me reprochez-vous point, Monsieur, de m'arrêter trop long-temps à prouver ce que vous m'auriez peut-être accordé de vous-même? Mais attendez, s'il vous plaît, pour en mieux juger, la conséquence que j'en tire.

Si les pythagoriciens n'ont jamais pensé que Dieu fût la même chose que le monde sensible; s'ils n'ont pas cru non plus que Dieu fût l'ame du monde, de l'univers entier considéré comme composé de corps et d'ame; si ce n'est peut-être ni dans l'un ni dans l'autre de ces deux sens qu'ils aient dit que Dieu étoit *un et toutes choses*, et si vous les rejetez tous deux avec moi, quelle autre idée attachoient-ils donc à ces paroles, qui certainement avoient un sens dans leur esprit? Je n'en vois plus que deux dont elles puissent être susceptibles.

Ou ils ont voulu dire simplement, que Dieu, quoiqu'*un* en lui-même et dans son essence, étoit aussi *tout*, parce que c'est en lui et par lui que nous connoissons *tout*, parce que c'est lui qui produit, qui anime, qui conserve *tout*; *un*, comme je l'ai déjà dit, par la simplicité de son essence; *tout*, par l'immensité de son opération.

Ou ils ont pensé, d'une manière encore plus abstraite et plus conforme à leurs principes, que Dieu étoit *un et toutes choses*, non comme étant réellement et par unité de nature tous les êtres dont le monde est composé, mais parce qu'il renfermoit réellement en lui et contenoit dans son essence les idées de toutes choses, idées qui en étoient non-seulement le modèle et l'archétype, mais la réalité même, tous les êtres particuliers n'en étant que des copies, et comme les ombres instables et passagères, qui pouvoient bien participer à l'existence, mais qui ne partageoient jamais la plénitude de l'être, ou, si vous le voulez, cette vérité d'être qui est le caractère incommunicable de la divinité.

Ainsi, suivant cette manière de penser, l'expression *d'un et toutes choses* convenoit singulièrement et admirablement à l'Être suprême, qui, renfermant en lui les idées éternelles, et les essences intelligibles de tous les êtres, étoient vraiment *un* sans cesser d'être *tout*, et vraiment *tout* sans cesser d'être *un*.

Choisissez maintenant entre ces deux sens, Monsieur, j'y consens très-volontiers; et je ne me ferois point auprès de vous un mérite de ma complaisance, parce qu'il me semble que quelque parti que vous preniez, l'un et l'autre sens confirmeront toujours la vérité de la création.

Si vous vous attachez au premier, les anciens philosophes ont gagné leur cause; ils ont pensé, ils ont raisonné, ils ont parlé comme nous; et comme nous, ils ont reconnu cette grande vérité.

Le second, supposez que vous le préferiez au premier, ne leur sera pas moins avantageux.

Si les idées de tout ce qui existe sont immuables,

increées, éternelles, et si c'est par cette raison qu'on dit que Dieu, qui les renferme dans son essence, est *un et toutes choses*, peut-on concevoir que celui qui d'un côté est le *tout-puissant*, suivant un des premiers axiomes de la très-ancienne philosophie et qui de l'autre contient en lui, ou plutôt est lui-même l'exemplaire, l'archétype, la réalité même et la vérité de toutes choses, n'en soit pas aussi la cause originaire et le véritable auteur ?

Si le monde a été produit par hasard, à quoi servent les idées ? Par quel bonheur le hasard les a-t-il prises pour règle ?

Si le monde est éternel, et s'il existe de lui-même indépendamment de Dieu, c'étoit en vérité un meuble bien inutile chez la divinité que des modèles de tout ce qui avoit toujours existé indépendamment de son pouvoir, et sans qu'elle eût contribué en rien à lui donner le fond de son être. Dieu auroit eu en lui seulement le plan d'un bâtiment déjà fait. Les idées éternelles, increées, essences pures de tous êtres, ne seroient que les copies et non pas les originaux de toutes choses; et l'essence même de la divinité ne seroit plus que comme une cire molle sur laquelle un monde éternel et indépendant auroit imprimé son image.

Dira-t-on que les idées, dans cette supposition, auroient servi du moins à régler la forme et la nature particulière de chaque être. Car c'est à cela peut-être qu'on voudra réduire toute l'opération de la divinité dans la formation de l'univers; mais rien ne seroit plus contraire à la nature des idées, suivant le système des pythagoriciens et des platoniciens. Ils n'ont jamais pensé qu'elles ne fussent représentatives, ou pour mieux dire, qu'elles ne fussent les originaux que des formes ou des manières d'être qui constituent chaque nature ou chaque espèce particulière. Ils les ont regardées, au contraire, comme le modèle des substances les plus générales et de la matière spirituelle, et, si l'on peut parler ainsi, comme de la matière corporelle. C'est ce que Boëce exprime heureusement, lorsqu'il dit à Dieu :

.... Tu cuncta superno
Ducis ab exemplo, pulchrum pulcherrimus ipse,
Mundum mente gerens, similique in imagine formas (1).

Aristote le reconnoît lui-même, quoique peu favorable à la doctrine des idées; et il remarque en plusieurs endroits, que les partisans de cette doctrine les considèrent comme le principe de toutes choses.

Tout est donc compris dans les idées, substances, formes, matière, intelligence, natures générales et natures particulières. Il n'y en a aucune dont Dieu n'ait l'idée toujours présente, et cette idée en est la véritable essence, comme je ne saurois trop le répéter, parce que c'est le principe fondamental de de la philosophie idéale.

Mais ce même principe renferme évidemment et nécessairement la vérité de la création.

En effet, comme il y a au moins une priorité dans l'ordre de la puissance, s'il n'y en a pas toujours une dans l'ordre du temps, entre la cause et l'effet, il y en a aussi nécessairement une entre le modèle ou l'archétype d'un ouvrage et l'ouvrage même. Il y en a encore davantage entre un modèle éternel par sa nature et une copie qui ne peut être considérée comme éternelle, s'il est vrai qu'elle ne le soit dans ce système qu'autant qu'elle participe à l'éternité de l'original. Enfin il y en a infiniment plus entre un modèle qui est la plénitude de l'être même, et une copie qui n'est qu'une émanation ou un écoulement. Sous quelque image que l'on veuille se représenter cette opinion, on y trouvera toujours une dépendance nécessaire, essentielle et démontrée par la chose même, entre l'idée primitive et tout autre être inférieur, qui n'est que l'expression de cette idée. Voulons-nous nous en former une notion aussi

(1) *Lib.* 3, $\frac{1}{y}$. 6.

correcte que sensible, en supposant même l'éternité de toutes les productions divines? Comparons l'idée à notre pensée, et l'être que représente l'idée à nos paroles. Je pense et je parle; mais je ne parle qu'après avoir pensé. Ma pensée est l'exemplaire, le modèle, l'essence même, en un sens, de ma parole; et ma parole est la copie, l'image, l'expression sensible de ma pensée. Il faut nécessairement que l'une précède, et que l'autre suive; quand je pourrois parler aussi vîte que je pense, il y aura toujours une priorité au moins de cause et de principe dans ma pensée. Mes paroles n'en seront jamais que la répétition, comme la voix précède toujours l'écho, qui ne fait que rendre le son qu'il a reçu, si je puis ajouter encore cette seconde comparaison à la première. Il en est de même des idées dans la doctrine de leurs défenseurs; et vouloir qu'ils n'aient pas regardé tous les êtres comme une émanation de la divinité, c'est soutenir qu'ils ont cru que la copie pouvoit subsister sans l'original, ou indépendamment de l'original, que la parole ne supposoit que la pensée, ou qu'un écho sans voix ou sans aucun son primitif, n'étoit pas une chimère. Cependant il n'y a pas à choisir. Il faut franchir ce pas hardiment, et attribuer une opinion si bizarre, si inconcevable, si contradictoire aux plus grands philosophes de l'antiquité, dès le moment qu'on voudra nier qu'ils aient regardé Dieu comme l'auteur et le créateur de toutes choses, et que c'est par cette raison qu'ils ont cru en donner une idée sublime lorsqu'ils ont dit que Dieu étoit en même temps *unum et omnia*.

Ce n'est pas après tout, Monsieur, que dans le fond j'aie peut-être meilleure opinion que vous des anciens philosophes. Je conviens avec vous qu'on diroit presque qu'ils n'ont écrit que pour nous faire voir que la *raison humaine est bien foible dans ceux mêmes en qui elle paroît avoir le plus de force; qu'ils ont touché aux vérités les plus importantes sans avoir su les saisir; et que les vérités mêmes qu'ils connoissoient, n'ont souvent servi qu'à les précipiter plus profondément dans l'erreur.* Ce sont vos expressions, Monsieur, et j'y souscris de tout mon cœur. Mais c'est par cette raison même que lorsqu'ils parlent bien, et qu'ils s'expliquent d'une manière qui ne peut s'entendre que suivant les idées qui nous sont connues par la révélation, je crois reconnoître dans leurs discours les vestiges d'une ancienne tradition, toujours plus pure et moins altérée à mesure qu'on remonte plus près de sa source. J'y retrouve donc et j'y suis avec plaisir la trace de ces premières vérités, de ces vérités fondamentales qu'il importe souverainement à l'homme de ne pas ignorer, et dont il est peu croyable que Dieu ait laissé éteindre entièrement la mémoire chez tous les peuples de la terre à la réserve des juifs. Plus vous regardez ces vérités comme étant au-dessus des forces de l'esprit humain, plus je me sens porté à croire qu'il a été digne de la bonté de son auteur d'en perpétuer le souvenir par une tradition non écrite que les pères transmettoient à leurs enfans. Celle de la création paroît s'être conservée dans l'opinion et dans le langage populaire, et il est assez vraisemblable que si l'on avoit interrogé sur ce sujet les paysans de l'Attique ou les personnes les plus simples d'Athènes, ils auroient peut-être mieux répondu que la plupart des philosophes. J'en juge par les poètes, qui suivent ordinairement les idées du vulgaire, et dans lesquelles on trouve tant de passages où Dieu est représenté non-seulement comme le maître et le modérateur, mais comme le père et l'auteur de toutes choses. N'est-ce pas même ce qui sert de fondement au reproche que Lucrèce fait aux hommes, de regarder Dieu comme le principe de tous les effets dont ils ne sauroient découvrir la cause?

> *Quorum operum causas nulla ratione videre*
> *Possunt; ac fieri divino numine rentur.*

Tant il est vrai que dans le fond de notre ame il y

(1) *Lib.* 1, ỳ. 154.

a une notion profondément gravée de la toute-puissance de Dieu, notion aussi innée, quoiqu'en dise M. Locke, que celle de Dieu même, qui nous le représente naturellement comme l'auteur de tout, qui nous le fait regarder comme la cause générale, toujours en état de suppléer au défaut des causes particulières, et qui souvent a été plutôt obscurcie que dévoilée par la subtilité philosophique.

Ne cherchons pourtant, si vous le voulez, la suite de la tradition du grand fait de la création que dans la seule nation des philosophes. Faut-il supposer un grand nombre de degrés pour en composer cette espèce de succession par laquelle elle s'est conservée dans les écoles.

Je l'ai déjà dit ailleurs. Noé laissa sans doute ce précieux dépôt à ses enfans, et par eux il fut porté en Égypte. La mémoire y en fut renouvelée par le séjour de plus de deux cents ans que les descendans d'Abraham firent dans ce pays. Moïse qui, suivant les livres saints, fut instruit de toutes les sciences des Égyptiens, ne leur laissa pas ignorer ce qu'il savoit lui-même par une tradition domestique. C'est dans le temps même de ce séjour des Hébreux en Égypte, que des colonies des Égyptiens ont fondé les principales villes de la Grèce. C'est environ deux siècles après Moïse que les Grecs vont dans le même pays pour y chercher la source des anciennes traditions qui en avoient été apportées chez eux. Les premiers philosophes qui ont fait ce voyage, sont ceux qui parlent le plus magnifiquement de la divinité; et c'est dans leur école que se sont conservées les expressions les plus sublimes de la toute-puissance de Dieu, de l'immense fécondité du premier Être, et surtout celle dont j'ai tâché de pénétrer le véritable sens, je veux dire l'*unum et omnia* des pythagoriciens, qui regardoient Orphée comme leur premier maître.

Je ne vois donc que les Égyptiens entre Noé et les Grecs, ou si l'on veut resserrer encore ce milieu dans des bornes plus étroites, entre Moïse et les Grecs. Voyageons donc à leur exemple en Égypte, et voyons si la doctrine des Égyptiens, qui a été comme le canal par lequel la véritable tradition a pu se répandre dans la Grèce, a été tellement altérée dans ce passage, et si infectée par le mélange des fables, que cette tradition y ait été entièrement anéantie; ou si ce n'est pas sans fondement que la sagesse des Égyptiens a été célébrée dans toute la terre, et qu'on a cru que, sous des symboles grossiers et sensibles que le peuple a eu le malheur de prendre pour les choses qu'ils signifioient, les prêtres de l'Égypte conservoient avec soin les plus grandes vérités, d'autant plus précieuses pour eux, qu'ils se flattoient d'en avoir seuls l'intelligence.

Je laisse à M. Cudworth, et à la nation des critiques, le soin pénible d'examiner si les livres qu'on nous a donnés sous le nom d'Hermès, ou de Mercure Trismegiste, sont ou entièrement supposés ou seulement interpolés, ou si, quand même la supposition de tout l'ouvrage seroit constante, il n'en résulteroit pas toujours une espèce de vérité sur les anciennes traditions de l'Égypte, parce qu'il est peu probable que l'imposteur qui s'est caché sous le nom d'Hermès, ait été assez mal habile pour ne pas chercher à donner du moins quelque crédit à ses suppositions, en y mêlant des choses conformes à la doctrine des Égyptiens, afin de faire passer le faux à la faveur du vrai, suivant la méthode et l'industrie ordinaires de ceux qui fabriquent ces sortes d'ouvrages.

Mais j'avoue, 1.° que je suis fort frappé de ce que dit Simplicius sur ce sujet. Il m'est aussi peu suspect sur les Égyptiens, que Plutarque ne l'étoit tantôt sur les très-anciens philosophes, et cela précisément par la même raison. Ce n'est point en louant l'Égypte, et par admiration pour l'antiquité, c'est au contraire en se moquant des Égyptiens, et en insultant pour ainsi dire à leur crédulité, qu'il atteste la certitude de leur ancienne tradition. Partisan de l'opinion d'Aristote sur l'éternité du monde, il s'oppose à lui-même l'autorité du législateur des juifs, et il rapporte, au moins en substance, les premières paroles du livre de la Genèse, où Moïse explique si clairement et si simplement le fait de la création. Mais comment Simplicius répond-il à cette objection? *Si quelqu'un*, dit-il, *veut conclure de là que le temps ait commencé, ou qu'il y ait une génération faite depuis un certain temps, qu'il considère que ce n'est là qu'une tradition fabuleuse et tirée des fables d'Égypte*, il se trompe certainement quand il traite de fable une si grande vérité; mais c'est par cette raison même que je le crois bien plus volontiers, lorsqu'il atteste le fait de cette prétendue fable, conservée, ou plutôt, selon lui, inventée en Égypte, dont il prétend que Moïse l'a tirée. Simplicius auroit-il pu parler de cette manière, si tous les savans n'avoient pas été persuadés que l'histoire de la création faisoit partie des fables de l'Égypte? Et en parlant ainsi, que dit-il autre chose, si ce n'est que l'ancienne Égypte, qui étoit regardée comme une terre fertile en histoires fabuleuses, avoit produit celle de la création avec les autres. Il n'y a donc qu'à changer ici le nom de fable en celui de vérité; il n'y a qu'à dire que ce n'est pas l'Égypte qui a appris à Moïse le fait de la création, mais que c'est Moïse qui l'a annoncé à l'Égypte, ou qui en a rappelé le souvenir aux Égyptiens; et il résultera toujours du témoignage de Simplicius, qui n'est nullement suspect, que la vérité de la création est si conforme à l'ancienne tradition de l'Égypte, qu'on l'a regardée dans l'antiquité comme une fable qui y étoit née.

2.° Quoique la jeunesse, si je puis parler ainsi des témoins qui déposent en faveur des traditions égyptiennes, comme Simplicius, Porphyre, Eusèbe, Iamblique, etc., me jette d'abord quelque défiance dans l'esprit, je suis rassuré néanmoins par le concours et l'uniformité de leurs témoignages; et, comme on n'y oppose rien de contraire qui ne puisse être facilement réfuté, je ne puis m'empêcher d'y trouver au moins une grande apparence de vérité.

3.° Je fais une réflexion qui me touche encore davantage. Je vois, d'un côté, que toute l'antiquité grecque nous assure que c'est de l'Égypte qu'Orphée, que Pythagore et les plus sages des Grecs ont reçu leurs mystères philosophiques; je vois, de l'autre, que ces philosophes ont parlé de Dieu comme du premier principe, de la cause et de l'auteur de tous les êtres; je vois même que, selon Plutarque, ils étoient frappés de cette idée, qu'ils ne paroissent pas avoir fait attention à aucune autre cause; je juge donc du sentiment des pères par celui des enfans, et je dis : les Grecs qui n'étoient en effet regardés par les Égyptiens que comme des enfans, ont été chercher la sagesse en Égypte, et ils ont ensuite annoncé dans leur pays une doctrine qui a fait cesser, au moins parmi les philosophes, les fables de l'ancienne Grèce, ou qui les a fait transformer en allégories. Ne dois-je donc pas reconnoître la source dans les ruisseaux, et attribuer les opinions des disciples à ceux qu'ils ont regardés eux-mêmes comme leurs maîtres?

4.° Mais, au défaut de témoins contemporains, ne peut-on pas dire ici sans figure, que les pierres mêmes parlent en faveur des traditions égyptiennes. Si l'on y trouve les mêmes expressions qu'Orphée, que Pythagore, que Xenophanes, que Parmenides et Platon ont rendues depuis si communes dans la Grèce, doutera-t-on que ce ne soit en Égypte que les Grecs les ont apprises, et qu'elles n'y aient eu le même sens que les Grecs leur ont donné? Vous reconnoissez ici, Monsieur, cette ancienne inscription qui existe encore à présent, et où ces paroles sont adressées à la déesse mystérieuse de l'Égypte : *tibi uni, quæ es omnia, dea Isis*; on y voit les mêmes épithètes d'*un* et de *toutes choses* appliquées à la divinité. C'étoient sans doute les expressions que la doctrine secrette et profonde des Egyptiens avoit consacrées pour renfermer en peu de paroles une grande idée de la divinité : et c'étoit apparemment par la même raison que les philosophes pythagoriciens étoient si jaloux de ces mêmes expressions qui étoient comme le symbole de leur théologie.

Appulée en a fait une longue et magnifique paraphrase ; mais elle n'ajoute rien à l'idée que des termes si simples et si énergiques présentent d'eux-mêmes à un esprit attentif.

Il en est de même d'un autre monument encore plus célèbre de la même théologie, que Plutarque nous a conservé dans son traité d'Isis et d'Osiris ; je veux dire de cette inscription qu'on lisoit encore de son temps dans le temple de Minerve ou d'Isis à Saïs, et où la déesse disoit d'elle-même : *je suis tout ce qui a été, tout ce qui est, et tout ce qui sera* (paroles qu'Empedocles paroît avoir imitées dans le vers que j'ai déjà cités), *et aucun mortel n'a jamais pu lever mon voile.*

On ne sait dans quel sens l'historien Hecatée, cité par Plutarque dans le même endroit, a dit que les Égyptiens regardoient Dieu comme étant la même chose que l'univers. Mais si cette inscription mal entendue l'a induit en erreur, il est aisé de se convaincre qu'elle n'admet point un sens si grossier, et pour ainsi dire si matériel.

C'est Isis, c'est une seule déesse, une personne unique que l'on fait parler dans cette inscription ; et si l'*un* que l'on trouve ailleurs n'y est pas exprimé, il est facile de l'y suppléer par l'unité de la divinité qui explique elle-même son essence.

D'ailleurs, puisque ce sont ici les pierres qui parlent et qui rendent témoignage à la vérité, rien n'est plus naturel que d'expliquer une pierre par l'autre. Le marbre de Capoue, fait pour la même Isis et dans le même esprit, contient expressement l'*un* qui manque dans celui de Saïs ; et l'opposition ou l'antithèse d'*unum* et d'*omnia* y est clairement marquée. On ne peut pas dire que l'*un*, surtout quand il est opposé à *toutes choses*, ne signifie pas un être ou une substance indivisible, ce qui est absolument incompatible avec l'idée d'un Dieu qui seroit étendu, et par conséquent divisible, s'il étoit le monde même.

Enfin, toute l'antiquité nous assure que le Dieu des Égyptiens étoit un Dieu caché et invisible. Plutarque l'assure lui-même dans plusieurs endroits de son traité d'Isis et d'Osiris ; et on n'a besoin pour s'en convaincre que de lire simplement l'inscription qu'il rapporte. Que signifie en effet cet air de mystère dont on se sent d'abord frappé en la lisant, ce voile qui couvre la déesse, ce voile *que la main d'aucun mortel n'a jamais pu lever?* A-t-on besoin d'un interprète pour entendre ce langage, et pour y reconnoître l'essence divine, inaccessible à l'esprit humain, impénétrable à des yeux mortels? Ce symbole, ou cette figure, s'accorde tellement avec les images et les expressions de l'écriture sainte, et elle convient si peu à l'univers, toujours exposé aux regards des hommes, et appelé par cette raison *le monde visible*, qu'il paroît également impossible et de trouver le monde matériel et sensible dans cette inscription, et de n'y pas trouver le caractère auguste de la véritable divinité, invisible en elle-même, visible seulement dans ses ouvrages, qui en dépendent tellement pour leur création et pour leur conservation, qu'on peut dire qu'elle est toute en eux comme ils sont tous en elle.

Je me sens donc, après cela, un grand penchant à croire qu'il y a beaucoup de vérité dans les réponses d'Iamblique à Porphyre sur la doctrine des Égyptiens, ou, après avoir consulté leurs prêtres, il atteste que, suivant leurs anciennes traditions, ils reconnoissent un Dieu incorporel, un premier Être, source de toute la nature, simple, sans aucun mélange d'aucun autre être corporel ou spirituel, qui a précédé tous les êtres et toutes les causes, qui contient tout et qui donne tout; unité féconde, de laquelle procède et à laquelle se rapporte la multitude de tous les êtres; enfin, pour lever toute difficulté, *qui a produit au dehors la matière même, en la séparant de l'essence universelle.*

Les sources de l'Égypte ne sont donc pas aussi empoisonnées qu'on pourroit se l'imaginer, en ne considérant que ce culte extérieur et profane, ces superstitions grossières et honteuses, cette prostitution sans frein et sans pudeur à l'idolâtrie, dont les anciens auteurs, et même les prophètes sacrés nous ont laissé une si affreuse peinture. Faut-il s'en étonner, puisque le peuple choisi et la nation sainte ont souvent mérité les mêmes reproches que les Égyptiens? Toute chair avoit corrompu sa voie; mais la corruption, quelque générale qu'elle fut, n'avoit pas entièrement altéré ou perverti l'ancienne tradition. Le peuple avoit pris l'ombre pour le corps, et la figure pour la vérité; mais le corps n'étoit pas détruit, et la vérité se conservoit sous la figure, comme ces restes précieux de connoissance dont parle Aristote à la fin du treizième livre de sa métaphysique, qui servent à retrouver les sciences dans le temps qu'elles paroissent perdues. Ne me dites donc point avec Jérémie: *quid tibi vis in viâ Ægypti, ut bibas aquam turbidam* (1)? Outre que nous ne savons pas si la dépravation y étoit aussi générale dans le temps que les premiers Grecs y ont voyagé, il ne parle que du commun des Égyptiens livré sans mesure au culte des faux dieux. Mais par ce que nous savons des traditions secrètes de leurs prêtres, nous voyons qu'il y a toujours resté quelques sources d'eaux vives, ou plutôt quelques ruisseaux dérivés d'une source beaucoup plus pure, et qui ont été le canal par lequel certaines vérités essentielles et fondamentales ont passé des Hébreux aux Grecs. C'est de là, selon Proclus (et pourquoi refuserions-nous de l'en croire, après tout ce que nous venons de voir?), c'est de là qu'*Orphée avoit tiré* cette opinion que la première intelligence avoit produit la *matière*. C'est là, comme il le dit encore, que Timée de Locres et Platon, son copiste ou son émule, avoient puisé la même doctrine. Tous ces rayons différens, toutes ces étincelles de vérité, qui, lorsqu'on les envisage séparément, ne répandent qu'une lueur sombre et équivoque, forment, quand on les réunit, un corps de lumière qui ne permet presque pas de douter que sous des images et des expressions différentes, la vérité de la création n'ait toujours eu dans le monde des maîtres et des défenseurs.

(1) Chapitre 2, ỿ. 18.

J'avoue, Monsieur, que je me plais dans cette idée : vous l'appellerez peut-être la chimère de ma raison, ou mon roman de la tradition ; mais je sens que mon esprit ou mon imagination s'y repose agréablement.

J'aime à répéter ce que dit saint Paul, que *Dieu ne s'est jamais laissé sans témoignage.* Les cieux ont toujours raconté sa grandeur, et le firmament a toujours annoncé sa puissance. Les hommes avertis continuellement par ce grand spectacle d'en chercher le véritable auteur, ont-ils pu oublier entièrement ce qu'ils en avoient appris de leurs pères? Les prodiges étonnans que le bras de Dieu a opérés tant de fois en faveur de son peuple aux yeux des Égyptiens et de tous les ennemis d'Israël, n'en ont-ils pas rappelé souvent la mémoire? Les Grecs ne conviennent-ils pas avec les Égyptiens, et les Égyptiens avec les Hébreux, dans la notion de l'Être suprême, dans l'idée d'un Dieu auteur, père et maître de toutes choses. Ne s'accordent-ils pas même dans cette expression abrégée de la divinité, qui nous le représente comme *un en toutes choses*; expression qui, bien approfondie, renferme tout le mystère de la création, et qui après tout ne nous dit, à proprement parler, que ce que nous lisons dans les livres saints, que *toutes choses sont en Dieu*, et que *Dieu est tout dans tous.* Les prophètes surtout sont remplis d'images qui répondent parfaitement à cette expression, et qui ne font que la développer par les figures les plus sublimes. Parcourons seulement le psaume 103 : *La lumière est le vêtement de Dieu. Les cieux sont les voiles de son tabernacle. Son palais est le liquide de l'air. Les nuées lui servent de char. Il est porté sur les ailes des vents.* Voilà l'explication aussi noble que simple de cette expression que Dieu *est toutes choses.* Les êtres spirituels ne font sentir leur présence locale que par leur action locale. Ils sont où ils agissent. Dieu est partout; et il ne tient qu'à nous de le voir par-tout, parce qu'il agit *en tout.* C'est ce que saint Paul disoit aux Athéniens : *nous vivons en Dieu, nous sommes mûs en Dieu;* en un mot, *nous existons, et nous sommes en Dieu.* L'Aréopage n'est point étonné de toutes ces expressions; il n'est point surpris d'entendre dire à saint Paul, que c'est Dieu qui a créé toutes choses. Il ne s'émeut, il ne lui impose silence que lorsqu'il l'entend parler de la résurrection. C'est que la première vérité lui étoit devenue familière par les écrits et par les disputes continuelles des philosophes; au lieu que les plus habiles d'entr'eux n'ayant porté leurs spéculations que jusqu'à la transmigration des ames, ou à la métempsycose, l'idée de la résurrection, si contraire à la nature, révolte l'esprit des Athéniens, et leur fait regarder saint Paul comme un discoureur et un conteur de fables, qui ne méritoit plus d'être écouté.

Je ne m'attendois pas, Monsieur, à faire une si longue dissertation sur l'*unum* et *omnia* des pythagoriciens; et cependant je supprime encore un grand nombre de réflexions qu'une imagination sans doute trop féconde fourniroit à ma plume, si ma plume ne se lassoit pas de la suivre; mais il me semble que j'en ai assez dit, au moins pour justifier Plutarque, et pour faire voir que ce n'est ni par crédulité, ni par entêtement pour l'antiquité, qu'il a dit que les très-anciens philosophes, ou ceux qu'il appelle théologiens, n'avoient reconnu qu'une cause unique et universelle, qui n'étoit autre chose que l'Être suprême ou la divinité.

Respirons un moment en cet endroit, et tâchons, s'il se peut, d'égayer une matière aussi sérieuse qu'importante. Votre modestie ou votre discrétion ne conviendra peut-être pas de ce que je vais dire; mais, s'il m'est permis d'en ôter le voile, ce qui est presque aussi difficile que de lever celui de la déesse Isis, je m'imagine entrevoir dans le fond de votre ame, que vous n'êtes pas fort éloigné de penser de moi ce que Velléius dans Cicéron a dit de Chrysippe, qu'en voulant concilier les fables d'Orphée, de Musée, d'Hesiode et d'Homère, avec ses opinions sur les dieux, il fait si bien qu'on diroit *que ces anciens poètes, qui n'y ont pas seulement pensé, aient tous été stoïciens.* C'est ainsi, dites-vous peut-être en vous-même, que par un autre tour d'imagination, et par des interprétations plus spécieuses que solides, j'ai trouvé le moyen de faire parler ces mêmes poètes et quelques philosophes qui les ont suivis, comme s'ils avoient tous été chrétiens; ou, si j'étois capable d'en venir aux invectives pour répondre à cette objection, et que je voulusse vous reprocher, de ma part, que vous parlez comme un épicurien, ce seroit alors que vous prendriez un ton sérieux pour me dire que tous les discours des poètes ne sont souvent que des hyperboles, ouvrage d'une imagination échauffée, plus propres à embellir leurs vers qu'à donner aux hommes une juste idée de la divinité; qu'on peut les comparer aux anciens oracles qui ont dit quelquefois la vérité sans savoir qu'ils la disoient; que les expressions des philosophes, et ce langage des marbres d'Égypte, dont je suis si frappé, ne sont que des énigmes semblables à ces sphinx que les Égyptiens plaçoient au-devant de leurs temples, énigmes qu'ils n'ont jamais expliquées d'une manière claire et précise, et que nous entendons peut-être tout autrement qu'ils ne les entendoient eux-mêmes; qu'enfin tant qu'on ne fera pas voir, par des témoignages incontestables, qu'ils ont reconnu formellement que Dieu avoit pu tirer l'être du néant, et faire de rien quelque chose, ce qui suppose ou plutôt qui confirme clairement l'idée de la création proprement dite; on n'aura sur ce sujet que des vraisemblances ou des probabilités qui seront peut-être démenties par des principes contraires des mêmes philosophes, et surtout par ce grand axiome de l'ancienne philosophie, dont les déistes convenoient avec les athées, que rien ne se fait de rien, *ex nihilo nihil.*

Voilà donc le dernier degré où il faut que je tâche d'arriver, Monsieur, pour achever de plaider devant vous la cause des anciens philosophes sur la connoissance de la création.

Dieu agit par la seule efficace de sa volonté. C'est

le premier degré et le premier pas, que j'ai distingués dans le chemin que les anciens philosophes ont fait vers la vérité.

Dieu est non-seulement puissant par sa seule volonté, mais tout-puissant ; et son attribut essentiel est de pouvoir tout ce qu'il veut. C'est le second.

Dieu a fait toutes choses, *un* en lui-même, *tout* dans ses ouvrages. C'est le troisième.

Mais comment, ou plutôt de quoi a-t-il fait toutes choses ? Est-ce d'une matière préexistante et indépendante de Dieu même ; ou le néant est-il devenu fécond entre ses mains, et est-il vrai, selon quelques-uns des anciens philosophes, que de rien il ait tout fait ? Ce sera le quatrième degré, si je puis parvenir à établir cette vérité par des preuves solides.

Je ne choisirai que les plus fortes, et celles qui me paroîtront au-dessus de toute contradiction, jusqu'à ce que vous y ayez répondu. Je vous ferai grâce par cette raison de ce que dit Aristote dans son livre *de Cœlo*, que *tous les philosophes tiennent que le monde a été fait*, mais que *les uns le croient éternel*, et *les autres corruptible*. Il réfute les premiers, en disant, qu'*on ne peut soutenir qu'une chose soit en même temps créée et éternelle*, *que lorsqu'il s'agit de ce que nous trouvons dans plusieurs choses ou dans toutes*, paroles qu'on ne sauroit guère entendre que de la matière ou du mouvement, ou de tous les deux : et j'en pourrois conclure que comme Aristote a cru que le mouvement, quoique éternel, étoit produit par Dieu, il permet aussi aux autres philosophes de croire que la matière est produite par Dieu de toute éternité ; mais je me hâte d'arriver à des argumens plus décisifs.

La même impatience me fera passer légèrement sur ce passage de Megasthènes rapporté par Strabon ; où il dit que la philosophie des Indiens s'accorde en beaucoup d'articles avec celle des Grecs. Les uns disent comme les autres, « *que le monde* a été fait, » et qu'il peut être détruit, ou qu'il est corruptible ἢ γεννητος και φθαρτος, que Dieu qui l'a fait et qui le

» gouverne, est répandu ou est présent dans tout » l'univers ». Vous prétendriez peut-être me fermer d'abord la bouche, par la distinction que vous feriez entre la formation du monde et la création de la matière; car je prévois que vous serez d'assez difficile composition, pour ne rien admettre qui vous paroisse avoir encore quelque chose d'équivoque.

J'insisterai un peu plus sur ce qu'Aristote dit de Démocrite. Ce dernier philosophe voulant prouver qu'il falloit nécessairement admettre quelque chose d'éternel pour sauver sans doute son hypothèse de l'éternité des atomes, se servoit, selon Aristote, de l'exemple des temps que presque tous les philosophes regardoient comme n'ayant jamais commencé. Or, je demande ici à quels philosophes Démocrite parloit, quand il étoit réduit à employer l'exemple du temps, pour prouver qu'il y avoit quelque chose qui étoit éternel, et qui n'étoit pas Dieu. N'est-il pas visible qu'il falloit nécessairement qu'il y eût alors des philosophes qui crussent que tout avoit commencé? L'exception de Démocrite prouve la généralité de leur opinion, autrement il auroit combattu contre un fantôme; et, si ces philosophes avoient reconnu quelqu'autre être qui n'eût pas commencé, il n'auroit pas manqué de leur opposer l'exemple de cet être, sans recourir à l'exemple du temps, exemple qui cependant n'étoit pas d'un fort grand poids. L'éternité du temps, quand même ces philosophes l'auroient admise en niant l'éternité de tout le reste, ne prouvoit rien contre la création du monde, parce que ces philosophes pouvoient croire que la durée de Dieu même étoit le temps, qui par cette raison n'avoit jamais commencé. Il y a plus: s'ils avoient pris le parti d'abandonner l'éternité du temps, comme Platon qui a osé la nier, on auroit vu d'un côté Démocrite avec ses sectateurs soutenir qu'un être comme ses atomes pouvoit être éternel sans être Dieu, et de l'autre, un grand nombre de philosophes dire que toutes choses avoient commencé, à l'exception de Dieu seul, sans cependant qu'il fût arrivé aucun changement dans leur système, si ce n'est de renoncer à leur opinion sur l'éternité du temps, comme Platon l'a fait dans la suite. Il me semble que ce raisonnement, bien médité, pourroit être fort avantageux à la cause des anciens philosophes; mais vous voulez quelque chose de plus qu'un raisonnement.

J'entre donc dans des preuves de fait qui vous paroîtront peut-être plus considérables, et j'y entre par ce passage de l'auteur du livre *du monde*, auteur qui est au moins très-ancien, et qui pourroit bien être Théophraste, si ce n'est pas Aristote même. Nous voyons au moins qu'Appulée, qui n'a fait presque que le traduire mot pour mot dans son traité *du monde*, déclare, au commencement, qu'il ne fait que suivre les traces d'Aristote et de Théophraste.

Cet auteur, quel qu'il soit, s'accorde parfaitement avec Plutarque, lorsqu'il dit que c'est une très-ancienne tradition et une opinion transmise par les pères à leurs enfans, *que tout est né de Dieu, et que c'est par Dieu que tout existe pour nous* : paroles qui confirment encore ce que j'ai répété tant de fois, et que je ne saurois trop redire de la voie par laquelle la vérité de la création s'est perpétuée dans le genre humain.

Il établit, d'un autre côté, ce grand et admirable principe, *qu'aucune nature considérée en soi ne se suffit à elle-même, privée de la conservation qui vient de Dieu.*

Souffrez donc que je vous interroge encore, Monsieur, et que je vous demande si une nature, qui ne se suffit pas à elle-même pour se conserver, peut se suffire à elle-même pour se créer, et si un philosophe, qui a cru que nul être ne pouvoit persévérer dans son existence si Dieu ne le soutenoit continuellement, a pu penser qu'il y eût un seul être qui eût pu se donner, sans Dieu, cette même existence qu'il ne peut se conserver sans Dieu. Il n'y a point ici d'exception ni de distinction. L'auteur exprime sa pensée par une proposition négative universelle : *nulle nature ne se suffit à elle-même* ; nulle nature ne continue d'être si Dieu ne la conserve; donc, nulle nature n'existe si Dieu ne la crée.

Il ne me seroit peut-être pas impossible de tirer aussi cette conséquence des principes d'Aristote même, et de faire voir que toute la question à son égard se réduit à savoir si Dieu a créé le monde dans le temps ou dans l'éternité, question bien différente de celle de la création considérée en elle-même, et qui est si problématique, suivant les lumières de notre raison, que si la révélation ne nous avoit éclairés sur ce point qui dépend d'une volonté positive de Dieu, nous pencherions peut-être plus à croire que le monde a toujours été créé, qu'à supposer qu'il a eu un commencement, ou du moins nous trouverions peut-être plus de difficulté à concevoir le dernier qu'à comprendre le premier.

Mais Aristote mérite peut-être d'être examiné séparément sur ce point, comme Platon ; et d'ailleurs nous n'en sommes encore qu'aux très-anciens philosophes cités en général par l'auteur du livre du monde, comme par Plutarque. Ainsi, je ne parlerai ici d'Aristote que par rapport aux opinions qu'il nous a conservées, en faisant mention des philosophes qui l'avoient précédé.

Je passe donc à un autre argument qu'il me fournit en distinguant deux sortes de philosophes : les uns qui ont cru que la matière étoit corporelle, et les autres qui l'ont regardée comme incorporelle.

Attachons-nous aux derniers, et reprenons d'abord trois principes incontestables dans leur doctrine :

1.° Ils croyoient un Dieu incorporel, un être suprême et tout-puissant ;

2.° Ils le regardoient comme l'unique auteur et du mouvement de la matière, et du temps même, qu'ils distinguoient exactement de l'éternité, et qui n'étoit, selon eux, que la mesure du mouvement ;

3.° Tout changement d'être ou de manière d'être, dans leur langage, comme dans celui d'Aristote, étoit appelé *un mouvement*.

Sur ces notions générales, qui n'ont pas besoin de

preuve, et surtout auprès de vous, Monsieur, qu'il me soit permis de raisonner en cette manière.

La matière incorporelle dans son origine, selon ces philosophes, n'a pu devenir corporelle, comme elle l'est à présent, que par un mouvement, ou, si vous le voulez, par un changement d'être, qui d'une substance spirituelle en a fait une substance corporelle.

Dieu seul, auteur, selon les mêmes philosophes, de tous les mouvemens ou de tous les changemens d'être, de quelque nature qu'ils soient, a pu produire ce changement ou cette transmutation plus qu'élémentaire, qui a fait succéder le corps à l'esprit.

Or, ce changement n'est autre chose que la création même, qui a fait que la matière, qui n'existoit auparavant que d'une manière spirituelle, a commencé d'exister d'une manière corporelle.

Donc, ces philosophes ont reconnu sous un autre nom et ont seulement exprimé dans un langage différent du nôtre, ce que nous entendons par le mot de création.

Il resteroit, pour lever toute difficulté, de faire voir que ce qu'ils appeloient matière incorporelle, n'étoit vraiment qu'une idée purement spirituelle, contenue dans l'essence de la divinité. Mais c'est ce qui est dit expressément dans l'ouvrage de Timée de Locres, comme je l'expliquerai plus amplement, si j'ai le courage de porter cette discussion jusqu'à l'examen du sentiment de Platon.

Je me suis déjà servi du système des idées, pour expliquer l'*unum* et *omnia* des pythagoriciens. Mais j'en ferai ici un usage encore plus convaincant, selon ma manière de penser, pour en former un troisième argument en faveur des anciens philosophes sur la connoissance de la création.

Je n'aurai besoin pour cela que des termes mêmes dont Aristote se sert pour expliquer en deux mots la doctrine des pythagoriciens et de Platon sur les premiers principes. C'est dans le premier livre de sa métaphysique, qu'il dit que, selon ces philosophes, *les idées sont la cause de tous les êtres, pour être ce qu'ils sont, et que la cause des idées mêmes est l'un.* Telle étoit donc leur doctrine, suivant Aristote, c'est-à-dire, l'auteur le plus jaloux de la gloire de Platon, et qui s'en est fait une de le contredire autant qu'il a pu. Dieu est la cause des idées (1), et les idées sont la cause de tous les êtres. Elles sont la production éternelle de l'entendement divin, et en même temps le modèle efficace de tout ce qui n'est point Dieu. Or, celui qui est la cause de la cause, n'est-il pas aussi la cause de l'effet? Le premier moteur n'est-il pas la cause du dernier mouvement, comme de tous ceux qui sont entre le premier et le dernier? Celui qui est la source de l'idée spirituelle de la matière, laquelle produit ensuite la matière corporelle, n'est-il pas aussi la source de cette matière, d'autant plus que c'est toujours l'*un*, c'est-à-dire Dieu, qui applique la cause et qui la rend féconde par sa volonté, suivant ces deux vers où Empedocles définit ainsi la divinité :

Αλλα φρην ιερη και αθεσφατος επλετο μουνον;
Φροντισι κοσμον απαντα καταισσουσα θοησιν.

Aimeriez-vous mieux, en vérité, attribuer aux idées l'honneur de la création, que d'en donner la gloire à l'auteur des idées, qui, dans cette doctrine, doit être appelé la cause des causes?

Enfin, quoique tout ce que je viens de dire renferme plus qu'éminemment cette vérité, que *c'est de rien que Dieu a tout fait*, s'il faut néanmoins, pour ôter toute équivoque, trouver encore cette expression même dans les anciens philosophes, il ne sera peut-être pas bien difficile de porter la preuve jusqu'à ce dernier point.

Aristote dans le treizième livre de sa métaphysique, et faisant, comme en beaucoup d'autres endroits de ses ouvrages, la critique des anciens philosophes, pour s'élever au-dessus d'eux, dit précisément et à

(1) M. le chancelier d'Aguesseau ne fait ici que rapporter les principes de Platon.

la lettre, qu'il y en a qui *font les êtres de ce qui n'étoit pas*, ou du *néant*, εκ του μη οντος ποιουσι τα οντα. Mais il explique cette doctrine avec bien plus d'étendue dans le discours qu'il a fait sur Xenophanes. Il y combat les sentimens de ce philosophe, que je soupçonne, non sans beaucoup d'apparence, qu'il entendoit mal, ou qu'il expliquoit peut-être plus mal qu'il ne l'entendoit selon lui, « Xenophanes prouvoit » que *toutes choses* étoient l'*un*, ou que l'*un* étoit » *toutes choses* », parce qu'autrement il s'ensuivroit qu'il y auroit des *êtres faits de rien*. Dans cette supposition, qu'il seroit fort aisé de mieux expliquer qu'Aristote, mais dont il ne s'agit pas ici d'examiner le véritable sens, il dit qu'il y auroit des philosophes qui ne seroient pas effrayés d'une telle conséquence, et qui « *adopteraient bien plus volontiers l'hypothèse* » *de l'être tiré du néant* ou *fait de rien*, *qu'ils ne se* » *porteroient à croire qu'il n'y a pas plusieurs êtres.* » *On soutient fortement de leur part*, ajoute Aristote, » *que ce qui n'est point*, *peut exister*, *quoiqu'il y ait* » *aussi plusieurs êtres qui ne sont pas faits de rien*, » c'est-à-dire, qui sont formés d'un autre être. *Et ce* » *ne sont pas*, dit-il, *des aventuriers qui ont tenu ce* » *langage*, *c'est une partie de ceux qui ont eu la ré-* » *putation de Sages* »; c'est ce qu'on a appelé depuis philosophes. « *Hésiode*, sans aller chercher plus loin, » *ne dit-il pas que le chaos a été le premier produit* » *avant toutes choses*, *ensuite la terre et l'amour.* » *Tout le reste*, selon lui, *a été produit ou formé* » *de ces premiers êtres*; *mais ces premiers êtres ont* » *été faits de rien*; τα δ' αλλα φησι γενεσθαι· ταυτα δ' εξ » ουδενος. Beaucoup d'autres encore disent que rien » n'est (c'est-à-dire, *n'est* de soi-même, n'a *l'être* » *nécessaire*) *mais que tout a été fait*, *voulant dire* » *que de ce qui n'étoit pas*, *a été fait tout ce qui est* ». Enfin, il observe vers la fin du même discours, qu'il y avoit plusieurs philosophes qui croyoient que *le chaos d'Hésiode* n'est autre chose que *le vide*, ou l'espace *qu'il a fallu créer avant toutes choses*, *pour être la place ou le lieu des corps.*

Puisque nous parlons ici du chaos, j'avoue, Monsieur, que j'attends avec impatience que vous disiez, *fiat lux*. Car jusque-là je me sentirai fort porté à croire que le prétendu axiome de l'ancienne philosophie, *rien ne se fait de rien*, n'a pas été universellement admis par tous les philosophes, et qu'il y en a un grand nombre qui ont soutenu, comme ce dernier passage d'Aristote le marque si clairement, qu'il étoit possible que l'être sortît du néant; que ce qui n'étoit pas devînt ce qui est; en un mot, que de rien Dieu en fît toutes choses : et parler ainsi, n'est-ce pas reconnoître ouvertement la vérité de la création?

Je ne suis point surpris après cela qu'Hyeroclès, que Porphyre, qu'Iamblichus, que Plotin aient déclaré si nettement que la matière étoit l'ouvrage de Dieu; et s'ils ont ajouté qu'il la produisoit éternellement, ils ont reconnu au moins, qu'elle était créée et dépendante de l'Être suprême. Ils avouoient donc la vérité de la création, et il ne restoit plus que de disputer avec eux, comme avec Aristote, sur le temps de la création.

Que direz-vous encore de Sénèque, qui, quoique récent par rapport à la grande antiquité des philosophes dont j'ai parlé dans cette lettre, peut être regardé au moins comme l'écho d'une tradition beaucoup plus ancienne que lui?

Au commencement de ses questions naturelles, il donne une idée générale des différentes opinions des philosophes sur le monde et sur la divinité. Il fait l'éloge de la métaphysique qui a pour objet des matières si élevées, et il met au nombre de ses avantages, le don de connoître la mesure et les bornes de chaque être, de savoir *jusqu'où s'étend le pouvoir de Dieu, s'il forme la matière* dont il veut faire ses ouvrages, *ou s'il se sert d'une matière qu'il trouve déjà existante, si l'idée précède la matière, ou si la matière précède l'idée : materiam ipse sibi formet, an datâ utatur, utrum idea materiæ priùs superveniat, an materia ideas?* Il ne propose point ces doutes comme des questions nouvelles, il ne se fait point honneur de les avoir imaginées ; il n'en parle que comme des objets communs et ordinaires de la métaphysique, comme du sujet ancien et perpétuel des disputes philosophiques. Pouvoit-il donc attester plus clairement que la création de la matière même étoit un point agité entre les philosophes ; et si cela est, peut-on soutenir, qu'ils n'en aient eu aucune connoissance?

Il me semble donc, Monsieur, que dans ma quatrième proposition, ou dans le quatrième degré d'une discussion que vous m'avez fait entreprendre, je marche encore plus que dans les degrés précédens, au moins à la lumière d'une très-grande vraisemblance; et, pour les réunir tous dans une récapitulation abrégée, la seule espèce de péroraison qui fut permise à l'Aréopage, je dois dire, en finissant mon apologie des très-anciens philosophes, qu'il résulte de cet examen de leur doctrine, que les plus sages et les plus éclairés d'entr'eux ont connu :

1.° Que Dieu agit par la seule efficace de sa volonté;

2.° Que sa volonté est toute-puissante, et qu'il peut tout ce qu'il veut;

3.° Que c'est Dieu qui a fait toutes choses, c'est-à-dire, le monde intelligible comme le monde sensible;

4.° Que c'est de rien que Dieu a fait tout, créateur de la matière comme de la forme, auteur de l'être même comme des manières d'être.

Je devrois à présent passer au second âge que j'ai distingué d'abord dans la philosophie; et, pour répondre pleinement à votre question, expliquer le sentiment de Platon, y ajouter même par surcroît celui d'Aristote, et examiner enfin si l'argument négatif que vous tirez du silence de beaucoup d'auteurs anciens, est aussi puissant qu'il vous l'a paru d'abord; mais je suis fort las d'une matière qui m'a mené beaucoup plus loin que je ne le croyois, et vous devez l'être encore plus que moi : il est donc temps, et c'est même y penser trop tard, il est temps de finir une lettre dont la longueur énorme ne peut être excusée, que parce que c'est le fruit de mon loisir, et qu'elle a servi ou d'occupation ou d'amusement à ma solitude. Je la comparerois volontiers à ces corbeilles des solitaires de la Thébaïde, qui n'étoient bonnes que parce qu'elles les occupoient, et qu'on jetoit au feu après les avoir faites. Je serois bien tenté d'y jeter en effet ma lettre, si je n'espérois qu'elle m'attirât de meilleures choses de votre part. Je l'acheverai au moins dans le même esprit avec lequel je me suis engagé dans cette dissertation. Ne croyez donc pas, Monsieur, que je veuille encore rien affirmer sur la question que j'y ai traitée. Je n'ai prétendu, comme je l'ai déclaré plusieurs fois, que soutenir devant vous la cause des meilleurs philosophes de l'antiquité. Vous en êtes le vrai juge par l'étendue et la supériorité de vos connoissances; vous ne l'êtes pas moins par mon consentement et ma soumission aussi volontaire que raisonnable. Si j'ai paru quelquefois, dans le progrès de mon raisonnement, prendre un ton plus affirmatif, et parler comme un homme persuadé, ce n'a été que pour donner plus d'essor à mon esprit, et plus de force aux argumens que je vous ai proposés. J'ai fait à peu près comme Glaucon et Adimante dans la république de Platon. Ils embrassent d'abord une opinion contraire à celle de Socrate, et la soutiennent de toutes leurs forces, pour lui donner lieu de les mieux instruire, ne disputant que pour être plus solidement réfutés, et ne cherchant dans ce combat, comme Socrate le dit ailleurs de lui-même, que le plaisir de mieux sentir dans leur défaite toute l'évidence de la vérité. C'est précisément ma disposition, Monsieur; elle vous montrera au moins toute l'estime dont je suis rempli pour vous, et je n'ai pas besoin de vous dire après cela que personne ne peut être à vous plus véritablement et plus parfaitement que moi, etc.

Explication de la matière dont les Théologiens ont soutenu que le dogme de la Création ne peut pas être démontré par la raison. De la source du plaisir que les ornemens du langage nous font éprouver.

Il y a long-temps, Monsieur, que j'hésite à vous envoyer le volume plutôt que la lettre qui est jointe à celle-ci. J'aurois bien voulu pouvoir l'abréger, mais la patience m'a manqué encore plus que le temps, pour la rendre plus courte; et puisque vous insistez toujours à demander des preuves de fait, sans vous contenter de ce que j'ai dit sur la question de droit, je vous l'envoie telle qu'elle est, cette énorme épître, bien éloigné de croire, comme vous voulez m'en flatter par votre dernière lettre, que je puisse *effacer les philosophes et les savans*, et encore plus d'avoir l'*ambition démesurée de vouloir être le premier des hommes en toutes choses.* Vous me prodiguez des éloges dans le temps que je ne vous demande que de l'indulgence. Je me contente de former des doutes, tout au plus des opinions probables, que je laisse mûrir, non par le temps, comme disent les casuistes, mais par la solidité de votre jugement. Par exemple, j'ai de la peine à convenir de ce que vous dites dans votre dernière lettre, que les théologiens ont cru qu'on ne pouvoit démontrer par la raison le dogme de la création. Je sais bien que saint Thomas le dit formellement; mais je soupçonne que son raisonnement ne tombe que sur ce dogme pris en son entier, tel que Dieu nous le révèle dans les livres saints; c'est-à-dire, avec cette circonstance que la création a commencé, parce qu'en effet ce point, qui dépend uniquement de la volonté positive de Dieu, ne peut nous être connu que lorsqu'il veut bien nous l'apprendre lui-même par la révélation; et ce qui me porte à conjecturer que c'est peut-être en ce sens que saint Thomas a dit qu'on ne pouvoit démontrer par la raison le dogme de la création; c'est le grand soin qu'il prend, dans cette question comme dans toute autre, de sauver l'honneur d'Aristote en distinguant deux opinions différentes qui ont partagé les anciens philosophes sur le point de la création; les uns ayant cru le monde non-seulement éternel, mais indépendant; et les autres, du nombre desquels il semble mettre Aristote, ayant admis l'éternité du monde, mais non pas son indépendance, et si je puis hasarder ici un mot nouveau, son improduction : voilà encore un doute que je vous laisse à discuter, Monsieur, et que je me contente d'avoir fait naître.

J'espère qu'à la fin vous vous lasserez de consulter un homme qui ne sait que douter, et dont les doutes sont comme des songes pénibles dont on ne voit point la fin. Mais, puisque vous me demandez encore mon sentiment sur une matière qui m'auroit pu être autrefois plus familière que les nombres ou les idées de Pythagore, je vous dirai d'abord que je m'y trouve beaucoup moins embarrassé que sur la question de la création; je m'y engage même sans aucune crainte de me tromper; je n'ai qu'à choisir entre vous et vous-même, et de quelque côté que mon choix se détermine, je suis sûr de bien choisir, parce que je penserai toujours ou comme vous avez pensé autrefois, ou comme vous pensez à présent, et par conséquent je ne saurois mal penser. Peut-être même ne serai-je pas obligé de faire un choix, ni de prendre parti entre vos premières et vos dernières pensées : il me semble en effet qu'il n'y a qu'à les réunir pour expliquer pleinement et entièrement la cause du plaisir que la métaphore, les pensées brillantes, et les autres ornemens du langage, font à notre ame; le même objet peut faire sur nous en même temps plusieurs impressions agréables; je considère un beau tableau, je me sens frappé de la correction et de la facilité du dessin; j'admire le choix du sujet et de ses circonstances, la beauté de l'ordonnance et de la composition, la variété et le contraste des figures, la vérité et la naïveté du coloris, les effets de l'ombre et de la lumière; la force et les grâces de l'expression; toutes ces impressions différentes se réunissent en une seule, parce qu'il n'en résulte que l'idée d'une perfection totale, qui est la fidélité d'une imitation si parfaite, que l'art s'y cache lui-même, et qu'on la prend pour la nature; telle est la première impression générale qui se fait sentir en nous à la vue d'une belle peinture. Mais outre cette première espèce de plaisir qu'elle nous fait, et qui n'est presque qu'un plaisir de l'esprit qui s'occupe agréablement à comparer des rapports, et qui jouit, pour ainsi dire, de la clarté d'une image si ressemblante à la vérité, il y a encore d'autres impressions accessoires qui vont jusqu'au cœur, qui le remuent, qui l'agitent, et qui excitent en lui les mêmes passions ou les mêmes sentimens dont il voit une vive peinture; et, comme notre ame goûte avec plaisir cette espèce d'agitation légère qui, sans la troubler véritablement, lui donne une émotion agréable par l'attrait qu'elle a pour les choses sensibles, c'est un second genre de satisfaction qu'elle éprouve à la vue d'un beau tableau, et qui la chatouille, si l'on peut parler ainsi, encore plus que le premier; l'un est un plaisir de lumière, et l'autre un plaisir de sentiment. Ils se font sentir en même temps dans notre ame, et ils se tiennent la main, en quelque manière, comme pour s'aider mutuellement. La justesse du rapport réveille le sentiment, et le sentiment réveillé nous applique et nous attache encore plus à pénétrer toute la justesse et toute la délicatesse du rapport.

Cette image, ou cette comparaison, me plaît d'autant plus, Monsieur, qu'il me semble qu'elle peut vous concilier aisément avec votre ami, ou plutôt avec vous-même; tous les ornemens du langage sont comme les beautés de la peinture; la clarté est sans doute le principal objet de tout homme qui parle, et le premier plaisir de tout homme qui écoute, comme la fidélité ou la vérité de l'imitation est le fondement de la gloire du peintre, et de la satisfaction du spectateur; mais, outre le plaisir d'être éclairé ou de comparer les rapports de la copie et de l'original, l'homme veut être touché, sentir son ame en mouvement, et joindre le sentiment à la lumière. C'est ce que les images sensibles, c'est ce que l'art d'émouvoir les passions font dans l'éloquence comme dans la peinture; parce que concevoir et aimer la vérité, ce sont les deux grands plaisirs de l'homme, ou plutôt c'est l'homme tout entier : pour comprendre combien ces deux plaisirs sont différens, et combien celui de sentiment ajoute à celui de lumière, il n'y a qu'à s'interroger soi-même, et comparer l'état où l'on se trouve à la récitation d'une belle tragédie ou d'un discours très-éloquent, avec la situation où nous met une démonstration de géométrie ou la plus belle exposition d'une vérité de la même nature. La clarté peut être égale des deux côtés, mais le plaisir ne le sera pas, au moins pour le commun des hommes, pour qui des figures de la rhétorique ont été inventées. Il y a donc quelque chose de plus que le plaisir de la clarté qui les charme et qui les transporte; qu'on leur dise la même chose en termes très-clairs, mais très-simples; qu'un poète ou un orateur leur présente dans un style figuré et plein d'images, ils demeureront froids et indifférens; ce n'est pas qu'ils entendent moins bien la pensée, ou que leur attention ait besoin d'être excitée pour la bien comprendre, il ne s'agira souvent que d'une pensée fort commune et à la portée de tous les esprits; ils seront également éclairés, mais ils ne seront pas également touchés. Il y a sans doute un plaisir attaché à l'évidence et à la clarté des idées et des raisonnemens; c'est ce qu'il me semble que saint Augustin appelle *gaudium de veritate;* l'ame sent par là la perfection de sa nature; elle jouit des forces de son intelligence, elle rentre au moins en partie dans la possession de son état naturel, qui auroit été de connoître pleinement la vérité. Mais ce plaisir n'est qu'une joie pure et tranquille, une volupté trop délicate, si je l'ose dire, et trop spirituelle pour être goûtée parfaitement; je parle toujours du commun des hommes; elle n'affecte que la partie la plus élevée, et pour parler le langage des mystiques, que la cîme de l'ame. Il nous faut ordinairement quelque chose de plus grossier et de plus sensible ; l'esprit est satisfait, mais l'imagination ne l'est pas ; c'est elle qui produit les images et les figures, et c'est pour elle qu'elles sont produites : elles ne devroient servir qu'à rendre l'esprit plus attentif, et par là plus susceptible de la clarté des idées ; mais il s'attache à leur écorce souvent plus qu'à leur substance même, et il en est à peu près de la nourriture spirituelle comme de la nourriture corporelle. L'assaisonnement ne devroit servir qu'à réveiller un appétit languissant, mais les hommes en sont souvent plus piqués que de la viande qui les nourrit ; et il n'y a point de gourmand qui ne distingue parfaitement le plaisir d'apaiser sa faim par une nourriture solide, et celui de satisfaire son goût par un mets délicieux. Vous l'êtes si peu, Monsieur, que vous n'avez peut-être jamais pensé à faire cette distinction ; vous portez la même pureté de goût dans les opérations de l'esprit ; et c'est ce qui vous fait pencher à croire que tous les assaisonnemens du langage se terminent à augmenter le plaisir de l'évidence, parce qu'en effet ils ne devroient servir qu'à cet usage ; mais vous avez plus besoin que moi de l'avis que vous me donnez d'être en garde contre mon esprit, et de ne pas juger des autres par moi ; au reste, ces deux plaisirs que je distingue dans les beautés du langage sont bien différens, mais ils ne sont pas contraires ; ils se prêtent un secours mutuel, comme je l'ai dit en parlant du tableau : plus les choses sont exprimées clairement, plus elles nous inspirent les sentimens qui leur sont propres, et plus elles nous inspirent ces sentimens, plus nous nous sentons portés à les trouver clairs, et mieux disposés en effet à les voir plus clairement ; mais nous sentons toujours en même temps ces deux plaisirs, je veux dire celui de la clarté, et celui des sentimens accessoires qui l'accompagnent. Ne séparez donc point, Monsieur, ce que la nature a si sagement uni pour ménager notre foiblesse, ou plutôt ne vous divisez pas vous-même, et réunissez vos premières pensées avec les dernières; vous êtes bien heureux de n'avoir qu'à vous recueillir tout entier pour posséder la plénitude de la raison.

Ne trouvez-vous pas, Monsieur, qu'il m'a fallu un grand effort d'esprit pour répondre à votre consultation. J'ai fait précisément comme les enfans à qui l'on demande lequel ils aiment le mieux de leur père ou de leur mère, et qui répondent qu'ils les aiment bien tous deux; c'est en effet à quoi se réduit toute ma réponse. Vous voulez me faire décider entre deux sentimens, et je les prends tous deux; il y a cependant une espèce de finesse, s'il n'y a pas beaucoup d'esprit dans cet expédient; je vous aurai toujours pour moi contre vous-même, si vous ne goûtez pas la conciliation que je vous propose; mais c'est trop vous fatiguer en matière d'éloquence, après avoir abusé de votre patience autant que je l'ai fait sur la philosophie, je vous prie seulement que je n'ennuie que vous seul qui m'y avez engagé, et que mes lettres ne soient que pour vous. Je n'ai nullement la démangeaison de devenir auteur, ni d'acquérir une réputation d'érudition dont je me sens fort indigne, j'ai fait seulement en tout ceci comme Horace :

Ubi quid datur oti
Illudo chartis (1).

Ce sont des fruits de ma solitude et de mon oisiveté, qui ne sont que pour votre usage, parce que vous les avez demandés, et que, sans cela même, je me garderois bien de vous envoyer. Mais je prends ici une précaution dont je n'avois nul besoin avec vous; je connois votre discrétion autant que j'honore votre savoir; et elle a même encore plus de part que tout le reste à l'estime avec laquelle je suis, Monsieur, parfaitement à vous.

(1) Serm., liv. 1, s. 4, ℣. 138.

Sur l'accord de la liberté avec les attributs de Dieu, et sur la Création.

Je n'ai jamais rien lu de Spinosa, mais ce que j'ai recueilli de ses principes dans les ouvrages des autres, m'a toujours paru si absurde, qu'il suffiroit presque de l'exposer clairement pour le réfuter, *vos exposuisse refellisse est :* cependant, comme son obscurité même plaît à un grand nombre d'esprits qui ne cherchent qu'à se former des nuages et à les revêtir d'une apparence de métaphysique, il seroit sans doute fort utile qu'un bon philosophe s'attachât à le combattre, non pas à demi, ce que M. Arnaud regardoit avec raison comme fort dangereux, mais en remontant jusqu'aux premiers principes, et en faisant sentir si pleinement toute l'absurdité de ce système qu'il fût en quelque manière honteux de le soutenir. Saurin pourroit être capable d'y réussir, et l'essai que vous m'avez envoyé en est une preuve; mais pourrez-vous vaincre sa paresse, ses distractions, et l'engager à ne travailler pour un temps qu'à un seul ouvrage qui l'occupe tout entier; c'est au moins ce que je regarde comme impossible à tout autre que vous?

Ne lui dites pas comme à moi, qu'il faut désespérer absolument d'accorder la liberté de l'homme avec l'idée du premier et de l'unique moteur; ou, si vous le lui dites, souffrez qu'il commence par vous réfuter le premier pour ne pas donner aux spinosistes le grand avantage de pouvoir dire, ou que nous n'avons point d'idée de Dieu, ou que l'homme n'est qu'un agent nécessaire et servile; après quoi il seroit bien inutile, et même absurde en un sens, d'entreprendre de les réfuter, puisqu'ils seroient aussi nécessairement et aussi invinciblement déterminés ou plutôt asservis à leur opinion que le réfutateur le seroit à la sienne. Je vois avec peine depuis long-temps que vous êtes brouillé sur la question de la liberté avec tout ce qu'il y a de bons philosophes et de grands théologiens : vous voudriez que cette question pût être aussi clairement et aussi pleinement résolue qu'un problème de géométrie, mais il en est de la liberté humaine, comparée avec les attributs divins, comme de l'idée même de Dieu ; nous en savons assez pour concevoir cette idée, nous n'en savons pas assez pour la comprendre entièrement; et, comme ce que nous ignorons ne rend point douteux et incertain ce que nous en savons, de même l'obscurité qui nous reste sur la conciliation du libre arbitre avec la connoissance et la puissance de Dieu, ne doit pas nous faire rejeter ce qu'une conscience intime nous enseigne sur ce sujet par un sentiment intérieur qui est aussi fort et qui nous conduit aussi sûrement que l'évidence même. J'ai été tenté plusieurs fois d'essayer de vous raccommoder avec la bonne philosophie et la sainte théologie sur cette matière, et je l'aurois réduite à ces points principaux qui pourroient devenir le cannevas d'un grand ouvrage.

1.° Dieu est certainement le tout-puissant, ou plutôt le seul être puissant, l'unique moteur, la seule cause universelle et véritablement efficace.

2.° Je sens que je suis libre; tous les hommes le sentent comme moi; et il m'est aussi impossible, si je veux agir de bonne foi, de douter de ma liberté que de douter de mon existence. Dire que je me trompe sur ce point, ce seroit dire que Dieu même me trompe, puisqu'un sentiment qui est le même dans les hommes de tous les pays et de tous les temps, qui est le fondement de toutes les lois, de tous les préceptes, de toutes les récompenses et de toutes les peines, de toute louange et tout blâme, ne peut venir que de l'auteur de la nature.

3.° Puisque ces deux premières vérités sont certaines, il faut nécessairement qu'il y ait une manière de les concilier l'une avec l'autre, autrement il eût été absolument impossible que Dieu eût créé des êtres libres, puisqu'il ne peut se nier lui-même, ni déroger à ses attributs éternels et immuables.

4.° Quand mon esprit seroit trop borné pour découvrir la voie par laquelle la liberté de l'homme peut s'accorder avec la nature de Dieu, la seule conséquence que j'en pourrois tirer est que je manque de lumières sur ce point; mais mon ignorance ne seroit jamais une raison légitime, ou pour me faire abandonner l'opinion que j'ai de la toute-puissance et de la toute science de Dieu, ou pour me faire renoncer à la confiance intime et imperturbable que j'ai de ma liberté.

5.° Suis-je même réduit à l'entière impossibilité de concilier mes sentimens sur ces deux vérités. Il faudroit pour cela que j'aperçusse une conséquence ou une liaison nécessaire et infaillible entre ces deux propositions. L'homme est libre, donc Dieu ne sait pas tout, et ne peut pas tout ce qu'il veut; ou, entre ces deux-ci, Dieu sait tout et peut tout, donc l'homme n'est pas libre; mais bien loin que l'une ou l'autre conséquence soit évidente, on ne peut les prouver que par une pétition de principe, c'est-à-dire, en supposant ce qui est en question, je veux dire que le problème est insoluble et la conciliation des deux vérités absolument impossible: or, par quelle voie me prouvera-t-on cette prétendue impossibilité; il faudroit pour cela en savoir autant que Dieu même, et lire dans ses idées éternelles, qu'il ne lui est pas possible de créer un être libre, ou que cela répugne essentiellement à sa nature. Il n'y a que les choses de cette espèce, c'est-à-dire, celles qui renferment une contradiction évidente, que je doive regarder comme impossibles. Tout ce qui n'est point de ce genre, l'idée de la toute-puissance de Dieu m'oblige à le considérer comme pouvant exister; et par conséquent si personne ne peut me prouver que l'hypothèse de la liberté humaine renferme évidemment et nécessairement la négation de l'Être suprême ou de quelqu'un de ses attributs, je ne puis refuser de la mettre au nombre des choses possibles; d'où il suit clairement que la conciliation de cette hypothèse avec l'idée de Dieu, n'est pas plus impossible,

6.° Est-il vrai même que cette conciliation soit entièrement au-dessus de la portée de notre esprit? Ne l'aperçoit-on pas au moins, si on ne la découvre pas pleinement, dans ce seul principe bien médité, qui est de saint Thomas? Il convient à l'Être suprême de conduire chaque être selon la nature qu'il lui a donnée, c'est-à-dire, nécessairement, ceux qui n'agissent que nécessairement, et librement, ceux qu'il a rendus capables d'agir librement: capacité qui consiste uniquement à pouvoir donner, refuser ou suspendre son consentement, ou son adhésion à toute idée qui n'a point le caractère d'une évidence parfaite, et à tout bien qui ne m'est pas pleinement présenté comme le souverain bien. Ma raison ne trouve rien qui la blesse dans ce principe, elle le tient même naturellement; tout homme a commencé par le croire, et il n'y en a aucun qui se soit porté d'abord à penser que Dieu le conduisoit comme il conduit le mouvement d'une pierre, ou de tout autre être insensible. S'il est des esprits qui parviennent à confondre l'un avec l'autre, ce n'est que par de longs et pénibles efforts; la pente naturelle de leur esprit y a résisté long-temps : ils ne sont entrés dans ce sentiment que par des réflexions souvent étrangères, qui ne sont venues qu'après coup, et plutôt par l'impression d'une difficulté qu'ils n'ont pu résoudre, que par un raisonnement direct et lumineux; en sorte qu'à dire le vrai, ils doutent plutôt qu'ils ne sont véritablement convaincus de leur opinion.

7°. Mais, qu'est-ce qu'on doit entendre par cette expression, que Dieu conduit librement les êtres libres? Ma raison me suffit encore pour comprendre que ces termes signifient que, dans le cours ordinaire, Dieu agit tellement sur eux, qu'ils peuvent ne pas adhérer par consentement ou *par amour* à l'objet qui leur est présenté, soit en n'y faisant pas assez de réflexion, soit en s'attachant trop à d'autres objets, et en opposant une lumière à une autre lumière, ou un attrait à un autre attrait. Mon sentiment intérieur et une expérience continuelle me rendent encore, sur ce point, un témoignage que je ne saurois étouffer, ce qui est la source de tous mes repentirs, lorsque je reconnois l'erreur ou la passion qui m'a empêché d'acquiescer à la vérité, ou d'embrasser un bien solide et réel; ma raison me montre donc que la chose est possible, et ma conscience me convainc qu'elle existe véritablement; ainsi, celui qui a dit que la liberté consiste dans la non invincibilité de notre volonté, pendant le cours de la vie présente, pourroit bien en avoir connu la véritable nature, et avoir renfermé dans ce seul mot le dénoûment de la prétendue contradiction qu'on veut trouver entre les attributs de Dieu et la liberté de l'homme.

8.° Si ce dénoûment étoit vicieux, ce seroit, ou comme contraire à la certitude de la prescience divine, ou comme opposé à l'immensité de la puissance de Dieu, ou comme incompatible avec sa sagesse. Mais on peut observer en premier lieu que la prescience divine n'a rien à craindre de cette conciliation, et qu'elle ne sert qu'à nous en donner une plus grande idée; cet attribut, conçu dans toute son étendue, renferme la capacité de prévoir les effets des volontés libres, comme les mouvemens des agens nécessaires: comment cela s'exécute-t-il? C'est sur quoi les théologiens se partagent, et ce qu'il est peut-être impossible à l'homme de bien expliquer; mais l'ignorance de la manière n'empêche pas que le fond de la chose ne soit évidemment certain, et on peut le prouver par ce seul argument. Nous devons attribuer à Dieu ce qui est le plus parfait, ou ce qui montre une plus grande perfection. Or, il y en a beaucoup plus, sans doute, à prévoir les actions des volontés libres, qu'à prévoir seulement les suites nécessaires du mouvement des êtres nécessaires, donc, etc.

Qui sont donc ceux qui diminuent et qui restreignent les attributs de Dieu, et celui de la prescience en particulier? Ce sont les ennemis de la liberté humaine, qui ne peuvent comprendre que Dieu connoisse, par avance, les déterminations libres des volontés libres ou ce qu'on appelle *les futurs conditionnels*; et qui, par là, font injure à sa prescience dont ils retranchent une grande partie, et celle qui montre une plus haute perfection.

Secondement, cette conciliation ne répugne pas davantage à l'idée de la toute-puissance divine, de quelque manière que Dieu agisse, soit dans le concours ou avec concours d'un être inférieur; il sait toujours tout ce qu'il veut. La souveraine puissance ne consiste point à vouloir toutes choses, et à les vouloir opérer de la même manière; son véritable caractère est de pouvoir tout ce que l'on veut, et de le produire comme il le veut, c'est-à-dire, ou sans le concours de l'être assujetti à cette puissance, ou avec son concours; et il est plus parfait de pouvoir agir de ces deux manières, que d'être réduit à n'agir que d'une seule. Dira-t-on qu'il est contraire à l'idée de la toute-puissance qu'un autre être concoure à ses ouvrages, parce qu'alors il y auroit quelque chose qui ne seroit point l'effet de la cause unique et universelle? Mais n'est-ce pas elle qui a donné et qui donne toujours à l'être libre le pouvoir de concourir? Et cesse-t-elle de produire ce concours même, parce qu'elle le fait par des moyens qui le produisent librement par rapport à l'être libre qui concourt et par l'impression qu'elle fait sur sa volonté? C'est au contraire dans le sentiment de ceux qui nient la liberté humaine, ou qui ne peuvent l'accorder avec l'idée de Dieu, qu'on limite véritablement sa puissance, puisque si les défenseurs de ce sentiment raisonnent conséquemment, ils sont forcés de refuser à Dieu le pouvoir de créer des êtres libres, et de réduire, pour ainsi dire, son domaine aux seuls êtres qui agissent nécessairement; enfin, l'idée de la sagesse divine s'augmente et acquiert une plus grande perfection, et, conciliant ainsi le libre arbitre avec la nature de Dieu, cette sagesse infinie n'éclate jamais davantage que quand nous la considérons dans le gouvernement des êtres libres.

Il en faut bien plus, selon notre manière de penser,

pour les laisser agir librement et demeurer toujours le maître, que pour conduire des êtres toujours forcés dans toutes leurs opérations. Mais, diriger tellement des volontés libres, que, sans le savoir et en servant ou en abusant même de leur liberté ils ne fassent que travailler à l'accomplissement de ses desseins, c'est ce que nous regardons, et avec raison, comme le miracle continuel de la sagesse divine, outre que la justice et la bonté de Dieu se manifestent bien plus hautement par les peines ou par les récompenses dont les seuls êtres libres sont susceptibles par l'usage de leur liberté, que s'il n'y avoit dans le monde que des agens nécessaires, et par là incapables de devenir l'objet de la justice et de la bonté de Dieu : nier toutes ces vérités, c'est travailler par conséquent à restreindre l'idée de la sagesse divine, après avoir diminué celle de la prescience et de la puissance du premier être.

Voilà, Monsieur, les principaux points que j'aurois eu envie de traiter plus à fond, si je m'en étois cru capable, et si je n'avois eu d'autres occupations qui sont plus à ma portée; mais je pourrois dire ici : *intelligenti pauca*, et encore, *aut hæc satis, aut nihil satis.* Je suis persuadé que si vous méditiez attentivement ces propositions générales, vous n'auriez garde d'abandonner aux spinosistes l'opinion de la liberté, en avouant que la raison n'y comprend rien: que vous resteroit-il contr'eux après cela, puisqu'ils ne reconnoissent point l'autorité de l'Écriture sainte? Et si l'on désespère une fois de soutenir le sentiment favorable à notre liberté, je ne vois plus ni de morale naturelle, ni même de philosophie; toutes les opinions deviennent arbitraires et également soutenables ou insoutenables; l'homme conduit nécessairement par une impression aveugle, devient une véritable girouette qui se meut à tout vent sans pouvoir jamais se fixer, ni sur ce qui peut le conduire à son souverain bonheur, ni sur la raison, l'expérience, le sentiment commun de tous les hommes : enfin, la religion même réclame contre cette supposition, et on ne peut l'éviter qu'en convenant des seuls principes par lesquels on puisse accorder la liberté de l'homme avec l'idée de Dieu; le passage de saint Paul que l'on cite souvent, et que l'on porte quelquefois trop loin, n'a rien de contraire à la doctrine de saint Augustin, de saint Thomas et du commun des théologiens, qui conviennent tous dans les points généraux et essentiels. Ce passage ne s'applique, dans le sens naturel, qu'au secret de la prédestination qui sera toujours un mystère impénétrable à l'esprit humain; ou si l'on veut l'étendre jusqu'à l'accord de la liberté avec les attributs de Dieu, il signifie seulement, comme je l'ai dit d'abord, que l'homme ne comprend point cet accord dans toute son étendue: mais prétendre qu'il n'en a aucune idée, c'est aller plus loin que saint Paul, dont il seroit aisé de faire voir que les plus célèbres théologiens n'ont fait qu'expliquer et développer la doctrine dans ce qu'ils ont dit sur ce sujet. Non-seulement saint Paul, mais toute l'écriture, suppose, et le déclare même formellement en mille endroits, que l'homme n'a que trop le malheureux pouvoir de résister à la grâce, quoiqu'il n'y résiste jamais quand Dieu le veut par cette volonté absolue à laquelle tout être libre ou non libre obéit toujours; mais dans le temps même qu'il n'y résiste point, il y cède librement, et c'est ce qui rend son obéissance méritoire, comme on le peut encore prouver par l'écriture sainte. La raison et la religion sont donc d'accord, non-seulement sur la réalité du libre arbitre, mais sur les idées par lesquelles on peut le concilier avec la toute-puissance de Dieu; et je vous laisse à juger si l'on peut jamais abandonner les lumières de la raison, lorsqu'elles sont justifiées, confirmées, autorisées par les oracles de la religion.

Vous ne vous attendiez pas, sans doute, Monsieur, que j'oubliasse Spinosa, pour vous attaquer vous-même; mais ce qui regarde la liberté humaine est un préliminaire si nécessaire pour combattre le système de ce philosophe, que j'ai succombé à la tentation de vous remettre devant les yeux, au moins les notions générales qui peuvent servir à établir ce fondement de toute la morale naturelle ou surnaturelle que vous soutiendriez bien plus fortement que je ne le fais, si votre esprit se tournoit une fois de ce côté-là.

Vous le supposez vous-même, quand vous me demandez ce que je pense sur la manière de prouver la possibilité de la création ; ce seroit, en vérité, bien inutilement que l'on raisonneroit sur ce point, si l'homme étoit nécessairement déterminé à prendre l'une ou l'autre opinion, comme une pierre est forcée de s'échapper de la fronde par une des tangentes du cercle qu'elle décrit. Il est bien tard de commencer à traiter cette nouvelle matière. Je suis fort las d'écrire, et vous devez l'être encore plus de lire. Je ne me souviens pas même d'avoir employé aucun temps, l'année dernière à réfléchir sur ce sujet; mais si j'avois eu occasion de le faire, il me semble que j'aurois tout réduit à ces deux points, que je me contenterai de vous indiquer.

1.° La possibilité de la création est évidemment renfermée dans l'idée que nous avons de la toute-puissance de Dieu, idée qui doit être prise très-métaphysiquement, sans y mêler ce que notre esprit cherche toujours, et qu'il trouve rarement, je veux dire le *comment*, ou la manière dont l'ouvrage s'opère, parce que, comme tout ce qui dépend de l'art humain ne s'accomplit que par une suite de moyens ou d'instrumens, notre ame, qui juge souvent des opérations de Dieu par les siennes, voudroit trouver quelque chose de semblable dans ce que Dieu fait, à ce qu'elle fait, ou qu'elle croit faire; au contraire, il est essentiel à la souveraine puissance de pouvoir agir sans moyens et sans instrumens; et en la concevant aussi dans toute l'étendue de son idée métaphysique, on peut la définir une liaison nécessaire entre la volonté et l'effet, en sorte que la seule volonté soit absolument efficace sans le concours d'aucun autre être; et il n'y a même que cette efficacité réelle et absolue de la volonté qui mérite le nom de *puissance*, en sorte que *puissance* et toute *puissance*, c'est précisément la même chose ; il ne faut donc pas moins de puissance pour produire les modes et les différentes manières d'être par la seule force de la volonté, que pour produire les substances, ou les êtres mêmes; et, comme aucun de tous les philosophes qui ont reconnu la divinité ne lui a refusé le pouvoir de modifier la matière comme il lui plaît, il ne leur eût pas été plus difficile, s'ils avoient raisonné conséquemment, et s'ils avoient bien conçu que la puissance consiste uniquement dans l'efficacité absolue de la volonté, il ne leur eût pas été, dis-je, plus difficile de comprendre la création des essences, que de concevoir celle de leur modification. Dieu a voulu même, que nous eussions tous dans notre être, une image de cette efficacité qui produit les choses par la seule volonté. Je veux remuer mon bras, et il se remue aussitôt, sans qu'à mon égard, je fasse autre chose que le vouloir : ce qui veut en moi, est certainement quelque chose de spirituel, ce n'est pas ici le lieu de le prouver, et il seroit bien aisé de le faire; je conçois donc, par là, qu'il y a comme une liaison, ou une conséquence nécessaire, entre la volonté d'un esprit et le mouvement d'un certain corps. Cela supposé, je puis toujours raisonner ainsi : ou cette liaison est essentielle à la nature des esprits; en sorte que par l'ordre naturel, le mouvement de certain corps s'opère par leur seule volonté, et en ce cas je ne saurois avoir de peine à comprendre qu'un esprit d'un ordre infiniment supérieur, c'est-à-dire, l'Être souverainement parfait jouisse de la même prérogative, et, raisonnant au contraire du fini à l'infini, j'en conclurai que, puisqu'un être borné, comme le mien, peut agir sur un certain corps par la seule volonté, il faut nécessairement, que l'Être infini puisse agir également sur tous les corps par la seule volonté ce qui confirme comme je l'ai déjà dit, le pouvoir de les créer, puisqu'il n'y a rien qui ne soit soumis à l'efficacité absolue d'une volonté souverainement parfaite ; ou, si je suppose avec la plupart des philosophes modernes, que c'est Dieu même qui remue mon bras à l'occasion de ma volonté, comme c'est sa volonté seule qui imprime ce mouvement, j'y trouverai une preuve continuelle de cette efficacité absolue, qui ne consiste que dans la perfection de la volonté divine, et qui, encore une fois, renferme évidemment la possibilité de la création.

2.° Ce qui est à prouver sur ce sujet, n'est pas tant la possibilité de la création, que l'impossibilité de la *non-création*, que l'on peut démontrer d'une manière encore plus sensible et plus à la portée de beaucoup d'esprits que le premier point; c'est ce qui a déjà été fait par tant de philosophes, et en particulier par M. Clarck, qui me paroît avoir mieux prouvé que personne l'impossibilité du progrès à l'infini, que je ne pourrois que répéter ici ce qu'ils en ont dit, et que vous savez mieux que moi. Or, si la non création est une supposition absurde et impossible, il faut bien nécessairement admettre la création, non-seulement comme possible, mais comme nécessaire; et ce seroit un bel ouvrage que celui où l'on entreprendroit de prouver, non-seulement sur ce point, mais sur beaucoup d'autres, qu'il est plus difficile de ne pas croire, que de croire.

Me seroit-il permis, après cela, de relever encore une de vos propositions, dont il me semble que les spinosistes pourroient abuser. Vous prétendez que les erreurs de Descartes sur l'infinité, et même si vous le voulez, ce que j'ai de la peine à croire, sur l'éternité de la matière, viennent de ce qu'il a supposé que la matière et l'étendue sont une même chose. Je ne conçois pas trop bien comment on peut prouver, par cette supposition, vraie ou fausse, que la matière soit éternelle; il seroit même bien difficile qu'on en pût conclure, que la matière soit infinie, à moins qu'on y joignît l'opinion de Descartes, sur l'impossibilité du vide: encore pourroit-il ne pas reconnoître pour cela, l'infinité de la matière, et il pourroit en venir à bout dans ses principes, à force de subtilité;

mais, puisqu'il s'agit à présent du spinosisme, je crois qu'il seroit bien dangereux de soutenir que l'étendue positive, comme il faut l'entendre ici suivant la distinction des gassendistes, n'est pas l'essence de la matière, et qu'elle n'en est qu'une modification, comme la rondeur et toute autre figure. Il s'ensuivroit de là, que nous ne connoissons nullement l'essence de la matière, et c'est précisément ce qui donne lieu aux spinosistes de dire, que cette espèce de *subjet* ou de *substratum*, qui nous est inconnu, est comme le tronc commun d'où sortent la pensée et l'étendue comme deux branches du même arbre. On ne peut raisonner conséquemment sur cette matière qu'en supposant qu'*essence*, *substance*, *sujet* ou *substratum*, ne sont autre chose que la propriété essentielle de chaque être, d'où dérivent toutes ses autres qualités, avec laquelle nous pouvons les concevoir toutes, et sans laquelle nous ne saurions en concevoir aucune. Saurin l'a bien senti, et c'est cette idée qu'il a suivie avec raison, comme la seule par laquelle on puisse réfuter le spinosisme d'une manière claire et lumineuse; et je suis, depuis long-temps, très-persuadé de ce qu'il dit sur ce sujet dans l'ébauche que vous m'avez envoyée. Je me souviens de vous avoir fort ennuyé autrefois, par une longue lettre que je vous écrivis, sur la véritable notion du terme de *substance*; et, sans en rien répéter ici, je vous prie seulement de considérer, par rapport au spinosisme, combien il est dangereux d'admettre des idées vagues de *sujet* et *substratum*, qui, dans la vérité, ne présentent rien à notre esprit, parce que c'est le véritable principe de ceux qui ne travaillent qu'à obscurcir notre intelligence, en s'accoutumant à se payer de mots ou de termes abstraits, pour pouvoir réunir, à la faveur de ces notions confuses, les choses les plus réellement distinctes et les plus opposées l'une à l'autre.

Je ne devrois finir cette longue et trop longue épître, en vous disant comme saint Paul, et beaucoup plus véritablement que lui, *factus sum insi-*

piens, vos me coegistis; mais, après vous avoir tant fatigué par mes raisonnemens, je vous épargnerai au moins l'ennui des excuses, et je me contenterai de vous prier de me renvoyer cette lettre, parce qu'elle me reprocheroit toujours ma témérité, si elle tomboit jamais entre les mains d'autres personnes avec qui je rougirois plus des visions de mon esprit, que vous ne m'avez accoutumé à le faire avec vous à qui j'appliquerois volontiers ce mot que Sénèque nous a conservé d'Épicure, *satis amplum alter alteri theatrum sumus*, s'il n'y avoit un air de vanité dans ce discours, qu'on peut avoir pour les autres, mais qu'on ne doit jamais avoir pour soi, ce qui me convient encore moins qu'à personne.

Sur le second livre de l'Anti-Lucrèce, où l'on traite de l'Espace et du Vide.

J'avois continué de faire, sur le reste de ce livre, des notes semblables à celles qui précèdent; mais à mesure que je faisois ces notes, et, encore plus, lorsque je les ai relues, il s'est présenté tant de difficultés à mon esprit sur le fond de la matière même, qu'avant que d'aller plus loin, je crois les devoir proposer à l'auteur, parce qu'elles le porteront peut-être ou à passer beaucoup plus légèrement sur le *vide*, ou à le traiter d'une autre manière.

Je prends donc d'abord la liberté de lui faire cette interrogation même, et de lui dire :

Istud inane quid est?

Qu'est-ce que ce *vide* qu'il combat? C'est ce qu'il faudroit définir exactement en cet endroit; et il me semble que ce seroit chez ses adversaires mêmes qu'il devroit en chercher la définition, pour n'attaquer que ce qu'ils soutiennent véritablement.

Quand je parle de ses adversaires, j'entends par

là les épicuriens modernes, c'est-à-dire, les gassendistes et les anglais. Les premiers surtout se vantent de n'être que les fidèles interprètes d'Épicure sur ce qui regarde le vide, et les uns comme les autres sont les véritables ennemis de l'auteur; quoique son poème porte le nom d'Anti-Lucrèce, je suis sûr néanmoins que ce n'est ni à Lucrèce ni à Épicure qu'il en veut. Il y a long-temps que leur conversion est désespérée; on n'attaque ici les morts que pour instruire les vivans ou pour les réfuter, et l'on ne peut le faire solidement sans entrer dans leur pensée qu'ils soutiennent avoir été celle d'Épicure et de Lucrèce. Ce dilemme, auquel on revient plusieurs fois dans l'Anti-Lucrèce, et qui se réduit à dire que le vide ou l'espace ne peut être que *aut Deus, aut corpus, aut nihil*, pour en conclure qu'il faut nécessairement que le vide ne soit rien, n'embarrasse nullement les nouveaux épicuriens; il semble même qu'on les mette dans leur fort, quand on leur fait cette objection. L'espace, selon eux, n'est rien de réel; ils ne le regardent que comme la simple négation de toute substance corporelle; c'est, à proprement parler, ce que les mathématiciens appellent une *quantité négative*; ce n'est ni une substance ni un accident. Ils n'entendent par cette expression que l'intervalle ou la distance qui est entre deux corps ou entre deux faces intérieures du même corps, si on le suppose creux. Il n'est point nécessaire, dans leur principe, qu'il y ait une matière ou quelque chose de réel dans cet intervalle, on peut faire abstraction de toute étendue corporelle entre deux corps, et la nier même absolument, sans cesser de concevoir qu'ils sont éloignés l'un de l'autre, et sans qu'il soit plus difficile d'en mesurer la distance. Ceux qui mesurent celle de Saturne au soleil, font-ils la moindre attention à la matière qui est entre ces corps célestes? Cependant, selon les cartésiens mêmes, la seule marque de la distinction réelle des choses, est que l'on peut penser à l'une sans penser à l'autre, et nier la première de la seconde, ou la seconde de la première; je puis penser à l'esprit sans penser au corps, et penser au corps sans penser à l'esprit; je puis nier de l'esprit les propriétés du corps, et réciproquement nier du corps les propriétés de l'esprit; donc, l'esprit et le corps sont réellement distincts et séparés. C'est la démonstration même de Descartes, et les gassendistes l'appliquent à la distance ou à l'espace comparée avec la matière.

Nous pensons, disent-ils, à la distance sans penser à la matière. Nous nions même la matière de la distance, c'est-à-dire, que nous pouvons la supposer détruite et anéantie entre deux corps, sans perdre pour cela l'idée de la distance; donc, cette idée et celle de la matière sont des idées réellement distinguées; à la vérité, nous ne pouvons concevoir la matière, sans qu'il s'y joigne une idée de distance, parce que la matière est étendue, et que dans toute étendue il y a toujours deux ou plusieurs points distans l'un de l'autre; mais ce n'est plus une distance simple que nous considérons en ce cas, c'est une étendue corporelle qui ne peut jamais être regardée comme une même chose avec la distance simple, dès le moment que nous pouvons supposer l'anéantissement ou la non existence de l'une, sans cesser de concevoir l'autre: mais quel est donc ce genre d'être que nous concevons sans concevoir aucune substance? C'est la question qui est souvent répétée dans l'Anti-Lucrèce. Il ne faut point donner la torture aux épicuriens modernes, pour les obliger à y répondre; ils avouent d'eux-mêmes que ce n'est aucun être, que l'espace n'est rien en genre de corps, et que c'est sans doute un néant de matière; mais ils soutiennent que c'est quelque chose en genre de distance, ou, ce qui revient au même, qu'ils conçoivent deux corps comme distans et éloignés l'un de l'autre, quoiqu'il n'y ait rien de réel entre deux. Si vous leur demandez comment ils peuvent concevoir ce qui n'est pas, ils vous répondront qu'ils ne peuvent à la vérité le concevoir par une idée positive, mais qu'ils le conçoivent négativement, de la même manière que vous concevez l'ombre comme une privation de lumière, le repos comme la négation du mouvement, en un mot, comme tous les hommes du monde entendent ce qu'ils disent lorsqu'ils prononcent le mot de *néant*. Voilà le précis de leur doctrine, et il me semble que c'est là ce qu'il faudroit répondre à la question:

Istud inane quid est?

Mais, si c'est là en effet la notion qu'ils attachent au terme de vide ou d'espace, est-il bien nécessaire de s'attacher à prouver, comme on le fait dans l'Anti-Lucrèce, que l'espace ne peut exister de lui-même? L'espace, suivant cette idée, n'est qu'un pur néant; et l'on n'a jamais demandé si le néant est créé, s'il existe ou n'existe pas de lui-même; l'auteur le marque assez dans le vers 243, livre 2, et dans les vers suivans:

Vacuum fateor non esse creatum;
Quidquid enim nihil est, per se nihil esse necesse est.
. . . . etiam immortale fatebor;
Nam quì desineret, quod nunquam cœperit esse?
Immensum hoc sensu; mensurâ nam caret omni,
Quod nihil est.

Ainsi cette ironie avec laquelle on dit que l'espace seroit une espèce de Dieu, auquel il ne manqueroit que l'intelligence, parce qu'on le suppose immense, éternel, existant par lui-même, ne paroîtroit-elle point plus poétique que philosophique, si on la compare avec la notion simple du vide à laquelle les partisans d'Épicure se réduisent?

Je ne sais si cette même notion ne rend pas aussi inutile tout ce que l'on dit sur ce qu'il est impossible de distinguer, le haut et le bas dans le vide; sur ce qu'un atome ne pourroit jamais achever de parcourir des espaces infinis; sur la distinction des deux parties de l'espace, dont l'une seroit occupée par les atomes, pendant que l'autre demeureroit entièrement vide, sans que l'on pût dire laquelle des deux seroit la plus grande : il n'y a certainement ni *haut* ni *bas* dans le néant. Dire qu'un corps s'y meut ou qu'il y est mu, c'est ne dire autre chose si ce n'est qu'il ne rencontre aucun corps dans son mouvement ; décrire ou déterminer la longueur de sa route, c'est observer seulement la distance qui est entre ce corps, considéré dans le premier instant de son mouvement, et le même corps considéré lorsqu'il arrive au terme de sa course, ou dans tel autre point que l'on juge à propos de remarquer. Ce qu'il parcourt n'est rien, c'est-à-dire, qu'il n'est porté sur aucune autre matière, mais son mouvement n'en est pas moins réel; on le compare encore une fois avec lui-même, de distance en distance, pour juger du chemin qu'il a fait, à peu près comme notre oreille compare le son qui n'est déjà plus, avec le son qui la frappe actuellement, et juge de leur distance, ou, ce qui est la même chose, de l'accord que l'un forme avec l'autre. On répondra de la même manière à la question que l'auteur fait sur les deux parties de l'espace, l'une vide, l'autre occupée par les atomes. On ne peut pas dire qu'une des parties du néant soit plus grande que l'autre; mais les corps entre lesquels on suppose qu'il n'y a aucune matière, peuvent être plus ou moins éloignés.

La plupart de ces questions pourront être très-bien placées dans le livre de l'Anti-Lucrèce, où l'auteur traite des atomes ; mais elles paroissent étrangères à la question du vide ou de l'espace, dès le moment qu'on n'entend par ce terme qu'un néant ou une négation de matière.

Il est aisé encore de répondre, par une définition si simple, à tout ce que l'on dit dans ce second livre, pour faire voir qu'il faut que l'espace ait des parties distinctes et séparées, que l'une de ces parties n'est pas l'autre, et que celle qui est occupée par le soleil est différente de celle que la terre remplit. Il me semble que ces raisonnemens ne m'embarrasseroient pas beaucoup, si j'avois entrepris de défendre la cause d'Épicure ; je me tiendrois toujours fermement attaché à mon principe que le vide n'est rien ; je dirois que toutes ces objections tombent d'elles-mêmes, parce que le néant n'a point de parties, et qu'ainsi on ne sauroit m'obliger à dire pourquoi ces parties qu'on veut lui donner sont rangées dans un ordre plutôt que dans un autre ; j'ajouterois que c'est comme si l'on me demandoit s'il y a des unités dans le *zéro*, et pourquoi une de ces prétendues unités n'est pas l'autre? Cependant ce zéro, qui n'a aucune partie, c'est-à-dire, aucune unité, et qui n'est qu'une négation de tout nombre, a la force de changer la valeur des nombres, en marquant pour ainsi dire leur distance de l'unité : il en est de même, dirois-je, de cet autre zéro de matière, je veux dire du vide qui n'en est qu'une entière négation, et dans lequel on ne peut non plus distinguer aucune partie. Le néant fait l'office d'une multitude de zéro, par rapport à la distance des corps, non qu'il soit en lui-même quelque chose de réel, mais parce qu'il est toujours possible de placer plusieurs corps où il n'y a rien, de même que d'écrire des nombres au lieu des *zéro* ; et que c'est par cette possibilité d'interposer une longue suite de corps, par cette capacité de tout recevoir, qui est la seule propriété du néant, que l'on mesure la distance qui est entre deux corps entre lesquels il n'y a aucune matière, de la même manière qu'on juge de la distance qui est entre un million et l'unité par les zéro qui représentent les nombres qu'on pourroit mettre en leur place. Je m'égare peut-être trop long-temps dans cette comparaison du vide avec le zéro ; mais qu'elle soit bonne ou mauvaise, j'en reviens toujours à soutenir, en bon épicurien, qu'on ne peut jamais me demander la cause de la différente situation des parties de l'espace, puisque je soutiens que l'espace est un pur néant, qui par conséquent ne peut avoir aucune partie.

Je suis beaucoup plus touché de la comparaison des nombres et du temps avec l'espace, que des raisonnemens précédens. Celle du temps qui a un si grand rapport avec le lieu, me plaît d'autant plus que Lucrèce a été obligé de reconnoître que le temps n'existe point par lui-même, et qu'on ne peut le mettre qu'au rang des modes ou des accidens.

Tempus item per se non est, sed rebus ab ipsis
Consequitur sensus transactum quid sit in ævo (1).

Mais, après tout, une comparaison n'est pas une preuve métaphysique, et il y a même une différence essentielle entre le temps et l'espace. Le temps est un mode inséparable de la substance, ou plutôt c'est la substance même, considérée en temps qu'elle persévère dans sa durée; on ne sauroit penser au temps, sans penser à un autre qui continue d'exister; et il est impossible de supposer d'un côté que tout être soit anéanti, et de l'autre que le temps subsiste encore. Il n'en est pas ainsi de l'espace suivant l'idée que les épicuriens en ont : ils le détachent de toute substance : il n'est point nécessaire, selon eux, de penser à la matière pour concevoir l'espace, ni de la supposer existante. Au contraire, moins on y pense et plus on conçoit l'espace parfaitement, puisqu'il n'est qu'une négation absolue de la matière. Le temps a donc le véritable caractère d'un mode, parce qu'on ne peut le concevoir sans penser, au moins confusément, qu'il y a une substance existante dont il est le mode; mais on ne trouve point ce caractère dans l'espace : on peut y penser sans supposer aucune matière existante, de même qu'on peut penser au néant sans supposer qu'il y ait aucun être qui existe; et, comme il seroit absurde de dire que le néant est un mode de l'être, on ne peut pas prétendre non plus que l'espace, considéré comme une simple négation de matière, soit un mode de la matière. Au contraire, comme il n'y a point de distinction plus grande et plus réelle que celle du néant et de l'être,

(1) Liv. 1, ỷ. 460.

il faut dire, suivant les principes des défenseurs d'Épicure, qu'il n'y a rien de plus opposé que l'espace et la matière, puisque l'un est l'exclusion ou la négation de l'autre. C'est donc là le principe que l'on doit attaquer dans l'Anti-Lucrèce; voilà le point fixe et le véritable nœud de la difficulté. Il s'agit de prouver qu'il n'est pas possible que deux corps soient distans l'un de l'autre, sans qu'il y ait de la matière ou de l'étendue corporelle entre les deux. Tant qu'on ne démontrera point cette proposition, la comparaison même ne sera nullement décisive : il se peut faire que le temps soit un mode de l'Être spirituel ou matériel, et que l'espace ne soit au contraire que la négation de la matière au lieu d'en être une propriété. Je puis au moins conserver un doute sur ce sujet, jusqu'à ce qu'on me prouve le contraire; et mon doute ne sauroit cesser tant qu'on me dira seulement que le vide n'est rien, puisque c'est précisément ce qui le forme. Je tire encore cette conséquence des mêmes réflexions : que la réponse qu'on fait au grand argument des gassendistes sur la supposition de l'air anéanti par la puissance de Dieu, entre les quatre murailles d'une chambre, ne satisfait pas pleinement à la difficulté. On rétorque l'argument contre ces philosophes; et on leur demande ce qui arriveroit si Dieu anéantissoit l'espace qui resteroit, selon eux, entre les quatre murs, après que Dieu auroit détruit l'air ou toute autre matière qui y étoit auparavant; et l'on en conclut que, comme dans le cas de la destruction de l'espace même, les gassendistes seroient obligés de reconnoître que les murs se toucheroient nécessairement, n'y ayant plus entr'eux aucune distance; ils doivent avouer aussi que dans le premier cas, c'est-à-dire, celui de la destruction de l'air, les murs se joindroient de la même manière, parce qu'il n'y auroit plus rien qui les séparât.

Je sens combien ce tour est ingénieux, et j'en ai été charmé dans une première lecture; mais, après l'avoir relu et m'être rendu meilleur épicurien que je ne l'étois naturellement, je crains qu'on n'y fasse deux réponses presque aussi spécieuses. On supposera d'abord ces deux propositions certaines sur la toute-puissance de Dieu : l'une que Dieu peut faire tout ce qu'il peut vouloir, c'est-à-dire, tout ce qui ne renferme point une répugnance ou une contradiction absolue et évidente ; l'autre, que comme Dieu ne sauroit vouloir en même temps deux choses absolument contradictoires, tous les théologiens conviennent qu'il est aussi permis de dire, sans blasphème, qu'il ne les peut pas faire, sa toute-puissance n'étant autre chose que l'efficacité même de sa volonté.

Il est aisé, dira-t-on, d'appliquer ces deux propositions à la réponse de l'auteur, pour faire sentir combien il y a de différence entre les deux cas qu'il propose.

Espace et distance, c'est précisément la même chose.

Or, il est évidemment contradictoire de supposer que toute distance soit détruite entre deux corps, et de supposer en même temps que ces deux corps demeurent encore distans. C'est anéantir et conserver la distance dans le même instant et entre les mêmes corps, c'est vouloir qu'une chose soit et qu'elle ne soit pas : exemple qu'on choisit ordinairement pour exprimer ce qu'il n'est pas possible que Dieu fasse, parce qu'il n'est pas possible qu'il le veuille ; c'est cependant ce qui arriveroit si Dieu pouvoit vouloir que dans le même moment il y eût et il n'y eût pas de distance entre les mêmes corps. Ainsi, ou Dieu ne détruira point la distance qui est entre les quatre murailles d'une chambre, ou, s'il la détruit, il fera nécessairement qu'elles se touchent entièrement ; car qu'est-ce que mettre de la distance entre des corps ? c'est les éloigner : qu'est-ce qu'en ôter la distance ? c'est les approcher : et il est évidemment impossible que deux corps s'éloignent et s'approchent en ligne directe dans le même instant. Par conséquent, diront les gassendistes, le cas que l'auteur de l'Anti-Lucrèce imagine contre nous, se réduit à une impossibilité vraiment métaphysique. En est-il de même du cas de la destruction de l'air ou de toute autre matière qui est entre les quatre murs d'une chambre? Nullement. Dieu peut détruire cet air, cette matière, et conserver en même temps les murs dans leur première situation. L'esprit humain n'aperçoit aucune répugnance, aucune contradiction évidente dans cette supposition : il ne s'agit point pour cela de détruire et de conserver en même temps la distance, de faire qu'une chose soit et ne soit pas dans le même instant, anéantir l'air et le faire exister tout ensemble ; ce seroit certainement une opération contradictoire, qui seroit l'effet de deux volontés contradictoires sur le même objet qu'on ne peut jamais admettre dans Dieu; mais anéantir l'air et conserver les murs dans la place où ils sont, ne suppose aucune contradiction ni dans l'opération ni dans la volonté de Dieu ; ce sont deux objets différens qui sont l'objet de deux volontés et de deux actions différentes, l'une par laquelle Dieu détruit l'air, l'autre par laquelle il conserve les murs dans l'état où ils sont. Conçoit-on une liaison nécessaire, absolue, métaphysique, entre la volonté de détruire l'air et celle d'approcher et de réunir les murs ? Peut-on démontrer cette liaison, et faire voir qu'il répugne à la volonté, et par conséquent à la puissance de Dieu, d'anéantir l'air et de conserver les quatre murailles d'une chambre dans leur situation? Par quels argumens pourroit-on prouver métaphysiquement cette répugnance? et si on ne sauroit y parvenir, peut-on rétorquer contre les gassendistes l'argument qu'ils fondent sur le cas de la destruction de l'air qui est entre ces quatre murailles, et leur demander ce qui arriveroit dans le cas de la destruction de l'espace? Ces deux cas n'ont rien de commun, et leur disparité est évidente ; le dernier renferme une répugnance, une contradiction, une impossibilité métaphysique : le premier n'en renferme aucune; et c'est, par conséquent, sans aucun fondement solide qu'on veut y mettre des bornes à la toute-puissance de Dieu.

Je prévois encore une autre réponse des gassendistes, plus courte et non pas moins embarrassante que la première. Ils demanderont ce que l'on veut dire quand on leur objecte que Dieu pourroit anéantir tout l'espace qui est entre les quatre murailles d'une chambre. Anéantir l'espace, c'est anéantir le néant même, puisque, selon eux, l'espace n'est pas autre chose; mais il n'y a qu'une manière possible d'anéantir le néant, c'est de créer l'être; il en est de même que dans l'algèbre : ôter ou retrancher une quantité négative, c'est mettre ou ajouter une quantité positive. Ainsi, supposer que Dieu anéantisse l'espace qui est entre quatre murailles, c'est supposer que Dieu y crée une étendue réelle; et si cela est, bien loin que dans le cas de la destruction de l'espace, les quatre murs doivent se réunir, ils seront au contraire mieux affermis que jamais dans leur distance, puisque ce ne sera plus un espace pur et vide de matière qui les séparera; ce sera au contraire une étendue vraiment réelle et vraiment corporelle. Ainsi, diront les gassendistes, de quelque côté que l'on envisage les deux cas de la destruction de l'air et de la destruction de l'espace, il y a entre ces deux cas une si énorme différence, qu'on ne peut jamais argumenter de l'un à l'autre, ni rétorquer contre les défenseurs du *vide*, l'objection qu'ils font aux partisans du *plein*.

Il me reste, pour épuiser toutes mes difficultés sur ce qui regarde le vide en général, de remarquer ici que l'auteur ne répond point à deux objections principales des nouveaux épicuriens, dans lesquelles cependant ils paroissent mettre toute leur confiance; voici la première :

Le philosophe Archytas demandoit autrefois si un homme qui se trouveroit à l'extrémité de l'espace ne pourroit pas étendre le bras au-delà ou allonger un bâton. Lucrèce fait une question à peu près semblable sur la supposition d'une flèche qui partiroit de la dernière ligne de l'espace; l'objet de ces philosophes étoit de prouver que l'espace n'avoit point de bornes, et les épicuriens modernes se servent du même argument, quoique d'une manière un peu différente, contre les partisans du plein. Ils demandent donc si un homme placé à l'endroit où le monde finit pourroit avancer la main ou tirer une flèche au dehors; si vous leur dites qu'il ne le pourroit pas, ils vous répondent : quelle est donc la force qui l'en empêche? il n'y a que le rien ou le néant au-delà du monde, si le monde est fini; et le néant, a-t-il une force de résistance non-seulement comme la matière, mais plus que la matière même, pour arrêter le mouvement de la main ou de la flèche? Si vous prenez le parti de soutenir que le monde est infini, donc, disent-ils, on ne peut exclure le vide ou l'espace, tel que nous le concevons, sans être reduit à avouer que le monde est nécessairement infini : je dis *nécessairement*, et je le dis après eux; car si Dieu peut créer un monde fini, il peut en créer un second qui ne toucheroit le premier qu'en un seul point, ou qui ne le toucheroit même en aucun, n'y auroit-il pas alors un espace absolument vide entre ces deux mondes? Quand même Dieu n'en créeroit qu'un, ne faudroit-il pas toujours convenir que sa dernière surface et sa circonférence extérieure seroient comme enveloppées dans le vide? Ne pourroit-on pas élever deux perches sur cette surface qui seroient réellement distantes l'une de l'autre, quoiqu'il n'y eût rien de réel entr'elles? Donc, disent les épicuriens modernes, ou l'on doit admettre la notion d'un espace sans matière, ou il faut soutenir que le monde est actuellement infini, sans qu'il ait été possible à Dieu de le créer fini, sans qu'il puisse même anéantir la moindre partie de celui qu'il a créé; car que seroit-ce qu'un infini dont on pourroit retrancher une partie? et il faudroit bien, si cela étoit possible, qu'il n'y eût que du vide dans la place qu'occupoit auparavant la partie qui auroit été anéantie. Le fini bornera donc la puissance de Dieu; il pourra le plus, et il ne pourra pas le moins : il pourra créer et anéantir l'infini, il ne pourra ni créer ni anéantir le fini ; et sa parole féconde, qui seule a créé l'univers, sera trop foible pour produire un pied cube d'étendue s'il ne veut produire que ce seul pied cube ; elle pourra aussi d'un seul mot anéantir le monde entier, mais les forces lui manqueront quand il s'agira d'en détruire un seul pied cube : c'est ce que les gassendistes prétendent qu'on ne peut dire sans blasphème, et il faut avouer que la proposition présente d'abord à l'esprit, *in sensu obvio*, quelque chose de mal-sonnant et de capable d'offenser les oreilles pieuses. Elle mérite bien au moins qu'on l'explique ; et une objection qui réduit les défenseurs *du plein* à avouer une pareille conséquence, ou à soutenir qu'il seroit impossible à un homme placé à l'extrémité d'un monde fini d'étendre la main au dehors, ne doit pas être dissimulée, si l'on ne veut pas donner lieu aux gassendistes de triompher du silence de l'auteur, et de dire que s'il n'a pas répondu à cette difficulté, c'est parce qu'il est impossible d'y bien répondre. Cela n'est pas si facile en effet : on ne peut y réussir qu'en démontrant que l'hypothèse du vide ou d'un espace sans matière renferme une répugnance ou une contradiction aussi réelle et aussi évidente que celle d'un triangle sans angle, ou d'un cercle sans rondeur. Il ne s'agit donc pas seulement de faire voir qu'on peut se passer du vide pour expliquer le mouvement et les autres phénomènes de la nature, il est question de prouver par des raisons métaphysiques que le vide, tel que les nouveaux épicuriens le supposent, est absolument impossible ; sans cela on ne fait rien contre le fond de leur système. Et tout ce que l'on pourra conclure d'une explication plausible du mouvement dans le plein, c'est qu'il y a deux hypothèses de physique qui ont chacune leurs avantages et leurs inconvéniens ; l'une qui ne connoît que le *plein*, l'autre qui admet le mélange du vide ; l'une pourra être plus vraisemblable que l'autre, je suppose même que ce sera celle du *plein* ; mais elle ne sera jamais véritablement démontrée tant que l'on pourra conserver encore quelque doute sur la possibilité du vide. Si quelqu'un peut donner au public une démonstration si difficile, c'est sans doute un génie aussi élevé que celui de l'auteur, mais ce ne sera aussi que par là qu'il pourra triompher également des nouveaux et des anciens épicuriens. Une autre objection, ou plutôt une nouvelle manière de considérer l'espace dont l'auteur n'a pas non plus jugé à propos de parler, se tire de l'opinion de quelques philosophes anglais, qui ont avancé que le lieu ou l'espace n'étoit autre chose que l'immensité divine, aussi éternelle par conséquent et aussi infinie que Dieu même. L'absurdité de cette pensée auroit dû la faire périr dans le lieu de sa naissance; mais, comme elle a passé la mer et infecté quelques esprits de ce pays-ci, on pourra désirer de trouver dans l'Anti-Lucrèce une réfutation courte et précise qui fasse sentir tout le ridicule d'une pensée si bizarre, enfantée d'abord par l'abus de la subtilité scholastique, et embrassée favorablement par des esprits aussi amateurs de la singularité que les Anglais qui méprisent tout ce qu'ils entendent, et qui prendroient volontiers l'obscurité au lieu de l'évidence pour la marque de la vérité. On dira peut-être que cette opinion n'a rien de commun avec la réfutation de Lucrèce, qui, ne reconnoissant point de véritable Dieu, n'avoit garde de penser que l'espace infini fût la même chose que l'immensité divine; mais, comme la pensée des Anglais est fort capable d'obscurcir l'idée de la divinité, et de favoriser le spinosisme encore plus dangereux que l'épicuréisme, on ne peut point la regarder comme étrangère au dessein de l'Anti-Lucrèce, qui est de soutenir la cause de la religion contre les épicuriens et les mauvais philosophes; il sera même fort aisé d'y faire entrer, naturellement et en peu de mots, cette dernière question, en faisant voir à quelle extrémité ont été réduits ceux qui ont voulu prendre le parti du vide dans ces derniers temps, puisqu'ils ont été obligés de le regarder comme une partie de la divinité, et de le confondre avec l'immensité divine.

Mais pendant que je prends la liberté d'exiger de l'auteur qu'il ne laisse aucune des objections de ses adversaires, je me reproche depuis long-temps à moi-même d'en dissimuler une que l'on peut me faire sur tout ce que je viens de dire. On dira peut-être que je n'entends pas bien Épicure, ou plutôt Lucrèce, son interprète, qu'ils n'ont point cru que le vide ou l'espace ne fût autre chose qu'un pur néant, et qu'ils l'ont considéré comme quelque chose de réel, comme une étendue positive, mais pénétrable; qu'ainsi tout ce que l'on dit dans l'Anti-Lucrèce, sur l'éternité, l'immensité, l'indépendance du vide ou de l'espace, sur la distinction du *haut* et du *bas* dans le vide, sur la différence, sur la situation de ses parties, sur la comparaison des nombres et du temps avec l'espace, sur le pouvoir que Dieu auroit de le détruire, de l'anéantir entre les quatre murailles d'une chambre, a une juste application au véritable système d'Épicure et de Lucrèce, parce qu'ils ont supposé que l'espace avoit une réalité au moins d'extension qui devoit le faire mettre au nombre des êtres, quoique cette extension ou cette étendue ne fût pas impénétrable à la matière.

Il semble en effet que ce soit là l'idée de l'espace que l'on ait eu principalement en vue dans le second livre de l'Anti-Lucrèce. Il y a quelques expressions figurées dans le poète que l'on combat, qui peuvent donner lieu de lui attribuer cette pensée, et j'avoue même qu'autrefois, lorsque j'entendis lire et que je lus le second livre de l'Anti-Lucrèce, je me formai confusément une idée à peu près semblable du système d'Épicure par rapport à l'espace, mais l'âge, les réflexions, une lecture plus attentive de Lucrèce, et plus que tout cela, le loisir dont je jouis dans ma solitude m'ont mis en état de méditer plus profondément sur cette matière. Je ne sais si mes secondes pensées valent mieux que les premières; mais plus j'approfondis cette notion du vide ou de l'espace considéré comme une étendue réelle pénétrable, plus je me sens frappé de ces trois réflexions que je soumets néanmoins au jugement de l'auteur.

L'une, que cette idée, de quelque manière qu'on l'envisage, est absolument incompréhensible, et qu'ainsi il est bien difficile de l'attribuer à des philosophes, qui avoient autant d'esprit et de clarté dans l'esprit qu'Épicure et Lucrèce.

L'autre, qu'il y a des passages formels dans le dernier qui rejettent et qui excluent totalement cette idée, sans laisser même la liberté de douter qu'il ne l'ait condamnée.

La dernière, qu'il est encore plus certain qu'aucun de ses nouveaux disciples ne la lui attribuent, et que toute l'école des *inanistes*, si je puis me servir de cette expression, faisant profession de suivre sur ce point le sentiment de son maître, enseigne constamment que l'espace n'a rien de corporel ni de réel, et que ce n'est qu'une négation absolue de matière; c'est ainsi qu'ils entendent et qu'ils expliquent Épicure et Lucrèce, dont le sens, quand il seroit incertain et équivoque en lui-même, devient comme fixé et déterminé par l'interprétation de leurs sectateurs.

Je dis, en premier lieu, que l'idée de l'espace, considéré comme une étendue réelle, pénétrable, est une idée absolument incompréhensible; tout ce que nous concevons est esprit ou corps. Épicure et Lucrèce n'auroient pas admis cette distinction, puisqu'ils n'admettoient aucune substance spirituelle, et qu'ils ne connoissoient rien de réel que ce qui étoit corps; mais, quand même ils auroient pensé comme nous sur ce sujet, il est évident qu'ils ne pouvoient pas croire que l'espace fût ce que nous appelons un esprit qui ne leur auroit servi de rien pour l'explication du mouvement des corps et de leur différente densité ou rareté, uniques fondemens de l'hypothèse du vide. Par conséquent, si l'espace avoit quelque chose de réel dans leur sentiment, ils ne pouvoient le considérer que comme corporel; or, tout ce qui est corps et tout ce qui est matière, est regardé comme absolument impénétrable par les épicuriens comme par les autres philosophes; c'est ce qui fait dire à Lucrèce :

Nec tali ratione potest denserier aër
Nec si jam posset, sine inani posset, opinor,
Se ipse in se trahere, et partis conducere in unum (1).

Ainsi, selon Épicure et Lucrèce, tout ce qui est réel, est coporel, est impénétrable. Donc, selon Épicure et Lucrèce, l'espace ne peut jamais être une étendue réelle pénétrable; réel ou corporel et pénétrable, sont deux idées, selon eux comme selon nous, entièrement incompatibles et directement opposées. Donc, il est évidemment impossible de supposer qu'ils aient cru que l'espace fût réellement ou corporellement étendu. Or, si ce n'est pas là l'idée qu'ils se formoient de l'espace, ils n'ont pu le considérer que comme une négation totale de matière, c'est-à-dire, comme le néant même, et par conséquent, tous les raisonnemens que l'on fonde sur la supposition d'un espace qui auroit quelque chose de réel, ne prouvent rien contre Épicure ou contre Lucrèce.

J'ai dit, en second lieu, que le dernier a expliqué clairement sa pensée sur ce point; que non-seulement ses principes généraux, mais la lettre même de ses écrits, prouvent qu'il a rejeté toute idée de l'espace considéré comme une étendue réelle et pénétrable; et il ne faut que ce seul passage de Lucrèce pour établir cette vérité :

Principio quoniam duplex natura duarum
Dissimilis rerum longè constare reperta est,
Corporum atque loci, res in quo quæque geruntur;
Esse utramque sibi per sè, puramque necesse est :
Nam quàcumque vocat spatium, quod inane vocamus;
Corpus eâ non est : quâ porro cumque tenet se
Corpus, eâ vacuum nequaquam constat inane (2).

(1) Liv. 1.er, ỷ. 396. — (2) *Ibid.*, ỷ. 504.

Lucrèce, dans ses vers, oppose directement et totalement le corps à l'espace et l'espace au corps; chacune de ces deux choses doit être, selon lui, entièrement à elle, *pure* et exempte du mélange de l'autre;

Esse utramque sibi per se, puramque necesse est;

et il en conclut, lui-même, que partout où il y a du vide il n'y a point de corps, et que partout où est le corps il n'y a point de vide; pourroit-il marquer plus clairement que le vide ou l'espace est une privation, une absence totale de corps ou de matière, c'est-à-dire du seul être qu'Epicure et Lucrèce reconnoissent, et par conséquent que l'espace et le néant sont précisément la même chose; on ne doit donc pas dire, et c'est une remarque qui m'avoit échappé de faire en son lieu, que le vide ou l'espace soit pénétrable par le corps, il faudroit pour cela que l'espace demeurât dans le lieu ou entre le corps; mais Lucrèce dit précisément le contraire:

Quâ porro cumque tenet se
Corpus, eâ vacuum nequaquam constat inane.

Ainsi, quand on dit que les corps pénètrent l'espace, cette expression, réduite à sa juste valeur, ne signifie autre chose, si ce n'est qu'un corps peut être placé où il n'y avoit rien auparavant. Il n'y a donc aucune différence sur la notion de l'espace entre les anciens et les nouveaux épicuriens, et ils paroissent l'avoir tous considéré de la même manière, c'est-à-dire, comme une négation, comme un pur néant de matière ou de corps.

Mais, comme je l'ai dit en troisième lieu, quand même il seroit vrai qu'on pourroit douter du véritable sentiment d'Épicure et de Lucrèce sur ce sujet, ne suffiroit-il pas que tous leurs partisans l'entendissent comme je viens de l'expliquer, pour engager l'auteur de l'Anti-Lucrèce à attaquer ces anciens philosophes dans le même sens dans lequel leurs disciples en soutiennent la doctrine ; il ne conviendroit pas sans doute à un auteur si élevé en toutes manières, et encore plus par son génie et par ses talens que par sa naissance et par sa dignité, de combattre une chimère, c'est-à-dire une idée entièrement inconcevable qu'on tireroit avec peine de quelques expressions ambiguës de Lucrèce, au lieu d'attaquer Épicure, Lucrèce et leurs sectateurs modernes dans leur fort, c'est-à-dire, dans l'opinion qu'ils avouent sur ce sujet de l'espace, et qu'ils soutiennent avoir été celle des chefs de leur secte philosophique. Il ne s'agit point ici, comme je l'ai dit en commençant cette espèce de dissertation, il ne s'agit point de réfuter ou de confondre Épicure ou Lucrèce, il s'agit d'instruire et de convaincre les philosophes récens qui ont fait revivre leur doctrine ; ce sont eux qu'on attaque sous le nom d'Épicure ou de Lucrèce : il faut donc les attaquer dans le sens qu'ils attribuent à ces deux philosophes. Que serviroit-il d'avoir vaincu Épicure en le combattant dans un sens dans lequel il n'a point de défenseur, et de laisser subsister l'épicuréisme moderne en son entier, c'est-à-dire, le seul qui puisse être dangereux, s'il est vrai qu'il le soit dans l'hypothèse du vide, telle qu'elle est expliquée par Gassendi, par Bernier et par M. Newton. Je forme ici ce doute, parce qu'en effet je ne sais s'il n'est pas assez indifférent pour l'intérêt de la religion de rejeter ou d'admettre l'opinion du vide, telle que ces auteurs la soutiennent. Est-il bien nécessaire pour prouver l'existence de Dieu, sa puissance, sa providence et sa profonde sagesse dans l'ordre par lequel il conserve l'univers, de faire voir que l'espace ou le vide des gassendistes est une chimère ? A la vérité, selon eux, l'espace n'est point créé ; mais le néant l'est-il, et l'auteur ne s'est-il pas moqué en quelque manière, dans un endroit que j'ai déjà cité plus haut, de ceux qui voudroient lui donner un créateur? Il en est du vide comme de l'ombre; si l'on veut parler correctement, on ne dira pas que Dieu l'ait créée, on pourra dire seulement qu'il en est la cause, mais négativement, c'est-à-dire, en ne répandant pas la lumière; ainsi, de même que l'ombre n'est que l'absence ou la négation de la lumière, le vide n'est aussi que l'absence ou la négation de toute matière; et comme Dieu, pour ne point ôter l'ombre, n'a qu'à ne pas donner la lumière; ainsi, pour ne pas ôter le vide, Dieu n'agit que comme cause négative en ne produisant aucun corps; et s'il en crée seulement deux qui ne se touchent pas, en voilà assez pour avoir une idée complète de ce que les nouveaux épicuriens appellent espace, parce qu'il y aura distance et négation de matière entre ces deux corps: or, que peut-on trouver dans cette supposition qui soit contraire aux idées de la religion et à l'autorité de l'Être suprême? Tant qu'il n'y a rien de réel entre ces deux corps, peut-on craindre qu'on ne dise qu'il y a un être qui existe indépendamment de Dieu? Son opération est nécessaire sans doute pour la création, pour la conservation, pour la forme et le mouvement de tout être; mais le néant peut-il jamais en être l'objet, si ce n'est négativement, en tant que Dieu ne le fait pas cesser en créant l'être? Que l'on combatte donc avec force ceux qui supposent une matière éternelle et préexistante, dont le hasard aura formé le monde, ou à laquelle Dieu n'aura fait que donner l'ordre et l'arrangement. Que par cette raison l'on attaque les atomes d'Épicure qui les supposent éternels et indépendans de la Divinité, c'est ce qui n'est pas moins digne du zèle que les lumières supérieures de l'auteur de l'Anti-Lucrèce; mais en vérité est-il bien important pour la défense de la religion qu'on nie ou que l'on affirme que le rien ou la négation de toute matière puisse se trouver entre deux corps, à quelque distance qu'ils soient l'un de l'autre? C'est sur ces sortes de questions que l'on peut dire avec l'écriture: *Deus tradidit mundum disputationi eorum.* La cause du plein et celle de la religion sont deux causes absolument distinctes et séparées ; il peut se trouver des athées qui croient que tout est plein, et il y a des philosophes très-religieux et très-convaincus de l'existence de Dieu, qui admettent le mélange du vide. L'auteur de l'Anti-Lucrèce rend lui-même justice sur ce point, avec son équité ordinaire, à Gassendi et à quelques autres philosophes. La religion n'est donc point obligée d'entrer dans la querelle du vide, et l'on peut être non-seulement déiste, mais très-bon chrétien en le supposant.

Je vais même encore plus loin, et je demanderois volontiers s'il est avantageux à la religion d'en faire dépendre les preuves, au moins en partie, d'une question aussi obscure et aussi difficile à résoudre, par des démonstrations métaphysiques, que celles de l'espace tel que les gassendistes l'expliquent ; ne vaudroit-il pas mieux réunir toutes les forces de la saine philosophie pour combattre l'ennemi commun, je veux dire les athées, sans leur laisser le plaisir malin de remarquer la division qui règne entre les bons philosophes, même sur le sujet de l'espace, et s'attacher uniquement à faire voir que les preuves de l'existence de Dieu, qui est le fondement de toute religion, ne dépendent en aucune manière de cette question, parce que quelque parti qu'on prenne à cet égard, il faut toujours reconnoître également que la création, la forme, l'ordre et le mouvement de la matière, en un mot, tout ce qu'il y a de réel dans la nature, ne peuvent être que l'ouvrage d'une sagesse suprême et d'une puissance sans bornes?

Il est temps de finir des réflexions qui m'ont mené beaucoup plus loin que je ne le croyois lorsque je les ai commencées, et de tâcher d'en tirer quelque fruit par rapport à l'ouvrage qui en a été le sujet, et dont je désire le succès plus que l'auteur même ne le peut faire. Il me semble que si ces réflexions lui paroissent dignes de son approbation, il a deux partis à prendre sur ce qui regarde la question du vide ou de l'espace.

Le premier est de donner d'abord une notion claire et précise du sens que les épicuriens attachent à cette expression, de la combattre ensuite de toutes ses forces, en retranchant tous les raisonnemens qui ne peuvent servir qu'à réfuter la chimère d'une étendue réelle, pénétrable, et en se réduisant aux preuves métaphysiques, si l'on en peut trouver de bien convaincantes pour démontrer l'impossibilité d'un espace qui ne seroit que le néant même, et faire voir qu'il est absurde de supposer que deux corps soient distans sans qu'il y ait rien entre l'un et l'autre ; il faudroit, après cela, répondre solidement aux objections des défenseurs du vide, principalement à celles qu'ils tirent de la toute-puissance de Dieu, soit pour la destruction de la matière qui est entre les quatre murailles d'une chambre, soit pour la production de plusieurs mondes qui ne se toucheroient pas, ou qui ne se toucheroient qu'en un point. Ce seroit, après cela, qu'on pourroit parler de l'opinion des anglais qui confondent l'espace avec l'immensité divine, pour faire voir à quelles absurdités on est réduit quand on veut soutenir l'hypothèse du vide. Voilà sans doute un grand dessein, pénible et difficile dans son exécution, mais qui par sa difficulté même n'en sera que plus digne des lumières et des talens de l'auteur.

Le second parti qu'il peut prendre est beaucoup plus simple et moins embarrassant que le premier. Ce seroit de passer fort légèrement sur la question du vide, faire voir qu'il ne peut être que de deux choses l'une, ou une étendue réelle, pénétrable, ce qui est absurde et incompréhensible, ou une négation et un pur néant, ce qui n'est guère plus aisé à concevoir : car, qu'est-ce qu'un néant auquel on est obligé de penser toutes les fois que l'on pense à un être très-réel, je veux dire à la matière qu'on ne peut concevoir, sans concevoir en même temps de l'espace et de la distance ? Qu'est-ce qu'un néant étendu, et dont par conséquent on ne peut séparer l'idée de celle de l'étendue? En un mot, qu'est-ce qu'une négation qui a toutes les propriétés de l'être qu'elle nie, qui est longue, large, profonde, mesurable, divisible, figurable, mobile même, si elle se trouve au-dedans d'un corps qui se meut, et tellement semblable à la matière ou à l'étendue, que la définition d'un pareil néant est la définition de l'être même auquel on l'oppose? Que sert d'agiter des questions toujours dangereuses sur la toute-puissance de Dieu? On convient qu'il ne sauroit vouloir, et par conséquent qu'il ne sauroit faire en même temps deux choses contradictoires : mais si la matière et l'espace sont précisément la même chose comme l'unité de leurs idées et de leurs propriétés le démontre, n'est-il pas évidemment contradictoire de détruire la matière, et de conserver l'espace dans le même lieu? ou de supposer qu'il puisse y avoir de l'espace où il n'y a point de matière? Enfin, pourquoi admettroit-on dans la nature le mélange de ce qu'on veut faire passer pour un pur néant? En sera-t-on plus avancé pour prouver que le monde peut exister de lui-même sans la volonté et l'opération d'un Être tout-puissant? Le néant deviendra-t-il un principe actif et efficace? Il ajoute au contraire une nouvelle difficulté au système de l'impiété, non-seulement par l'obscurité et les contradictions qu'il renferme, mais parce qu'il est impossible d'expliquer pourquoi des corps que le vide ou le néant environne de toutes parts et qui ne peuvent recevoir aucune impulsion, sont déterminés au mouvement plutôt qu'au repos : car, qu'est-ce que la pesanteur qu'on leur attribue, sinon un mouvement qui les porte vers nous ou vers ce qui est sous nos pieds; le vide ne sert donc qu'à former un nouveau nœud dans le système d'un monde indépendant de la Divinité : bien loin d'en être le dénoûment, c'est peut-être ce qui a fait que, quoique les sens favorisent l'opinion du vide, elle paroît néanmoins plus nouvelle parmi les philosophes que celle du plein. Il n'y a qu'à lire le premier livre de Lucrèce pour être convaincu que tous ceux qui ont précédé Leucippe et Démocrite rejetoient absolument le vide ; aussi n'a-t-il été imaginé par ces deux philosophes et soutenu par Épicure, que, parce qu'ils n'ont pas eu assez d'esprit pour expliquer le mouvement, la densité ou la rareté des corps sans y admettre un mélange de vide, c'est ce qui conduisoit naturellement l'auteur de l'Anti-Lucrèce à l'explication du mouvement dans le plein, et des causes de la dureté ou de la mollesse, ou de la fluidité des différens corps. Je regarderois volontiers cette seconde partie comme le sujet principal du livre où il traite du vide ; et je croirois que l'on pourroit ne faire que couler sur la première, bien moins susceptible que la seconde du langage de la poésie. Je m'imagine même que l'auteur fera d'autant plus d'impression sur l'esprit de ses lecteurs dans la première, qu'il la traitera d'une manière plus serrée et plus rapide ; mais je finirois toujours ces deux parties, c'est-à-dire, le second livre, par cette réflexion générale que la question du vide ou de l'espace, est une matière sur laquelle l'esprit humain peut subtiliser à l'infini, qu'il est facile d'y faire des objections, encore plus de les rétorquer ; mais qu'heureusement les erreurs dans lesquelles on peut tomber sur ce sujet, sont des erreurs innocentes par rapport à la religion, puisque, soit qu'on admette ou qu'on rejette le vide, il faut toujours reconnoître un premier principe, une cause unique et universelle, un Être créateur, conservateur, moteur et maître souverain de l'univers ; que c'est par cette raison que l'auteur de l'Anti-Lucrèce n'a pas cru devoir suivre les partisans du vide dans tous les détours et les replis de leur subtile philosophie, parce que le principal ou plutôt l'unique objet de son ouvrage, est d'établir l'existence de Dieu et la spiritualité de notre ame ; s'ils les reconnoissent comme lui, ils ne sont point ses véritables ennemis ; s'ils ne les reconnoissent pas, il a d'ailleurs de quoi les confondre dans ce qu'il dira sur la matière et sur la substance spirituelle, sans m'amuser plus long-temps à disputer sur le néant, dont certainement on ne peut tirer aucun argument, soit pour combattre ou pour établir l'existence de Dieu et la spiritualité de notre ame. Tels sont les deux partis qu'il me semble que l'auteur peut prendre sur la question du vide. J'avoue que mon penchant me porteroit à préférer le dernier, peut-être comme un paresseux qui n'aime pas les querelles; mais, après tout, qu'y a-t-il à gagner dans celles où les hommes se partagent sur les premiers principes, et où l'on ne peut presque qu'interpréter leur conscience, sans avoir des raisons à leur opposer qui soient d'une évidence victorieuse; parce que, pour avoir ce caractère, il faudroit qu'elles pussent remonter plus haut que les premiers principes mêmes; et, si une querelle de cette nature est non-seulement pénible et difficile à soutenir, mais encore inutile et superflue par rapport au véritable objet qu'on se propose dans un ouvrage, n'y a-t-il pas autant de prudence pour le moins que de paresse à ne pas s'y engager?

J'aurois à présent beaucoup d'autres observations à faire sur la seconde partie du même livre, c'est-à-dire, sur la résistance de la matière, sur la cause de la dureté ou de la fluidité des différens corps, sur la possibilité du mouvement des corps célestes dans le plein, sur la force centripète, en un mot, sur les principaux endroits où l'auteur de l'Anti-Lucrèce attaque ouvertement M. Newton; mais je crains d'ennuyer trop long-temps un auteur si respectable, et j'ai déjà peut-être à me reprocher d'avoir abusé de mon loisir pour troubler le sien. J'attendrai ses ordres qui me serviront d'excuse avant que de lui envoyer cette seconde partie de mes remarques.

Sur le mouvement des Planètes, et de leur force centripète et centrifuge, etc.

Je m'attache d'abord à ce qu'on dit sur la résistance de la matière, et sur la cause de la dureté des corps, depuis le vers 772 jusqu'au vers 806; et j'avoue que j'y trouve de très-grandes difficultés.

Je ne m'arrête point à une espèce de contradiction qui m'avoit frappé dans une première lecture, entre le vers 774, où il semble qu'on attribue une résistance naturelle à la matière:

Omnis materies propriâ nam mole resistit;

et le vers 780, où l'auteur lui refuse au contraire toute force de résister:

Materies, ut iners, haud per se motibus obstat.

Je suppose que dans le premier passage ce sont les adversaires de l'auteur que l'on fait parler, au lieu que dans le dernier, c'est lui-même qui parle et qui explique son véritable sentiment. Peut-être néanmoins seroit-il à désirer que cette distinction fût plus clairement et plus grossièrement marquée; mais ce qui m'occupe véritablement l'esprit, c'est le fond de la doctrine même; je veux dire, cette paresse profonde, cette *inertie* absolue qu'on attribue à la matière, sans lui laisser aucune force de résistance. Je ne prétends pourtant pas prendre parti sur cette question; j'ai encore moins envie de le prendre contre l'auteur; mais je crois pouvoir lui représenter au moins que le sentiment qu'il soutient n'est pas du nombre de ces vérités si claires, si évidentes, si généralement reconnues de tous les hommes, qu'il suffise de les proposer pour les faire recevoir.

Il est vrai que la matière, considérée d'une manière abstraite sans aucune détermination actuelle au repos ou au mouvement, est dans une entière impuissance de se donner l'un ou l'autre à elle-même, et l'auteur a raison de dire qu'elle est :

Motibus apta quidem sumendis, apta quieti ;
Sed nec sponte petens motum, nec sponte quietem.

Mais la matière une fois déterminée au repos ou au mouvement, ne devient-elle pas capable de résistance à proportion de sa masse, et la réaction n'est-elle pas toujours égale à l'action, par cette loi générale de la nature, que tout corps tend à persévérer dans son état jusqu'à ce qu'une force supérieure l'oblige à en changer ? C'est une question qui ne peut pas se décider sur la simple proposition ; je crois même en parler modestement, si je dis qu'elle mérite au moins d'être traitée, parce qu'en effet il paroît impossible de réfuter sans cela ceux qui soutiennent que le mouvement des corps célestes ne peut s'expliquer que dans le vide. J'y ajoute encore cette réflexion. M. Newton dit, dans ses principes, que la force de résistance dans la matière peut être appelée très-proprement *vis inertiæ*, et cela, sur le fondement de la loi générale dont je viens de parler. M. Descartes suppose la même loi comme un premier principe ; et il me semble, autant que je peux m'en souvenir, qu'il la met à la tête de ses règles du mouvement. Or, une proposition sur laquelle deux philosophes, aussi opposés d'ailleurs que Descartes et Newton, semblent se réunir, n'exige-t-elle pas de l'auteur quelque chose de plus qu'une simple affirmation de l'*inertie totale*, ou plutôt de la *non-résistance* absolue de la matière ?

N'attendra-t-on pas de lui que, puisqu'il se déclare contre M. Newton, il combatte solidement les principes favoris de ce géomètre philosophe, c'est-à-dire, qu'il fasse voir que M. Newton se trompe lorsqu'il soutient que l'*inertie* même de la matière est ce qui produit sa résistance; que cette résistance est toujours proportionnée à sa masse ou à la quantité de matière qui est dans chaque corps; que par conséquent il est fort inutile d'examiner quel est le tissu ou le contexte des parties de ce corps : la résistance du tout n'est composée que de la résistance des parties; et, si tout est plein, il n'y a aucun liquide qui ne contienne autant de particules que le corps le plus dur ou le plus solide. Ainsi, un volume de la matière la plus subtile a en lui-même autant de force pour résister au mouvement, qu'un volume égal de la matière la plus grossière en a pour le lui imprimer. Donc, il lui en dérobera nécessairement une partie; et, si cela est, il n'est pas possible qu'un corps continue de se mouvoir dans le plein, sans perdre bientôt presque tout son mouvement. Si donc des corps tels que les planètes le conservent toujours, ou pendant la durée d'un grand nombre de siècles, c'est parce qu'ils circulent dans un milieu vide ou presque vide, dans lequel ils ne trouvent aucune résistance, ou si peu du moins, que ce peu doit être compté pour rien.

Voilà l'objection toute entière à laquelle il s'agit de répondre; et je ne sais s'il est bien nécessaire pour cela d'ôter à la matière toute sorte de résistance; mais cette question me meneroit trop loin. Elle est peut-être même au-dessus de mes forces, qui ressemblent assez à celles de la matière, selon M. Newton, et qui ne consistent que dans une espèce d'*inertie* ou de paresse plus capable de résistance que d'activité. Je laisse donc à l'auteur de l'Anti-Lucrèce ce qui lui appartient véritablement, je veux dire, d'examiner si la résistance qu'on suppose dans la matière peut être un obstacle au mouvement des corps célestes, ou si l'hypothèse des tourbillons ne suffit pas pour lever cette difficulté, en supposant que toutes les planètes, avec leur tourbillon particulier, sont emportées dans le même sens que le tourbillon général, par un mouvement uniforme dans sa détermination, et qu'ainsi elles ne trouvent rien qui leur résiste, si ce n'est lorsqu'elles s'approchent les unes des autres ; auquel cas leur passion réciproque peut bien accélérer leur mouvement, mais non pas s'opposer à leur révolution.

Soit que cette pensée soit bonne ou mauvaise, il me semble au moins qu'on ne répond point à l'opinion de M. Newton, si l'on se contente de dire :

Falleris, ô Quinti, neque enim, quod forte putabas,
Per vim materiæ propriam memorata resistunt;
Sed per contextum, qui partes jungit in illis;

ce philosophe ne répliquera-t-il point :

1.° Qu'on ne sauroit décider par la seule configuration, ou par le seul contexte des parties d'un corps, s'il résistera ou s'il ne résistera pas à un mouvement qui tend, non à diviser ses parties, mais à en pousser toute la masse par une impression générale et uniforme.

2.° Que les termes de configuration et de contexte ne sont que des mots auxquels les physiciens n'ont pu jusqu'à présent attacher un sens clair et lumineux qui satisfasse véritablement l'esprit.

Il dira sur le premier point qu'il faut distinguer deux sortes de mouvemens ; l'un, qu'on peut nommer *un mouvement de division*, *de séparation*, *de dispersion*, qui attaque en détail, pour ainsi dire, les parties d'un corps pour les détacher et les écarter l'une de l'autre. Qu'on oppose, si l'on veut, à ce genre de mouvement cette espèce de résistance qu'on attribue au tissu ou au contexte des parties. Mais il ne s'agit point ici d'un tel mouvement, il s'agit de ce mouvement, qu'on peut appeler un *mouvement d'impulsion*, par lequel un volume entier de matière agit sur un autre volume aussi entier, non pour en déparer ou en dissiper les parties, mais pour en pousser toute la masse dans une certaine détermination.

Tel est le genre de mouvement qu'il est question d'expliquer dans les planètes : Jupiter ne pense point certainement à diviser et à disperser les particules d'un pareil volume de matière subtile ou éthérée qu'il rencontre en son chemin. Et comment une masse si énorme, de figure à peu près sphérique, pourroit-elle imprimer ce mouvement de séparation et de dispersion aux petites particules de la matière éthérée? L'impression de la planète se fait sur le corps, sur le volume, sur la masse entière de la matière éthérée, et elle tend à la chasser devant elle telle qu'elle est, en l'obligeant à lui céder sa place successivement. Comparons ce volume de matière éthérée à un volume de notre air poussé par le vent. Toutes les particules de ce volume d'air reçoivent un mouvement uniforme, et elles suivent des lignes presque parallèles, si le vent qui les chasse devant lui a sa détermination en ligne droite; l'impression qu'elles font sur les corps qui leur résistent est aussi uniforme, c'est-à-dire, que c'est l'impression de toute la masse entraînée par le vent, et non pas une impression particulière à chaque partie. N'en est-il pas de même du mouvement que la planète imprime à un pareil volume de matière éthérée qu'elle chasse devant elle? Que sert par conséquent d'examiner si les parties de ce volume peuvent être plus aisément dispersées et dissipées que celles de la planète même? Il ne s'agit point de les disperser, non plus que celles d'un volume d'air poussé par le vent; il s'agit de les chasser telles qu'elles sont, et de faire circuler leur masse devant la planète. Il faut donc nécessairement en venir toujours à examiner si cette masse résiste au mouvement du corps céleste, si elle ne lui en dérobe pas une partie qu'il est obligé de lui communiquer, et si, par une suite inévitable, ce mouvement, qui perd à chaque instant une partie de sa force, ne doit pas s'éteindre bientôt presque entièrement.

On dira peut-être qu'il faut distinguer comme des couches ou des enveloppes différentes de matière éthérée, supposer que la planète agit d'abord sur celle qui la touche immédiatement (quand je dis la planète, j'entends parler de la planète considérée avec son tourbillon); et, comme par la grande fluidité de la matière éthérée, cette première enveloppe peut se détacher aisément de l'enveloppe supérieure, le mouvement que la planète lui imprime l'oblige à s'en détacher en effet, pour circuler en coulant autour de la planète, et la pousser à son tour par derrière, lui rendant ainsi une partie du mouvement qu'elle en a reçu.

Ainsi, dira-t-on, comme le mouvement de tout le corps de la planète est infiniment plus fort que celui de chaque enveloppe de matière éthérée, que l'on peut feindre aussi mince qu'on le voudra, et qu'il en revient même une partie à la planète, il est aisé de concevoir comment elle continuera son cours dans un fluide dont les différentes couches lui cèdent leur place successivement.

Mais, sans examiner ici les autres difficultés qu'on pourroit former sur cette explication, je doute fort qu'elle réponde pleinement à celles de M. Newton.

Quelque disproportion qu'il y ait entre le corps de la planète, ou plutôt entre la masse entière de son tourbillon, et chaque enveloppe de la matière éthérée qui l'environne, l'une ne peut mouvoir l'autre sans lui communiquer une partie de son mouvement; il est impossible que la première enveloppe soit ébranlée sans que la seconde le soit; la seconde poussera aussi la troisième; la troisième, la quatrième, et ainsi de suite toujours en diminuant, si l'on veut, comme les ondulations qui se forment dans l'eau; mais si l'impression d'une petite pierre qu'on y jette s'étend sensiblement jusqu'à plusieurs toises de distance, jusqu'où doit aller celle d'un tourbillon tel que celui de Jupiter. Or, tout le mouvement qui se communique successivement aux différentes ondes de la matière éthérée, est perdu pour le tourbillon de la planète; ainsi, par cette explication, on peut bien faire durer plus long-temps son mouvement et le ménager, pour ainsi dire, avec plus d'économie. Mais il faut tôt ou tard qu'il diminue sensiblement et qu'il s'éteigne à la fin, ou qu'il se réduise presque à rien : par conséquent, la différence qu'on suppose entre le tissu des corps solides et celui des fluides, ou des liquides, ne détruit point l'argument que M. Newton tire de la force de résistance qui, selon lui, est inhérente à toute matière, et que le mouvement d'aucun corps ne sauroit vaincre qu'à ses dépens, c'est-à-dire, en perdant une partie de sa force.

Je vais encore plus loin : quand on ne supposeroit même aucune résistance dans la matière, la difficulté subsisteroit toujours, parce qu'il n'y a point de philosophe qui ne reconnoisse qu'un corps perd autant de mouvement qu'il en communique à un autre corps. Que ce second corps résiste par l'inertie de sa masse, ou qu'il ne résiste pas, il ne pourra jamais se mouvoir, ou plutôt être mû, qu'en dérobant au premier une partie de son mouvement. On retombera donc encore, par ce seul axiome de physique, dans la difficulté de M. Newton, dont le principe général ne paroît guère différent de l'opinion commune des autres philosophes, puisque ce principe, bien entendu, tend seulement à établir que tout corps qui en meut un autre lui transmet une partie de son mouvement, comme l'on peut dire en un sens, qu'il en reçoit réciproquement une partie du repos qui étoit auparavant dans cet autre corps, par l'égalité de la réaction à l'action.

M. Newton n'insistera pas moins sur le second point, et il soutiendra que non-seulement on ne sauroit expliquer par la structure et le contexte des corps leur résistance au *mouvement d'impulsion* par lequel une masse de matière en pousse une autre sans la diviser, mais que ces termes vagues de structure, de contexte, de configuration des parties, qui ne présentent aucune idée claire à l'esprit, ne peuvent pas même servir à expliquer pourquoi certains corps, que nous appelons durs, résistent au *mouvement de division et de séparation*, qui tend à en écarter et à en disperser les parties.

En effet, dira-t-il, quel sens peut-on attacher à ces expressions ?

Veut-on faire entendre par là que les particules dont les corps durs sont composés doivent être supposées crochues, et tellement engagées les unes dans les autres, que la force ordinaire de la matière subtile ne peut ni les dégager ni les rompre ?

Ou au contraire que ces particules sont si lisses, si polies, en un mot, si exactement planes, qu'elles se touchent presque dans tous leurs points, en sorte que leur extrême contiguité ne laisse aucune prise sur elles à l'action de la matière subtile qui tend à les diviser et à les séparer ;

Ou enfin, que chaque corps, au travers duquel la matière subtile ne peut passer que très-difficilement et en une quantité presque insensible, devient comme le centre ou le noyau d'un petit tourbillon formé par le reflux de cette matière qui assiége, pour ainsi dire, et qui investit une place dans laquelle elle ne peut entrer, et qui en comprime toutes les parties par des mouvemens *conspirans et centripètes*, à peu près de la même manière que la terre est comprimée par les parties de l'air qui l'environne.

Mais, comment pourra-t-on concilier toutes ces explications avec l'hypothèse de la divisibilité de la matière à l'infini, que l'auteur de l'Anti-Lucrèce ne regarde pas même comme une hypothèse, et qu'il suppose comme une vérité incontestable ?

Si elle l'est en effet, y a-t-il aucun corps, quelque dur qu'il soit, dont les premiers ou presque premiers élémens ne soient aussi déliés et aussi disposés au mouvement que les parties mêmes de la matière subtile ? Qu'on y suppose tant que l'on voudra des crochets engagés l'un dans l'autre, ou des particules si intimement jointes qu'elles se touchent dans toute leur surface, ces crochets ou ces particules seront composés de parties plus petites qui en auront elles-mêmes d'encore plus petites, et l'on parviendra toujours à en trouver d'égales à celles qu'on imagine dans la matière subtile, ou même encore plus minces et plus déliées.

Ces particules seront non-seulement séparables ou divisibles, mais actuellement séparées ou divisées.

Comment pourroient-elles donc résister au mouvement des parties de la matière subtile qui leur sont égales, ou qui sont même plus grandes? Chaque file ou chaque ligne des particules de matière subtile ne trouve en son chemin qu'une file ou une ligne pareille, et peut-être même encore plus déliée et par conséquent plus foible, de particules à peu près semblables dans le corps dur. Et, en comparant ainsi ligne à ligne, et élément à élément, on ne voit pas pourquoi une ligne de matière subtile, ou un élément de cette matière, ne communiqueroit pas son mouvement à une ligne ou à un élément d'un corps dur. On ne peut pas dire que les lignes ou les élémens de l'un soient plus pressés ou plus serrés que les lignes ou les élémens de l'autre. Il n'y a pas plus de vide dans la matière la plus subtile que dans le corps le plus solide; ses particules sont donc aussi proches l'une de l'autre, aussi contiguës, aussi étroitement jointes que celles d'un corps dur; donc, chaque élément doit pousser chaque élément, chaque ligne doit pousser chaque ligne; mais si tous les élémens, si toutes les lignes du corps dur sont une fois agités, tout le corps le sera aussi, puisque le mouvement du tout n'est autre chose que le mouvement de toutes ses parties; et par conséquent, il ne doit rester aucun corps dur ou solide dans le monde, et il n'y en a point qui ne doive être aussi liquide que la matière la plus subtile.

En vain prétend-on faire tourner autour de cette espèce de corps de petits tourbillons de matière subtile pour en contenir et pour en comprimer toutes les parties par une espèce de force centripète qui les pousse de tous côtés également vers le centre ou le milieu de ces corps. On ne peut soutenir cette explication de leur dureté qu'en supposant que les parties de la matière subtile sont repoussées par les particules du corps dur qui les détournent par conséquent de la ligne droite, et qui les obligent à circuler autour de ce corps. Mais comment peut-il les repousser, s'il est composé de parties qui ne sont ni plus solides, soit qu'on les prenne une à une, soit qu'on en forme comme des lignes, ni plus difficiles à mettre en mouvement que les parties ou les lignes de la matière subtile?

Dira-t-on que cette matière a naturellement un mouvement circulaire ou sphérique, et qu'elle se forme d'elle-même en différens tourbillons; mais, si cela étoit, elle devroit imprimer ce même mouvevement aux parties du corps dur, qui ne résistent pas plus au mouvement circulaire qu'au mouvement en ligne droite; et d'ailleurs s'il étoit vrai que la matière subtile fût toute partagée en petits tourbillons, les particules extérieures de chaque tourbillon pousseroient continuellement vers le centre les particules plus intérieures; elles les presseroient et les comprimeroient, comme l'on suppose qu'elles pressent et qu'elles compriment les particules d'un corps dur; et il devroit se former dans le centre, par cette compression, une espèce de noyau parfaitement dur, et comme une petite terre au milieu de ce petit tourbillon.

C'est ainsi, dira M. Newton, comme il l'a déjà dit, que les termes vagues de tissu, de contexte, de configuration, dont on se sert pour expliquer la cause de la dureté des corps, ne sont propres qu'à faire naître des difficultés inexplicables; on ne pourra jamais en rendre une raison vraisemblable, si l'on ne revient en quelque manière aux atomes, non à des atomes éternels, indépendans de la divinité, et absolument indivisibles (c'est une chimère et une impiété qu'il faut laisser à Épicure et à Lucrèce), mais à des atomes créés, et qui ne sont tels que par la volonté du créateur. Ils n'auront point cette unité et cette indivisibilité métaphysique qui ne peut se trouver que dans les êtres spirituels; mais il a plu à Dieu de leur donner ce qu'on peut appeler une espèce d'unité ou d'indivisibilité positive, en créant ces petites particules de matière *solides, massives, dures, impénétrables, de telles grandeurs ou figures, en telle quantité et en telle proportion, à l'espace qui convenoit le mieux à la fin pour laquelle il les formoit, rien n'étant capable, selon le cours ordinaire de la nature, de diviser en plusieurs parties ce qui a été fait originairement un par la disposition de Dieu même* (1). Plus il y aura de ces particules dans les corps, plus les corps seront durs, et ils seront plus mous et plus fluides à proportion qu'il y en aura moins.

Je ne prétends point, dans tout ce que je viens de dire, prendre parti pour M. Newton. Je prétends encore moins attaquer les sentimens de l'auteur de l'Anti-Lucrèce, que je respecterai toujours autant qu'ils le méritent; mon unique objet est de lui représenter, comme je crois que tous ses lecteurs le feront :

1.° Que la différente structure des corps, ou le différent tissu de leurs parties, ne suffit pas pour expliquer pourquoi les corps durs résistent au mouvement que j'ai appelé d'impulsion, qui affecte en même temps toute leur masse, et pourquoi les liquides, tels que le milieu dans lequel nagent les planètes, n'y résistent pas ;

2.° Que les termes de *tissu et de contexte* ne donnent point une idée claire sur la cause de la dureté des corps, ou de cette résistance qu'ils opposent au *mouvement même de division ou de séparation*, à moins qu'on n'entre dans un plus grand détail sur l'explication de ces termes, et qu'on ne réponde aux objections que l'on peut faire, et qu'on fait effectivement contre les différens sens qu'on leur attribue.

Je ne dispute donc point, encore une fois, contre l'auteur de l'Anti-Lucrèce; je demande seulement à être instruit, demande toujours juste et toujours honnête de la part d'un ignorant qui s'adresse à la science

(1) Paroles de M. Newton dans son Traité d'Optique, p. 586.

même pour en être éclairé ; et au surplus, j'ai tant de déférence et de prévention même pour les sentimens de l'auteur, que je dirois volontiers de lui ce que le pape Paul V disoit lorsqu'on lui annonçoit le cardinal du Perron : *Dieu veuille bien inspirer celui qui veut me parler ; car il est sûr qu'il me persuadera tout ce qu'il voudra.*

Je passe maintenant à un autre objet de mes remarques sur la dernière partie du second livre de l'Anti-Lucrèce ; l'auteur ne se contente pas de faire voir que le mouvement des corps s'explique aisément dans l'hypothèse du plein, il veut aller encore plus loin, et prouver qu'il est absurde de supposer que le mouvement puisse se continuer dans le vide. C'est toujours à M. Newton qu'il en veut, parce que ce philosophe soutient au contraire que le mouvement des corps célestes ne pourroit se conserver et se perpétuer dans le plein.

Si j'examinois les vers du second livre de l'Anti-Lucrèce comme grammairien, je n'aurois presque qu'à en louer la justesse et la précision ; mais, comme philosophe, ou plutôt comme newtonien au moins pour aujourd'hui, j'y distingue d'abord trois propositions différentes, et comme l'on ne fait dans la suite que les appliquer au mouvement des corps célestes, j'examinerai en même temps ces deux endroits qui sont joints aussi naturellement que le principe et la conséquence.

La première proposition est donc que les corps en passant par le vide ne sauroient conserver la force et la détermination de leur mouvement.

La seconde, qu'ils ne peuvent pas même conserver leur masse et leur forme, et que toutes leurs parties doivent se séparer et se dissiper comme une poussière subtile que le vent disperse dans l'air.

La troisième, que, quand leur mouvement pourroit se conserver, quand on supposeroit que leurs parties demeureroient toujours jointes, ils seroient forcés de suivre leur première direction, sans pouvoir ni réfléchir d'autres corps ni être eux-mêmes réfléchis.

Après avoir ainsi distingué ces trois propositions, je prends la liberté d'en demander la preuve; et il me semble qu'il sera assez difficile de me satisfaire sur la première.

Les cartésiens nient, à la vérité, que le vide soit possible. Mais il faut bien supposer le contraire, au moins pour un moment, si l'on veut prouver que le mouvement reçu dans le plein s'éteindroit tout d'un coup dans le vide. Mais pourquoi s'y éteindroit-il? Tout corps, selon les cartésiens comme selon M. Newton, conserve son état aussi long-temps qu'il le peut, jusqu'à ce qu'il survienne une cause plus forte qui l'en fasse changer. Or, quelle seroit cette cause qui arrêteroit, qui anéantiroit, pour ainsi dire, le mouvement d'un corps, lorsqu'il passe du plein dans le vide? Il trouve bien moins d'obstacle dans le pays où il entre que dans celui d'où il sort. Là, il rencontroit d'autres corps qui pouvoient l'arrêter, le repousser, changer sa direction; il ne lui étoit pas même impossible de leur imprimer son mouvement sans en perdre une partie. Ici, tout au contraire, je veux dire dans le vide, il ne trouve rien de semblable; il ne peut plus rien acquérir, à la vérité, mais aussi il ne sauroit plus rien perdre; et je le comparerois volontiers à ce cheval dont Virgile a fait la peinture après Homère :

Qualis, ubi abruptis fregit præsepia vinclis
Tandem liber equus, campoque potitus aperto (1).

Ainsi doit voler un corps dans le vide lorsqu'il a rompu ses liens, en forçant les autres corps à lui donner passage; il n'a plus devant lui que le néant, et quelle force peut-on supposer dans le néant pour l'arrêter?

La seconde proposition ne paroît pas plus facile à prouver que la première. Pourquoi les parties de ce corps se disperseroient-elles en passant par le vide?

(1) *Æneid.*, *lib.* 11, ỷ. 492.

Le mouvement du tout n'est autre chose que le mouvement de toutes les parties; et la direction du tout n'est aussi autre chose que la direction uniforme de toutes les parties. Ainsi, et le mouvement et la direction demeurant toujours les mêmes, par quelle raison les parties de ce corps s'écarteroient-elles l'une de l'autre et prendroient-elles des routes différentes? Il faudroit pour cela supposer une autre force qui leur imprimât un mouvement différent, ou qui leur donnât une nouvelle détermination. Mais, comme elles n'en trouveront point dans le vide, elles conserveront toujours entr'elles le même ordre et la même situation, parce que la même cause continuera toujours d'agir également sur elles, et d'y entretenir le même mouvement avec la même direction. Ainsi, deux boulets qui ne se toucheroient qu'en un seul point, continueroient de se toucher dans le même point, et ne se sépareroient jamais, si la même force les poussoit toujours dans la direction de leurs axes parallèles, et qu'aucune autre force contraire ou différente ne s'opposât à leur mouvement.

Il semble aussi que ces deux premières propositions aient fait quelque peine à l'auteur de l'Anti-Lucrèce; et l'on diroit qu'il se réduise presque à la troisième, qui consiste à soutenir que quand un corps pourroit conserver dans le vide son mouvement et sa forme, il seroit au moins forcé de suivre sa première direction, sans pouvoir ni réfléchir, ni être réfléchi.

Mais M. Newton avouera très-volontiers la première partie de cette proposition. Quel inconvénient y a-t-il en effet que les corps conservent dans le vide la même direction de mouvement? C'est au contraire, dira-t-il, c'est ce qui fait que les corps célestes continuent de tourner toujours de la même manière. Il n'y a rien en cela qui distingue le mouvement dans le vide du mouvement dans le plein. Un corps continue de se mouvoir de la même manière dans l'un comme dans l'autre, tant qu'il ne se trouve aucune force opposée qui l'oblige à changer de détermination.

La première partie de cette troisième proposition n'est donc que l'opinion même de M. Newton ; et il niera la seconde, c'est-à-dire, que les corps mûs dans le vide ne puissent ni réfléchir ni être réfléchis. Ils seront également capables de l'un et de l'autre, dans le vide comme dans le plein, lorsqu'ils y rencontreront un corps qui s'opposera à leur mouvement; si la force qui les meut est plus grande que celle de ce corps, ils le repousseront ou le réfléchiront; si c'est le contraire, ils seront repoussés ou réfléchis, sans qu'on puisse démontrer, par des idées claires, qu'il y ait dans ce point aucune différence entre le plein et le vide, si on regarde le dernier comme possible.

Je ne sais pas si de ces trois propositions, que M. Newton regardera ou comme fausses ou comme inutiles, et qui certainement ne sont point prouvées dans l'Anti-Lucrèce, on peut tirer avec l'auteur la conséquence générale qu'il en tire.

L'auteur semble le reconnoître en quelque manière, puisqu'il s'attache ensuite à combattre M. Newton dans son fort, c'est-à-dire, dans son hypothèse favorite de la force centripète, par laquelle il veut réparer dans le vide le défaut d'une matière environnante qui fasse circuler les corps célestes, et qui circule avec eux.

L'auteur attaque ce système par trois raisons principales qui seront le troisième et dernier objet de mes remarques sur la seconde partie du livre où il traite la question du vide.

Il se sert premièrement de l'exemple de la fronde pour établir l'opinion de la force centrifuge, qui paroît directement opposée à celle de la force centripète.

Il insinue ensuite que cette force, dont M. Newton est si jaloux, pourroit bien n'être qu'une qualité occulte, semblable à celle d'Aristote, dont l'auteur craint, non sans quelque fondement, qu'on ne veuille faire revivre l'obscure et stérile physique.

Enfin, il entre un peu plus avant dans le fond de la matière, en soutenant que la force centripète n'est rien, ou que si c'est quelque chose, elle a besoin d'une matière continue, et qui remplisse tout l'univers, par le moyen de laquelle elle puisse se communiquer aux corps, les retirer ou les ramener vers le centre.

Je doute d'abord que l'exemple de la fronde soit bien propre à réfuter M. Newton, parce que c'est son exemple même, pour établir qu'il y a une force centripète entièrement semblable à celle qui retire ou qui rappelle continuellement la pierre vers la main qui tient la fronde, et qui est le centre de son mouvement. En effet, cette comparaison paroît aussi favorable aux partisans de la force centripète qu'à ceux de la force centrifuge; elle est pour les derniers, si l'on y fait plus d'attention à l'effort de la pierre pour s'échapper, qu'à celui de la main qui la retire ou qui la retient; et elle est pour les premiers, si au contraire on s'applique plus à l'action de la main qu'à celle de la pierre. Mais si quelqu'un donnoit une égale attention à l'une et l'autre, il ne seroit pas impossible qu'il y trouvât également et une preuve de la force centrifuge, et une preuve de la force centripète. Ainsi, un exemple qui peut servir à établir ces deux genres de forces opposées ne paroît pas suffisant pour faire admettre l'un et rejeter l'autre.

Si la force centripète n'étoit effectivement qu'une qualité occulte, pareille à celle des péripatéticiens, cette seconde raison qu'on oppose à M. Newton seroit beaucoup plus forte que la première. Mais il a prévenu ce reproche dans son traité d'optique. La force centripète n'est point, selon lui, une qualité occulte, c'est-à-dire, un nom vide de sens, dont on se serve pour tâcher de payer par des mots ceux qu'on ne peut satisfaire par le fond des choses mêmes. C'est une qualité manifeste, c'est une force sensible, dont l'expérience et toutes les observations physiques nous assurent. Quelle en est la cause? c'est ce qui n'est pas encore découvert. Mais le fait n'en est pas moins certain. Il n'y a qu'à le considérer comme un phénomène de la nature qui se montre également dans tous les corps, et de ce phénomène connu, déduire deux ou trois principes généraux du mouvement, par le moyen desquels on puisse expliquer les actions et les propriétés de tous les corps. Cela est bien différent, dit toujours M. Newton, des vertus et des qualités occultes de l'ancienne philosophie, qui ne rendoit point d'autre raison des effets sensibles que nous voyons dans la nature, si ce n'est qu'il y a une vertu occulte qui les produit. Ici, tout au contraire, l'existence de la force centripète est démontrée par une expérience générale, quoiqu'on en ignore la cause physique; et de ce fait une fois connu, on tire des règles simples et évidentes pour expliquer toute la mécanique de l'univers.

Ainsi raisonne M. Newton; et il faut avouer qu'il n'a pas tout-à-fait tort de prétendre que la force centripète ne doit pas être mise au rang des qualités occultes qui ont justement décrié la physique d'Aristote. On ne mettra pas sans doute la force centrifuge au nombre de ces qualités. L'auteur de l'Anti-Lucrèce, qui s'en déclare le défenseur, ne le souffriroit pas, et il auroit raison de ne le pas souffrir. Cependant on ne sauroit rien dire ni pour ni contre la force centripète, qu'on ne puisse dire également ou pour ou contre la force centrifuge, en les considérant toutes deux en elles-mêmes et dans une idée purement métaphysique.

Si l'on dit que l'expérience nous démontre l'existence de la force centrifuge, on répondra que l'expérience ne nous démontre pas moins l'existence de la force centripète. Si l'on s'en rapporte même au témoignage de nos sens, seuls juges de ces sortes d'expériences, ils déposeront peut-être plus volontiers en faveur de l'une de ces forces qu'en faveur de l'autre. Nous voyons tous les jours des corps qui descendent comme d'eux-mêmes de la circonférence au centre; nous en voyons moins qui montent du centre à la circonférence, et nous sommes même accoutumés à regarder leur mouvement comme une espèce de mouvement forcé, au lieu que nous sommes tous portés à croire que la pesanteur ou la gravité, c'est-à-dire, le mouvement de la circonférence au centre est un mouvement naturel et commun à tous les corps.

Si l'on veut rejeter la force centripète, parce que la cause physique ne nous en est pas connue, la même raison nous doit faire rejeter aussi la force centrifuge ; en connoissons-nous plus clairement ou plus certainement la cause physique ? Concevons-nous bien évidemment qu'il fut impossible, métaphysiquement, que la machine du monde subsistât telle qu'elle est sans le secours de la force centrifuge? Et, si nous remontons jusqu'à la cause suprême, jusqu'à l'auteur de la nature, pour y trouver la main qui imprime cette force à tous les corps mus en rond, pourrons-nous soutenir qu'il ait été plus difficile à Dieu de donner à tous les corps un mouvement qui tende de la circonférence au centre, que de leur en donner un qui tende du centre à la circonférence?

On explique, dira-t-on, les mouvemens des corps célestes, et tous les autres mouvemens que nous observons dans la nature, par la seule hypothèse de la force centrifuge ; mais ne les explique-t-on pas aussi bien par la seule supposition de la force centrifuge combinée avec le mouvement en ligne droite, qu'on admet également dans l'un et dans l'autre système?

On ne peut donc rien dire en faveur de l'une de ces deux forces qu'on n'applique aussitôt à l'autre: on ne sauroit rien opposer à la première qu'on ne rétorque aisément contre la dernière. Elles sont toutes deux également manifestes ou également occultes ; manifestes, si l'on ne cherche que la vérité du fait; et qu'on ne consulte que les sens ; occultes, si l'on veut en pénétrer la raison ou la cause physique : nous savons sur l'une tout ce que nous savons sur l'autre; et nous n'ignorons sur la force centripète que ce que nous ignorons sur la force centrifuge.

Le troisième argument, que l'auteur de l'Anti-Lucrèce oppose sur ce sujet à M. Newton, est que, si la force centripète n'est pas une chimère, il faut nécessairement admettre une matière répandue dans tout l'univers qui soit comme le canal par lequel cette force se communique pour pousser tous les corps ou les retirer continuellement vers le centre. Mais je ne trouve pas moins de difficulté dans ce raisonnement que dans ceux qui le précèdent.

La proposition qu'on avance seroit certaine, si l'on avoit bien prouvé que le mouvement ne peut se continuer dans le vide, et que tout corps qui se meut a besoin d'une matière qui le touche immédiatement, et qui le pousse du centre à la circonférence, ou de la circonférence au centre. Mais c'est ce qui n'a pas été démontré, et il seroit peut-être bien difficile de le faire : comparons la force centripète de M. Newton avec la force centrifuge que l'auteur reconnoît ; et raisonnons dans l'hypothèse du vide, qu'il faut bien admettre pour un moment, comme je l'ai déjà dit, si l'on veut prouver que le mouvement cesseroit dans le vide. Est-il bien évident qu'un corps poussé vers la circonférence par la force centrifuge ne pourroit continuer de se mouvoir, s'il n'étoit continuellement pressé et comme poursuivi par une matière qui le toucheroit immédiatement, quelle pourroit être la cause dans le vide, où il ne rencontre aucun corps? Qui lui feroit perdre l'impression une fois reçue de la force et de la direction centrifuge ? Je l'ai dit plus haut, s'il ne peut rien acquérir dans le vide, il ne sauroit non plus y rien perdre. La même volonté de Dieu, qui l'a mis en mouvement, subsiste toujours: le vide n'y apporte aucun obstacle ; et, suivant les lois que l'auteur de la nature s'est imposées à lui-même, le vide ne sauroit donner lieu à une nouvelle volonté qui change ou qui arrête le mouvement imprimé par la première. Quelle cause, encore une fois, pourroit donc faire cesser l'impression de la force centrifuge? et s'il n'y en a point, un corps mû par cette force ne devroit-il pas s'éloigner toujours du centre, et fuir éternellement dans le vide, sans qu'aucune matière le suivît immédiatement pour renouveler et perpétuer son mouvement ? Or, ce qui seroit vrai de la force centrifuge, dans cette supposition, pourquoi seroit-il faux de la force centripète? Dieu a pu imprimer l'une comme l'autre à tous les corps par une loi générale; et, si cela est, par quelle raison le mouvement causé par la force centripète s'éteindroit-il plutôt dans le vide que le mouvement causé par la force centrifuge? Il ne s'agit plus ici d'attraction; M. Newton consent, dans ses derniers ouvrages, qu'on dise, si l'on veut, que la force centripète agit par impulsion. La parité demeure donc toujours toute entière entre la force centrifuge et la force centripète. La difficulté qu'on forme sur la nécessité d'une matière qui continue le mouvement est commune à l'une et à l'autre, ou plutôt elle paroît cesser également à l'égard de l'une et de l'autre, si l'on admet une fois la supposition du vide, la seule dans laquelle cette question puisse être agitée.

Je crains donc qu'on ne se hâte un peu trop de dire, comme on le fait dans le vers 979 :

..... Ridiculum est tales confingere causas,
Et vires intermedio quocumque carentes (1).

La comparaison du cerf-volant et celle des marionnettes, pourront délasser agréablement l'esprit d'un lecteur qu'on aura pleinement convaincu; mais il faut quelque chose de plus fort pour le convaincre. La hauteur anglaise a besoin, sans doute, d'être humiliée. Personne ne le verra avec plus de plaisir que moi, et ne desire plus que ce soit par les mains de l'auteur de l'Anti-Lucrèce à qui il convient en toutes manières d'en triompher; mais il est dangereux de ne le faire qu'à demi; et M. Newton, en particulier, est du nombre de ces ennemis qu'il faut ou ne pas attaquer ou terrasser de telle manière qu'ils ne puissent jamais se relever. On ne sauroit y réussir sans entrer dans le fond de ses principes. C'est sur le corps de l'arbre même qu'il faut frapper : tant qu'on ne fera que tourner autour et en abattre quelques branches,

(1) Constitut., liv. 2.

il en repoussera de nouvelles ; on pourra craindre même qu'il n'élève sa tête encore plus haut.

Voici donc quels seroient mes désirs, et il n'y a que l'auteur de l'Anti-Lucrèce qui soit en état de les exaucer. Il est temps de les faire succéder à une critique trop longue, et peut-être encore plus téméraire ; mais il falloit qu'elle servît de préparation à ce que je vais demander à l'auteur pour mon instruction particulière, pour la satisfaction commune de tous ses lecteurs, et pour la réfutation complète de M Newton.

Je souhaiterois donc que l'on combattît son opinion sur la force centripète :

1.° En faisant voir qu'elle est fondée sur deux suppositions gratuites : l'une, que les corps célestes sont d'abord mus en ligne droite ; l'autre, que les coups qu'ils reçoivent par cette première impulsion étant toujours rabattus par ceux de la force centripète, ces corps sont nécessairement déterminés à décrire une ligne presque circulaire. S'ils n'étoient mus que par la première force, ils suivroient éternellement la ligne droite dans leur course : si, d'un autre côté, ils ne reçoivent que l'impression de la force centripète, ils se réuniroient tous dans le centre. Mais de ces deux mouvemens, plutôt différens que contraires, M. Newton en compose un troisième qui devient presque circulaire ; et c'est ainsi qu'il démontre dans ses principes, ou qu'il croit démontrer géométriquement, que les planètes tournent autour du soleil.

Ainsi, tout son système roule sur la supposition de deux forces qui ne naissent point l'une de l'autre, qui sont entièrement indépendantes, qui ne sauroient par conséquent se ramener à l'unité d'un seul principe et d'une cause uniforme qui se combattent au contraire, et qui tendent à se détruire mutuellement, mais qui ont cependant un rapport si nécessaire, que la première sans la seconde, et la seconde sans la première, seroient absolument inutiles : en sorte qu'il est visible que le mouvement en ligne droite n'a été imaginé que pour tempérer la force centripète, comme réciproquement la force centripète n'a été inventée que pour corriger à son tour le mouvement en ligne droite. Il y a, sans doute, bien des mouvemens composés dans la nature par la rencontre ou la concurrence de deux forces qui ont des directions différentes; mais il est bien difficile de concevoir que le premier mouvement, le mouvement générateur, qui a été la source de tous les autres, ait été un mouvement composé. C'est une supposition qui résiste à l'idée que nous avons de la simplicité des voies de Dieu, auteur de la nature, qui se ramènent toutes à l'unité.

Croira-t-on donc, pour étendre un peu plus cette pensée, que pour mettre la machine du monde en mouvement, Dieu ait eu besoin d'imprimer d'abord aux corps célestes un mouvement en ligne droite, de se réformer ensuite, pour ainsi dire, et de se corriger lui-même en frappant ces mêmes corps par la force centripète, pour parvenir, par ce mélange et cette composition de mouvemens, à les faire tourner circulairement autour de leur centre! N'étoit-il pas bien plus court et bien plus simple de leur imprimer tout d'un coup cette espèce de mouvement? Dieu est-il réduit à tempérer deux mouvemens l'un par l'autre, afin qu'il en résulte un troisième, comme s'il n'avoit pu le produire directement? Lui en coûte-il plus pour faire mouvoir un corps en rond, que pour lui donner une autre détermination? La ligne courbe est aussi simple pour lui que la ligne droite! Mais l'homme veut toujours imprimer sur les ouvrages de Dieu même le caractère de sa foiblesse. Il a une idée plus claire et plus distincte de la ligne droite que de la ligne courbe, et, rapportant tout à lui-même ou à sa manière de penser, il voudroit presque assujettir le maître de la nature à ne pouvoir tracer une ligne courbe, qu'en la composant de plusieurs lignes droites. C'est cette idée qui a donné la naissance à la méthode des *infiniment petits*, qui prouve en un sens la grandeur de l'esprit humain, et en un autre sens sa petitesse. C'est sur le même fondement que M. Newton, qui a voulu passer pour l'inventeur de cette méthode, transportant dans la physique les idées de sa géométrie, a voulu trouver dans un mouvement circulaire deux mouvemens en ligne droite, afin qu'en décomposant ce mouvement, et le réduisant à ses prétendus élémens, son esprit pût se délasser dans la simplicité d'un genre de ligne et de mouvement plus aisé à concevoir que la ligne et le mouvement circulaires. Il y auroit peut-être bien des choses à réformer, par cette notion générale, dans M. Descartes même; mais je me contente de la présenter à l'auteur de l'Anti-Lucrèce qui saura en faire un meilleur usage que moi, s'il juge à propos d'exaucer sur ce premier point les vœux que je forme pour sa victoire et pour la défaite de M. Newton.

2°. Puisque j'ai commencé une fois à expliquer mes désirs, j'avoue que je serois fort aise de voir une main aussi habile que celle de l'auteur forcer M. Newton à s'expliquer clairement sur le combat de la force centripète et de la force centrifuge.

Quoique zélé défenseur de la première, il est obligé cependant de reconnoître la vérité de la seconde dans plusieurs endroits de ses ouvrages, et il lui auroit été bien difficile de ne la pas reconnoître, puisque l'expérience nous la démontre si sensiblement.

Or, comment peut-il concilier ces deux forces opposées, et qui doivent se combattre éternellement? c'est sur quoi je ne rougirai point de confesser mon ignorance; je le fais même d'autant plus volontiers qu'elle engagera peut-être l'auteur de l'Anti-Lucrèce à presser M. Newton sur cet article, dont j'ai de la peine à concevoir quel peut être le dénoûment.

En effet, ou ces deux forces sont inégales, ou l'on supposera au contraire qu'elles sont dans une parfaite égalité.

Si l'on dit qu'elles sont inégales, je demanderai d'abord pourquoi elles le sont; je demanderai ensuite quelle est la plus grande des deux; et même, sans faire tant de questions importunes, je conclurai tout d'un coup, de leur inégalité même, que, depuis le commencement du monde, il y a long-temps que la plus forte a dû prévaloir sur la plus foible, et la contraindre à suivre sa direction ; en sorte qu'il ne doit plus rester dans l'univers, ou que la force centripète, si elle a été la plus grande dès la création du monde, ou que la force centrifuge, si l'on veut supposer qu'elle a eu d'abord l'avantage sur sa rivale.

Si l'on prend le parti de soutenir que ces deux forces sont parfaitement égales, comme M. Newton semble le reconnoître dans la page 40 du premier livre de ses principes, elles seront donc alors dans un équilibre fixe et invariable : elles feront à la vérité un effort continuel l'une contre l'autre, mais il n'en résultera aucun effet ; et la réaction étant alors bien certainement égale à l'action, tous les corps également poussés par l'une des deux forces, et également repoussés par l'autre, seront dans le même état que si aucune des deux forces n'agissoit sur eux. Pourquoi donc les planètes qui, selon M. Newton, ont reçu d'abord l'impression d'un mouvement en ligne droite, ne continueront-elles pas de suivre cette première impression ? Je comprends bien que si la force centripète pouvoit agir sur ces grands corps, sans y trouver l'obstacle d'une force directement contraire, elle pourroit les détourner de la ligne droite, et les obliger à décrire une ligne courbe approchante du cercle; mais l'action de cette force étant continuellement repoussée par l'action de la force centrifuge, si ces deux forces sont dans un équilibre parfait, leur impression, de part et d'autre, doit être regardée comme nulle. Elles ne peuvent donc détourner les corps célestes de leur première route, qu'ils doivent suivre aussi constamment que s'ils ne rencontroient en leur chemin, ni la force centripète ni la force centrifuge.

M. Newton ne répondra pas, sans doute, que comme, dans son hypothèse, les planètes nagent dans le vide, il n'y a point de matière autour d'elles dont la force centrifuge puisse balancer l'action de la force centripète.

Ce raisonnement seroit une défaite plutôt qu'une véritable réponse. Que lui serviroit-il d'éluder la difficulté par rapport à la matière environnante ? Il retomberoit toujours par rapport à celle dont le corps même de la planète est composé, elle n'auroit pas plutôt commencé à tourner en rond, que la force centrifuge commenceroit aussi à agir sur toutes ses parties, pour les pousser vers la circonférence, autant que la force centripète les pousseroit vers le centre. La même difficulté du contraste, de l'opposition, de l'équilibre des deux forces contraires, renaîtroit donc toujours à l'égard du corps de la planète, et l'on demanderoit toujours pourquoi elle ne continueroit pas de suivre librement sa route entre deux ennemis qui, par le balancement de leurs efforts, ne feroient que se nuire l'un à l'autre, sans pouvoir ni détourner ni arrêter le cours de la planète qu'ils presseroient également par deux mouvemens directement opposés.

A-t-on même besoin de recourir à la force centrifuge, pour former cette difficulté, et n'est-il pas permis de dire que le système de la force centripète est un royaume divisé où l'on peut opposer cette force à elle-même ?

Pourquoi l'hémisphère inférieur de la planète, je veux dire celui qui est le plus proche du soleil, tend-il au centre de la planète entière aussi bien que l'hémisphère supérieur, c'est-à-dire, celui qui est le plus éloigné du soleil ? M. Newton ne sauroit en rendre d'autre raison, si ce n'est que cet hémisphère inférieur est pressé par une force centripète qui pousse également toutes ses parties vers le centre : mais comme cela sera également vrai des parties de l'autre hémisphère, il y aura donc une force centripète qui poussera un des hémisphères du haut en bas, comme il y en aura une qui poussera l'autre hémisphère du bas en haut. Ces deux forces se rencontreront dans le centre où elles se résisteront et se balanceront mutuellement. Pourquoi donc celle qui pousse l'hémisphère supérieur aura-t-elle plus de force pour contraindre la planète à sortir de la ligne droite et à descendre du côté du soleil par une ligne courbe qui l'en rapproche, que celle qui pousse l'hémisphère inférieur n'en aura pour obliger la planète à sortir aussi de la ligne droite, mais pour remonter plus haut en s'éloignant du soleil ? Ou si l'on suppose encore un équilibre parfait entre ces deux forces centripètes opposées, je demanderai toujours quelle peut être la force qui détermine la planète à quitter sa première route, sa route naturelle, suivant M. Newton, et à décrire une ligne courbe, presque circulaire, au lieu de suivre constamment la ligne droite ?

J'avoue cependant que je ne propose ces difficultés qu'en tremblant, parce que je sens bien que c'est l'ignorance qui les produit en moi plutôt que la science ; mais c'est par cette raison même que je souhaiterois fort qu'il plût à l'auteur de l'Anti-Lucrèce d'en faire une discussion plus exacte, et de vouloir bien devenir auprès de moi-même l'interprète et le juge de mes pensées.

J'achèverai donc de lui expliquer mes désirs; et je le ferai même avec un peu plus de confiance, parce qu'il me semble que j'entends mieux ceux qu'il me reste de lui exposer.

3.° Il y a une grande différence entre l'hypothèse de la force centripète et celle de la force centrifuge. Tout ce qu'on peut dire de plus favorable pour la première, c'est qu'elle n'est pas évidemment impossible ; encore faudra-t-il pour cela proscrire absolument la force centrifuge, si les raisonnemens que je viens de faire ont quelque solidité. Au contraire, l'hypothèse de la force centrifuge est non-seulement possible, mais réelle, et son existence est si certaine, que M. Newton même n'a pas osé la nier. Nous la trouvons partout dans la nature. L'expérience nous fait voir que toutes les parties d'un corps qui est mû circulairement tendent à s'écarter du centre en ligne droite, et qu'elles s'en écartent effectivement, si elles n'y trouvent aucun obstacle.

Avec cette hypothèse, on explique d'une manière très-probable les divers mouvemens de légèreté ou de pesanteur, c'est-à-dire, ceux qui tendent à la circonférence et ceux qui tendent au centre ; car il n'est pas plus difficile d'expliquer la pesanteur, en supposant tous les corps inégalement légers, que d'expliquer la légèreté, en supposant tous les corps inégalement pesans. Pourquoi donc aller chercher une autre espèce de force à laquelle on donne le nom de force centripète, qui ne nous dévoile pas plus clairement les mystères de la nature, qui ne sauroit exclure ni anéantir la première, et avec laquelle il est si mal aisé de la concilier, qu'elle ne sert qu'à multiplier les difficultés et à les rendre presque inexplicables, au lieu d'être vraiment utile pour les résoudre ?

4.° Je comprends bien néanmoins pourquoi on l'a imaginée. Il falloit trouver un principe de mouvement dans le vide, et non-seulement de mouvement, mais de continuation de mouvement sans continuité de matière. Un grand géomètre, qui a voulu ramener toute la physique aux lois des mathématiques, a cru avoir trouvé ce principe dans ces deux suppositions ; l'une, que tout corps tend naturellement à se mouvoir en ligne droite ; l'autre, qu'il y a d'un autre côté une force centripète qui oblige les planètes à sortir de leur route naturelle pour décrire une ligne circulaire ou presque circulaire. Ainsi, la force centripète n'a été inventée que pour être en quelque manière l'ame du vide, et pour y suppléer au mouvement de rotation, dont M. Newton a cru que la durée étoit impossible dans le plein. Mais que deviendra donc la force centripète, et de quel usage pourra-t-elle être dans la nature, si l'on peut prouver, par M. Newton même, qu'il n'y a point de vide, et que tout est plein ? C'est cependant ce qu'il ne paroît pas bien difficile de faire ; et si l'on suit attentivement ce qu'il a dit de la lumière dans son Traité d'Optique, on y trouvera que ce grand philosophe a donné, sans y penser, des armes contre lui-même.

D'un côté, il est certain que la lumière du soleil

se répand dans toutes les parties de son tourbillon, ou de l'espace dans lequel les planètes qui en sont éclairées tournent autour de lui. Il n'y a aucun lieu dans cette région immense, quelque petit qu'on le suppose, quand même on le réduiroit à un point mathématique, qui ne soit frappé de cette lumière, s'il n'y a point de corps opaque qui le couvre de son ombre. Partout où l'on pourra placer la prunelle de l'œil, elle en sera pénétrée. En quelque endroit exposé au soleil qu'on mette un corps réfléchissant, il renverra des rayons lumineux. Si l'on y substitue un corps réfringent, il rompra ces mêmes rayons et les détournera de leur route naturelle. Enfin, si l'on oppose à la lumière un corps exactement solide, comme M. Newton suppose qu'il peut y en avoir, puisque ses premiers élémens sont des corps entièrement durs, dans lesquels il n'y a aucun mélange de vide, il n'y aura pas un seul point dans la surface de ce corps qui ne renvoie un rayon de lumière, si elle trouve tous les passages ouverts, comme elle doit les trouver toujours dans le vide.

D'un autre côté, il n'est pas moins constant, par tout ce que dit M. Newton de la lumière, que ses rayons sont composés de particules de matière, puisque, selon cet auteur, ils se meuvent successivement, et que la lumière ne se transmet pas en un instant; puisqu'ils sont différemment réflexibles, réfrangibles, pliables; puisqu'ils ont des côtés différens, comme M. Newton prétend le prouver par l'exemple des crystaux d'Islande; puisque, selon sa définition même, les rayons de lumière ne sont que *de petits corpuscules très-durs, élancés ou poussés hors du corps lumineux, dont les plus petits produisent le violet, la plus foible des couleurs, et dont les autres produisent le bleu, le vert, le jaune, le rouge*, à proportion de leur grosseur, qui fait qu'ils sont plus difficilement détournés de leur route; puisque enfin, suivant M. Newton, il peut se faire une transformation réciproque entre les corps grossiers et la lumière.

Voilà donc deux propositions certaines :

L'une, que les rayons de la lumière sont composés de petits corpuscules, et, par conséquent, de matière ;

L'autre, que cette matière ou ces corpuscules agissent partout ; et, par conséquent, qu'ils sont partout où il ne se trouve point de corps plus grossiers qui en occupent la place et qui en interrompent le mouvement.

Or, si, d'un côté, ce qui excite en nous la sensation de lumière n'est autre chose que la matière ; si, d'un autre côté, tout est plein, ou de cette matière toujours agissante lorsqu'elle est libre, ou de corps opaques qui en interrompent l'action ; en sorte que partout où il ne se trouve point d'obstacle de cette nature, les parties de la lumière frappent toujours tout ce qui se présente à elles ; il est évident que tout est plein de matière.

L'exemple que j'ai choisi d'un corps parfaitement dur, et sans aucun pore, rend cette vérité encore plus sensible.

Qu'on oppose un pareil corps à la lumière, et qu'on le place, si l'on veut, pour se prêter un moment à l'hypothèse de M. Newton, dans le vide le *plus pur*, comme parle Lucrèce, c'est-à-dire, le plus dégagé de toute matière, il n'y aura aucun point de sa surface qui ne soit illuminé ou frappé par un rayon de lumière ; et, comme par la nature même de ce corps, il n'y a point de vide entre les points de sa superficie, il ne peut pas y en avoir non plus entre les rayons qui les frappent, autrement il y auroit des points qui ne seroient pas illuminés. Donc, les rayons sont aussi denses et aussi serrés entr'eux que les points de cette superficie, sans qu'il y ait plus de vide entre les uns qu'entre les autres ; et il est indifférent que les rayons soient perpendiculaires ou obliques, puisqu'il y aura toujours un rayon qui répondra à chaque point du corps illuminé. Mais tous ces rayons ne sont, suivant M. Newton, que comme des lignes de corpuscules, et par conséquent de matière. Donc, M. Newton lui-même doit convenir que ce vide imaginaire, dans lequel nous plaçons un corps dur pour recevoir l'impression de la lumière, est un vide parfaitement plein. Plus même il le supposera vide, c'est-à-dire, exempt de toute autre matière, plus il s'y doit trouver de particules propres à exciter le sentiment de lumière, parce qu'il n'y aura point de corps opaques ou grossiers qui puissent en prendre la place, en arrêter ou en interrompre l'action ; et c'est ce que nous éprouvons souvent, à mesure que l'air devient plus pur et moins chargé de parties terrestres ou aqueuses. Or, en quelque lieu de ce vide immense, dont l'imagination de M. Newton est frappée, qu'on veuille placer ce corps exactement solide, on pourra toujours faire le même raisonnement ; car, en quelque endroit qu'on l'arrête ou qu'on le fasse passer, il y recevra toujours des rayons de lumière, s'il n'y a point de corps interposé qui puisse les lui dérober. Il rencontrera donc partout les particules de matière dont les rayons sont formés ; et ce ne sera pas sa présence ou son passage qui fera venir ces particules et qui les assemblera autour de lui ; il les trouvera toutes assemblées et toujours prêtes à le frapper lorsqu'il s'offrira à leurs coups, en s'opposant à la continuité de leur mouvement. En un mot, il sera éclairé partout. Donc, il sera frappé partout ; donc, il trouvera partout des corpuscules en état de le frapper ; donc, ce vide immense où on le promène en sera rempli ; donc, comme je l'ai déjà dit, le vide même sera plein.

Les planètes sont ce corps entièrement solide, ou du moins impénétrable à la lumière, qui circule dans un espace rempli de corpuscules lumineux, puisqu'en effet elles sont illuminées et qu'elles nous éclairent par réflexion. Il n'est donc nullement vrai qu'elles nagent dans un milieu vide ou presque vide. Il ne peut y en avoir de moins rare et de plus dense, dans le sens de M. Newton, que celui qui est composé de corpuscules durs et presque infiniment petits, tels que ceux de la lumière. Donc, il est encore moins vrai que les planètes ne puissent conserver leur mouvement dans un milieu dense. D'un côté, nous savons, ou plutôt nous voyons, que celui dans lequel elles font leur course est rempli de rayons de lumière, et M. Newton nous assure que ces rayons ne sont que des particules de matière. D'un autre côté, l'expérience de tous les siècles nous apprend, et tout l'univers en rend témoignage, que les planètes y peuvent conserver leur mouvement, puisqu'elles l'y conservent en effet depuis le commencement du monde; donc, la supposition du vide, pour faciliter et pour assurer la durée de leurs révolutions, est non-seulement inutile, mais évidemment fausse; et M. Newton ne sauroit se rejeter sur la petitesse, sur la figure, ou sur la mobilité des particules de la lumière, puisque, selon lui, toutes ces circonstances sont indifférentes, et qu'il y a autant de densité, de force et de résistance dans un pied cube de la matière la plus subtile, qu'il y en a dans un pied cube de la matière la plus grossière.

Quand même M. Newton voudroit ou pourroit chicaner encore sur ce que j'ai dit, qu'il n'y avoit point d'intervalle entre les rayons de lumière agissant librement et sans obstacle, comme il n'y en a pas entre les points du corps illuminé, si on le suppose exactement solide, il n'y trouveroit pas mieux son compte, et son système n'en deviendroit pas plus soutenable.

Premièrement, ce seroit une grande humiliation pour le plus célèbre partisan du vide, s'il étoit réduit à ne lui plus trouver de place que dans les minces intervalles qu'il voudroit imaginer entre les rayons de la lumière; et il faut avouer qu'alors l'immensité prétendue de l'espace seroit logée bien à l'étroit.

Mais, en second lieu, quand M. Newton seroit parvenu à ménager encore cette dernière retraite à son vide, chassé par lui-même de toutes parts, il n'en seroit pas plus avancé pour soutenir son opinion favorite; je veux dire que les planètes ne sauroient conserver leur mouvement dans un milieu capable de résistance. Qu'il répande tant qu'il voudra entre les rayons de lumière quelques parcelles d'un vide qu'on appellera justement, en ce cas, *vacuum disseminatum*, il sera toujours forcé de convenir qu'un milieu, rempli de tant de corpuscules très-durs et si serrés l'un contre l'autre, ne peut jamais passer pour un milieu infiniment rare et vide ou presque vide. Par conséquent, ce milieu doit résister, selon lui, au mouvement des planètes; je veux qu'il y résiste un peu moins que s'il étoit exactement plein, mais il y fera toujours une résistance considérable, par rapport à la quantité immense de matière qu'il renferme. Cette résistance ne pourra jamais être vaincue, sans qu'il en coûte à la planète une partie de son mouvement; et, comme elle se renouvellera à chaque instant, M. Newton pourra bien faire durer un peu plus ce mouvement, et prolonger, peut-être de quelques mois, la vie de la planète, par le moyen de ces petits vides, semés, contre toute apparence, entre les parties de la lumière; mais il faudra toujours que, donnant continuellement et ne recevant rien, la planète épuise bientôt ses forces et tombe enfin dans un état de langueur ou de foiblesse qui la conduise infailliblement à la mort.

Tout le système de M. Newton paroît donc renversé par ce qu'il dit lui-même sur la nature des parties de la lumière. Il n'y a plus de milieu vide ou presque vide; et comme ce n'est que pour suppléer à l'inaction ou à l'impuissance d'un tel milieu, qu'il a été obligé d'imaginer la force centripète, dont j'ai déjà dit qu'il avoit fait, en quelque manière, l'ame du vide, s'il n'y a plus de vide, ou si quelques restes de vide, que M. Newton voudroit conserver contre toute raison, ne lui peuvent servir de rien pour expliquer la durée du mouvement des corps célestes, la froce centripète s'évanouit avec la cause qui lui avoit donné la naissance; et il faut bien qu'il y ait une autre solution du problème qu'il propose sur ce mouvement.

Je ne sais pourtant si je ne m'éblouis pas moi-même par le raisonnement que je viens de faire, et qui a encore pour moi toute la grâce de la nouveauté.

Mais, après tout, mon objet n'est pas tant de réfuter M. Newton que d'indiquer seulement les points principaux sur lesquels je souhaiterois que l'auteur de l'Anti-Lucrèce voulût l'attaquer, pour se mettre en état de remporter une victoire complète sur un si grand ennemi; c'est dans cette vue que j'ai rassemblé ici toutes les réflexions que j'ai eu depuis peu occasion de faire, en lisant le Traité d'Optique de M. Newton, et en jetant les yeux sur les endroits de ses principes qui peuvent être à la portée de mon intelligence. C'est à l'auteur de l'Anti-Lucrèce qu'il appartient d'en faire un juste discernement, de retrancher le mauvais, de perfectionner le médiocre, d'ajouter ce qui peut être beaucoup meilleur; en un mot, de suppléer ce qui manque à la foiblesse de mes lumières, par la supériorité des siennes. Mais j'en reviens toujours à ce que j'ai dit d'abord, M. Newton est un ennemi qu'il faut ou ménager ou vaincre entièrement.

Je le répete d'autant plus volontiers, que, pour finir cette seconde partie de mes remarques, comme j'ai fini la première, je ne sais si l'auteur de l'Anti-Lucrèce est obligé de combattre M. Newton pour remplir le grand dessein de son poème, qui est d'établir l'existence de Dieu et la spiritualité de notre ame.

Il paroît assez indifférent, par rapport à ces deux vérités, d'attaquer ou de soutenir la possibilité du mouvement des planètes dans le plein ou dans le vide, de préférer l'hypothèse de la force centripète, ou de donner l'avantage à celle de la force centrifuge. Les philosophes, qui se partagent sur ce sujet, conviennent tous également que c'est Dieu qui imprime et qui peut seul imprimer ces deux forces, ou l'une des deux, à la matière. Et s'il y en avoit quelqu'un qui eût du penchant pour l'athéïsme, il ne lui en coûteroit pas plus de supposer le plein que de supposer le vide, et regarder la force centrifuge comme essentiellement attachée à la matière, que d'attribuer ce caractère à la force centripète. M. Newton, en particulier, paroît fort éloigné de ces sentimens impies; et, quoiqu'il soutienne l'impossibilité du mouvement dans le plein, et l'hypothèse de la force centripète, il n'en reconnoît pas moins la nécessité d'admettre un premier moteur, une cause suprême et universelle qui ait créé l'univers, et qui ait donné le premier mouvement à cette grande machine, où il le conserve, l'augmente ou le diminue, suivant les lois que sa sagesse a établies.

Tout ce qui est essentiel pour la cause de la religion est renfermé dans ce principe; et l'auteur de l'Anti-Lucrèce n'a point de querelle avec M. Newton sur ce qui fait le véritable sujet de son poème, puisque ce philosophe suppose comme lui la nécessité de l'opération du premier Être.

Après cela, que le mouvement des planètes se puisse continuer dans le plein, ou qu'on ne puisse l'expliquer que dans le vide; que la première impulsion se fasse dans le centre ou à la circonférence; qu'elle soit simple ou composée de deux impressions en ligne droite qui en produisent une courbe, c'est ce qui paroît, à bien des esprits, arbitraire en soi, et également possible au Tout-Puissant; et, quand il seroit vrai que l'une de ces voies doit être regardée comme vraiment impossible, parce qu'elle renferme une répugnance et une contradiction évidente, on pourroit toujours errer sur ce sujet d'une manière innocente, et sans aucun péril pour la religion, parce qu'on adoreroit toujours Dieu comme la seule cause de tous les mouvemens qui se passent dans l'univers, et qu'on ne se tromperoit qu'en croyant que Dieu a pu faire ce qui paroît impossible à d'autres philosophes.

L'auteur de l'Anti-Lucrèce pourroit donc bien s'épargner la peine d'entrer dans toutes ces questions, et il n'y perdroit rien, par rapport à son véritable objet; il y gagneroit peut-être même en un sens, comme je l'ai dit en parlant de la question générale du vide. C'est souvent une politique louable dans un auteur, et utile à la cause qu'il soutient, de ne pas s'attirer, sans une nécessité absolue, des adversaires accrédités qui, quoiqu'ils n'attaquent pas un ouvrage dans ce qui lui est essentiel, ne laissent pas de le décrier indirectement par la critique qu'ils font d'une partie des raisonnemens de l'auteur, et donnent toujours lieu, à des esprits superficiels ou incrédules, de dire que si l'auteur a bien pu se tromper dans les questions accessoires, il a pu aussi n'être pas plus heureux dans la question principale.

Enfin, il n'y a peut-être rien de plus glorieux pour la religion que de faire voir à toute la terre que, quelque partie qu'on prenne pour expliquer la machine du monde, soit qu'on soutienne ou que l'on rejette le vide, soit qu'on s'attache au système de Descartes ou à celui de Gassendi, soit qu'on suive les principes de M. Newton, il faut toujours reconnoître une première cause, un Être tout-puissant qui a créé la matière, qui lui a donné la forme, qui lui imprime le mouvement, qui la conduit et qui la gouverne avec cet ordre et cette harmonie, et en même temps avec cette simplicité et cette uniformité que nous admirons dans la Nature.

Ainsi, cette seconde manière de traiter les questions sur lesquelles les philosophes sont partagés, et de mettre à profit jusqu'à leurs erreurs pour prouver l'existence de Dieu, auroit peut-être quelque chose de moins brillant que le parti d'approfondir ces questions, et d'abaisser par là l'orgueil des Anglais; mais elle pourroit avoir des avantages plus solides, parce qu'elle ne feroit servir à la défense de la religion que des vérités certaines et reconnues également par les philosophes qui sont le plus opposés les uns aux autres sur tout le reste. On y trouveroit certainement une grande douceur par rapport à la facilité de l'ouvrage. Les raisonnemens philosophiques surtout, quand il s'agit de les porter, autant qu'il est possible, jusqu'à la démonstration, sont une matière bien ingrate pour la poésie, et Lucrèce même y a souvent échoué; au lieu que les vers peuvent être bien plus susceptibles de l'exposition des différens systèmes, de la description des merveilles de la nature, et des conséquences générales qui en résultent, pour prouver la sagesse infinie et la toute-puissance du Créateur.

C'est à l'auteur de l'Anti-Lucrèce qu'il est réservé de se déterminer entre ces deux partis. Pour moi, il me suffit d'avoir fait ma profession de foi, pour ainsi dire, sur le fond de la matière, et d'en avoir dit assez pour me purger du soupçon de Newtonisme. Ou si, après cela, l'auteur m'ordonnoit de choisir entre les différentes manières de la traiter, je préférerois la première, pour mon goût; et peut-être la seconde, pour la facilité et le succès de l'ouvrage.

Sur un Traité de l'Infini créé.

Je me hâte de vous renvoyer, Monsieur, le manuscrit qui étoit joint à votre dernière lettre; et ma diligence est ici sans mérite, quoiqu'en une autre occasion elle pût avoir auprès de vous celui de la rareté. Vous avez oublié qu'il y a au moins quatre ans que vous m'avez envoyé le même ouvrage. J'en lus alors le commencement, qui me rebuta tellement que je ne pus en continuer la lecture; je le gardai cependant dans la pensée que l'envie me prendroit peut-être de l'achever; mais cette envie n'est point revenue: le manuscrit est demeuré ici, et les premières lignes de la nouvelle copie qu'on vous en a prêté m'en ont rappelé le souvenir. Vous recevrez bientôt la première, avec un écrit intitulé, l'*esprit de Spinosa* qui y étoit joint. Je suis plus résolu que jamais à ne point perdre mon temps à lire l'un et l'autre; mais, comme le volume en est trop gros pour être renvoyé par la poste, j'attendrai une autre occasion pour vous le faire remettre. Tout ce que je puis faire de mieux sur de pareils ouvrages, est de m'écrier:

O dirum, horribilem, et sacrum libellum, etc.

Les théologiens prodigueroient justement, à ce *traité de l'infini créé*, les qualifications de *captieux*, de *malsonnant*, de *téméraire*, d'*impie*, de *blasphématoire*, et tout bon philosophe y ajoutera celles de chimérique dans ses idées, de frivole et d'insolent même dans son objet, de faux et d'absurde dans ses raisonnemens, d'insensé et d'extravagant dans la confiance avec laquelle on y débite les songes d'un esprit malade, comme autant de vérités claires et démontrées. Je ne vous parle point de l'esprit de Spinosa, parce que je crois que c'est encore pis, quoique l'autre traité puisse bien être soupçonné d'être une introduction au spinosisme. La seule manière de sauver cet ouvrage, qui n'est peut-être pas sans quelque vraisemblance, est de croire, comme cela m'est venu dans l'esprit, que c'est une espèce d'ironie philosophique, où l'on s'est proposé de tourner en ridicule Descartes et le P. Malebranche, par les conséquences absurdes qu'on tire d'une partie de leurs principes. Le titre de la première édition que vous m'avez envoyée, confirme cette conjecture; on y attribue l'ouvrage au P. Malebranche; et il faut avouer en effet qu'au milieu de plusieurs bonnes choses, il est échappé à ce philosophe, quoiqu'en dise le P. Regnault, non-seulement des expressions, mais des dogmes philosophiques dont on peut abuser aisément, pour soutenir une partie des raisonnemens qui sont dans le *traité de l'infini crée*. Tel est le principe, que Dieu agit toujours par les voies les plus simples, qu'il ne sauroit rien faire qui ne porte le caractère de ses perfections infinies: proposition très-vraie en un sens, mais qui a bien besoin d'être expliquée, que Dieu se propose toujours les fins les plus dignes de lui; vérité certaine, pourvu que l'homme n'entreprenne pas de juger par ses foibles lumières quelles sont en effet ces fins les plus dignes de l'Être suprême. La seule règle sûre dans ces matières, est de ne dire de Dieu que ce qu'il en a dit lui-même; et c'est pour cela que toute philosophie est bien peu de chose sans le secours de la religion. J'avoue néanmoins que j'aurois de la peine à croire qu'il y eût aucune liaison nécessaire entre le dangereux système du *traité de l'infini créé* (s'il est vrai que ce soit un système sérieux) et l'opinion de ceux qui croient que la matière n'est que l'étendue, ou qui iroient même jusqu'à penser que l'étendue est réellement infinie. Il n'y a point de conséquence à tirer de l'infini à l'éternité, encore moins à l'éternité nécessaire ou à l'existence *à se.*

Je désire de trouver le moment de pouvoir répondre à vos deux grandes lettres; mais, outre la fièvre et les remèdes qui ont fourni des prétextes trop spécieux à ma paresse, j'ai été tellement détourné depuis quelque temps par des consultations de mes enfans ou de quelques-uns de mes amis qui demandoient des réponses promptes, que je n'ai pu rien faire de suite. J'espère cependant de m'acquitter incessamment. Il y a lieu de croire, par ce que vous a dit le M. de H., qu'on m'en donnera le temps. D'autres personnes qui dans le moment présent sont peut-être plus à portée que lui de savoir ce qu'on pense, en jugent différemment, *sed non ego credulus illis;* parce qu'après tout, je ne vois dans ce qu'ils disent que de simples conjectures; et l'on y a été trompé tant de fois, que je dois au moins y avoir acquis l'avantage de ne l'être plus, c'est bien ici le cas de l'ανεχου και επεχου des Sceptiques.

Sur la fausse Philosophie, etc.

Vous m'avez fait un véritable plaisir de me donner de vos nouvelles, Monsieur; j'étois depuis long-temps en peine de ne pouvoir vous en demander, parce que vous ne m'aviez point marqué où il falloit adresser les lettres qu'on vous écrivoit. C'est la seule cause d'un silence involontaire, qui ne me déplaisoit pas moins qu'à vous, et que vous me mettez heureusement en état de rompre par le compliment que je vous dois sur le mariage que vous êtes sur le point de contracter. La philosophie est donc menacée de n'être plus votre maîtresse ; et je m'imagine qu'elle cherchera à se consoler de votre changement d'état, en rendant la femme aussi philosophe que le mari. Je ne doute pas même que ce ne soit elle qui a présidé à votre choix. Les philosophes cependant n'ont pas toujours été heureux en femme ; mais tout ce que vous me dites du caractère de celle que vous épousez, me persuade que Socrate n'aura point trouvé de Xantippe, et que vous goûterez long-temps toute la douceur d'une société, dont j'aurois grand tort de ne pas dire du bien. Je vois déja par votre lettre qu'elle ne diminue point en vous le goût de la plus pure métaphysique. Vous êtes peut-être le premier homme qui, à la veille de se marier, n'ait été occupé que de la spiritualité de l'ame. Je serois charmé de voir les lettres que vous avez reçues de votre anglais sur ce sujet, et encore plus les réponses que vous lui avez faites. L'idée que vous m'en donnez a quelque chose de si parfait, que je n'ai pas la témérité de croire que je puisse y rien ajouter. Vous pourrez bien cependant avoir le même sort, que la raison qui devroit éclairer tous les hommes et qui ne sert souvent qu'à les aveugler. Comment pourroit-on disputer avec succès contre des hommes qui ne conviennent pas des premiers principes, qui semblent ne travailler qu'à obscurcir les idées naturelles, au lieu de s'appliquer à les éclaircir, et qui confondent les connoissances dont la certitude dépend des observations ou des expériences, avec celles dont la vérité se découvre par des idées claires ou par la conscience que nous avons de nos sentimens, aussi sûrs et aussi capables de nous instruire que nos idées mêmes. Ce que les anciens philosophes appeloient le *criterium* ou le caractère et la marque du vrai, qui doit servir de règle à nos jugemens, est précisément ce qu'on ignore ou qu'on fait gloire d'ignorer dans certains pays. La raison n'a donc point de prise sur ses habitans, et puisque vous n'avez pu porter la lumière dans ceux qui, loin d'être disposés à la recevoir, s'applaudissent, au contraire, de leurs ténèbres, et qui se sont fixé, pour ainsi dire, un retranchement contre toute évidence et toute certitude. Je désespère qu'on puisse jamais y réussir. Cela ne doit pas empêcher néanmoins qu'on ne travaille à convaincre, ou plutôt à confondre ceux qui se parent du faux nom de philosophes. Si ce travail est peut-être inutile pour eux, il peut servir à d'autres peuples en les préservant de la contagion d'un exemple dangereux; et je souhaiterois fort qu'il se trouvât quelqu'un qui mît dans un si grand jour toutes les absurdités où conduit le défaut des principes et la manière de philosopher par des observations plutôt que par des idées claires; que tout le genre humain se soulevât contre des esprits qui ne tendent qu'à dégrader l'homme en lui faisant perdre l'usage de sa raison. Vous êtes plus capable que personne, Monsieur, de rendre ce grand service à l'humanité, et le séjour qu'il semble que vous prenez le parti de faire à la campagne vous met en état d'y consacrer utilement un loisir que je ne saurois vous permettre qu'à cette condition. Vous me faites espérer que vous voudrez bien le venir quelquefois partager avec nous, et je souhaite fort que vous me donniez par là le plaisir de vous assurer ici moi-même de tous les sentimens avec lesquels, je suis, Monsieur, parfaitement à vous, etc.

Ce qui distingue des Démonstrations métaphysiques des Preuves morales. Impossibilité de faire des Paris raisonnables sur les Productions attribuées vulgairement au Hasard, etc.

Vous n'avez pas sujet de vous plaindre de moi, Monsieur; depuis que vous êtes parti d'ici, je n'ai presque fait que travailler à la tâche que vous m'avez imposée. J'ai traité un des points préliminaires qui me paroissoit d'abord très-simple et très-court; mais le progrès de mes pensées, et le désir de prouver jusqu'aux premiers principes, dans un temps où ils sont tous attaqués, m'ont jeté dans une longueur si énorme que, selon ma mauvaise habitude, il me faudra perdre plus de temps à abréger mon ouvrage, que je n'en ai employé à le faire. C'est une des raisons qui me dégoûtent de mon entreprise : le plan que je me suis formé est trop vaste. Il embrasse toutes les connoissances de l'esprit humain ; c'est une métaphysique et une morale entière, où j'ai trop oublié le précepte d'Horace :

Sumite materiam vestris qui scribitis æquam,
Viribus et versate diu quid ferre recusent,
Quid valeant humeri (1).

Je trouve d'ailleurs que votre auteur anglais, dont la suite me plaît beaucoup plus que le commencement, a suffisamment prouvé la certitude de la loi naturelle, par un principe simple qui est à la portée de tous les esprits. On peut dire des raisonnemens métaphysiques, ce que Cicéron rapporte qu'un amateur de la musique disoit à un musicien, *mihi cane et musis*. On a de la peine à s'y faire entendre aux savans et aux muses mêmes ; en tout cas c'est seulement d'elles qu'on peut être entendu. Mais, dans une matière aussi utile et aussi nécessaire que celle dont il s'agit, il faut dire à celui qui la traite, ce que le même Cicéron dit à l'orateur, *mihi cane et populo*. Cependant je trouve que, dans tout ce que je fais, je ne chante que pour vous et non pour le peuple, c'est-à-dire, que je parle à celui qui en sait plus que moi, et que je ne parle point à ceux qu'il faudroit instruire. Mais, dans la vérité, et c'est la seule chose qui puisse m'engager à continuer mon travail, je ne pense à instruire personne, je ne parle qu'à moi-même, et je cherche à m'instruire, imitant en quelque manière cet empereur philosophe,

(1) Art. poétiq.

qui n'a écrit que pour parler de lui-même à lui-même; mais, trouvant un disciple plus difficile à former que lui, il se croyoit aisément lui-même, et il s'est peut-être laissé passer bien des choses que d'autres ne lui auroient pas accordées; mon esprit, à qui je parle, est un disciple aussi indocile qu'ignorant, qui compte l'autorité pour rien, qui veut qu'on ne lui parle que raison, et qu'on la lui montre si clairement, qu'il n'ait rien, ni à supposer, ni à deviner, ni à suppléer. Vous me feriez, dans la verité, un fort grand plaisir, si vous vouliez vous charger d'une instruction qui m'est si pénible. Vous êtes bien plus en état d'y réussir; et, malgré toute l'indocilité de mon esprit, je sens qu'il a plus de déférence pour vous que pour moi-même. Il est fort frappé, par exemple, du principe que vous tirez de la théorie des combinaisons, pour établir la nécessité d'une cause intelligente; mais, comme il veut toujours faire usage de sa liberté, et acheter, par le combat, le plaisir d'être pleinement vaincu, il désireroit que vous pussiez élever votre preuve, jusqu'au dégré des démonstrations métaphysiques, et la tirer par là du genre des preuves morales dans lequel il lui semble d'abord qu'elle est renfermée; ce qui distingue les unes des autres, c'est l'évidence, et, si je l'ose dire, la nécessité de la conclusion qui se trouve dans les démonstrations métaphysiques; au lieu que les preuves morales, ou les vérités qui en résultent, se terminent au plus haut degré de probabilité ou de vraisemblance, sans nous paroître absolument nécessaires, d'une nécessité essentielle et métaphysique. De quel genre est donc votre raisonnement? Peut-il seulement être le fondement d'un parti le plus sûr et le plus indubitable qui fut jamais? en sorte qu'il fût d'une témérité aveugle et absurde de vouloir rien risquer, en soutenant le contraire; ou doit-il être regardé comme une démonstration exacte, qui produise dans l'ame une certitude et une conviction éclairée; en sorte que le contraire paroisse non-seulement destitué de toute vraisemblance, mais évidemment et métaphysiquement impossible. Je vois bien encore une fois, qu'il n'y a point de chiffres qui puissent exprimer la disproportion des deux cas outre lesquels roule le pari. Mais s'ensuit-il nécessairement de là, que l'un de ces deux cas, c'est-à-dire, une disposition régulière qui seroit l'effet du hasard, soit absolument impossible. Si l'on se jette, pour le prouver, dans le néant de rapport entre l'infini et l'infini, on ne fera point d'impression sur la plupart des esprits qui ne sont point à portée de sentir cette subtilité métaphysique. Je ne sais même si elle ne mérite point en effet le nom de subtilité. Quelque infini qu'on suppose un nombre (si un nombre peut être véritablement infini), l'unité sera toujours une partie de ce nombre, et il y aura toujours un rapport (infini si l'on veut) entre l'un et l'autre. Or, quoique ce rapport soit infini, est-il impossible (j'entends toujours parler d'une impossibilité métaphysique) que ce qui n'a qu'un rapport infini au nombre total, arrive plutôt qu'un autre événement. D'ailleurs, il ne s'agit point de comparer un seul événement avec tous les autres pris ensemble; la comparaison se fait, pour ainsi dire, d'un à un, d'une disposition régulière avec une des dispositions irrégulières. Or, chacune des dispositions irrégulières prises séparément, n'a ni plus ni moins de rapport avec le nombre infini des dispositions considérées en général, que la disposition régulière. Elles ont toutes, comme vous le supposez vous-même, *un droit égal à l'existence*. Pourquoi donc l'une n'arriveroit-elle pas comme l'autre, ou plutôt pourquoi seroit-il répugnant et impossible que l'une arrivât comme l'autre. Nous ne voyons point que dans les jeux de hasard, qui sont la matière ordinaire des paris, l'événement suive exactement la proportion des degrés de vraisemblance. Un coup de dés, contre lequel il y a à parier dix contre un, se présentera quelquefois le premier; il reviendra tantôt six fois, tantôt dix fois, tantôt vingt ou trente fois après la première. Donc, en supposant même une infinité dans le rapport, ou un rapport infini entre les deux événemens, il ne s'ensuit nullement, que celui qui est en quelque manière infiniment improbable, n'arrive qu'après un temps infini, c'est-à-dire, jamais. Vous reconnoissez à ces doutes, le caractère d'un esprit difficultueux qui, pour vouloir saisir son objet avec trop d'évidence, va souvent au-delà du but. Il me semble néanmoins que ces objections demandent une réponse; vous êtes plus capable de lès résoudre que personne: mais je ne sais pas, après tout, s'il n'est pas plus court de nier tout d'un coup la possibilité du hasard, et de démontrer directement la nécessité d'une cause, que de raisonner sur une hypothèse impossible, et de tâcher de faire sortir la lumière des ténèbres, c'est-à-dire, de tirer la raison du sein de l'absurdité. En admettant la supposition du hasard, pour se mettre, en quelque manière au niveau de ses adversaires, on s'engage à les suivre par une égale condescendance dans d'autres suppositions aussi absurdes, et qui servent cependant d'appui à la première. En vain, prouvera-t-on contre un épicurien que, comme le dit le père Malebranche, le rapport du fini à l'infini est égal à zéro, que par conséquent, ce qui n'a qu'un tel rapport n'arrivera jamais, c'est-à-dire, que la disposition régulière ne se présentera jamais, et qu'il en naîtra toujours d'irrégulières. L'épicurien répondra, que s'il y a un nombre infini de dispositions possibles, elles ont aussi un espace et un temps infini pour arriver; et que, comme il n'est point de coup de dés si singulier qui ne puisse venir après un nombre fini de révolutions, auquel il a un rapport fini, il n'y a point aussi de disposition, quoiqu'elle n'ait qu'un rapport infiniment petit avec le nombre infiniment grand des dispositions, qui ne puisse arriver dans un espace et dans un temps infini. L'infinité de l'un et de l'autre, suppléant à la disproportion infinie qui est entre la disposition régulière et la somme ou le nombre des dispositions irrégulières, il faudra donc en revenir toujours à prouver qu'il n'y a ni matière ni mouvement, ni espace, ni temps, sans cause, que le hasard n'est qu'une chimère, ou une production aveugle de notre ignorance. Le reste peut être très-utile pour révolter sagement notre esprit contre des suppositions dénuées de vraisemblance, et dont nous sentons naturellement l'extravagance par une espèce de conscience qui suffit au commun des hommes, et qui leur tient lieu de démonstration ; mais je douterai toujours qu'on puisse le porter jusqu'à une preuve métaphysique, tant qu'on n'y joindra point d'autre raisonnement qui fasse passer le vôtre du plus haut degré de probabilité à une certitude véritablement métaphysique, c'est ce que j'attends de vous, Monsieur, et ce sera pure malice, si vous ne le faites pas. Vous avez médité cette matière beaucoup plus que moi, et quand je l'aurois méditée autant que vous, il s'en faudroit bien encore que je ne visse aussi clair.

Je rentre à présent dans le monde sensible, pour vous prier de rendre grâces pour moi à milord Bolimbrocke, des soins qu'il veut bien prendre pour me faire avoir une liste exacte des livres du droit public anglais ; mais, quelque obligation que je lui en aie, je suis encore plus touché des sentimens qu'il a pour moi. J'ai perdu beaucoup par les contretemps qui m'ont empêché de le connoître.

Sur plusieurs Ouvrages philosophiques de M. de Valincourt, etc.

J'ai lu, Monsieur, avec un véritable plaisir les trois dialogues que vous m'avez envoyés; ils ne sont pas moins ingénieux que ceux de Platon, et leur sujet y est développé avec autant d'art, mais beaucoup plus de simplicité ; j'en attends la suite avec impatience, et plus la préparation à la matière que vous devez traiter est lumineuse, plus j'espère que la démonstration le sera. J'avois d'abord résolu de ne vous proposer aucun doute jusqu'à ce que l'ouvrage fût entièrement achevé ; mais, comme vous pourrez avoir occasion de résoudre ceux qui me sont venus dans l'esprit, à mesure que vous entrerez dans le fond de la matière, j'aime mieux vous parler dès à présent de deux ou trois endroits qui m'arrêtent dans la suite de vos principes, ou dans quelqu'une de vos expressions. Voici le premier, et le plus important de tous. Il est dans le premier dialogue.

Vous faites dire à un de vos interlocuteurs : *mais où seront-elles* (c'est des vérités géométriques qu'il s'agit), *car pour être vraies, il faut bien qu'elles soient, et, pour être, il faut bien qu'elles soient quelque part.*

Il me semble que si j'avois été le comte de Saint-Pol, j'aurois demandé d'abord, qu'on m'expliquât cette expression, et j'aurois dit à mon docteur: qu'entendez-vous par ces mots, *que pour être, il faut que les vérités soient quelque part?* Voulez-vous dire qu'il faut qu'elles soient en quelque lieu?

C'est le premier sens que ces paroles présentent naturellement à l'esprit; mais ce n'est pas sans doute le vôtre, puisqu'il n'y a que les corps, à qui cette manière d'exister en un certain lieu puisse convenir; et quoique, par une fiction ingénieuse, vous ayez comparé les vérités à des abeilles errantes dans l'air parce qu'on a détruit leurs ruches, vous êtes bien éloigné de leur attribuer aucune qualité semblable à celles des corps, vous me direz donc apparemment : *qu'être quelque part*, quand on applique cette expression aux vérités géométriques, c'est être aperçues par quelque intelligence; mais, pour pouvoir être appelées des vérités immuables, est-il nécessaire qu'elles soient toujours actuellement aperçues par une intelligence? Ne suffit-il pas que toutes les fois qu'une intelligence les apercevra, elle les aperçoive toujours de la même manière, ou que la convenance qui est entre les deux termes de la proposition véritable demeure toujours la même, soit qu'elle fût actuellement aperçue par quelque esprit, ou qu'elle ne le soit pas? D'ailleurs, dirois-je encore à mon docteur, quand vous aurez prouvé qu'il y a un éternel infiniment parfait, qui voit tout, qui connoît tout, qui veut et qui forme tout ce qui est, vous aurez raison d'en conclure que les vérités géométriques et toutes celles qui sont immuables, existent éternellement dans son intelligence, c'est-à-dire, qu'il les voit toujours de la même manière; mais, parce que deux idées sont telles, que, toutes les fois que j'y pense, je ne saurois m'empêcher d'affirmer, ou de nier, l'une ou l' autre, puis-je conclure directement, qu'il y a une intelligence qui y pense toujours ? Car c'est à quoi se réduit cette proposition que les vérités immuables existent *quelque part.* Cette conséquence ne se présente pas assez clairement à mon esprit, pour n'avoir pas besoin de m'être expliquée, ou vous n'en voyez pas distinctement la liaison avec ce principe, que les vérités immuables me paroissent toujours les mêmes, lorque j'y pense; et, en ce cas, vous n'avez pas raison de la supposer, ou vous l'apercevrez, cette liaison, et alors vous avez tort encore de ne la pas démontrer aussi clairement à votre disciple. Voilà ce que c'est, me direz-vous, que d'avoir affaire à un disciple d'un esprit rebelle et indocile; je m'accommode bien mieux du comte de Saint-Pol. Mais, après tout, vous pourrez trouver des disciples encore plus révoltés que moi; et si le comte de Fiesque fut arrivé plutôt, je suis sûr qu'il vous auroit arrêté tout court sur une proposition, qui certainement a besoin d'être expliquée, et qui est peut-être plus difficile à démontrer qu'elle ne le paroît d'abord.

Je m'arrêterai bien moins sur une autre expression de votre docteur, qui me fait quelque peine, quoiqu'elle soit fort autorisée; j'avoue que je n'aime point à entendre dire : *qu'il ne dépend pas de Dieu même, d'empêcher qu'une vérité de fait ne soit éternellement vraie pour l'avenir;* rien n'arrive que par sa volonté; il pourroit empêcher que le comte de Saint-Pol *ne fût assis le matin d'un tel jour désigné.* C'est Dieu qui a voulu qu'il le fût, c'est donc toujours relativement à sa volonté que la proposition demeure vraie perpétuellement. Il me paroît donc peu correct de dire qu'il ne dépend pas de Dieu d'empêcher qu'elle ne soit vraie ; ce qui en a dépendu en dépend toujours, parce qu'il n'y a point en Dieu de différence entre le présent, le passé et l'avenir ; aussi, bien loin que la proposition soit vraie pendant l'éternité, indépendamment de Dieu, elle n'est telle, au contraire, que par la dépendance, ou la liaison nécessaire qui est entre sa volonté et les effets qu'elle produit ; et la proposition énoncée en termes vraiment métaphysiques, doit être conçue en cette manière : *tout ce que Dieu continue de vouloir, continue aussi d'être*, ou *d'être toujours vrai*. Mais ce n'est ici qu'une minutie, et j'ai une difficulté plus considérable à vous proposer. Dans le second dialogue, le comte de Saint-Pol traite d'*apoco*, le raisonnement de Cicéron sur l'Iliade, ou sur les Annales d'Ennius, et je crois que c'est M. l'archevêque de Cambray qu'il fait parler, pour le tourner en ridicule par la comparaison des dés. Si ce raisonnement n'étoit que dans la bouche d'un jeune homme, j'en serois moins frappé, mais le docteur s'applaudit et devient ici le disciple. Or, permettez-moi de faire les réflexions suivantes, que je ne toucherai qu'en un seul mot ; car il faudroit écrire un volume entier pour approfondir cette difficulté.

1.° Ce n'est ici qu'une digression ou un épisode de cette espèce de poème dramatique, qu'on appelle un dialogue. Votre objet n'exige nullement que vous examiniez la preuve qu'on tire de l'ordre de l'univers, pour démontrer l'existence de Dieu ; que cette preuve soit concluante, ou qu'elle ne le soit pas, vous n'en établirez ni plus ni moins ce qui regarde les vérités éternelles, par rapport à la morale ; ainsi, la première réflexion que je fais, est que c'est ici un épisode entièrement inutile.

2.° Cet épisode, tel qu'il soit, n'est point suffisamment approfondi pour en pouvoir faire aucun usage ; la comparaison des deux dés pèche par une infinité d'endroits : je n'en relève qu'un seul ; quand elle seroit aussi juste qu'elle l'est peu, peut-être ne seroit-il pas encore vrai de dire, que ce soit le hasard qui produise l'une des trente-six combinaisons possibles de la position des deux dés. Mon esprit ne sauroit concevoir que le hasard soit une cause, puisqu'il n'est, au contraire, que la négation de toute cause connue; c'est un nom vague, et encore plus stérile, qui ne doit sa naissance qu'à la misère, à l'ignorance, à la foiblesse de notre esprit.

C'est donc par une suite réelle de cause, et suivant les lois du mouvement, que les dés ne tombent pas sur la pointe d'un de leurs angles, et qu'ils se posent sur une de leurs faces, c'est par un effet des mêmes lois qu'ils s'arrêtent sur une face plutôt que sur l'autre, et qu'ils montrent la face opposée; or, si dans le jet même de ces dés il n'y a point de hasard, comment peut-on prétendre que le hasard seul ait produit une combinaison aussi parfaite que la machine de l'univers et la structure de tous les corps qu'il renferme? Voilà ce qui me semble que je dirois entre autres choses, si je voulois faire le personnage de docteur, après avoir fait celui de disciple; et je me garderois bien de laisser passer un tel raisonnement sans réponse, encore moins avec un signe d'approbation.

3.° Quand même la réponse seroit ou trop longue, ou trop abstraite, pour le commun des lecteurs, je prendrois bien plutôt le parti de retrancher ce raisonnement que de paroître l'approuver. Il faut convenir de bonne foi que de toutes les preuves de l'existence de Dieu, c'est celle qui frappe le plus le commun des hommes, et qui fait plus d'impression sur eux que toutes les démonstrations métaphysiques; c'est la seule que l'écriture nous donne, et saint Paul la regarde comme si évidente, qu'elle a suffi, selon lui, pour rendre les anciens philosophes entièrement inexcusables, *ita ut sint inexcusabiles* (1). Convient-il, dans un ouvrage qui peut être aussi utile que le vôtre, de rejeter presque militairement

(1) Rom., ch. 1, ỳ. 20.

une preuve que les auteurs sacrés et profanes reçoivent également, et de donner cette prise aux libertins, ou aux prétendus esprits forts, qui ne se multiplient que trop en ce temps-ci.

4.° Que substitue-t-on dans le second dialogue à une démonstration si autorisée? l'argument des vérités éternelles qui doivent être quelque part; d'où l'on conclut qu'elles doivent être en Dieu. Mais cet argument paroîtra-t-il plus fort et plus convaincant que celui qui se tire de l'ordre admirable de l'univers, et de l'impossibilité de supposer un effet sans cause?

La difficulté que j'ai relevée d'abord, sur cet argument, ne frappera-t-elle pas d'abord tout lecteur difficile à contenter? et, parmi ceux mêmes qui sont le plus fortement persuadés de l'existence de Dieu, n'y en aura-t-il pas beaucoup qui diront, comme je l'ai remarqué, que cette existence bien démontrée, renferme la preuve de l'existence des vérités éternelles; mais que l'existence, ou plutôt la simple connoissance des vérités que nous appelons éternelles, parce qu'elles nous paroissent toujours les mêmes, ne prouve pas nécessairement l'existence de Dieu?

Ainsi, l'épisode dont il s'agit paroît non-seulement utile, non-seulement traité trop légèrement, mais dangereux, et propre seulement à faire attaquer la démonstration que les personnages de votre dialogue préfèrent à celle qui frappe le plus les hommes, et qu'un sentiment intérieur, plus fort que tous les raisonnemens, rend absolument invincible.

Je ne vous avois promis que trois observations tout au plus, et je vais vous payer avec usure, en y ajoutant une quatrième, c'est sur l'endroit où vous faites expliquer le système *de Hobbes* par le comte de Fiesque; je crains qu'on ne vous dise sur ce sujet: *more Socraticorum fingis facilem adversarium.* Convient-il d'ailleurs que votre docteur qui se charge de détruire ce système, avoue qu'il ne l'a jamais lu?

Mais il est temps de finir cette longue épître, où je puis dire :

..... Fungor vice cotis; acutum
Reddere quæ ferrum valet, exsors ipsa secandi.

Vous me justifierez par l'usage que vous en ferez bien au-delà de mes réflexions.

Sur la Clarté de la Langue française, sur la Métaphysique et la Logique.

Je le vois bien, Monsieur, la métaphysique a des torts envers vous; votre haine survit à la perte de tant de mémoires que vous aviez fait en secret contr'elle; et elle est comme le Phénix, qui se renouvelle dans les flammes. Maudite soit la langue française avec ses équivoques perpétuelles dans l'usage des pronoms. Je suis presque résolu d'apprendre la langue tartare, où l'on dit, comme je l'ai vu depuis peu dans la lettre d'un jésuite à l'académie, qu'on sait se passer des pronoms. Vous me direz que c'est en effet dans cette langue qu'il faut écrire sur la métaphysique, afin que les expressions soient aussi intelligibles que les choses; mais il me semble que vous supposez toujours, sans le prouver, que toute métaphysique est vicieuse sans en distinguer de deux sortes, l'une bonne, l'autre mauvaise; distinction qui est pourtant de si grand usage, que, si on la bannissoit du pays de la littérature ou de la philosophie, il n'y auroit aucune science dont on ne pût dire autant de mal que vous en dites de la métaphysique. L'esprit humain abuse de tout, et de quoi abuse-t-il plus que de la religion même qui mérite, par tant de raisons, la préférence que vous lui donnez sur la métaphysique; mais l'abus qu'on fait des meilleures choses ne les rend pas mauvaises en elles-mêmes. Tout est mêlé dans ce monde, de bien et de mal;

rejeterons-nous donc le bien, parce que le mal le suit de si près, l'imite souvent si parfaitement et le contrefait en tant de façons différentes, que nous prenons souvent l'un pour l'autre, et que, en croyant saisir notre avantage, nous saisissons notre perte?

Vous faites grâce à la logique; mais, entre les mains d'Aristote et de ses disciples, qui ont si long-temps tyrannisé l'esprit humain, n'a-t-elle pas anéanti presque toute bonne philosophie, en réduisant tout à des distinctions de noms plutôt que de choses, et en apprenant aux hommes le dangereux art de parler beaucoup sans rien dire? Que deviendroit d'ailleurs cette logique, qui a tant de charmes pour vous sans le secours de la métaphysique? Pourroit-elle expliquer, sans cette dernière science, ou plutôt sans cette science supérieure à toutes les autres, ce que c'est qu'une idée, un jugement, un raisonnement. L'objet principal de la logique est de nous apprendre à diriger notre raison à la connoissance du vrai. Mais, qu'est-ce que ce vrai? Qu'est-ce que cette vérité? En quoi consiste-t-elle? Quel est le principe de certitude sur lequel elle est fondée?. Pouvez-vous répondre à cette question si vous n'interrogez la métaphysique? Que restera-t-il à la logique, si ce n'est une subtilité rebutante, pénible et inutile, s'il n'y a point de vérité que nous puissions découvrir certainement ni démontrer avec la même certitude aux autres hommes? Je conviens que la religion est infiniment au-dessus de la plus excellente métaphysique, non-seulement par les biens qu'elle nous promet, mais par les idées qu'elle nous donne; mais, ou on l'a considérée comme un don du ciel, comme l'effet d'une inspiration efficace et toute-puissante, qui opère la foi immédiatement dans nos cœurs : heureux ceux qui l'ont reçue uniquement par ce moyen, et dont Dieu a été le seul maître! j'avoue en ce cas qu'elle n'a besoin du secours d'aucune science, non pas même de la logique. On ne l'a considérée comme une suite et un enchaînement de vérités de faits, qui ne nous permettent pas de douter des vérités de droit ou de dogmes que la révélation nous enseigne, et alors je dis : quiconque sera obligé de prouver à un incrédule, ou à un homme encore foible et flottant dans la foi, la certitude de ces vérités de fait dans lesquelles consistent les preuves de la religion, sera encore obligé d'avoir recours à la métaphysique, s'il veut raisonner conséquemment et faire un usage solide de cette logique même que vous estimez tant. On me fait espérer que vous êtes dans le dessein de nous venir voir bientôt, et j'ai besoin de cette consolation après toute l'inquiétude que j'ai eue sur votre sujet.

Sur la véritable Notion du terme de Substance.

Je viens, Monsieur, de relire avec un nouveau plaisir la lettre que vous m'avez écrite au sujet du livre de M. Cudworth, et dans laquelle, à l'occasion de cet ouvrage, vous faites d'abord le procès à la métaphysique, en passant à la morale, et de dessein prémédité à la justice. Faut-il que des sciences ou des vertus si utiles, si nécessaires, trouvent en vous un ennemi plus redoutable que les Épicures, les Thrasimaques et les Hobbes, parce que vous combattez avec plus d'esprit, et que vous savez même vous servir de la religion pour attaquer des idées qui en sont au moins le préliminaire, pour ne pas dire une des principales preuves, et du nombre de celles qui vont à l'esprit par le cœur. J'ai été tenté plus d'une fois de répondre avec soin à une lettre si ingénieuse : mais tantôt l'humeur m'a manqué, et tantôt le loisir ; *me laboriosum existimes*, pour parler le langage de votre ami Cicéron, *cui, ne in tanto quidem otio, otiosum esse liceat.* Mais il y a des occupations de goût, quelquefois même de caprice, qui maîtrisent encore plus notre esprit que les affaires les plus sérieuses. Par exemple, un savant, que vous seriez charmé de connoître, s'avise de m'agacer comme vous sur le livre de M. Cudworth : sa question est grande, difficile, intéressante pour la religion même ; je m'en laisse tellement saisir, que je m'enfonce dans de longues lectures qui me jettent dans de plus longues dissertations. Si je vous en parle à présent, c'est uniquement pour me justifier des reproches que vous me faites sur mon oisiveté ; mais je vous les ferai peut-être voir quelque jour, quand ce ne seroit que pour vous punir, si vous ne pouvez revenir de vos préventions contre la justice naturelle.

Mais il faut revenir à votre lettre, elle me rappelle, comme bien d'autres que j'ai reçues de vous, une idée de Socrate, qui dit quelque part que la science a ses *misologues* (passez-moi cette expression, ou faites-en une plus française qui y réponde) comme la société civile a ses misantropes. Les uns et les autres, c'est encore Socrate qui le dit, ont une origine presque semblable. La jeunesse se livre d'abord avec plaisir à la société ; mais plus on vit parmi les hommes, plus on les trouve remplis de faux, legers, frivoles, ignorans, vains, injustes, déraisonnables, importuns, etc.

Jam satis est, ne me crispini scrinia lippi,
Compilasse putes (1).

Un esprit pénétrant et judicieux ne trouve presque plus rien dans leur commerce, qui ne lui soit à charge; son dégoût devient quelquefois si grand, qu'il contracte à la fin une certaine tristesse d'ame qui fait qu'il ne voit plus que du noir, comme on dit que ceux qui ont la jaunisse voient tous les objets de la couleur de leurs yeux. De là naît cette aversion générale contre tous les hommes, qui fait les misantropes. Parce qu'on a trouvé en son chemin un grand nombre d'hommes méprisables ou haïssables, on parvient à mépriser et à haïr tout le genre humain. Les *misologues*, selon Socrate, se forment à peu près de

(1) *Horat.*, *Sat.* 1, ỳ. 120.

la même manière. Un homme d'esprit veut tout lire et tout savoir; il y goûte pendant long-temps un plaisir infini : mais, après avoir bien lu, plus il a de lumières, plus il fait aussi de réflexions qui corrompent, pour ainsi dire, et qui empoisonnent pour lui toute la douceur de la science.

Il trouve dans les savans et dans leurs ouvrages presque autant de défauts que le misantrope en trouve dans le commun des hommes; des idées peu claires et peu suivies, des suppositions prises pour des axiomes, de simples préjugés donnés pour des preuves, défaut de certitude dans les principes ou de justesse dans les conséquences, peu de vues supérieures et assez étendues, rien de bien approfondi; trop de paroles dans le facile et trop peu dans le difficile. Ce ne sont pas seulement les savans qui sont imparfaits, les sciences en elles-mêmes sont très-défectueuses: on y sent partout la foiblesse de notre nature, et l'on diroit qu'elles ne servent qu'à nous faire trouver, presqu'à chaque pas, les bornes de l'esprit humain; on se lasse de faire si peu de progrès, et de tourner si long-temps dans une espèce de cercle qui ne fait que revenir toujours sur lui-même; on s'en prend aux savans, on s'en prend à la science même; parce que l'homme connoît peu de vérités, on veut, par une espèce de dépit, qu'il n'en connoisse aucune, parce qu'il y a beaucoup de choses douteuses; on devient ingénieux de douter de tout, et, passant de la critique à la *misologie*, on condamne toutes les sciences en général, comme le misantrope condamne tous les hommes.

Je n'ai pu retrouver le dialogue de Platon où Socrate donne cette idée, et j'ai grand regret d'être obligé d'y suppléer par mémoire ou par imagination. Quel plaisir pour moi si j'avois pu vous présenter votre portrait fait de la main de Socrate. Mais je m'en rapporte à lui, il vous voit tous les jours, *nam sphingem domi habes*, je suis sûr qu'il trouvera quelque trait de ressemblance dans celui que je viens de tracer d'après le sien.

N'y ajouteroit-il point aussi que souvent nous ne sommes si rigoureux pour les auteurs, que parce qu'ils nous ont trop bien instruits : nous sommes tellement familiarisés avec leurs idées, que nous nous les approprions ; nous les regardons comme notre patrimoine, comme un bien que la nature nous a donné, et nous oublions que c'est d'eux que nous l'avons reçu. Ce qu'ils ont de bon, nous touche peu ; nous croyons y reconnoître nos propres pensées, c'est notre bien que nous retrouvons dans les mains d'un autre ; nous ne leur laissons que ce qu'ils ont de mauvais, et que notre amour-propre n'a garde de réclamer.

N'est-ce point à peu près ce que vous faites à l'égard des métaphysiciens? Ils vous déplaisent tous, et surtout le P. Malebranche. Si vous voulez n'en point abuser, je vous avouerai que souvent il ne me plaît guère plus qu'à vous. Ce n'est pas certainement un auteur sans défaut ; et où sont ceux qui n'en ont point? mais il n'est pas aussi sans vertu. Vous lui retranchez d'abord tout qu'il dit sur les sources des faux jugemens, sur les sens, sur l'imagination, sur les inclinations, sur les passions, quoiqu'on en puisse tirer de grandes conséquences pour la morale, pour la réthorique et pour la politique même. C'est sans doute parce que vous savez tout cela ; mais en est-il moins bon, parce que vous le savez? Vous coulez aussi légèrement sur ce qu'il a dit de la méthode et de l'art de faire usage de la raison humaine dans la recherche de la vérité ; ainsi, en ne lui tenant aucun compte du bon ; parce que vous l'avez comme lui, et en le chargeant seul de tout le mauvais, il n'est pas surprenant que vous le placiez beaucoup au-dessous de rien. Je vous passe néanmoins tout ce que vous dites contre lui : mais pourquoi la métaphysique même sera-t-elle enveloppée dans sa disgrâce? Quand elle n'auroit servi qu'à produire les six Méditations de Descartes, ne devriez-vous pas lui adresser cette invocation de Cicéron :

O vitæ philosophia dux : ô virtutum indigatrix expultrixque vitiorum! etc.

Je doute que tout votre ami qu'il est, s'il avoit jamais approfondi, avec Descartes et le P. Malebranche, la distinction de l'ame et du corps, il eût dit comme vous : *tout cela bien éclairci, ce qui n'arrivera peut-être jamais, que m'en revient-il ? n'est-ce donc rien* de vous connoître vous-même ? et l'astronomie, dont vous faites l'éloge, a-t-elle jamais rien trouvé dans le ciel qui soit comparable à ce mot que les anciens en faisoient descendre :

Et è cœlo descendit γνῶθι σεαυτόν.

N'est-ce rien de savoir que, si votre ame est une substance essentiellement distincte de votre corps, il n'y a qu'un Être tout-puissant, c'est-à-dire, Dieu, qui ait pu en former le lien ; qu'il n'y a que Dieu qui puisse le conserver ; que vous n'éprouvez pas le moindre sentiment dans votre ame à l'occasion de votre corps, qui vous dise : *il y a un Dieu qui agit continuellement sur vous*, et qu'il n'y a point de piqûre d'épingle qui ne soit pour vous une démonstration de son existence.

N'est-ce rien de connoître qu'une substance simple et indivisible comme notre ame, ne renferme en elle-même aucune cause d'altération et de destruction ; qu'il n'y a donc que la volonté de Dieu qui puisse l'anéantir ; et que, sans avoir même recours à la révélation, il n'est nullement vraisemblable que celui qui conserve une substance vile et grossière comme l'étendue, dont il ne détruit aucune partie, veuille anéantir un être qu'il a créé capable de le connoître et de l'aimer ?

N'est-ce rien de conclure de ces connoissances que si nulle raison ne nous porte à croire la mortalité de notre ame, si tout conspire au contraire à nous faire pressentir son immortalité, nous ne devons travailler qu'à la rendre éternellement heureuse ; que ce bonheur, comme les philosophes païens mêmes l'ont reconnu, doit consister à devenir semblable à Dieu dans la proportion du fini avec l'infini ; et que la pensée et la volonté étant, comme les deux caractères de ressemblance que Dieu a gravés dans le fond de notre être, la seule occupation qui soit digne de nous est d'enfoncer, pour ainsi dire, de plus en plus, les traits de son image, par la contemplation de l'infini, seul objet capable de remplir notre entendement, et par le goût du souverain bien, seul capable de fixer notre volonté ; vérités qui, bien méditées, renferment toute la morale, et qui ne sont moins admirées que parce qu'elles sont devenues trop communes, de même que l'ordre merveilleux de la nature, *assiduitate viluerunt* (1).

Comparerez-vous à de si grandes, à de si utiles connoissances la découverte des satellites de Jupiter ou de Saturne, l'art de trouver les latitudes, ou même les longitudes, si l'astronomie peut jamais y parvenir ?

Je puis me passer de naviguer, et si l'envie m'en prend, ou si la nécessité m'y oblige, je peux me reposer sur un bon pilote du soin de consulter les astres ; mais je ne saurois me passer de vivre en homme raisonnable, et malheur à moi si je m'en passe. Ce soin m'est si personnel, si intime, que je ne puis ni ne dois m'en reposer sur aucun autre. Comment ferois-je même le choix d'un bon pilote dans la navigation de cette vie, si j'ignore ce qu'il doit savoir et ce qu'il doit croire pour mériter ma confiance. Si je choisis bien par hasard, je ne suis pas malheureux, je ne suis qu'insensé ; si je choisis mal, je suis en même temps insensé et malheureux : il ne m'est pas libre même de demeurer dans l'incertitude. Ne pas prendre de parti, c'est en prendre ; hésiter, c'est choisir ; et il n'y a point de matière où il soit plus vrai de dire : *qui deliberant jam descivverunt*. Rejetterai-je donc en cet état le secours de la métaphysique, et y a-t-il quelque autre science que je puisse mettre en parallèle avec celle qui m'apprend à fixer mon sort en connoissant Dieu, en me connoissant

(1) *S. August. in Joann.*

moi-même, seuls objets qui méritent véritablement mon attention, fondemens solides de tout ce qui est du ressort de la raison, et même de ce qui appartient à la religion à laquelle ces connoissances nous mènent comme par la main, et qui les affermit, les étend et les perfectionne.

Mais la métaphysique est imparfaite, mais elle ne répond pas à toutes nos questions, ou elle n'y répond pas aussi clairement que nous le voudrions. Qui en doute? C'est un homme qui interroge, et c'est un homme qui répond. Est-il surprenant qu'il y ait de la foiblesse et de l'imperfection des deux côtés? Mais renoncerai-je à ce qui est certain, parce qu'il reste encore bien des choses incertaines; et me priverai-je volontairement d'une lumière qui s'offre à moi avec évidence, parce qu'il y a des vérités obscures jusqu'où elle ne s'étend point? C'est ce que feroit un homme qui, mourant de faim, refuseroit deux livres de pain, parce qu'on ne lui en donne pas vingt, et qui diroit, comme le héron de la Fontaine, ce n'est pas la peine d'ouvrir le bec pour si peu de chose.

Mais ces deux livres de pain sont encore mal assurées; mais il y a du doute sur les vérités mêmes qu'on nous donne comme le fondement de toutes les autres. *Comprend-on comment la pensée qui est une action, et comment l'étendue qui est une propriété, peuvent être chacune une substance complète et distincte de celle à qui elle est si étroitement unie?* Nous voici au *substratum* qui tourmente tant les Anglais, et qui n'est difficile à expliquer que parce qu'on veut réaliser une abstraction de notre esprit, et qu'on n'a pas assez appris, de la métaphysique, à épurer, à simplifier ses idées, à fixer même la valeur de ses doutes, à en connoître la portée, et à mesurer, si je l'ose dire, l'étendue de l'ombre comme celle de la lumière.

Si j'interroge attentivement la sainte métaphysique sur le terme de *substance*, elle ne me répondra point qu'elle s'en serve pour m'expliquer la véritable nature des choses, pour me donner une idée claire et distincte de leur essence; elle me dira qu'elle l'emploie comme un terme abstrait qui naît de la réflexion que mon esprit fait sur deux sortes de choses ou d'idées; les unes qu'il conçoit seul et sans le secours et sans le mélange d'aucune autre idée; les autres qu'il ne peut considérer indépendamment d'une autre idée à laquelle il les conçoit comme jointes ou attachées, ensorte que cette idée principale est toujours comprise, au moins confusément, dans l'idée accessoire. Tout ce qui est donc tel qu'on le peut concevoir seul et indépendamment de toute autre idée, la métaphysique l'appelle du nom de *substance*, non pour définir exactement sa nature, mais en faisant au contraire abstraction de sa nature pour n'envisager que son indépendance d'un autre être: d'un autre côté, tout ce qui est tel que notre esprit ne peut le concevoir seul, et sans apercevoir en même temps une autre idée dans laquelle il subsiste et qui en soit le sujet, la métaphysique lui donne le nom de mode ou de manière d'être; mais, comme le nom de mode ne nous sert de rien pour avoir une idée claire de ce qui constitue la véritable nature des choses à quoi on l'applique, ainsi, le nom de *substance* n'est point fait pour nous représenter l'essence des choses qui portent ce nom; ce sont des termes de distinction et de séparation dont les idées ne naissent point, à proprement parler, de la première appréhension des choses ou de leur perception simple, et qui sont l'ouvrage d'une seconde pensée ou d'une perception réfléchie. J'y sens à peu près la même différence que je trouve entre les opérations de mon ame et la conscience de ces opérations; j'aperçois un rapport; je découvre, par exemple, que les trois angles d'un triangle sont égaux à deux angles droits; je sens ensuite que j'ai fait cette découverte; mais ma perception ne seroit ni moins claire ni moins parfaite quand je ne ferois point de retour sur moi-même, et quand je ne me rendrois pas témoignage de l'opération de mon esprit. De même je conçois l'idée de l'étendue. Voilà ma première et simple perception dans laquelle je ne me suis pas encore occupé de savoir si son idée se présente seule à mon esprit, ou si elle est enveloppée ou comprise dans quelque autre idée; mais, après m'être formé une notion de l'étendue, je la considère encore plus exactement, et, la comparant avec mes autres idées, je reconnois que je n'ai nullement besoin de penser à ces idées pour avoir celle de l'étendue; que, quand je les nierois toutes, elle pourroit m'être toujours présente; et c'est cette seconde réflexion qui me porte à juger qu'elle n'est pas un mode, et qu'elle est une substance suivant les différentes idées que j'attache à ces deux termes. Ainsi, la perception simple me présente la nature de la chose, la réflexion y ajoute la distinction de substance; l'une n'est qu'une idée, l'autre est une espèce de jugement; et, dans la vérité, c'est la *substance* qu'on affirme de *l'étendue*, et non pas l'étendue qu'on affirme de la substance. Comparons, pour en mieux juger, le terme *d'existence* avec celui de *substance*: si je définissois l'homme un *existant*, qui est en même temps étendu et pensant, je pourrois regarder le terme *d'existant* comme un genre qui convient à tout ce qui existe, de même qu'on prend le terme de substance pour un genre qui s'applique à tout ce qui peut exister indépendamment d'un autre être. Dans cette supposition, auroit-on raison de dire que ce terme d'*existant* est ce qui me donne la principale idée de la nature ou de l'essence de la chose qui existe; et ne devroit-on pas dire au contraire, que ce qui me donne la véritable notion de *l'homme* est l'idée de l'étendue et l'idée de la pensée considérées comme unies ensemble, qu'après en avoir connu ainsi la nature, je puis examiner si elle existe ou si elle n'existe pas? mais que je nie ou que j'affirme son existence, ou que j'en fasse abstraction seulement, je n'en ai pas moins une idée claire quand je sais que la nature de l'homme est d'être en même temps corps et esprit. Voilà ce que la première perception me présente, et ce n'est que par une seconde pensée ou par une réflexion de mon entendement, que cette espèce d'être me paroît comprise dans le genre d'*existant*,

Appliquons ce même raisonnement à ce qu'on appelle *substance*. A la vérité il y a cette différence entre *substance et existence*, que nous connoissons l'une par l'idée de la chose même, au lieu que c'est par voie de sentiment que nous connoissons *l'existence*. J'ajouterai encore, si vous voulez, que l'une est un attribut nécessaire, au lieu que l'autre n'est qu'un attribut accidentel et dépendant d'une volonté positive du créateur. Mais, malgré ces différences, il est toujours vrai de dire que la *substance* comme *l'existence* ne sont point ce que nous apercevrons directement et immédiatement dans la première idée de la chose nous y reconnoissons ces deux caractères par une seconde attention en comparant la chose, s'il est question de la *substance*, avec nos autres idées pour voir si elle y est comprise, et s'il s'agit d'*existence*, en comparant la chose avec le sentiment ou l'impression qu'elle cause en nous. La qualité de *substance* est une suite de l'idée que nous avons de la chose à laquelle nous donnons ce nom ; mais cette suite peut n'être pas aperçue par ceux mêmes à qui la chose est connue; il y a peut-être actuellement des peuples entiers qui n'ont pas encore fait attention au caractère constitutif de ce qu'on nomme *substance*, je veux dire à la distinction ou à l'exclusion de toute autre idée. Sans aller plus loin, demandez à un paysan si son corps, dont il a sans doute une idée, est une substance ; il répondra qu'il ne vous entend pas, et qu'il ne sait pas même ce que c'est que *substance*. Il en est à peu près de cette notion comme de celle d'un nom substantif : interrogez un homme, ou même une femme, qui ait de l'esprit, mais qui n'ait aucune teinture de grammaire ; demandez-lui ce que c'est qu'un roi, qu'un général d'armée, qu'un magistrat, elle vous en donnera une juste idée; demandez-lui ensuite si ces noms sont des noms substantifs, elle vous répondra qu'elle n'en sait rien : expliquez-lui ce que les grammairiens entendent par ce terme, elle le comprendra bien; mais elle vous avouera en même temps qu'elle n'y avoit jamais fait attention ; elle ajoutera même, si vous voulez le savoir, qu'elle ne trouve point que cette nouvelle connoissance ait augmenté ni perfectionné en elle l'idée qu'elle avoit de la chose signifiée, avant que d'avoir appris que le nom qui la signifie est un nom substantif. L'explication du terme de *substance* n'ajoute guère plus à l'idée qu'on avoit de la chose même, avant que de savoir que c'est une substance; et pour revenir encore aux paysans, dont l'exemple m'est aussi familier que celui des courtisans le seroit pour vous, un laboureur vous expliquera très-bien ce que c'est qu'une charrue; un jardinier, ce que c'est qu'un croissant ou une serpette; mais si vous leur dites que leur définition est imparfaite, et qu'il falloit commencer par dire que la charrue, que le croissant, que la serpette sont des substances; croyez-vous de bonne foi qu'ils vous remercient de leur avoir donné une idée claire de ce qu'ils ne concevoient auparavant que d'une manière confuse?

Je reviens donc toujours à ma proposition. Le caractère ou la notion de substance n'est point ce qui s'offre d'abord à notre esprit dans la perception des différens êtres; et si nous y attachons ce caractère, c'est par la réflexion que nous faisons sur notre idée plutôt que par notre idée même; notre esprit fait sur ce point à peu près le même progrès qu'il fait sur les nombres. Permettez-moi encore cette comparaison pour éclaircir une matière si abstraite et si importante: je vois une chaise à côté d'une autre chaise; ma première appréhension me montre d'abord ce que c'est qu'une chaise en elle-même absolument et sans aucune relation. Je la compare ensuite avec la chaise voisine, et je dis, l'une n'est pas l'autre, ou une chaise n'est pas deux chaises: de là se forme en moi l'idée de distinction numérique; mais cette nouvelle idée n'ajoute rien à celle que j'avois déjà de la chaise considérée séparément et absolument. C'est précisément ce que je fais à l'égard de mes idées: je concois d'abord absolument chaque idée en elle-même; je les compare ensuite l'une avec l'autre; et, au lieu d'une simple distinction numérique ou individuelle, j'y remarque une distinction d'essence, parce qu'une essence n'est pas l'autre, et qu'elles s'excluent même naturellement; et, comme j'imagine les noms des nombres pour être le signe de la distinction numérique, j'invente aussi le nom de *substance* pour exprimer la distinction essentielle qui est entre deux natures différentes, ou entre deux êtres indépendans l'un de l'autre. Il est bien vrai que jusqu'à ce que j'aie porté jusque-là mes réflexions, je ne comprends pas encore dans mon esprit toute l'étendue et toute la plénitude de l'idée d'un être, parce qu'il y en a une suite principale et nécessaire qui m'échappe; mais si je ne la comprends pas, pour parler en termes propres, je la conçois au moins de même qu'un homme a une idée claire d'un triangle, quoiqu'il ne sache pas encore que cette figure a la propriété d'avoir ses trois angles égaux à deux angles droits.

Je conclus donc de toutes ces réflexions que si la véritable métaphysique emploie le terme de substance, ce n'est point pour nous marquer en quoi consiste la nature ou l'essence des choses auxquelles on donne ce nom (elles ont leur idée propre et primitive qui les fait connoître comme la pensée ou l'étendue), c'est seulement pour exprimer la réflexion que notre esprit fait sur ses idées, en considérant qu'il les conçoit l'une sans l'autre, d'où il conclut qu'elles ont une substance propre et indépendante de celle d'un autre être; et qu'est-ce que cette substance propre? ce n'est, à proprement parler, que la possibilité d'être conçue ou d'exister, sans que nous concevions un autre être, ou sans que cet autre être existe en même temps, termes par conséquent purement métaphysiques, dénominations extérieures, secondes intentions, pour parler la langue ou le jargon de l'école, ouvrage de la réflexion des hommes, qui n'ajoute rien à l'idée de la chose même. Pourquoi donc nos pères ont-ils jugé à propos de faire d'une réflexion qui est en quelque manière hors de l'objet, le genre et la première partie de la définition des différens êtres? C'est une question que je leur ferois volontiers s'ils pouvoient y répondre autrement que par l'autorité d'Aristote ou de Porphyre. Il me semble qu'ils ont fait comme un homme qui, pour me définir ce que c'est qu'une chaise, me diroit que c'est une unité de bois qui a une surface plate, portée sur quatre pieds, etc. Je dirois à un tel homme: qu'ai-je à faire que vous me parliez d'unité pour me faire comprendre ce que c'est qu'une chaise; dites-moi seulement que c'est l'assemblage de plusieurs pièces de bois, construites d'une telle ou d'une telle façon et servant à un tel usage; faites-moi remarquer après cela, si vous voulez, que le tout ensemble formé par cet assemblage est un genre de chaise, parce que je ne peux pas le diviser en deux chaises: j'approuverai cette réflexion, lorsque vous m'aurez donné d'abord une idée nette de ce que c'est qu'une chaise, mais il n'est pas naturel d'en commencer la définition par ce qui n'est qu'une suite de la réflexion que je fais sur la chaise déjà connue. Je tiendrois le même langage aux péripatéticiens sur le terme de substance qu'ils nous ont placé bien mal à propos à la tête de leurs définitions; et, s'ils étoient plus dociles qu'ils ne le sont, ils conviendroient avec moi qu'il faudroit finir par où ils commencent, et commencer par où ils finissent.

Ainsi, pour définir notre ame ou la substance spirituelle, il faut dire que c'est une pensée qui subsiste par elle-même; ou que nous concevons, indépendamment de l'idée de l'étendue et de tout ce qui en dépend. L'étendue ou la matière doit être définie à son tour; une étendue qui subsiste par elle-même, ou que nous concevons comme absolument indépendante de l'idée de la pensée, ou de tout ce qui lui appartient.

Par là les difficultés et les peines d'esprit que l'on sent dans la recherche *du substratum*, commun à la pensée et à l'étendue, disparoissent et s'évanouissent; c'est comme si l'on faisoit entrer l'unité dans la définition de l'esprit et du corps de l'homme, en disant que l'esprit est un *un* qui pense, et le corps est un *un* étendu, figuré et organisé d'une certaine manière; et qu'après cela on se fatiguât vainement à chercher ce que c'est que cet *un* qui est commun à l'esprit et au corps; les difficultés qu'on forme sur le *substratum* de la pensée et de l'étendue ne sont pas plus raisonnables; c'est toujours une réflexion métaphysique et un ouvrage de notre esprit, que l'on veut réaliser pour en faire un être obscure, une idée vaine et vague qui devienne cependant comme le corps et le fondement des idées, que nous concevons d'ailleurs beaucoup plus clairement.

Le malheur des hommes est d'avoir entendu prononcer gravement à leurs maîtres le nom de substance, dans un âge où ils les regardoient comme des oracles; et de l'avoir répété depuis une infinité de fois, *in verba magistri*, sans avoir jamais bien approfondi ce que ce nom signifie, et sans faire cette réflexion, qu'il n'ajoute pas plus à l'idée claire de la chose, que celui d'*existence* ajoute à l'idée claire d'un être possible; de là vient que, quand on leur parle de pensée ou d'étendue, ils veulent toujours aller plus loin; et, perdant presque le connu pour l'inconnu, je voudrois pouvoir dire pour l'*inconnoissable*, ils croient ne pas connoître leur corps et leur ame, parce qu'on ne leur montre point cette *substance* qui a la propriété d'être étendue, et cette *substance* qui a la propriété d'être pensante. Ainsi, à force de chercher dans la pensée quelque chose de plus que la pensée, et dans l'étendue quelque chose de plus que l'étendue, ils se forment, je ne sais quelle image obscure et ténébreuse, qui n'est, pour appliquer ici une phrase ampoulée de M. Fléchier, *qu'une sombre, vide et disparoissante figure*, et qui, cependant, comme une espèce de spectre nocturne, ne manque jamais d'apparoître à leur esprit,

Ora modis attolens pallida miris (1),

toutes les fois qu'ils se rappellent le terme de *substance*.

(1) *Virg. Æneid.*, *lib.* 1, ỳ. 358.

Saisissons ce fantôme, si nous le pouvons; tâchons au moins de l'arrêter un moment devant nos yeux, pour l'interroger et le forcer à nous dire ce qu'il est ou ce qu'il n'est pas; le dernier est apparemment la seule chose que nous pourrons en apprendre, mais nous n'y perdrons rien; la métaphysique, comme je l'ai déjà dit, ne nous sert pas moins bien quand elle sonde nos ténèbres, que lorsqu'elle nous présente sa lumière; le contraste de la nuit nous fait sentir la clarté du jour; et pour bien comprendre ce qui est, il faut savoir ce qui n'est pas.

Je voudrois être Platon, ou vous en ce moment, pour faire ici le dialogue de Descartes et du fantôme dont je viens de parler, c'est-à-dire, de cette chimère en partie corporelle, en partie spirituelle, que le terme de substance présente à certains esprits; mais je sens trop que je ne suis ni vous ni Platon; et mon imagination, qui commence à se lasser, ne travaille plus qu'à resserrer ses idées, pour terminer enfin une si longue, et peut-être si ennuyeuse épître.

Je supposerai donc que le fantôme nous dise tout ce qu'il peut nous dire en effet, qu'il est une essence inconnue à notre esprit, au moins en elle-même, et dont nous ne connoissons que les propriétés; que ces propriétés sont, d'un côté la pensée, et de l'autre l'étendue, semblables à deux rameaux qui sortent du merveilleux arbre de porphyre. Nous connoissons les branches, mais nous n'en voyons pas la tige; et si elle pouvoit nous être dévoilée, nous concevrions clairement qu'elle est également capable des deux propriétés qui nous paroissent incompatibles dans un seul être, à peu près comme ces arbres à qui l'industrie du jardinier fait porter des fruits de deux espèces différentes. Si cette image ne nous satisfait pas, le fantôme qui doit sa naissance à l'imagination beaucoup plus qu'à l'intelligence, nous en fournira une autre; la matière, nous dira-t-il, ou, si vous voulez, l'étendue, a des propriétés différentes, comme la mobilité et la figurabilité; elle en a même de contraires, comme le mouvement et le repos. Vous pouvez penser à la mobilité sans penser à la figurabilité; vous pouvez même nier le mouvement du repos et le repos du mouvement; si vous ne connoissiez point la matière ou l'étendue, vous concluriez de la distinction et de l'opposition que vous trouveriez entre les idées de ces différentes propriétés; qu'elles sont, non pas de simples accidens ou des manières d'êtres de la même substance, mais des substances réellement distinctes l'une de l'autre. Vous ne le dites pas, parce que la tige commune, qui est la matière, vous étant connue, vous voyez que c'est elle qui porte et qui anime les branches: il en seroit de même, si vous connoissiez mon essence; vous verriez alors que, quoique vous puissiez nier la pensée de l'étendue, et l'étendue de la pensée, c'est moi cependant qui porte l'une et l'autre, et qui suis le sujet commun de ces deux propriétés.

Je me reproche le temps que je perds à donner de la couleur et une espèce de réalité à un fantôme; mais il falloit bien lui entendre dire ce qu'il prétend être, pour pouvoir montrer ensuite ce qu'il n'est pas.

Je commencerai d'abord par le suivre dans sa dernière comparaison, qui a quelque chose de plus philosophique et de plus spécieux que la première.

Je lui demanderai donc s'il croit que je puisse avoir quelque idée de la mobilité ou de la figurabilité du mouvement ou du repos; si je n'avois aucune connoissance de la matière, je le prierois même (car il faut toujours parler honnêtement aux fantômes, on ne sait pas ce qu'ils sont capables de faire, puisqu'il y en a bien qui se transforment en puces et en cousins, pour vous empêcher de dormir); je le prierois donc de me dire si l'idée de la mobilité ou du mouvement n'est pas la même chose que celle de la *matière mue*, et si celle de la figurabilité ne m'offre pas toujours la *matière figurée*; en sorte que le principal objet de mon esprit est la matière même, considérée sous différens rapports; répondez pour lui, Monsieur, car il a bien la mine de se renfermer dans un silence mystérieux; et comme vous lui prêterez sans doute votre bonne foi en même temps que vos paroles, vous conviendrez aussi sans doute de la vérité de ma proposition. Mais, si cela est, nous dirons tous deux au fantôme, avouez donc aussi, du moins par votre silence, qu'il doit m'être absolument impossible d'avoir aucune notion de la pensée ou de l'étendue; comment pourrois-je concevoir l'une ou l'autre, si je n'ai nulle idée, comme vous le dites vous-même, de cette prétendue substance qui leur est commune, et dont elles ne sont que des modes ou des propriétés? Il faudroit même, si cette substance étoit quelque chose de réel, et non pas une simple réflexion de mon esprit, il faudroit, dis-je, qu'elle fût le principal objet de ma perception, lorsque la pensée ou l'étendue se présente à mon intelligence; et, comme l'idée *de la matière mue* est toujours renfermée dans celle du *mouvement*, ou plutôt, comme l'idée du mouvement n'est autre chose que celle de la matière mue, ainsi, toutes les fois qu'on me nomme *la pensée* ou l'*étendue*, je devrois aussi avoir pour objet principal de ma perception cette substance, qui est également pensante et étendue. Elle devroit m'être aussi connue et aussi présente que l'idée *de la matière* ou de l'*étendue* l'est à mon esprit, lorsque je pense au mouvement, puisque, dans cette supposition, la pensée ne seroit autre chose que cette substance même modifiée d'une certaine manière, comme l'étendue ne seroit aussi que la même substance modifiée d'une manière différente. Cependant c'est envain que je fatigue mon esprit à chercher au moins quelque trace, quelque vestige obscur de cette prétendue substance; et plus je fais d'efforts pour tendre les ressorts de mon attention, moins je puis concevoir qu'une substance, par laquelle seule je dois comprendre ses modes ou ses propriétés, soit cependant une substance absolument incompréhensible; avancerois-je donc, pour plaire à notre fantôme, cette nouvelle et étonnante proposition, que je puis concevoir un mode, sans avoir aucune idée, aucune notion de la substance dont il est le mode ? Mais, pour parler ainsi, il faudroit renoncer à la raison, et fermer les yeux pour toujours à l'évidence; vous le ferez encore moins que moi, Monsieur, parce que vous y perdriez beaucoup plus.

Nous dirons donc tous deux au fantôme qu'il cesse de nous fatiguer par des comparaisons qui se rétorquent avec tant de justesse contre lui; et qu'il nous laisse dans l'ancienne possession où nous sommes de regarder la pensée comme une substance, parce que si nous voulions le suivre dans son obscure subtilité, nous parviendrions enfin, non pas à connoître ce que nous ignorons, mais à ignorer ou à méconnoître ce que nous connoissons.

Que sera-t-il donc cet importun fantôme, s'il n'est pas et s'il ne peut être, par rapport à la pensée et à l'étendue, ce que la matière est à l'égard de la figure et du mouvement? C'est une question à laquelle vraisemblablement ni lui ni ses partisans ne répondront pas. Mais telle est la nature de toutes les choses absurdes ou impossibles; que, quoiqu'on ne puisse expliquer ce qu'elles sont (autrement elles ne seroient plus ni absurdes ni impossibles), on peut au moins faire voir qu'elles ne sauroient être; et l'on ne gagne guère moins à réfuter évidemment une fausseté qu'à démontrer évidemment une vérité. Donnons donc encore une fois la question à notre fantôme; et, pour le convaincre qu'il n'est rien du tout, obligeons-le à nous dire tout ce qu'il peut être.

Disons-lui donc, à l'exemple de Descartes et de Gassendi, qui, dans leur dispute, se donnoient la liberté d'apostropher réciproquement l'ame et le corps : ô vous, fantôme sombre et ténébreux, qui ne travaillez qu'à obscurcir toutes nos idées, et qui devez la naissance, non à aucune perception de l'entendement, mais au caprice d'une volonté aveugle, qui cherche à douter de tout, nous vous conjurons, encore une fois, de nous expliquer ce que vous êtes; ou, si vous refusez toujours de nous le dire, souffrez que nous fassions le dénombrement de tout ce que vous pourriez être, pour voir enfin si vous êtes ou si vous n'êtes pas !

Vous prétendez être cette essence commune au corps et à l'esprit, cette tige merveilleuse d'où il sort deux branches si différentes; mais quelque inconcevable qu'elle soit, il faut cependant que vous preniez le parti de dire, ou qu'elle est pensante seulement, ou qu'elle est seulement étendue, ou qu'elle est en même temps étendue et pensante, ou enfin, qu'elle n'est ni l'une ni l'autre, c'est-à-dire, ni étendue, ni pensante. Le nombre des termes qu'il s'agit d'affirmer ou de nier n'admet aucune autre combinaison; et il n'y a point de ténèbres qui puisse obscurcir cette vérité.

Êtes-vous donc seulement une essence pensante? Mais, si cela est, vous ne serez donc pas étendue; vous n'êtes que ce que je connois par le terme d'esprit ou de pensée; et vous ne servez qu'à faire naître la difficulté, sans servir à la résoudre.

Êtes-vous seulement une essence étendue? Vous n'êtes plus esprit, vous voilà devenu corps; et je ferai au corps la même réponse que je viens de faire à l'esprit.

Me direz-vous donc que vous êtes une essence en même temps étendue et pensante? Mais :

1.° Ou il faut que je renonce à toutes mes idées, et que je cesse absolument de raisonner, ou je suis obligé de dire qu'il est évident que ces deux propriétés se rejettent et s'excluent mutuellement : rien de ce qui est étendu, en tant qu'étendu, ne sauroit penser : rien de ce qui pense, en tant qu'il pense, ne sauroit être étendu. Ces deux propriétés sont comme deux ennemis absolument incompatibles. La matière, me dites-vous, en a de semblables : le repos et le mouvement, qui se chassent l'un l'autre, et qui se détruisent réciproquement, j'en conviens; mais avouez aussi qu'elle ne les a pas en même temps; mais, vous qui voulez être en même temps une essence pensante et une essence étendue, qui ne forment néanmoins qu'un seul être, vous prétendez donc allier en même temps les deux contraires? Ainsi, la pensée exclut en vous l'étendue; l'étendue exclut la pensée; et toujours détruisant, et toujours détruit, vous n'êtes, à proprement parler, qu'un rien aussi inexplicable qu'incompréhensible.

2.º Ou ce n'est qu'une partie de votre essence qui est étendue, et une autre partie qui est pensante, à peu près comme ce clou qu'on montre en Italie, et dont la moitié est or et l'autre moitié fer, ou bien c'est votre essence entière qui est, pour ainsi dire, toute pénétrée d'étendue et de pensée, tout or et tout fer, ou tout fer et tout or, en sorte qu'il n'y a rien en vous qui ne soit étendu et qui ne pense.

Si c'est la première idée qui vous plaît, vous n'êtes plus une seule substance, vous en êtes deux; je puis nier toute votre partie ou toute votre moitié pensante; de toute votre partie ou votre moitié étendue, je puis affirmer que l'une n'est pas l'autre; et je n'ai point d'autre marque à laquelle je puisse reconnoître une distinction de substance, ou bien il faut, encore une fois, que je renonce à penser: si cela est, vos deux moitiés peuvent être unies, mais elles ne formeront jamais un seul être; vous redevenez, sans y penser, un corps et une ame; vous retombez par conséquent dans la difficulté que vous voulez résoudre.

Si vous aimez mieux dire que vous êtes en même temps toute pensée et toute étendue, vous avez donc le privilége de subtiliser toute étendue et d'épaissir toute pensée. C'est quelque chose de bien plus merveilleux que la *panspermie* d'Anaxagore; au moins dans cet assemblage de toutes choses que chaque être renfermoit, selon ce philosophe, les êtres différens conservoient chacun leur nature différente. La terre n'étoit pas l'air, l'eau n'étoit pas le feu, l'amer n'étoit pas le doux, l'acide n'étoit pas l'alkali; mais ici toute pensée sera étendue, toute étendue sera pensante. Il n'y aura point de perception qui ne soit matière; et il n'y aura pas un grain de sable, pas un atome de matière, qui ne soit pensée, non comme les monades de M. Leibnitz, ou peut-être comme celles de Pythagore, par l'assistance d'une intelligence, mais parce que telle est la nature de l'essence dont il s'agit, qu'elle est toute entière corps et esprit. Si des conséquences d'une telle absurdité n'effraient point notre fantôme ou ses défenseurs, demandons-leur au moins ce qu'ils gagnent dans cette supposition, et si elle ne les rejette pas toujours dans le même inconvénient qu'ils veulent éviter. De quelque manière qu'ils tâchent d'expliquer leur hypothèse, ils n'en seront pas plus heureux à trouver cette substance commune au corps et à l'esprit: ce *substratum*, qui doit être comme le tronc de l'arbre d'où la pensée sort d'un côté et l'étendue de l'autre, je veux que toutes les deux soient mêlées et confondues dans le tronc; mais qu'ils me disent donc d'abord ce que c'est qui pense: est-ce l'étendue même? Si cela est, il seroit bien plus court de dire nettement que c'est la matière qui pense en nous; il n'y auroit qu'à franchir hardiment ce grand pas: on ne seroit pas entendu, on y trouveroit au dedans de soi-même une répugnance invincible, mais on diroit au moins quelque chose de fixe et de déterminé. C'est peut-être bien là le sentiment intérieur de ceux qui nous renvoient à ce qu'ils appellent le *substratum*; mais ce n'est pas au moins celui qu'ils montrent au dehors, quand ils veulent que, quoique la pensée soit totalement différente de l'étendue, elles se réunissent néanmoins l'une et l'autre dans la même substance. Mais, si dans cette substance même ce n'est pas l'étendue qui pense, je demande donc ce que c'est. Qu'entendent-ils, quand ils disent *ce qui pense?* Le pronom *ce* leur offre-t-il une idée plus claire, quand ils le mettent dans la même substance avec *ce* qui est étendu, qu'il ne nous en donne quand nous en faisons une substance distincte et séparée; je leur ferai la même question sur l'étendue: diront-ils que c'est la pensée même qui est étendue; mais à qui le feront-ils comprendre? Ou si ce n'est pas la pensée, qu'est-ce donc que *ce* qui est étendu? La difficulté est égale des deux côtés, s'ils me répondent dans l'un et dans l'autre cas que c'est la substance, le *substratum* même qui est ce qui est pensant et *ce* qui est étendu; je leur dirai que ce terme de *substance* ou de *substratum* ne devient pas plus clair, et ne donne pas une idée plus lumineuse, parce qu'on veut que ce qu'il signifie ait deux propriétés, telles que l'étendue et la pensée, au lieu qu'on ne s'en sert ordinairement que pour exprimer ce qui a une seule de ces propriétés, en disant qu'il y a une substance spirituelle et une substance corporelle; au contraire, quand on veut qu'il signifie une substance qui soit en même temps corps et esprit, il acquiert un nouveau degré d'absurdité. Il est peut-être difficile de bien comprendre en général ce que c'est qu'une substance; mais il l'est encore plus de concevoir que la même substance réunisse en même temps l'étendue et la pensée: ainsi, quand on suppose qu'elles ont un sujet commun qui est l'une et l'autre conjointement, la difficulté croît au lieu de diminuer; d'un côté, on ne m'explique point ce que c'est qu'une *substance*, et, de l'autre, on veut que je conçoive que cette substance, dont on ne me donne aucune idée, est néanmoins susceptible, ou plutôt qu'elle est toujours actuellement affectée de deux propriétés qui se combattent l'une l'autre et qui s'excluent mutuellement. Je n'entends donc rien à ce qu'on veut dire, si l'on prétend qu'il y a une substance commune à la matière et à l'intelligence, qui est toute entière *pensée* et toute entière *étendue*. Voyons si je comprendrai mieux la dernière hypothèse que l'on peut faire sur ce sujet, et qui consiste à supposer, comme je l'ai déjà dit, que cette substance dont on prétend que la pensée et l'étendue sont deux propriétés différentes, n'est ni étendue ni pensante. Mais, pour rejeter tout d'un coup une supposition si absurde, je n'ai qu'à considérer:

1.° Que comme ni moi ni tous les hommes du monde ne connoissons que deux sortes d'êtres, dont les uns sont étendus et les autres pensans, nous ne pouvons jamais raisonner sur un troisième genre d'être qui ne seroit ni l'un ni l'autre, et dont nous n'avons pas la moindre idée.

2.° Qu'on n'éviteroit nullement par là la difficulté du terme de *substance*, qu'il faudroit toujours définir dans cette hypothèse comme dans toutes les autres.

3.° Qu'on augmenteroit encore, par une hypothèse si bizarre, cette même difficulté, bien loin de la diminuer, et qu'on l'augmenteroit beaucoup plus, sans comparaison, que dans le cas précédent, parce que l'esprit humain ne comprend jamais comment un être qui, par son essence même, n'est ni pensant ni étendu, peut néanmoins être toujours pensant et toujours étendu : la matière, à la vérité, peut être en mouvement, comme elle peut être en repos. Mais (outre qu'elle ne sauroit recevoir dans le même temps ces deux modifications contraires), quand elle est en mouvement, c'est une matière *mue*; et quand elle est en repos, c'est une matière *quiescente* (permettez-moi cette expression presque nécessaire en cet endroit), et ce seroit une énigme inexplicable qu'une matière qui seroit en mouvement sans être *mue*, ou en repos sans être *quiescente*; c'est néanmoins ce qui arrivera dans le *substratum* que l'on cherche, ou, pour parler plus correctement, on y trouvera une contradiction aussi incompréhensible, si l'on veut que, sans être ni pensant ni étendu, il ait cependant pour propriété la pensée et l'étendue. Car, comme il y a toujours des corps étendus et des esprits pensans, il faudra que ce prétendu *substratum*, véritable être de raison, qu'on pourroit appeler plus justement, *la razon de la sin razon*, pour parler comme le fameux *Feliciano de Silua*, l'admiration de *dom Quixote*, il faudra, dis-je, que cet inconcevable *substratum* pense toujours et soit toujours étendu, sans être jamais ni pensant ni étendu. C'est ainsi que notre fantôme, si nous voulons le suivre, nous conduira d'abîme en abîme, semblable à ces feux nocturnes dont la fausse lueur mène jusqu'au précipice le voyageur crédule qui la prend pour une véritable lumière.

Avouez, Monsieur, qu'il y a plus d'un quart d'heure que vous croyez que j'extravague ; je le croirois volontiers moi-même, si je ne m'imaginois qu'il est quelquefois utile d'être fou avec les fous, pour faire mieux sentir leur folie. Tâchons à présent de redevenir sages, et voyons si l'on peut tirer quelque fruit d'une extravagance ou du moins d'une subtilité si abstraite et si laborieuse : la curiosité de l'esprit humain le porte à vouloir tout connoître ; mais, comme il est beaucoup plus sensible que raisonnable, son imagination, qui le domine, voudroit pouvoir sentir et presque toucher tout ce qu'il conçoit ; de là vient qu'il trouve beaucoup plus de réalité dans ses sentimens que dans ses idées, et, si elles sont entièrement spirituelles, il cherche toujours quelque chose au-delà, comme un fond de tableau qui arrête ses yeux et qui soulage son attention ; il a même une sorte de défiance contre toutes les idées qui sont absolument détachées des sens. C'est une nourriture si légère, si déliée, si exaltée, pour parler en termes de chimie, qu'elle n'a rien qui frappe son goût ; elle lui échappe dans le temps qu'il veut la saisir, et il croit ne rien concevoir parce qu'il ne sent rien, à peu près comme ce Suisse qui demandoit ce qu'étoit devenue la crème fouettée qu'il venoit d'avaler.

Un homme, dans cette disposition, entend dire que son ame est une substance qui pense, que son corps est une substance étendue; sa conscience ou son sentiment intérieur lui apprend ce que c'est que *penser ;* ses doigts et ses yeux lui disent ce que c'est que l'*étendue.* Un philosophe cartésien lui fait remarquer qu'aucune propriété de la pensée ne convient à l'étendue; que, réciproquement, aucune propriété de l'étendue ne convient à la pensée, qu'il peut concevoir l'une sans l'autre, qu'il peut même nier l'étendue de la pensée et la pensée de l'étendue ; d'où il doit tirer cette conséquence, que ce sont deux substances entièrement distinctes et séparées. La curiosité du disciple, excitée par les discours du maître, n'en demeure pas là; il croit ne savoir encore rien, parce qu'il ignore ce que signifie ce terme commun qu'on emploie également dans la définition de l'ame et du corps; il voudroit pouvoir connoître ce que c'est que *substance*, comme il sent sa pensée, et comme il voit l'étendue. Il fait pour cela des efforts inutiles, et déjà, porté par lui-même à croire qu'il est plus court et plus facile de douter que de décider, il est affermi dans cette pensée par de nouveaux académiciens qui ne travaillent qu'à multiplier les doutes, à obscurcir notre entendement, et à nous faire perdre la raison à force de raisonner. Un Locke, un Bayle, une légion d'esprits prétendus forts, parce qu'ils ont donné la force à leur foiblesse, s'emparent de lui, et, abusant d'un mot de votre Socrate même, lui disent: épargnez-vous un travail et une discussion inutile; la seule chose que l'homme puisse savoir, est qu'il ne sait rien. On lui dit qu'il doit s'appliquer au moins à se connoître lui-même; mais comment pourroit-il y parvenir: il sent bien qu'il a quelque chose au-dedans de lui qui est ce qu'on appelle *pensée;* il voit bien qu'il y a de la distance entre les différentes parties de son corps, et il comprend que c'est là ce qu'on appelle *étendue*: mais qu'est-ce que ce qui pense? qu'est-ce que ce qui est étendu? La pensée est une action; mais toute action suppose un être agissant; quel est donc l'être qui agit en cette manière? L'étendue est une qualité ou une propriété; mais toute propriété suppose un être, un sujet en qui elle réside: quel est donc cet être qui a la propriété d'être étendu? Vous le demanderez toujours, disent-ils à leurs prosélytes, mais on ne vous l'expliquera jamais. Ce sujet, cette substance, *substratum* de la pensée et de l'étendue vous sera toujours, non-seulement invisible, mais inintelligible; et, tant que vous ne le connoîtrez point, comment pourrez-vous affirmer qu'il y a une distinction réelle entrre votre ame et votre corps, et que ce qui pense n'est pas dans le fond la même chose que ce qui est étendu ? Les cartésiens mêmes les confondent déjà l'un et l'autre, puisqu'ils leur donnent pour genre le même nom de *substance*. Pourquoi donc cette substance qui se trouve dans le corps comme dans l'esprit, ne seroit-elle pas un être unique qui auroit deux propriétés, l'une de penser, l'autre d'être étendue ? si cela n'est pas clair, le contraire l'est-il davantage ? et, entre deux propositions également obscures, le parti du doute n'est-il pas le seul qui convienne à un homme raisonnable? *Quæ singula improvidam mortalitatem involvunt, solum ut inter ista certum sit, nihil esse certi* (1), c'est une conséquence qu'ils tirent avec le vieux Pline, et ils feroient bien d'y ajouter comme lui : *nec miserius quidquam homine aut superbius.*

Je pourrois citer ici un auteur plus grave, et dire avec la sagesse même : *hæc cogitaverunt et erraverunt : excæcavit enim illos malitia eorum* (2). Mais pour ne point prendre le style de prédicateur, qu'y a-t-il à faire pour dissiper ce doute de malice ou de foiblesse ? Il faut développer d'abord la notion attachée à ce terme de substance, et la réduire à sa juste valeur ; faire voir pour cela que, semblable à celui d'existence, il n'est point inventé pour nous donner une idée de la nature des choses, de ce qui forme leur essence, de ce qui les caractérise et qui les distingue des êtres dont la nature est différente; que la métaphysique ne l'emploie que pour exprimer une réflexion de notre esprit, qui, après avoir conçu l'idée naturelle d'un être, remarque que cette idée n'est comprise dans aucune autre idée, qu'elle n'y est point inhérente, qu'elle peut subsister sans aucune autre idée, et qu'on peut les nier réciproquement l'une de l'autre; il faut montrer, en un mot, que, comme la notion de l'existence actuelle n'ajoute rien à la véritable idée de la chose qui existe,

(1) Plin., Hist. Nat.; Harduin, tom. 1, pag. 146.

(2) Sag., ch. 2, ỷ. 21.

aussi la notion de l'existence possible et indépendante de celle d'un autre être (qui est ce que signifie exactement le terme de substance), n'ajoute rien à la véritable idée de la chose dans laquelle on reconnoît ce caractère ; qu'ainsi, quand on dit que l'ame est une substance qui pense, que le corps est une substance étendue, on ne dit pas autre chose que si l'on s'expliquoit de cette manière : l'ame est une pensée qui subsiste indépendamment de l'étendue ; le corps est une étendue qui subsiste indépendamment de la pensée, et que tout ce qu'on veut trouver au delà de ces idées simples, n'est que ténèbres, illusion, chimère qui ne peuvent être que le tourment de notre esprit, tourment inutile et sans fin, *vanitas et afflictio spiritus*.

Après avoir fait ce grand pas, il faut encore s'affermir dans ses idées par l'argument que les géomètres appellent *la réduction à l'absurde ou à l'impossible*; et, pour cela, s'égarer pendant quelque temps avec ceux qui s'égarent, marcher avec eux dans leurs routes obscures, et les suivre dans toutes les suppositions chimériques qu'on peut faire lorsqu'on court après le *substratum*, c'est-à-dire, une chimère, comme je l'ai nommée plusieurs fois. L'on ne peut pas (comme je l'ai dit aussi, mais toute récapitulation est une répétition) on ne peut pas donner une idée claire de ce qui n'est point, ce qui ne sauroit être ; mais, en examinant tout ce qui pourroit être, s'il étoit possible, on achève de se convaincre qu'il impossible. Or, en examinant tout ce que pourroit être le *substratum*, supposé qu'il pût avoir quelque réalité, on trouve d'un côté qu'il est évident que cette espèce d'être fantastique ne pourroit être que l'une de ces quatre choses : ou un être pensant seulement, ou un être étendu seulement, ou un être en même temps pensant et étendu, ou un être qui ne seroit ni pensant ni étendu : on trouve d'un autre côté que ces quatre suppositions sont absolument absurdes et impossibles ; qu'on n'y voit qu'un tissu de contradictions, extravagances inexplicables, incompréhensibles qui retombent toujours dans la même difficulté sur la notion du terme de substance, et qui en ajoutent de nouvelles infiniment plus grandes et plus insurmontables. Après quoi il ne reste plus qu'à conclure que ce doute et l'obscurité qu'on trouve dans cette matière, ne viennent que de ce qu'on ne définit pas exactement le terme de *substance*, qu'on veut y chercher ce qui n'y est point et qui n'y peut pas être; en sorte qu'on perd la verité en voulant aller au-delà de la vérité même, et qu'on parvient à méconnoître le possible et le réel, parce qu'on entreprend de connoître l'impossible et le chimérique; au lieu qu'en attachant une juste idée au terme de substance, et en la renfermant dans ses véritables bornes, on connoît, d'un côté, la pensée et l'étendue; on voit, de l'autre, ce que le caractère de substance ajoute à cette idée par la réflexion de notre esprit, et l'on se procure la satisfaction de sentir qu'après avoir trouvé sur ce sujet tout ce qui est à la portée de notre intelligence, on n'a au moins rien à chercher de plus à cet égard.

C'est à quoi j'ai essayé de parvenir dans cette lettre, Monsieur, et telle est la route que j'y ai suivie. Il y a plus de trente ans que ma tête est pleine de ces pensées, bonnes ou mauvaises, il ne lui manquoit que l'occasion d'en accoucher; c'est vous qui avez fait ici, comme Socrate, l'office d'*obstetrix animorum*. J'aurois peur que vous ne prissiez le parti de renoncer au métier, si tous les enfantemens étoient aussi longs et aussi laborieux que celui-ci : il n'en résulte néanmoins qu'une idée fort simple à quoi l'on peut réduire toute cette longue lettre. Les philosophes ont agi dans cette matière comme de bons et rigides grammairiens. *Pensant* et *étendu* leur ont paru deux adjectifs, il a fallu leur trouver un substantif; et plutôt que de les en laisser manquer, ils leur ont donné un nom vague, un terme vide de sens; quand on en veut faire un substantif, il n'y a qu'à renverser la phrase, dire que l'adjectif est le substantif, et que le substantif n'est que l'adjectif, tout sera remis dans l'ordre; et, pourvu que nous sachions demeurer fermes dans nos idées ; nous pourrons avoir l'esprit en repos.

Me voilà quitte envers vous sur la métaphysique, et j'ai payé, ce me semble, plus que je ne devois ; et je vais songer à m'acquitter sur la justice, et je souhaite beaucoup plus d'y réussir que je ne le désire sur la métaphysique.

Nul peuple n'a connu une morale parfaite et complète, il a fallu rassembler les vérités éparses dans chaque nation pour en former un corps entier de morale. Les peuples n'ont pas su tirer toutes les conséquences qui dérivoient des premiers principes de la morale. Il y a un degré de perfection dans la vertu, auquel nul homme ne peut parvenir par les seules forces de la raison. Il y a des vérités qui ne sont pas moins certaines, quoiqu'il soit difficile à la raison humaine de les concilier. Il faut distinguer deux sortes d'évidences, l'une de lumière, l'autre d'autorité. Dieu ne peut pas nous tromper, ainsi ce qui est révélé ne peut être que vrai. Les philosophes sont obligés d'admettre des vérités qu'ils ne peuvent concilier, par exemple, la prescience de Dieu et la liberté. La raison a ses mystères comme la Religion. Contradictions apparentes dont on ne peut pas toujours, dans le cours de la vie présente, avoir l'explication. On a reconnu dans tous les temps que Dieu pouvoit faire plus que l'homme ne peut comprendre ; Dieu est le maître de donner plus ou moins d'étendue à notre esprit. C'est de l'imperfection de nos connoissances que viennent les prétendues contradictions qu'on croit trouver dans les mystères de la Religion. Le fait de la révélation prouvé, il ne peut y avoir que des contradictions apparentes dans les mystères que nous sommes obligés de croire, etc.

J'ai eu peur d'abord en lisant votre lettre, Monsieur, que M....... ne vous eût été chercher à

Reims, pour vider une ancienne querelle qu'il avoit avec vous; mais j'ai vu avec plaisir que vous vous êtes séparés bons amis, et que l'esprit de paix qui règne à présent dans l'Europe vous a fait tomber, de part et d'autre, les armes des mains. M....... ne pouvoit donc rien faire de plus conforme à mon goût, que de s'arrêter un moment dans sa course pour vous embrasser en passant; et si je l'avois prévu, je l'aurois chargé de vous faire mille complimens de ma part. Il est vrai, comme il vous l'a dit, que madame la chancelière et moi nous avons payé le tribut à la fièvre qui, depuis quelque temps, est devenue un mal presque général à Paris et aux environs; mais elle nous a assez ménagés, et le ressentiment que j'en eus peu de jours avant le départ de M....... n'a eu aucune suite. Il a eu encore plus raison de vous assurer que votre longue absence n'a point affoibli tous les sentimens dont je suis rempli pour vous, et je suis bien persuadé qu'elle n'a pas plus de pouvoir sur l'amitié que vous avez pour moi, quoiqu'à dire le vrai, j'aimasse mieux encore avoir le plaisir d'en juger par moi-même, comme vous me l'avez fait espérer par une autre lettre; mais il faut céder à la douceur des raisons qui vous retiennent en Champagne, et se contenter de prendre part de loin au bonheur dont vous y jouissez.

Je suis fort aise de voir qu'il ne vous fait point perdre le goût de la philosophie, à laquelle vous avez trop d'obligation pour ne lui pas garder une fidélité inviolable; elle vous en auroit à son tour, et la religion même vous seroit redevable, quand vous ne feriez que bien établir les quatre propositions qui sont dans votre lettre. Je ne sais néanmoins si la lecture, et encore plus vos réflexions, ne vous porteront pas à les rendre moins générales, et à leur ôter une forme négative, qui est souvent d'autant plus hasardeuse, que les propositions sont plus universelles; ce qui fait dire aux dialecticiens, que de telles propositions *sunt malignantis naturæ*. Je doute, par exemple, qu'on puisse prouver bien exactement cette proposition; qu'il n'y a aucun philosophe, ni même aucun peuple qui ne se soit formé un corps de morale parfait; et je crains qu'au contraire il ne fût plus vrai de dire, que chaque peuple a connu certaines parties de la morale, mais que, pour en former un corps parfait, il faut en rassembler les membres épars qu'on trouve dans chaque nation. Le terme même de *parfait* peut avoir quelque chose d'équivoque, et demander une plus grande explication. Ne seroit-il donc pas plus sûr et plus simple de dire seulement, que les premiers principes de la morale ont été connus de tous les peuples, quoique tous n'aient pas été également attentifs à en tirer toutes les conséquences qui y sont renfermées?

Je suis bien tenté de vous proposer encore d'ajouter une cinquième vérité qui est une suite naturelle, et comme le complément de votre quatrième proposition. Est-ce assez de dire, comme vous le faites: *qu'il n'y a eu aucun peuple, ni philosophe, ni législateur qui ait rassemblé dans sa personne toutes les vertus en écartant tous les vices*? Si vous n'y ajoutez que dans chaque vertu même il y a un degré de perfection, soit du côté des motifs, soit du côté de la fermeté et de la persévérance, au milieu de toutes les épreuves, auquel nul mortel n'est parvenu par les seules forces de la raison, en sorte que soit que l'on compte le nombre des vertus, ou que l'on pèse exactement la valeur de chaque vertu, il a toujours manqué quelque chose aux plus sages, tant qu'ils n'ont eu pour eux que le secours de la plus parfaite philosophie.

Vous avez raison de dire que les conséquences de vos propositions, surtout si l'on y joint celle qui me paroît devoir faire la cinquième, sont infiniment avantageuses à la religion; et je doute qu'après cela vous soyez bien embarrassé de l'objection que vous prévoyez; je soupçonne même que vous n'affectez d'en paroître effrayé que pour m'engager par un artifice innocent à vous dire ce que je pense sur ce sujet. Mais que pourrois-je vous expliquer que vous n'ayez prévenu par l'étendue de vos connoissances, et par la solidité de vos réflexions ? Je me borne donc, sans être la dupe de toutes vos louanges, à vous remettre devant les yeux les principaux points de ce que j'attends de vous sur une matière si importante.

Il ne s'agit pas ici de savoir, si l'on peut concilier les deux vérités contraires, et en apparence incompatibles, dont l'opposition forme ce que nous appelons un mystère. Les plus zélés défenseurs de notre religion avouent sans peine à ses plus grands ennemis, que l'accord de la raison avec la foi seroit impossible dans cette vie, si l'homme n'y pouvoit parvenir que par cette voie.

Toute la difficulté se réduit donc à examiner, non pas si l'on peut comprendre ce qui est incompréhensible, mais si tout incompréhensible qu'il est en effet, notre esprit ne doit pas le croire sans le comprendre, et si la raison même, considérée dans le plus haut point de sa perfection, ne conçoit pas clairement qu'elle ne peut s'en dispenser.

L'évidence, il est vrai, a seule le droit d'exiger et de forcer même, pour ainsi dire, notre consentement; mais vous ne manquerez pas, sans doute, de remarquer qu'il y a deux sortes d'évidences : l'une de lumière, qui naît de la chose même et qui résulte de la clarté, de la liaison, de l'enchaînement de nos idées; l'autre, qu'on peut appeler une évidence d'autorité, qui est fondée sur l'infaillibilité certaine du témoignage par lequel nous sommes assurés d'une vérité que nous ne pouvons connoître par une autre voie. La première produit ce qu'on nomme *savoir*; la seconde ce qu'on appelle *croire* : quand on prend ces deux termes dans leur plus étroite signification; mais celle-ci ne règne pas moins sur notre ame que celle-là, et il n'y a personne qui ne sente intimement en lui le même degré de conviction sur le fait de l'existence de César, que sur l'égalité des trois angles de tout triangle à deux angles droits. Vous ne craindrez peut-être pas même de dire, que l'évidence d'autorité affecte encore plus le commun des esprits que celle de raisonnement; et en effet, c'étoit par ce motif que M. Pascal vouloit réduire toute la certitude de la religion chrétienne, à des preuves de fait.

Ce sont au moins les seules qui puissent s'appliquer aux mystères qu'elle propose à notre créance. En vain y chercheroit-on une évidence de lumière que Dieu s'est réservée à lui seul; mais si la matière n'en est pas susceptible, la seconde espèce d'évidence vient heureusement à notre secours; et elle est portée ici à son plus haut point, puisque notre foi est fondée sur la plus grande infaillibilité de témoignage que la raison puisse désirer, c'est-à-dire, sur la parole de celui qui est la vérité même.

L'objection que l'on tire de l'incompréhensibilité de nos mystères se réduit donc nécessairement à une pure question de fait, qui consiste à savoir s'il est vrai que Dieu nous les ait révélés; car, si cette question, dont il ne s'agit pas ici, est une fois résolue en faveur de la religion chrétienne, je puis toujours raisonner de cette manière.

Dieu ne sauroit me tromper, c'est la raison même qui me montre clairement cette vérité dans l'idée que j'ai de la divinité; et, par conséquent, elle m'enseigne aussi que je dois croire tout ce qu'il m'a dit, quand même je ne le comprendrois pas, parce qu'il est encore évident que la foiblesse ou l'imperfection de mon intelligence ne sauroit diminuer, en aucune manière, le poids d'un témoignage certainement infaillible.

Mais, pour me servir de votre exemple, Dieu m'a révélé qu'il est un en trois personnes; donc, malgré l'impossibilité où je suis de concilier ces deux vérités renfermées dans cette proposition, ma raison même, encore une fois, m'impose la nécessité de la croire, en attendant que Dieu me fasse la grâce de la comprendre et de connoître clairement qu'elle n'implique aucune contradiction.

Je serois donc déraisonnable si je ne croyois pas, bien loin de m'exposer à l'être en croyant. Et ce qu'il y a de plus important à remarquer ici, c'est que la religion n'exige rien de moi, à cet égard, que les prétendus partisans de la raison, qui ne veulent croire que ce qu'ils comprennent, et qui réduisent toute la religion à croire et à respecter un Dieu créateur et modérateur de l'univers, ne soient obligés de faire eux-mêmes, à l'égard de certaines vérités naturellement connues à l'esprit humain, sans le secours de la révélation. D'un côté, ils ne peuvent s'empêcher de croire la prescience de Dieu; elle est clairement renfermée dans l'idée qu'ils ont de sa perfection infinie; et il n'y a aucun philosophe païen, il n'y a même aucun peuple qui ne l'ait regardée comme l'apanage essentiel de la divinité; de l'autre, ils doutent encore moins de leur liberté, dont un sentiment intérieur les convainc autant que de leur propre existence; mais comment peuvent-ils concilier ces deux vérités? En comprennent-ils bien toute la liaison ou l'accord? Peuvent-ils l'expliquer d'une manière qui satisfasse véritablement la raison? Ils conviennent, s'ils sont de bonne foi, que c'est une espèce de mystère dans la religion de la révélation naturelle, comme dans celle de la révélation surnaturelle. Rejetent-ils pour cela l'une ou l'autre vérité, ou prennent-ils le parti de les nier toutes deux? Cette raison, qui est leur unique guide, ne leur montre-t-elle pas qu'ils ne doivent se jeter dans aucune de ces extrémités, qu'il seroit contraire au bon sens d'abandonner, et que l'on connoît par le désespoir de découvrir ce qu'on ne connoît pas; et que le seul parti qui convienne aux êtres raisonnables est de reconnoître également les deux vérités qui sont certaines, et d'attendre qu'il plaise à Dieu de nous apprendre la manière de les concilier.

Ce n'est pas seulement dans ce qui regarde la prescience de Dieu et la liberté de l'homme, que la raison a ses mystères comme la religion. On en trouve des exemples dans les matières qui paroissent les plus susceptibles de l'évidence de lumière, et qui sont comme le siége de son empire. L'incommensurabilité de la diagonale avec le côté du quarré, et tous les autres genres d'incommensurabilité appliqués à l'étendue ne renferment-ils pas, ou plutôt ne nous font-ils pas voir ce combat de deux vérités contradictoires, toutes deux évidentes et démontrées, lorsqu'on les envisage séparément, et toutes deux irréconciliables, lorsqu'on veut entreprendre de les accorder? L'étendue est divisible à l'infini par l'essence même de sa nature, et tout se trouve dans l'infini, c'est la première vérité. D'un autre côté, dans l'infini même, on ne sauroit trouver, quand on y travailleroit pendant toute l'éternité, cette mesure commune que l'on cherche entre deux incommensurables, et toutes les notions qui touchent l'infini ont le même caractère. Si la matière est divisible en un nombre infini de parties, comme chaque partie n'est pas l'autre, on croit avoir l'évidence pour soi, quand on dit qu'elle est non-seulement divisible, mais actuellement divisée à l'infini. D'un autre côté, quelque indéfiniment petites qu'on en suppose les particules, il n'y en aura aucune qui ne soit étendue, et qui, par conséquent, ne soit susceptible d'une nouvelle suite de divisions encore portées à l'infini. Donc, il est impossible de soutenir le système de la division actuelle, et à l'infini, de toutes les parties de l'étendue. Dira-t-on cependant que Dieu même ne connoisse pas leur nombre, quelqu'infini qu'on le suppose? Mais cela répugne à l'idée que nous avons de sa science et de sa perfection; mais, comment Dieu connoît-il un nombre qui ne sauroit avoir de bornes par la nature de la chose nombrée, et qui peut croître éternellement, s'il est impossible de fixer aucun terme à la division? Dieu sait, sans doute, le dénoûment de cette contradiction apparente, mais l'homme l'ignore, et malheureusement pour lui il peut pousser encore plus loin cette induction. Le monde a-t-il commencé, ou est-t-il produit éternellement par son auteur? Est-il fini ou infini? Le vide est-il possible ou impossible? On ne trouve que ténèbres, obscurité, combat interminable dans nos pensées, lorsqu'on veut résoudre ces questions (qui tombent néanmoins sur les premiers principes) par les seules idées que notre raison nous présente, et l'esprit humain rencontre des mystères partout, lors même qu'il ne veut consulter que sa raison, parce qu'il trouve partout des bornes au-delà desquelles sa foiblesse ne lui permet pas de passer.

Quel parti prendra-t-il donc sur tout cela ? Entre deux vérités contraires donnera-t-il la préférence à l'une des deux ? Mais il pécheroit contre sa raison même s'il le faisoit, puisque son esprit les aperçoit comme également certaines. Se déterminera-t-il à les nier toutes deux, parce que la manière de les accorder lui est inconnue ; ce seroit abandonner le certain pour l'incertain, et cette résolution, encore plus extrême et plus absurde que la première, n'est pas même en son pouvoir, puisque l'évidence est la maîtresse de son consentement. Ne seroit-il donc pas obligé, comme je l'ai déjà dit, de se contenter de jouir des biens qu'il possède, et d'espérer d'acquérir quelque jour ceux qui lui manquent. Plus il sera raisonnable, plus il prendra ce parti ; et, sans devenir incrédule dans les points mêmes qui sont du ressort de sa raison, il ne prononcera que sur ce qu'il connoît, et suspendra son jugement sur ce qu'il ignore.

Pourquoi donc ne suivroit-il pas la même règle à l'égard des mystères de la religion, auxquels il semble que la Providence l'ait voulu préparer par ceux qui l'arrêtent même dans les matières mêmes qui sont l'objet de sa raison ? Le combat qui se forme alors, non entre notre esprit et notre esprit, mais entre la raison humaine et l'autorité divine, est encore moins difficile à terminer. La raison qui l'embarrasse et qui le trouble est la raison d'un homme, et l'autorité à laquelle il résiste est l'autorité d'un Dieu, qui est la source de toute raison, de toute lumière, de toute vérité, et qui, par conséquent, ne peut jamais nous tromper. Ne nous suffit-il pas de savoir, en général, que rien de tout ce qu'il nous annonce ne peut être véritablement contraire à la raison, c'est-à-dire, à cette raison suprême qu'il possède dans toute sa plénitude. J'ignore, à la vérité, comment ce qu'il me révèle s'accorde parfaitement avec cette raison ; mais je sais du moins, et je n'en saurois douter, que cet accord est non-seulement possible, mais réel et indubitable, parce qu'il est impossible que Dieu soit contraire à lui-même. Ai-je besoin d'en savoir davantage pour me rendre à son autorité par une soumission non-seulement nécessaire, mais raisonnable, et glorieuse même à l'esprit humain, qui n'use jamais de ses facultés que lorsqu'il préfère la science de Dieu à celle de l'homme.

Vous ramenerez donc vos adversaires, Monsieur, car je ne fais que prévoir ici ce que vous ne manquerez pas de faire, vous les ramènerez, dis-je, au plus simple et au plus évident de tous les principes, je veux dire à cette vérité : que Dieu connoît ce que l'homme ne sauroit comprendre, et qu'il a une idée infiniment plus parfaite de lui-même, qu'il ne la donne à notre esprit dans le cours de la vie présente. C'est une pensée que tous les hommes apportent en naissant, et on n'a pas besoin de leur dire que l'être de Dieu est au-dessus de leurs idées ; ce sera une de ces vérités que vous trouverez établie dans toutes les nations. Il n'échappera pas, sans doute, à votre attention de remarquer qu'elle éclate dans la fable même, et qu'il n'y a point de religion, quelque absurde qu'elle puisse être dans d'autres points, qui n'ait reconnu que la nature et la conduite de Dieu surpassent la portée de l'esprit humain. On n'en voit aucune qui ne suppose des choses incroyables ou du moins incompréhensibles à notre raison, par rapport à la divinité ; et l'on diroit que tous les peuples soient convenus que ce devoit être là un caractère essentiel de toute religion ; aussi ont-ils tous cru qu'elle étoit un présent du ciel, qu'il falloit que Dieu même enseignât aux hommes ce qu'il est et comment il veut être honoré. Les prodiges ou les miracles qu'ils ont attribués à la divinité prouvent qu'ils ont tous admis ce principe, que Dieu pouvoit faire plus que l'homme ne peut comprendre. Or, si sa puissance surpasse la mesure de notre esprit, pourquoi son être, d'où sa puissance même dérive, ne seroit-il pas aussi au-dessus de nos conceptions? Mais vous n'aurez pas même besoin de faire ce raisonnement, puisqu'il vous sera facile de faire voir que toutes les religions ont également supposé l'une et l'autre vérité.

On insistera peut-être encore, et l'on pourra vous dire, que si les mystères de notre foi étoient seulement obscurs et couverts de nuages, l'hommage qu'ils exigent de notre foible raison seroit moins difficile; mais que comme il y en a plusieurs qui renferment, non pas une obscurité impénétrable à notre esprit, mais une contradiction qui n'est que trop claire et trop évidente, on ne doit pas présumer que ce soit Dieu même qui nous ait révélé, comme auteur de la religion, ce qui est directement contraire aux idées qu'il nous donne, comme auteur de la raison.

Mais vous aurez prévenu cette objection, en faisant voir que, par un argument semblable, on pourroit prouver aussi que Dieu n'est pas même l'auteur de la raison humaine, puisqu'il ne lui apprend pas à résoudre les difficultés inexplicables, et à sauver les contradictions insolubles qu'elle trouve dans les matières mêmes qui sont le plus à sa portée; et, comme on répond solidement à cet argument, en faisant voir que Dieu a été le maître de donner plus ou moins d'étendue à notre esprit, et d'en marquer les bornes où il lui a plu, en sorte qu'on ne peut tirer aucune conséquence du défaut d'une raison bornée contre la perfection de la raison infinie qui ne réside que dans la divinité. Le raisonnement qu'on fait sur les prétendues contradictions qu'on croit voir dans nos mystères reçoit exactement la même réponse, et la foiblesse ou l'imperfection de nos connoissances ne résoud pas moins la seconde difficulté que la première.

En effet, ce raisonnement est toujours vicieux, parce qu'ils suppose pour principe ce qui est en question. Ceux qui le font, parlent comme s'il étoit certain, évident, incontestable qu'il y a une contradiction absolue, et comme une guerre irréconciliable entre les deux vérités que nos mystères réunissent; mais pour juger si cette contradiction, qu'ils relèvent avec tant de soin, est réelle, ou si elle n'est qu'apparente, il faudroit avoir une idée, non-seulement claire, mais pleine, parfaite et aussi étendue que son objet même des choses entre lesquelles on veut la trouver. Ainsi, par rapport au mystère de la trinité, il seroit nécessaire de concevoir Dieu, ou plutôt de le comprendre comme il se conçoit et comme il se comprend lui-même. Ce n'est pas tout, il faudroit y joindre une notion aussi distincte et aussi complète du mot de *personnes*; alors seulement nous pourrions connoître, s'il répugne véritablement à l'unité de l'Être infiniment parfait de renfermer trois personnes; mais, tant que nous n'aurons, et sur l'idée de Dieu, et sur celle des personnes divines, que des lumières sombres ou imparfaites, il nous sera toujours évidemment impossible, je ne dis pas de concilier ces deux idées, mais de juger en aucune manière, si elles sont contraires ou si elles ne le sont pas. Ainsi, l'hypothèse et la supposition même d'une contradiction véritable entre ces deux idées, sont téméraires, pour ne rien dire de plus. L'usage le plus légitime de notre raison nous apprend à la condamner; et il nous montre au contraire, que, en supposant une fois le fait de la révélation, nous devons être convaincus qu'il n'y a qu'une apparence de contradiction entre deux vérités, que l'Être souverainement parfait ne nous obligeroit pas de croire également si elles étoient véritablement contradictoires.

C'est cependant sur la seule supposition d'une contradiction réelle, et qui ne peut jamais être prouvée, contre laquelle même le seul fait de la révélation nous met suffisamment en garde, que roulent tous les argumens des ennemis de la religion chrétienne. Ils portent donc nécessairement à faux; et, bien loin que la raison les favorise, elle en sent d'autant plus le défaut qu'elle est plus parfaite et plus attentive.

Il est même fort remarquable, et cette réflexion s'offrira d'elle-même à votre esprit, Monsieur, que le mystère de la trinité, qu'on regarde comme le plus incompréhensible de tous, est néanmoins celui dont il semble que la plus sublime et la plus raisonnable philosophie de l'antiquité, c'est-à-dire, celle de Platon, semble avoir le plus approché dans cette matière; il n'y a qu'un pas à faire pour arriver jusqu'au dogme que la religion nous enseigne; et ce dogme paroissoit aux platoniciens si peu contraire à la raison, que vous savez combien le commencement de l'évangile de saint Jean fut admiré par un de ces philosophes, qui ne pouvoit comprendre qu'une philosophie qu'il appeloit barbare par opposition à celle des Grecs, ait pu aller si loin. Tant il est vrai qu'en matière d'idées et de raisonnemens métaphysiques, il est toujours dangereux de trop presser les argumens qu'on tire de la raison qui est si différente en cette matière. que ce que les uns regardent comme y étant directement contraire, est regardé par les autres comme le chef-d'œuvre même de la raison. Réflexion qui pourroit servir à établir cette grande vérité, que dans ce qui concerne la divinité, il n'y a que Dieu qui mérite d'en être cru, et que notre raison est bien foible, si elle n'est soutenue et affermie par l'autorité de la révélation.

Ne craignez donc point, Monsieur, de travailler à un ouvrage où la raison humaine sera entièrement pour vous dans la morale qui est en grande partie de son ressort, et où elle ne vous sera point contraire dans ce que vous appelez la métaphysique de la religion. La créance que nous lui devons en ce point, plutôt que l'intelligence, fait partie cette morale même, qui est votre grand objet, et qui ne mérite ce nom qu'autant qu'elle nous apprend à conformer non-seulement nos actions, mais nos pensées, à celles de Dieu même, lorsqu'il nous les a révélées; ainsi, montrer que la morale chrétienne élève notre raison jusqu'au plus haut point de perfection, c'est prouver éminemment qu'elle lui apprend à sacrifier ses foibles idées à l'autorité de la révélation sans se laisser effrayer par une apparence de contradiction, qui ne sauroit en imposer à une raison parfaite, parce qu'elle voit

clairement qu'il lui est impossible de juger, si cette prétendue contradiction a quelque chose de réel, et qu'elle conçoit aussi certainement qu'il n'est pas possible que cela soit. . . . .
. . . .
. . . .

Traduction du Criton, de Platon.

SOCRATE.

Pourquoi venez-vous ici de si bonne heure, mon cher Criton ? n'est-il pas encore grand matin ?

CRITON.

Très-grand matin.

SOCRATE.

Mais, à peu près, quelle heure est-il?

CRITON.

A peine fait-il jour.

SOCRATE.

Je m'étonne que le geôlier ait été d'assez bonne humeur pour vouloir vous laisser entrer.

CRITON.

Nous avons déjà fait connoissance ensemble. Je viens souvent ici; d'ailleurs, je lui ai rendu quelques petits services.

SOCRATE.

Ne faites-vous que d'arriver, ou y a-t-il long-temps que vous êtes ici ?

CRITON.

Assez long-temps.

SOCRATE.

Pourquoi donc ne m'avez-vous pas éveillé d'abord, au lieu de vous asseoir auprès de moi sans rien dire?

CRITON.

Je n'avois garde de le faire, mon cher Socrate; souffrir et veiller, qui pourroit supporter long-temps une pareille situation? Je vous admirois, j'étois surpris de voir avec quelle tranquillité vous reposiez; et c'est pour vous laisser jouir plus long-temps de cet heureux repos que je ne vous ai pas éveillé. Je vous ai toujours estimé fort heureux dans toute votre vie passée, d'avoir ce caractère d'esprit sage et tranquille; mais je vous avouerai que je vous trouve à présent plus heureux que je n'ai jamais fait, de supporter avec tant de douceur et de patience le malheur qui vous est arrivé.

SOCRATE.

Ne seroit-il pas ridicule, mon cher Criton, qu'un homme de mon âge se laissât aller au chagrin et à l'impatience, parce que l'heure de sa mort est venue?

CRITON.

Eh! combien y a-t-il de gens, mon cher Socrate, aussi avancés en âge que vous, et poursuivis par les mêmes malheurs, que leur âge n'empêche pas de se plaindre de leur infortune?

SOCRATE.

Il est vrai; mais pourquoi donc êtes-vous venu ici de si grand matin?

CRITON.

Je viens, mon cher Socrate, vous apporter une nouvelle affligeante, non pas pour vous, à la vérité, autant que j'en puis juger, mais pour moi et pour tous vos amis; certes, je ne pouvois rien apprendre de plus fâcheux; j'en suis affecté plus vivement que personne.

SOCRATE.

Et quelle est donc cette nouvelle si fâcheuse? Est-il arrivé ce vaisseau de Delos, dont on n'attend que le retour pour me faire mourir ?

CRITON.

Non; mais il doit arriver aujourd'hui, si j'en dois croire le rapport de quelques gens qui viennent de Sunium, et qui l'y ont laissé. Le vaisseau, disent-ils, sera de retour aujourd'hui même, et il faudra, mon cher Socrate, que le jour de demain soit le dernier de votre vie.

SOCRATE.

Eh bien, Criton, à la bonne heure, si c'est la volonté des Dieux, passons-en par tout ce qu'il leur plaira d'ordonner; mais je vous dirai pourtant que je ne crois pas que le vaisseau arrive aujourd'hui.

CRITON.

Et quelles sont vos raisons?

SOCRATE.

Vous l'allez savoir. Je dois mourir, dit-on, le lendemain du jour que le vaisseau de Delos sera revenu: c'est ce que disent ceux qui sont les maîtres de notre vie et de notre mort; mais si je ne me trompe, on ne doit pas l'attendre aujourd'hui: j'en juge par un certain songe que j'ai eu cette nuit peu de temps avant que vous vinssiez ici; peut-être même que vous m'avez éveillé un peu à contre-temps.

CRITON.

Et quel étoit ce songe?

SOCRATE.

J'ai cru voir une femme parfaitement bien faite, vêtue de blanc, qui, s'étant approchée de moi, m'a appelé par mon nom, et m'a dit : Socrate, dans trois jours vous arriverez à Phtie.

CRITON.

Voilà un songe bien extraordinaire.

SOCRATE.

Il est cependant fort significatif.

CRITON.

Hélas ! que trop. Mais, mon cher Socrate, il est encore temps de vous laisser persuader ; croyez-moi, sauvez-vous. Si vous périssez, il n'y a plus d'autre malheur que je puisse craindre. Je ne parle point de la perte que je ferois en perdant un ami tel que vous, qui n'aura jamais son semblable : mais, outre cela, il paroîtra à beaucoup de gens qui ne vous connoîtront pas bien ni moi non plus, que, pouvant vous sauver, si j'avois voulu employer mon argent, j'ai négligé de le faire. Cependant, qu'y auroit-il de plus honteux pour moi que cette pensée. Quoi ! je passerois pour préférer de l'argent à la vie de mes amis ! car il n'y aura pas beaucoup de gens qui puissent se persuader que c'est vous qui n'avez pas voulu sortir de votre prison, dans le temps que nous faisions tous nos efforts pour vous porter à vous sauver.

SOCRATE.

Mais, Criton, que nous importe ce qu'en jugera le peuple : les sages, qui sont les seuls dont on doit désirer l'approbation, croiront que les choses se sont passées comme elles se passent effectivement.

CRITON.

Cependant, mon cher Socrate, vous voyez qu'il se faut mettre en peine des opinions du peuple. L'état présent de vos affaires vous prouve assez que le peuple est souvent capable de causer, je ne dis pas les plus petits d'entre les maux, mais les plus grands, si je l'ose dire, et les plus considérables, aussitôt qu'on est décrié dans son esprit.

SOCRATE.

Plût à Dieu, mon cher Criton, que la multitude pût faire les plus grands maux, car elle pourroit faire aussi les plus grands biens, et il n'y auroit rien qui ne fût juste ; mais elle ne peut ni l'un ni l'autre, car il n'est pas en son pouvoir de donner ou d'ôter la sagesse! Elle fait donc ce qu'elle peut; et ce qu'elle peut n'est pas grand chose.

CRITON.

Soit ; mais dites-moi de grâce, mon cher Socrate, est-ce que vous appréhendez pour moi et pour vos autres amis les accusations des sycophantes, si vous venez à vous sauver ; craignez-vous qu'ils ne nous fassent des affaires, et qu'ils ne nous accusent d'être complices de votre évasion, et que nous ne soyons punis par la perte de tous nos biens, ou du moins de la plus grande partie, ou qu'il ne nous arrive encore pis. Si c'est là ce qui vous fait de la peine, délivrez-vous de cette inquiétude. Il est juste que nous nous exposions à ce danger, et, s'il le faut, à un plus grand encore, pourvu que nous puissions vous sauver. Croyez-moi, mon cher Socrate, suivez le parti que je vous propose.

SOCRATE.

J'ai prévu tous ces malheurs que vous venez de me rapporter, et beaucoup d'autres choses encore.

CRITON.

Cessez donc de les appréhender. Premièrement la somme d'argent que je dois donner à quelques gens qui m'ont promis de vous tirer de prison et de vous mettre en liberté, n'est pas bien considérable. Et d'ailleurs, ne voyez-vous pas combien ces sycophantes sont vils et méprisables, on n'a pas besoin de beaucoup d'argent pour les contenter; outre cela, tout mon bien est à vous, et je crois qu'il vous sera suffisant; et si les égards que vous avez pour moi, vous empêchent de vous en servir, il y a ici des étrangers qui sont tout prêts à vous en fournir. L'un d'eux a apporté même avec lui, dans ce dessein, tout l'argent qui peut vous être nécessaire, et c'est Simmias le thébain. Cebes est tout prêt à en faire autant, et beaucoup d'autres encore. Ne négligez donc point sur ce prétexte de vous sauver vous-même: n'ayez aucune peine sur ce que vous avez dit devant le tribunal des juges, que si vous sortiez de prison, vous ne sauriez plus que devenir. Partout où vous irez, vous y trouverez toujours des gens prêts à vous recevoir; mais si vous voulez aller dans la Thessalie, j'ai des hôtes dans ce pays-là qui se feront un grand plaisir de vous avoir chez eux, et qui vous mettront entièrement à couvert de toutes les insultes des thessaliens. Je vous dirai encore, mon cher Socrate, que vous ferez une action fort injuste de vous trahir vous-même, de vous livrer à vos ennemis dans le temps que vous pouvez vous sauver, et de faire contre vous-même tout ce que vos plus cruels ennemis, ceux qui ont conjuré votre perte, pourroient faire à l'avenir, et ce qu'ils ont déjà fait, je veux dire de hâter votre mort. Outre cela, vous trahissez vos enfans; vous pouvez les élever, les instruire, et vous les abandonnez dans le temps qu'ils ont le plus de besoin de votre secours; autant qu'il est en vous, vous les exposez à toutes sortes de malheurs, et il est vraisemblable qu'ils vont tomber dans tous les maux qui accablent d'ordinaire les orphelins. Il ne falloit pas avoir des enfans, ou bien il faut à présent souffrir avec eux et pour l'amour d'eux toutes les peines de l'éducation. Vous choisissez, si j'ose dire ici ce que je pense, le parti d'un homme lâche et paresseux. Vous deviez, comme un homme de cœur et d'esprit, vous surtout qui aviez affecté, pendant toute votre vie, de suivre et de pratiquer la vertu, vous deviez, dis-je, prendre le parti que je vous propose. Je rougis, je l'avoue, et pour vous et pour moi et pour vos amis. Je crains qu'on n'attribue toute cette malheureuse affaire à notre lâcheté et à notre négligence. Le commencement de ce jugement, dans lequel vous avez bien voulu descendre, quoique vous puissiez vous en dispenser, ce jugement même de la manière dont il s'est passé, et enfin cette dernière action qui est comme le ridicule de toute la pièce, tout cela semble nous avoir échappé ; on croira que c'est par une espèce ou de malice ou de nonchalance que nous avons négligé de vous sauver, et que vous n'avez pas daigné le faire pendant que vous le pouviez aisément, pour peu que nous vous eussions été de quelque secours. Prenez garde, mon cher Socrate, que vous n'ajoutiez à votre malheur et à celui de vos amis, la honte d'une si grande négligence. Délibérez, je vous en conjure, ou plutôt ne délibérez plus, car il n'est plus temps de le faire; votre parti doit être pris, et vous n'en avez qu'un seul à prendre. Si nous avons quelque chose à faire, il faut que ce soit dans la nuit suivante. Si nous attendons plus long-temps, il sera impossible de vous sauver. Mais en un mot, mon cher Socrate, suivez mes conseils, et ne prenez point d'autre parti que celui que je vous propose.

SOCRATE.

Mon cher Criton, votre empressement à me sauver seroit très-digne de louanges, s'il étoit accompagné de justice et d'équité ; mais s'il ne l'est pas, plus il sera grand, plus il sera fâcheux et incommode. Nous devons donc examiner à présent si je dois suivre votre conseil ou non. Vous savez que ce n'est pas d'aujourd'hui, mais de tout temps, que je n'ai jamais voulu me rendre qu'à la raison, qui, après un long examen, m'a paru la plus forte et la meilleure. Je ne saurais m'ôter de l'esprit les raisonnemens que j'ai toujours faits dans toute ma vie passée. Le malheur qui m'est arrivé n'empêche pas qu'ils ne me paroissent toujours les mêmes. J'approuve et j'estime tout ce que j'ai approuvé et estimé jusqu'à présent; et si nous ne pouvons aujourd'hui rien trouver de meilleur et de plus raisonnable, sachez que je ne vous accorderai point ce que vous me demandez, non pas même quand le peuple inventeroit encore de nouveaux supplices pour nous épouvanter par de vaines terreurs comme de petits enfans : c'est inutilement qu'il nous chargera de fers, qu'il nous fera mourir, qu'il nous dépouillera de tous nos biens. Mais, comment ferons-nous pour examiner, avec sagesse et avec prudence, la question dont il s'agit aujourd'hui? Je crois qu'il faut reprendre ce que vous avez dit touchant les opinions, et examiner si nous avions raison autrefois de dire qu'il y avoit de certaines opinions dont il falloit se mettre en peine, et d'autres qu'il falloit négliger; ou si ce discours n'étoit véritable, qu'avant que je dusse mourir, et si je dois à présent faire connoître à tout le monde que ces beaux raisonnemens n'étoient qu'un jeu, qu'un badinage, et que nous n'agitions ces questions que par manière d'entretien. Je désire donc, mon cher Criton, de considérer avec vous, si ce raisonnement a changé depuis que mes affaires ont changé de situation, ou bien s'il est toujours le même, et, en un mot, si nous le laisserons-là, ou, si nous nous rendrons encore à son évidence. On disoit donc autrefois, et tous ceux qui croyoient avoir quelque sagesse soutenoient ce que je viens de vous dire, que parmi les différentes opinions des hommes il y en a quelques-unes dont on doit faire beaucoup de cas, et d'autres qu'il faut mépriser. Ce sentiment ne vous paroît-il pas raisonnable, mon cher Criton? Et cependant, autant qu'on peut s'assurer de la vie des hommes, vous n'êtes pas en danger de mourir demain; et le malheur qui me menace, ne vous troublera pas assez pour vous empêcher d'en juger sainement. Mais, prenez-y bien garde, croyez-vous de bonne foi, qu'on ait tort de dire qu'il ne faut pas estimer toutes les opinions des hommes, mais quelques-unes seulement; ni les opinions de tous les hommes, mais celles de quelques-uns d'entr'eux. Que répondez-vous à cela? Cela ne vous paroît-il pas bien dit?

CRITON.

Fort bien.

SOCRATE.

Il faut donc convenir qu'on doit estimer les bonnes opinions, et mépriser les mauvaises?

CRITON.

Sans doute.

SOCRATE.

Et les bonnes opinions, ne sont-ce pas celles des gens sages et prudens; et les méchantes, celles des fous et des imprudens?

CRITON.

Qui en doute?

SOCRATE.

Mais, considérez encore comment on appliquoit cette règle générale. Un homme, qui s'exerce dans le gymnase, et qui s'applique uniquement à cet exercice, s'occupera-t-il des louanges ou du blâme, ou, en un mot, de l'opinion de toutes sortes de personnes; ou ne désirera-t-il de contenter que celui qui est le médecin ou le maître de l'académie?

CRITON.

Il est clair qu'il ne recherchera que l'approbation de celui-là seul.

SOCRATE.

Il faut donc qu'il craigne les reproches, et qu'il désire, avec passion, les louanges de cet homme seul, et non pas ceux de la multitude?

CRITON.

Cela est évident.

SOCRATE.

C'est donc dans cette vue qu'il doit faire toutes ses actions, qu'il doit s'exercer, qu'il doit boire, qu'il doit manger. Il faut qu'il se conforme en toutes choses aux sentimens de ce maître, de cet homme habile en son art, plutôt qu'aux sentimens de tous les autres.

CRITON.

Il est vrai.

SOCRATE.

Eh bien, s'il désobéit à ce seul homme, s'il méprise également ses reproches et ses louanges, et s'il estime au contraire les louanges et les reproches de ceux qui n'y entendent rien, quoique ceux-ci fussent le plus grand nombre, ne lui en arrivera-t-il aucun mal ?

CRITON.

Comment cela pourroit-il être autrement ?

SOCRATE.

Mais quel est ce mal ? à quoi aboutira-t-il ? et sur quelle partie du malade retombera-t-il ?

CRITON.

Il retombera sur le corps, sans difficulté, car c'est là la partie qu'il perdra.

SOCRATE.

On ne peut pas mieux répondre que vous faites ; mais, mon cher Criton, pour ne pas examiner tout le reste de la même manière, n'en dirons-nous pas autant de toutes les autres choses, des choses justes et injustes, honnêtes et déshonnêtes, bonnes ou mauvaises, touchant lesquelles nous délibérons aujourd'hui ? Faut-il, dans ces sortes de choses, suivre l'opinion du peuple ? Faut-il la craindre et la redouter ; ou bien devons-nous nous conformer aux sentimens d'un seul, si nous en trouvons quelqu'un qui soit habile dans cet art admirable ? Devons-nous l'appréhender et le respecter plus que tous les autres ensemble ? Et n'est-il pas d'une telle nature que, si nous ne le suivons pas, nous perdrons et nous ruinerons entièrement cette partie de nous-mêmes qui devient bonne par la justice, et qui se perd par l'injustice ? Que direz-vous à cela ? cela ne vous paroît-il rien ?

CRITON.

Tant s'en faut.

SOCRATE.

Poursuivons : eh bien, si en suivant d'autres conseils que ceux des gens habiles, nous perdons cette partie de nous-mêmes qui devient meilleure par les alimens salubres, et qui se corrompt par ceux qui ne le sont pas, la vie nous sera-t-elle agréable, et pourrons-nous nous résoudre à la conserver, après avoir ruiné cette partie, et cette partie n'est-ce pas notre corps ?

CRITON.

Oui sans doute.

SOCRATE.

Eh quoi, pourrons-nous donc nous résoudre à vivre, après avoir corrompu cette partie de nous-mêmes que l'injustice ruine et que la justice conserve ? Et croyons-nous que cette partie, quelle qu'elle puisse être, qui reçoit en elle la justice et l'injustice, soit plus vile et plus méprisable que notre corps ?

CRITON.

Je n'ai garde de le croire.

SOCRATE.

Vous direz donc qu'elle est plus estimable ?

CRITON.

Je dis qu'elle l'est infiniment.

SOCRATE.

Il ne faut donc pas, mon cher Criton, nous embarrasser beaucoup de ce que la multitude jugera de nous, mais de ce que celui qui connoît parfaitement la justice et l'injustice, celui qui est *un*, qui est la vérité même, en jugera. Ainsi, vous prenez un méchant moyen pour me persuader, en commençant par me dire que nous devons nous mettre en peine des sentimens de la plupart des hommes, touchant la justice, la bonté et leurs contraires. Oui; mais cependant, dira-t-on, la multitude peut nous faire mourir.

CRITON.

Il est vrai qu'on vous fera d'abord cette objection.

SOCRATE.

J'en conviens; mais, mon cher Criton, il me semble que la question se réduit à peu près aux mêmes termes que celle que nous venons d'examiner. Et pour en mieux juger, considérez encore cette maxime que nous avions établie autrefois, qu'il ne falloit pas croire que ce fût un fort grand bonheur de vivre, mais de bien vivre. Est-elle toujours la même, ou bien a-t-elle changé?

CRITON.

Elle est toujours la même.

SOCRATE.

Mais bien vivre, vivre honnêtement, vivre justement, n'est-ce pas la même chose exprimée par différens noms? En convenons-nous encore, ou bien n'en convenons-nous plus?

CRITON.

Nous en convenons.

SOCRATE.

Puisque nous en convenons, il faut donc examiner s'il est juste ou injuste, que je fasse tous mes efforts pour sortir de cette prison contre l'ordre des athéniens. Si cela vous paroît juste, nous tâcherons d'en sortir ; sinon n'y pensons plus. Et à l'égard des différentes raisons que vous employez pour me persuader, et qui sont fondées sur la facilité de l'entreprise, sur le peu de dépense qu'il faut faire, sur ce que tous les hommes en penseront, sur le malheur de mes enfans, prenez garde, mon cher Criton, que ces raisons ne soient que de vains prétextes dont ceux qui font mourir les autres sans y faire réflexion, et qui les ressusciteroient de même si cela était en leur pouvoir, et dont le peuple, pour tout dire en un mot, pourroit se servir : mais, pour nous, la raison nous convainc manifestement qu'il ne faut examiner autre chose que ce que nous disions tout à l'heure, savoir si nous ferons une action juste et raisonnable de donner de l'argent, et de rendre des actions de grâces à ceux qui procureront mon évasion, si eux et nous ne serons coupables d'aucune injustice, ou bien si, dans la vérité, nous agirions très-injustement si nous faisions toutes ces choses. Et en cas que cela nous le paroisse, il ne faudra plus examiner ni si nous serons réduits à la nécessité de mourir en demeurant tranquillement sans rien faire pour nous sauver, ni s'il nous arrivera encore quelque autre malheur pour n'avoir pas voulu commettre une injustice.

CRITON.

On ne peut rien dire de plus juste ; voyez vous-même, mon cher Socrate, ce que nous avons à faire.

SOCRATE.

Examinons-le ensemble, Criton ; et si vous avez quelque chose à opposer à mes raisonnemens, ne craignez point de le dire, et je me laisserai persuader ; mais si vous ne pouvez les réfuter, et que vous croyez avoir encore quelque autre raison plus forte pour me persuader, je n'empêche pas que vous ne la disiez.

CRITON.

Je vous avoue, mon cher Socrate, que je n'ai plus rien à vous dire.

SOCRATE.

Laissons donc là tous ces vains raisonnemens, et suivons le chemin que Dieu lui-même semble nous marquer. . . . .

Numa comparé avec Lycurgue, d'après Plutarque.

La sagesse, la modération, la capacité de gouverner les peuples, l'art, le soin de les instruire; le respect pour les dieux et la religion, regardé comme la base et le fondement d'une véritable législation, sont des avantages communs entre le Grec et le Romain.

Égaux, même dans les caractères qui les distinguent, l'abdication de Lycurgue ne se fait pas moins admirer que l'élévation de Numa.

Celui-ci reçoit une couronne qu'il n'a pas demandée; l'autre la possède, et a le courage d'y renoncer. Numa, étranger et simple particulier, devient roi par le choix d'autrui; Lycurgue, de roi qu'il étoit, se réduit à la condition de simple particulier. Il est glorieux d'acquérir une couronne par la seule réputation de sa justice; il ne l'est pas moins de préférer la justice à une couronne : la vertu rendit l'un assez illustre, pour paroître digne du trône; et l'autre assez grand pour savoir mépriser le trône même.

Lacédémone et Rome étoient comme une lyre

discordante, dont il falloit remonter ou abaisser le ton; Lycurgue tendit les cordes qui étoient trop lâches à Sparte; Numa relâcha celles qui étoient trop tendues à Rome. La difficulté de l'ouvrage est un mérite pour Lycurgue : heureuse, sans doute, la philosophie de Numa, qui, sans peine et sans effort, put tempérer et comme refroidir des mœurs violentes, amollir et apprivoiser des courages féroces, par les charmes de la persuasion, et par la seule opinion de sa justice! Lycurgue, moins heureux et non pas moins grand, se vit obliger d'appeler la force au secours de la raison; et, souvent repoussé, ce ne fut que par ses blessures, et au péril de sa vie, qu'il devint enfin le maître : aussi n'avoit-il pas à ramener ses citoyens des combats et des exercices militaires, aux fêtes et aux sacrifices; mais, des festins et des plaisirs, il osa les appeler aux combats et aux travaux de la guerre.

Numa interdit l'usage des armes à ses citoyens : ce n'est point qu'entre les vertus, l'un donne la préférence à la justice, et que l'autre la donne à la valeur, et Lycurgue les y excite. Il n'y a ni timidité dans l'un, ni violence dans l'autre; mais le romain veut empêcher ses peuples de faire des injustices, et le grec veut les mettre en état de n'en point souffrir : l'un retranche ce que les romains ont de trop, l'autre ajoute ce que les lacédémoniens n'ont pas assez; mais, en corrigeant l'excès ou le défaut, tous deux tendent également à former la même vertu. Ainsi l'habile ouvrier sait proportionner, à la différence des matières, la diversité des instrumens dont il se sert pour en faire le même ouvrage.

On ne peut ni blâmer Lycurgue d'avoir fait un nouveau partage des terres, ni reprocher à Numa de n'en avoir pas fait. Le premier fut obligé de rappeler ses citoyens à l'égalité, qui devoit être le lien de sa république; le dernier, trouvant un partage récent et qui subsistoit encore, fut assez heureux pour n'avoir qu'à jouir du travail de son prédécesseur.

Il est néanmoins des différences assez critiques entre ces deux législateurs; et si les premiers avantages sont pour Numa, les derniers semblent être pour Lycurgue.

L'un regarda la retraite et la modestie comme les seuls gardes fidèles à qui il pût confier la vertu des jeunes romaines : le mariage ne devoit pas les en affranchir. Contentes du respect de leurs maris, il voulut qu'elles n'eussent aucune autorité; éloignées du soin des affaires, sobres, jusqu'à regarder l'usage du vin comme un crime; attachées au silence, presqu'autant qu'à leurs maris, et ne le rompant jamais en leur absence : une femme assez hardie pour vouloir plaider elle-même sa cause, fut considérée comme un prodige de mauvais augure, sur lequel le sénat crut devoir consulter l'oracle d'Apollon. Lycurgue, au contraire, plus occupé de la force et du courage des enfans, que de la retenue et de la pudeur des mères, ne chercha qu'à rendre les jeunes Lacédémoniennes plus fortes et plus intrépides, par une éducation presque virile. Mais, ne mesurant pas assez leur liberté à leur âge, et peut-être à leur sexe, il leur inspira plus de hardiesse que de vertu. Les poètes devinrent les censeurs du philosophe; et les maris sentirent encore plus, qu'en fortifiant ainsi le sexe le plus foible, il leur avoit donné des maîtres plutôt que des femmes. Des principes si différens, portèrent Lycurgue à retarder le temps du mariage des filles, et Numa à l'avancer : l'un, dans la vue de faire naître des enfans d'une trempe plus robuste, crut qu'un arbre plus formé, pousseroit aussi des branches plus vigoureuses; l'autre, plus attentif à la pureté des mœurs qu'à la vigueur du corps, jugea que l'innocence d'un âge encore tendre et une heureuse ignorance du mal, étoient la dot la plus précieuse que les femmes pussent apporter à leur mari. Le législateur grec ne consulta que la nature. Le romain suivit la morale pour guide; l'un n'envisagea que les fruits du mariage, l'autre eut pour objet l'union et la paix du mariage même.

S'il est vrai que la cruauté avec laquelle les lacédémoniens traitoient les ilotes, soit l'ouvrage de la politique de Lycurgue, Numa a encore sur lui l'avantage d'avoir eu de l'indulgence et de l'humanité pour ceux mêmes qui étoient véritablement esclaves. On diroit que, sur ce point, Lycurgue étoit le barbare, et que Numa étoit le grec. Ce fut lui qui voulut que, dans les fêtes saturnales, les esclaves fussent mêlés et confondus avec les maîtres, comme pour faire goûter aux esclaves, du moins une fois l'année, la douceur de la liberté, et pour rappeler aux maîtres le souvenir de cette ancienne égalité dont les poètes font honneur au règne de Saturne; temps heureux, où l'on ne connoissoit pas encore la différence du maître et de l'esclave, et où tous les hommes se regardoient comme égaux les uns aux autres, et comme les enfans d'un même père.

Numa cependant eut ses défauts comme ses perfections; content d'avoir su mettre un frein à l'ardeur belliqueuse, et souvent injuste, des romains, il abandonna tout ce qui regarde l'acquisition des richesses à la liberté, ou pour mieux dire, à l'avidité naturelle du cœur humain : plus populaire en ce point, que philosophe, sa république ne fut qu'un mélange confus de laboureurs, de marchands, d'ouvriers, de mercenaires; et il n'en exclut pas même ceux qui ne sont que les artisans du plaisir et de la volupté. Il ne prévit point, où il ne craignit pas assez, la grande inégalité que cette forme de république devoit produire un jour entre ses citoyens : l'excès du luxe d'un côté, l'excès de la pauvreté de l'autre; désordres qui marchent presque toujours d'un pas égal, et il ne sut pas profiter de l'heureuse égalité qu'il trouva entre ses citoyens, pour s'opposer de bonne heure, et dans ce moment critique, au progrès rapide de l'avarice.

Lycurgue, plus austère et plus aristocratique, sentit d'abord qu'il étoit plus aisé de bannir les richesses, que d'en empêcher l'abus, et qu'en les chassant de sa république, il faisoit sortir en même temps une foule de maux dont elles sont le principe et comme le germe fatal. Ennemi surtout des arts superflus, qui ne servent qu'à flatter la mollesse, ou à irriter la cupidité, s'il fut obligé de conserver les arts nécessaires, il les regarda du moins comme indignes d'exercer les mains d'un lacédémonien; et, les reléguant à la condition des esclaves ou des étrangers, il assembla, pour ainsi dire, tous ses citoyens autour de sa lance et de son bouclier, pour être seulement les artisans de la guerre, et les vrais ministres du dieu Mars, ignorant tout art mercenaire, et n'apprenant, dans leurs exercices, qu'à obéir à leurs généraux, et à vaincre leurs ennemis. Ainsi, la science de s'enrichir, interdite aux hommes libres, fut regardée à Sparte comme une œuvre servile, qui devoit être abandonnée aux esclaves et aux ilotes, de même que le service de la cuisine et de la table.

Numa n'a rien qui le distingue par rapport à l'éducation des jeunes gens; et il n'est pas honorable à un philosophe, appelé au gouvernement d'une république naissante, où il n'éprouva aucune contradiction, d'être confondu, sur un point si important, dans la foule des législateurs ordinaires. Le génie, le caprice ou la fortune du père de famille, décidoient de l'éducation et de la profession du fils. Le législateur et le bien public n'y avoient aucune part; et l'on disoit que la république de Numa étoit comme un vaisseau de passage, où le hasard rassemble des voyageurs de toute espèce, occupés chacun de leur intérêt propre, jusqu'à ce que le péril commun les réunisse, et que la frayeur de chaque passager l'oblige, en travaillant pour lui-même, à travailler pour le salut de tous. Mais dans Lacédémone il n'étoit pas au choix des pères de former ou de ne pas former des citoyens utiles à l'état. Le législateur étoit comme le père commun, qui présidoit également à l'institution de tous les citoyens, comme si tous eussent été ses enfans, ou plutôt les enfans de la république; une éducation toujours rapportée au bien général, leur faisoit ignorer tout intérêt propre. Leur ame, encore tendre, recevoit aisément l'empreinte et le caractère d'un véritable citoyen. Les lois se gravoient, pour ainsi dire, par les mœurs, dans le cœur des jeunes gens : une heureuse habitude les convertissoit en leur propre substance, en faisoit comme une seconde nature; et il étoit peut-être plus difficile à Sparte de cesser d'être homme, que de cesser d'être Lacédémonien.

Le temps rendit témoignage à la sagesse du législateur. Ses lois unies, et comme incorporées avec les mœurs, résistèrent à une épreuve de cinq cents ans; il n'en fallut pas moins pour séparer ce qu'il avoit uni si intimement, et pour dissoudre cet admirable composé de commandement et d'obéissance dont Lycurgue avoit été l'unique artisan.

Que Numa ait donc l'honneur d'avoir su, par une espèce d'enchantement, faire goûter les délices de la paix à une nation guerrière, et même féroce; que le seul nom de sa justice ait pu arrêter, et pour ainsi dire conjurer, non-seulement l'impétuosité des romains, mais celle de toutes les nations voisines : que l'on compare la douceur de sa sagesse à un zéphyr tempéré, dont l'haleine favorable calmoit, de toutes parts, les orages et les tempêtes, et qui répandant la joie et la sérénité dans l'Italie, ne fit, de tout son règne, que comme un jour de fête, et une image de l'âge d'or. Quelque grands que fussent ces avantages, ils ne s'étendirent pas au-delà du cercle de sa vie. Ce temple fameux, qu'il tint toujours fermé, et où l'on eût dit que le monstre de la guerre demeuroit enchaîné, et presque apprivoisé sous ses lois, s'ouvrit bientôt après sa mort : il en sortit des ruisseaux de sang, qui inondèrent toute l'Italie; et l'on vit la plus juste législation qui fut jamais, s'éteindre avec son auteur, parce qu'il manquoit à cet édifice la liaison et comme le ciment de l'éducation des citoyens.

Enfin, si l'on peut mesurer le mérite des hommes, par le succès de leurs établissemens, c'est en abandonnant les maximes de Numa, que Rome est devenue la maîtresse du monde, et c'est en suivant celles de Lycurgue, que Sparte a long-temps dominé sur le reste de la Grèce, qui n'a enfin secoué le joug de Lacédémone, que parce que Lacédémone commença à s'ennuyer de porter le joug des lois de Lycurgue.

Ainsi, pour réunir, comme en un seul mot, le parallèle de ces deux grands hommes, on peut dire que Numa a été plus philosophe que législateur, et que Licurgue a été encore plus législateur que philosophe; ou, si l'on veut exprimer la même pensée par d'autres termes, Numa a égalé, et peut-être surpassé Lycurgue, du côté de la morale, et Lycurgue certainement a surpassé Numa du côté de la politique.

Romulus comparé avec Thésée.

Thésée semble d'abord avoir eu de grands avantages sur Romulus. Belliqueux par choix, et entreprenant sans nécessité, le trône de Trézène, dont il pouvoit jouir avec honneur, ne lui servit que de degré pour s'élever à une plus haute fortune. Il pouvoit éviter la rencontre de ces fameux brigands dont il purgea la terre, et il osa les chercher. Sciron, Cicnus, Procruste, Cercyon, qu'il extermina sur sa route, ne furent que les préludes et comme les amusemens de sa valeur. Il les attaqua, sans en avoir reçu aucun mal; et il les immola, non à sa vengeance particulière, mais au salut de la Grèce. Elle se vit délivrée, avant que de savoir le nom de son libérateur; et Thésée jouit de cette gloire, si précieuse à l'homme de bien, d'être l'auteur inconnu de la félicité publique.

On peut dire, au contraire, que la seule nécessité fit de Romulus un héros. Redoutant la servitude ou le châtiment, et devenu hardi par la crainte même, la peur de souffrir de grands maux, le porta à faire de grands biens. Si les victoires de ces deux héros semblèrent les égaler, au moins dans les effets de la valeur, Thésée eut un genre de courage et de grandeur d'ame qui lui sera toujours propre. Devenu la victime de son peuple, après en avoir été le libérateur, dévoué volontairement à une mort cruelle, ou à une servitude honteuse, qui l'attendoit dans l'île de Crète, il mérita encore plus les louanges des sages, que l'amour d'Ariadne; et le ciel même favorisant cet amour, le fit servir à sauver une vie prodiguée pour la république. La science du gouvernement éclata également dans Thésée et dans Romulus; mais, comme si la fortune avoit pris plaisir à en former un parallèle parfait, elle les fit tomber dans des fautes égales. Ni l'un ni l'autre ne soutinrent le véritable caractère de son gouvernement; l'un en relâcha la force jusqu'à le laisser dégénérer en état populaire, l'autre en resserra les nœuds jusqu'à le rendre tyrannique.

L'un ne se donna pas assez d'autorité, l'autre voulut en avoir trop; tous deux s'éloignèrent également de leur but : mais l'erreur qui vient d'un esprit de modération et d'humanité, est plus excusable que celle qui naît d'un fonds d'orgueil et de dureté. Semblables l'un à l'autre, jusque dans leurs fautes domestiques, on reprocha à l'un la mort d'un fils, et à l'autre celle d'un frère. Mais Romulus plus coupable, parce qu'il avoit moins de passion, porta la cruauté jusqu'aux actions; Thésée aveuglé par la jalousie, trompé par l'imposture d'une femme, et plus malheureux que coupable, se contenta d'exhaler sa colère en vieillard, par des injures ou par des imprécations; et la mort de son fils fut, en quelque manière, le crime de la fortune.

Si ces traits semblent donner la préférence à Thésée, Romulus la lui dispute par des avantages qui ne sont peut-être pas moins solides.

L'un est un roi, déjà grand par lui-même, à qui il ne fut pas difficile de devenir encore plus grand : l'autre est un esclave en apparence, et le fils d'un berger, qui, en s'affranchissant le premier, a la gloire d'affranchir tous les latins, et d'acquérir en même temps les titres les plus illustres qui soient parmi les hommes. Vainqueur de ses ennemis, sauveur de ses amis, roi de plusieurs nations, fondateur d'un grand empire, non en rassemblant, comme Thésée, des peuples dispersés, et en détruisant plusieurs dominations pour en établir une seule, mais par une espèce de création, tirant, comme du néant, une nouvelle république, et de rien faisant tout.

Thésée a détruit des voleurs et des brigands; Romulus, plus grand et plus heureux, leur sauve la vie, et leur inspire la vertu. Des nations entières furent un objet plus digne de ses armes, que ces monstres qui exercèrent la valeur de Thésée, conquérant aussi humain que redoutable, dont la victoire fut toujours utile aux vaincus : de ses ennemis, il en fit ses citoyens; et tous les étrangers qu'il soumit à son empire, devinrent autant de romains.

Le rapt et la violence donnèrent des femmes à l'un et à l'autre. Mais Thésée, dominé par ses inclinations, ne servit que son amour. Athènes en souffrit, et les mariages de Thésée ne produisirent que des meurtres et des guerres. Romulus fit servir ses passions mêmes à la république. L'enlèvement des Sabines, qui devoit allumer une haine implacable entre Rome et ses voisins, devint le principe de leur union, et le lien qui, de plusieurs peuples, ne fit que comme une seule famille. Thésée ne garda aucune réserve dans ses désirs; et Romulus, devenu ravisseur, sut donner un exemple de modération dans la violence même; content de la seule Hersilie, au milieu de huit cents captives, il partagea toutes les autres entre ses citoyens; et comme si, par une seule faute, il eût acheté le droit de n'en plus faire, il accorda tant d'honneurs aux femmes, et attacha tant de dignité aux mariages, que le divorce fut long-temps ignoré à Rome; c'étoit plus que s'il y avoit été défendu; et le premier exemple, quoique excusable par la stérilité de la femme répudiée, fut remarqué chez les romains, comme chez les grecs, le premier exemple du parricide.

Que si, après tant de vertus qui ont élevé Romulus au-dessus de Thésée, il se trouvoit encore quelqu'un qui pût hésiter entre ces deux héros, qu'il considère leurs ouvrages, et qu'il compare, s'il l'ose, Athènes avec Rome.

Diverses Réflexions sur les vies de Thésée, de Romulus et de Lycurgue, dans Plutarque.

Ce que Plutarque dit de ces brigands (1), dont Hercule et Thésée purgèrent la Grèce, a quelque rapport avec l'idée que l'écriture sainte nous donne de ces géans, qui attirèrent le déluge sur la terre (2), et dont Baruch dit qu'ils étoient d'une stature extraordinaire, savans dans la guerre, mais incapables de règle ou de discipline, et qu'ils ont péri par leur folie (3) : *ibi fuerunt gigantes famosi illique ab initio fuerunt staturâ magnâ, scientes bellum; non hos elegit Dominus neque viam disciplinæ invenerunt...... et quoniam non habuerunt sapientiam, interierunt propter suam insipientiam.*

Le déluge punit le genre humain, et ne le corrigea pas; la postérité de Noé ne fut pas meilleure que celle d'Adam, et il en sortit comme une seconde race de géans, qui auroit mérité un second déluge, si Dieu n'avoit promis à Noé de ne plus inonder la terre.

Aussi toutes les anciennes histoires commencent par le récit des violences que les forts exercèrent contre les foibles. La force du corps étoit la seule distinction que la nature avoit mise entre les rois; et la plupart des empires lui doivent leur naissance, soit que la violence les ait élevés, soit qu'ils aient été établis pour la réprimer.

La Grèce, qui devint dans la suite le séjour de la politesse, a été elle-même autrefois le théâtre de la barbarie, et elle a commencé, comme tous les

(1) Vie de Thésée, page.... — (2) Génès., ch. 6, ỳ. 4. — (3) Baruch, ch. 3, ỳ. 26, 27.

autres pays, par être assujettie à la loi du plus fort. C'est l'état que Hobbes appelle *bellum omnium contrà omnes.* Plutarque décrit aussi le caractère de ceux qui se distinguoient dans cet état parmi les grecs.

« Cet âge, dit-il, avoit vu naître des hommes qui sembloient être au-dessus de la nature par la force des bras, par la légèreté des pieds, en un mot, par la vigueur extraordinaire de leurs corps; des hommes infatigables et indomptables, qui abusoient des présens de la nature, et qui, loin de les employer avec modération, et d'une manière utile au genre humain, faisoient consister tout leur bonheur dans une férocité superbe et insolente, ne croyant jouir de leur force ou de leur puissance que par la cruauté, par la dureté et par le plaisir de vaincre, de rompre, et de briser tout ce qui tomboit entre leurs mains, persuadés que la pudeur, la justice, l'équité, l'humanité, sont des noms que les hommes ordinaires ne louent que parce qu'ils n'osent être injustes, ou parce qu'ils craignent de souffrir l'injustice, mais qui ne sont pas faits pour ceux qui peuvent être les plus forts (1) ».

Tel a été le monde autrefois, et tel seroit-il encore aujourd'hui, si les lois, assistant la religion, n'avoient fait passer les hommes de l'état des bêtes, si l'on peut parler ainsi, à celui de créatures raisonnables.

On diroit que ce seroit sur cette endroit de Plutarque que Hobbes auroit bâti son système de la société civile, formée, selon lui, et unie par les seuls liens de la crainte réciproque.

C'est en vain qu'Hésiode a appelé Minos *le roi le plus roi* qui ait porté le sceptre, et qu'Homère lui a donné le nom de *confident de Jupiter* (2). Les poètes tragiques l'ont emporté; et, voulant venger les athéniens du tribut qu'il exigeoit d'eux avec tant de dureté, ils ont étouffé la voix d'Homère et d'Hé-

(1) C'est ce que Tacite a dit en un mot, *robore corporis stolidè ferocem.* — (2) Vie de Thésée, pag. 13.

siode, par les traits injurieux à la mémoire de Minos, dont ils ont fait retentir le théâtre d'Athènes. Tant il est vrai, comme Plutarque le remarque si bien, que c'est une entreprise bien hasardeuse, que de s'attirer la haine d'une ville qui a une voix libre et consacrée aux muses, quand elle ne se défendroit que par la parole. Ni les princes, ni les grands hommes, ne doivent jamais se brouiller avec les muses, c'est-à-dire, avec les gens de lettres; et ceux qui en usent autrement, se préparent des ennemis et des censeurs jusque dans la postérité la plus reculée.

On prétend que Thésée fut le premier qui établit la distinction des ordres ou des classes différentes entre les citoyens : il en imagina trois, celui des nobles, ou de ceux qui avoient eu des pères illustres, celui des laboureurs et celui des artisans (1).

Les nobles eurent pour partage la connoissance des matières de religion, la science des lois, et le droit de fournir à la république des chefs tirés de leur corps.

Les deux autres ordres furent mis dans une parfaite égalité; et cependant il resta assez d'émulation entr'eux tous pour les animer au service de la république : les nobles paroissoient exceller par l'honneur, les laboureurs par l'utilité, et les artisans par le nombre.

Thésée fut aussi le premier auteur de la forme du gouvernement qu'on appelle *démocratie* (2); et il y a lieu de croire qu'avant lui les grecs n'en connoissoient point d'autre que la *monarchie*. C'est une remarque d'Aristote, et Homère semble la confirmer, en ne donnant qu'aux seuls athéniens le nom de *peuple*, dans le catalogue de l'armée navale des grecs.

A peine la démocratie eût-elle été établie à Athènes, que, du vivant même de Thésée, fondateur de sa liberté, on commença à en abuser (3). Le peuple, quand il est le maître, a ses flatteurs comme

(1) Vie de Thésée, pag. 20, 21. — (2) *Ibid.*, pag. 21. — (3) *Ibid.*, pag. 27.

les rois; et la nation de ceux que les grecs appellent *démagogues*, c'est-à-dire, flatteurs, et par là conducteurs et comme maîtres du peuple, fut presque aussi ancienne à Athènes que la démocratie. Menesthée, un des descendans d'Erecthée, fut le premier qui introduisit le pernicieux usage de conduire le peuple par la flatterie, et de se servir de sa liberté contre sa liberté même. Tant il est vrai qu'il n'y a point d'établissement solide, ni de forme de gouvernement qui ne s'altère et ne se corrompe : toutes les institutions humaines ont toutes le même défaut; ce sont des sages qui les établissent, ce sont des fous qui les suivent : c'est le contraire de ce qu'on appelle *la mode*.

Le tombeau de Thésée devint un asile pour les esclaves qui fuyoient la violence de leurs maîtres, et en général pour tous les foibles opprimés par les puissans (1). C'est ainsi que les Athéniens crurent ne pouvoir rendre un plus grand honneur aux cendres de Thésée, leur fondateur et leur libérateur, qu'en perpétuant à jamais, par cet asile, la mémoire de ses inclinations généreuses et bienfaisantes, qui l'avoient rendu lui-même l'asile de ce défenseur du pauvre et du foible opprimé.

Stace, dans sa Thébaïde, liv. 12, semble attribuer aux descendans d'Hercule, plutôt qu'à la mémoire de Thésée, l'établissement de cet asile, dont il fait cette belle description :

Urbe fuit mediâ nulli concessa potentum
Ara Deûm. Mitis posuit clementia sedem
Et miseri fecere sacram. Sine supplice numquam
Illa novo, nullâ damnavit vota repulsâ.
Auditi quicumque rogant, noctesque diesque
Ire datum, et solis numen placare querelis.
Parca superstitio : non thurea flamma, nec altus
Accipitur sanguis, lacrymis altaria sudant,
Mœstarumque super libamina serta comarum
Pendent, et vestes mutatâ sorte relictæ.

(1) Vie de Thésée, pag. 31.

Mite nemus circà, cultuque insigne verendo
Vittatæ laurus et supplicis arbor olivæ.
Nulla autem effigies, nulli commissa metallo
Forma Deæ, mentes habitare et pectora gaudet.
Semper habet trepidos; semper locus horret egenis
Cœlibus, ignotæ tantum fœlicibus aræ.
Fama est defessos acie, post busta paterni
Numinis, Herculeos sedem fundasse nepotes.
Fama minor factis; ipsos nam credere dignum
Cælicolas, tellus quibus hospita semper Athenæ,
Ceu leges, hominemque novum, ritusque sacrorum,
Seminaque in vacuas hinc descendentia terras,
Sic sacrasse loco commune animantibus ægris
Perfugium, unde procul starent iræque minæque
Regnaque et à justis fortuna recederet aris.

Toutes les origines des anciennes villes sont fabuleuses ou mêlées de fables : *detur hæc venia antiquitati*, dit Tite-Live, *ut humana divinis miscendo primordia urbium augustiora faciat* (1). Plutarque, plus crédule que Tite-Live, qui ne cherche que des excuses, et qui demande grâce pour l'antiquité, Plutarque, dis-je, après avoir marqué que tout ce que l'on raconte de la naissance de Romulus, et de la fondation miraculeuse de Rome, révolte certains esprits, comme fabuleux et plus digne de la fiction des théâtres que de la majesté de l'histoire, dit que cependant on ne doit pas refuser d'y ajouter foi, lorsque l'on considère de combien de prodiges la fortune est l'artisan, et que l'on envisage le progrès de la grandeur romaine, qui n'auroit pu monter à ce haut degré de puissance, si elle n'avoit eu une origine divine, et si sa naissance n'avoit rien eu de grand et de merveilleux.

Il auroit été plus juste de remarquer que de ces fables mêmes, dont le berceau des grandes villes, semblable en ce point à celui d'Hercule, a été comme

(1) Romulus, pag. 40.

environné, il en résulte une grande vérité, qui est que tous les hommes ont supposé, par une tradition qui remonte jusqu'au commencement du monde, qu'il ne se pouvoit rien faire de grand et d'admirable, sans une opération singulière de la Divinité. C'est sur cette opinion que presque tous les anciens fondateurs des républiques et des empires en ont voulu consacrer les commencemens, par des oracles, par des augures ou par d'autres témoignagnes de l'assistance spéciale de la Divinité. On en voit des preuves dans les vies de Thésée, de Romulus (1), de Numa, etc. Tous les grands hommes ont cru que la religion étoit le plus puissant ressort qui pût remuer le cœur et l'esprit de l'homme. Ils l'ont fait, si l'on veut, par politique; mais cette politique même suppose qu'il y a un fonds de religion naturelle dans l'homme, qui ne demande qu'à être réveillé pour le rendre capable des entreprises les plus difficiles.

Il falloit que Romulus (2) fût un grand homme, malgré la grossièreté et même la férocité des mœurs de son siècle. Il comprit qu'il falloit donner aux sénateurs, qui devoient avoir la principale part au gouvernement, un nom qui, comme le dit Plutarque, pût imprimer le plus grand respect, et exciter le moins d'envie; c'est pour cela qu'il les appela *pères*, voulant que le gouvernement politique fût comme tracé sur le plan et sur le modèle du gouvernement naturel et domestique; que les petits respectassent les grands comme leurs pères; et que les grands aimassent les petits comme leurs enfans. Cela confirme la pensée de ceux qui ont cru que le gouvernement établi par Romulus n'étoit pas purement monarchique, et que, comme Machiavel le dit dans ses discours sur Tite-Live, la forme en étoit mixte et tempérée des trois espèces de gouvernement, c'est-à-dire, la meilleure, et en même temps la plus fragile des constitutions d'un état.

Un autre trait, au moins aussi grand de la po-

(1) Romulus, pag. 42. — (2) *Ibid.*, pag. 44.

litique de Romulus (1), fut l'usage qu'il établit de ne faire point d'autre mal aux peuples vaincus, que de les amener à Rome, et de faire de ses ennemis ses citoyens, s'enrichissant ainsi véritablement par ses conquêtes, et ajoutant à son empire, non pas des esclaves toujours prêts à secouer le joug, mais des sujets aussi fidèles aussi intéressés à la fortune des romains, que les romains mêmes. C'est ce que Claudien a exprimé par ces beaux vers, qu'il a faits sur Rome.

Hæc est in gremium victos quas sola recepit,
Humanumque genus communi nomine fovit
Matris non dominæ ritu, civesque vocavit
Quos domuit, nexuque pio longinqua revinxit.

C'est la même pensée que Rutilius a exprimée d'une autre manière, en paraphrasant ce passage de Sénéque le tragique, dans les Troades, *profuit hoc vincente capi.*

Fecisti patriam diversis gentibus unam,
Profuit et captis, te dominante, capi.
Dumque offers victis patrii consortia juris,
Urbem fecisti qui priùs orbis erat.

Il y a long-temps que Antigone, roi de Macédoine, a dit qu'il aimoit, à la vérité, ceux qui faisoient actuellement une trahison en sa faveur, mais qu'il les haïssoit dès le moment qu'ils l'avoient faite (2). César a dit mieux, en un seul mot, qu'il aimoit la trahison, mais qu'il haïssoit le traître; et Plutarque observe, avec raison, que cette disposition est commune à tous ceux qui ont besoin du secours des méchans, à peu près comme l'on recherche le fiel et le venin des serpens pour en tirer des remèdes. La plupart des hommes aiment les avantages qui sont l'effet de la malice des autres; mais à peine

(1) Romulus, pag. 48. — (2) *Ibid.*, pag. 50.

en ont-ils profité, qu'ils retombent dans la haine que la nature leur inspire pour la malice. Ainsi, ceux qui recueillent les fruits d'une trahison, la punissent ordinairement sur le traitre même : *Prodendi exempli causâ*, comme dit Tite-Live, *ne quid usquam fidendum proditori esset*. Comme si la trahison avoit rompu tous les liens de l'humanité et de la société, les traîtres méritent qu'on n'ait pas plus de fidélité pour eux qu'ils en ont eu pour les autres, et qu'ils soient trahis à leur tour, après avoir trahi. Toute cette morale n'a pas éteint parmi les hommes la race des traîtres. Les princes qui en cherchent en trouveront toujours, et, après tout, la différence n'est pas si grande qu'elle le paroît d'abord, entre celui qui achète un traitre, et le traître qui se vend lui-même. L'un et l'autre ont le même but; ils tendent tous deux à leur intérêt : mais l'intérêt est canonisé dans les grands, et puni dans les petits.

Une monarchie tempérée du gouvernement populaire, est un état bien difficile à soutenir (1). D'un côté, le prince, à qui cette forme de gouvernement peut procurer d'abord de grands succès, par le zèle et l'affection de ses peuples, ne sauroit porter long-temps le poids de sa prospérité : une confiance aveugle dans son bonheur, augmente sa fierté encore plus que son courage; et, se croyant au-dessus de tout, il s'éloigne de l'état populaire, et s'avance à grands pas vers la monarchie absolue. De l'autre, ses sujets accoutumés d'abord à gouverner, autant qu'à être gouvernés, et à partager l'autorité, en souffrent impatiemment la diminution de leur crédit, et ne peuvent voir passer entre les mains d'un seul, ce qui étoit le bien de tous. Ainsi, il arrive presque toujours, ou que la monarchie accable et anéantit l'état populaire, ou que l'état populaire absorbe et engloutit la monarchie. Telle fut, selon Plutarque, la destinée de Romulus; ses grandes prospérités le firent sortir de l'équilibre qui étoit

(1) Romulus, pag. 61.

l'essence de son gouvernement : il voulut attirer tout à lui, et le sénat irrité de n'avoir plus que l'ombre d'une autorité qu'il partageoit réellement autrefois, voulut changer de roi, ou plutôt se donner un roi dont il pût être le maître.

Plutarque, parlant contre ceux qui ont transformé les hommes en divinités par des apothéoses flatteuses ou fabuleuses, donne en passant ce trait de la théologie païenne, qui est presque entièrement tiré de la philosophie pythagoricienne, comme on le peut voir dans Hyéroclès.

Désespérer entièrement que la vertu puisse parvenir à la divinité, c'est lâcheté et impiété. Mais aussi mêler et confondre le ciel avec la terre, c'est une grande témérité. Laissons donc là de telles imaginations, assurés avec Pindare

> Qu'il n'est point de corps qui ne meure,
> L'ame seule vive, demeure,
> Image de l'éternité (1).

C'est la seule chose que nous tenions des dieux; elle vient du ciel, et elle retourne au ciel, non avec le corps, mais, au contraire, lorsqu'elle se dégage des liens du corps, qu'elle s'en sépare entièrement, et qu'elle devient pure, sans aucun mélange de chair, et comme toute chaste et toute sainte. L'ame la plus sèche, disoit Héraclite, *est la meilleure ame, s'envolant du corps comme un éclair qui perce la nue; mais celle qui est détrempée avec la chair, et comme plongée dans le corps, semblable à une vapeur épaisse et ténébreuse, s'enflamme avec peine et s'élève* difficilement. *Il n'est donc pas nécessaire de vouloir forcer la nature, en faisant monter les corps des gens de bien dans le ciel avec leurs ames. Mais nous devons croire* fermement *que, suivant la nature des ames, et la justice divine, leur vertu les fait devenir d'hommes,*

(1) C'est la traduction en vers d'Amyot.

héros, de héros, génies; et si leurs ames parviennent au dernier degré de purgation, comme dans les initiations mystérieuses, et à la parfaite sainteté, elles s'élèvent enfin de l'état des génies jusqu'au rang des dieux, pleinement dégagées de tout ce qu'il y avoit en elles de mortel et de passible, et cela, non par une ordonnance politique, mais par l'ordre de la vérité même, et suivant les idées les plus lumineuses de la droite raison, en sorte qu'elles parviennent à une fin aussi excellente que souverainement heureuse.

C'est la crainte qui est souvent la mère de la valeur; et la peur de souffrir les plus grands maux conduit les hommes, comme par la main de la nécessité, à faire les plus grandes choses (1). C'est une pensée de Platon que Plutarque applique à Romulus, qui ne devint un prodige de courage, que par la crainte de la servitude et du châtiment, au lieu que Thésée s'exposa par choix, et sans aucune nécessité, aux plus grands périls.

Plutarque, dans le même endroit, donne encore une grande idée du caractère de Thésée; lorsqu'il dit que ce héros délivra la Grèce d'un grand nombre de cruels tyrans, avant que ceux à qui il rendoit la liberté pussent savoir le nom de leur libérateur (2). C'est une joie bien pure et bien sensible à un homme vertueux que d'être l'auteur inconnu de la félicité publique; mais il faut avoir un grand fonds de vertu, pour en porter le goût jusqu'à la délicatesse.

Thésée commença par la monarchie, et finit par l'abus du gouvernement populaire (3) : Romulus, au contraire, commença par un gouvernement presque populaire, et finit par l'abus de la monarchie, c'est-à-dire, par la tyrannie. Leur *erreur fut la même, quoique causée par deux passions contraires. Le premier et le véritable objet de tout homme qui gouverne, est de conserver et d'assurer son gouvernement. Et on ne l'assure pas moins en s'abstenant*

(1) Romulus, pag. 67. — (2) *Ibid.* — (3) *Ibid.*, pag. 68.

de ce qui n'appartient pas à la suprême autorité, qu'en soutenant avec fermeté ce qui lui appartient. Mais celui qui relâche ou qui resserre trop les nœuds de l'autorité, ne demeure plus dans l'état de roi ou de chef; et, devenant ou trop populaire ou tyran, il devient en même temps ou odieux ou méprisable à ceux qu'il gouverne; tous deux s'éloignent également de leur but, mais l'erreur de l'un semble être une faute de faculté de mœurs et d'humanité, au lieu que l'erreur de l'autre est une faute d'amour-propre et de dureté.

La fausse modération, ou plutôt la véritable foiblesse des princes qui ne sont pas assez jaloux de leur autorité, les conduit souvent à la violence, ou réduit leur état dans une confusion qui approche de l'anarchie. C'est ce que Plutarque fait voir par l'exemple d'Euristène (1), roi de Sparte, qui commença le premier à énerver l'autorité monarchique dont ses prédécesseurs avoient joui; recherchant la faveur du peuple, et voulant trop plaire à la multitude, le peuple devint insolent; les rois qui succédèrent à Euristène, furent tantôt obligés à se faire haïr par des démarches violentes, et tantôt forcés de céder eux-mêmes à l'insolence du peuple : les lois demeurèrent sans vigueur, les rois sans autorité : le gouvernement incertain et chancelant, attendoit un Lycurgue qui remit toutes choses en leur place, et qui rétablit cet équilibre si difficile entre l'autorité et la liberté. *Res olim dissociabiles*, comme dit Tacite, *principatum et libertatem miscuit.*

Lycurgue (2) voulant préparer ses citoyens à la perfection de son gouvernement, et comme leur faire prendre le pli de la vertu, envoya de Crète à Sparte, le sage Thalès, qui n'étoit cependant, en apparence, qu'un poète lyrique, mais qui cachoit sous le voile de son art, toute la perfection des plus grands législateurs. Ses odes étoient des discours qui, par les charmes du nombre et d'une harmonie grave et

(1) Lycurgue, pag. 73. — (2) *Ibid.*, pag. 75.

tempérée, rappeloient les hommes à l'obéissance et à la concorde, adoucissoient insensiblement leurs mœurs, et les familiarisoient avec la vertu, en sorte qu'un grand poète fut comme le précurseur d'un grand législateur. Ainsi, une partie de la politique des princes, est d'adoucir les mœurs de leurs sujets. La politesse les rend plus souples ; et, à mesure que l'amour des lettres, le goût de l'honnête et l'estime de la vertu, croissent dans un état, les peuples deviennent plus dociles, et portent plus volontiers le joug de l'autorité. Un roi travaille donc autant pour lui que pour ses sujets, quand il s'applique à les rendre savans et *vertueux*.

Ce n'étoit pas sans raison que Lycurgue crut que les lois, qui ne remédient qu'à des inconvéniens particuliers, ne produisoient guère d'effet, et n'étoient presque d'aucune utilité. Le corps politique doit être traité comme le corps naturel. Il faut commencer par le purger de toutes les mauvaises humeurs qui l'accablent, et refondre, pour ainsi dire, le tempérament, et lui redonner comme une nouvelle vie ; c'est ce qui fait qu'il n'y a presque point de royaume, ni de république où l'on voie une véritable et parfaite législation. Les gouvernemens s'établissent à peu près comme les villes se bâtissent : il n'y a point de plan, ni de système général. Le hasard, les conjonctures, tout au plus quelques réflexions d'un homme sage, ou les leçons tardives de l'expérience, produisent un grand nombre de lois ou de réglemens particuliers.

Infelix operis summâ quia ponere totum,
Nesciet.

C'est encore bien pis dans les états qui subsistent depuis un grand nombre de siècles. La législation est comme un vieux bâtiment, qui menace toujours ruine, qu'il faut étayer ou reprendre de tous côtés ;

(1) Lycurgue, pag. 76.

et parce qu'il y auroit trop à faire, on ne fait souvent rien du tout. Lacédémone est peut-être la seule république qui ait eu un véritable corps de législation, composé d'un petit nombre de lois, mais toutes rapportées au bien commun, toutes efficaces, et toutes exécutées en effet.

C'étoit une assez mauvaise plaisanterie, que celle que Plutarque rapporte d'Archelaüs, roi de Sparte, sur le roi Charilaüs, son collègue (1). Il dit un jour, à ceux qui louoient la bonté de ce prince : *hé comment ne seroit-il pas un bon homme, puisqu'il ne peut pas même être méchant contre les méchans? Si bon homme* veut dire ici la même chose qu'honnête homme, il auroit été plus juste de dire : *hé comment Charilaüs peut-il passer pour bon, lui qui l'est même pour les méchans?* Une partie de la vertu, consiste à avoir une véritable haine pour le vice. Qui ne hait pas les méchans, n'aime que foiblement les gens de bien; et le misantrope de Molière n'a pas grand tort de reprocher à son ami, trop indulgent pour les fripons,

De n'avoir pas pour eux ces haines vigoureuses,
Que doit donner le vice aux ames généreuses.

Je voudrois bien que notre langue eût deux mots pour exprimer l'opposition du φιλανθρωπος et du μισοκακος des grecs, qui renferme tout ce qu'on peut dire sur ce sujet; mais,

Graïs ingenium, Graïs dedit ore rotundo.
Musa loqui.

Et notre langue fournit la preuve continuelle qu'elle n'abonde point en mots énergiques, propres à exprimer pleinement et fortement les pensées des autres.

Le plus grand ouvrage de Lycurgue, et comme

(1) Lycurgue, pag. 77.

l'ame de son gouvernement, fut l'établissement des vingt-huit vieillards qui formèrent le suprême conseil de sa république. Plutarque emprunte ici les expressions de Platon, pour en faire sentir toute l'utilité. Ce conseil, dit Platon, mêlé par un sage tempérament avec la puissance des rois, qui commençoit à s'enfler, et à se corrompre comme une tumeur maligne, et mis dans l'équilibre avec cette autorité, fut en même temps un principe de vie et de sagesse pour Lacédémone. Le gouvernement agité, incertain, et comme suspendu, penchoit, tantôt du côté des rois, vers la tyrannie, et tantôt du côté du peuple, vers la démocratie. Mais le conseil des vieillards, placé entre les deux, et entretenant l'équilibre, fut comme un appui solide, qui soutint la république dans une assiette inébranlable. Les vingt-huit sénateurs se joignoient, tantôt aux rois, pour empêcher que le gouvernement ne déclinât vers la démocratie, et tantôt au peuple, pour le fortifier contre la tyrannie.

Ce conseil ne tint pas toujours la balance aussi égale, entre le peuple et la royauté, que Lycurgue l'avoit désiré. L'aristocratie est toujours plus proche de la monarchie que de la démocratie. En soutenant la liberté du peuple, les sénateurs se confondoient eux-mêmes avec le peuple; mais en se réunissant avec les rois, ils devenoient, en quelque manière, rois eux-mêmes. Ainsi, après la mort de Lycurgue, une expérience d'environ cent trente années, ayant fait sentir aux lacédémoniens que l'oligarchie, dont Lycurgue avoit été l'auteur, n'étoit pas encore assez tempérée; qu'elle étoit, s'il est permis de s'exprimer ainsi, trop crue, trop indépendante; et, semblables à un cheval indompté, qui s'emporte et qui s'échappe, ils établirent la puissance des éphores, comme pour lui mettre un mors et un frein, suivant l'expression de Platon. Inspecteurs et comme surveillans des rois, c'est ce que leur nom signifie, ils furent principalement institués pour être les asiles de la liberté, et comme les dieux tutélaires du peuple. On les réclamoit contre l'autorité des rois mêmes, et il n'étoit pas à craindre qu'ils ne se joignissent à eux, soit parce que toute la grandeur consistoit à leur tenir tête pour la liberté commune, soit parce que, s'ils avoient eu trop de complaisance pour les rois, de leurs maîtres qu'ils étoient, en un sens, ils seroient devenus leurs esclaves. D'un autre côté, ils servirent à affermir la durée de la royauté, en la rendant moins odieuse. La femme du roi Théopompe, qui consentit à l'établissement des éphores, n'avoit pas assez de raison pour le comprendre, lorsqu'elle reprochoit à ce prince que sa monarchie passeroit à ses enfans moindre qu'il ne l'avoit reçue de ses pères; mais son mari, plus sensé qu'elle, lui répondit fort bien : *non, mais d'autant plus grande qu'elle sera plus durable.* Et en effet, n'ayant perdu que ce qu'elle avoit d'excessif, en évitant l'envie elle évita le péril; en sorte qu'elle n'éprouva point les révolutions qui furent fatales aux rois des messéniens et des argiens, parce qu'ils ne voulurent rien relâcher de leur puissance en faveur de la liberté du peuple.

Quoique toute la force, et comme tout le secret de l'empire, fut remis entre les mains du conseil des vingt-huit vieillards, Lycurgue voulut cependant que le peuple conservât au moins l'image de la suprême autorité, et que ce fût lui qui mît le dernier sceau à toutes les délibérations. On l'assembloit donc; mais nul de ceux du peuple n'avoit la liberté d'ouvrir un avis, et de faire aucune proposition : ce droit étoit réservé aux rois et aux vingt-huit vieillards; ils proposoient, et le peuple décidoit. Par cette espèce de partage, entre les chefs et la multitude, Lycurgue donnoit aux sages, l'autorité du conseil, l'empire de la raison; et au peuple, la solennité et le poids de la décision, à laquelle ils croyoient qu'ils seroient toujours sûrement conduits par les lumières des chefs, la raison étant comme le guide et le flambeau de l'autorité, et l'autorité donnant à la raison la force que le seul concours des suffrages peut lui ajouter dans un état libre. Elles devoient donc se prêter un secours mutuel, et se donner l'une à l'autre ce qui manquoit à chacune d'elles, prises séparément. Mais l'attente de Lycurgue fut trompée du côté du peuple; il s'accoutuma insensiblement à changer ou à altérer les avis des sages; et Sparte éprouva plus d'une fois que c'est un contrat bien inégal que celui de la raison et de l'autorité. On fut donc obligé d'ordonner que si le peuple prenoit un mauvais parti, les rois et les vingt-huit vieillards pourroient empêcher la délibération, c'est-à-dire, rompre l'assemblée, et séparer le peuple. Ce fut peut-être cette addition aux anciennes lois, qui donna la naissance à l'autorité des éphores, pour balancer les forces que ce nouveau pouvoir donnoit à l'aristocratie; et en effet, le roi Théopompe, auteur de ce réglement, fut aussi celui qui consentit à l'établissement des éphores.

Tel fut donc le système du gouvernement lacédémonien : Lycurgue paroît avoir supposé que la source de tout gouvernement étoit dans le consentement libre du peuple. Mais si le droit lui parut être du côté des peuples, le fait étoit pour les rois, dont la puissance, avant lui, n'avoit point de bornes. Il sentit également les inconvéniens de l'un et de l'autre, c'est-à-dire, du pouvoir arbitraire, soit qu'on le remette entre les mains du peuple, ou qu'on le confie aux rois.

Un trait qui lui échappa un jour, fit voir, d'une manière fort ingénieuse, ce qu'il pensoit sur la démocratie pure et sans mélange. Quelqu'un lui conseilloit d'établir le gouvernement populaire dans sa république : *hé bien*, répondit-il, *commencez par l'établir le premier dans votre maison*; et d'un autre côté, ses actions firent voir, encore mieux que ses paroles, combien il étoit frappé des abus du gouvernement despotique. Ce fut donc pour éviter également ces deux extrémités, qu'entre le pouvoir des rois et celui du peuple, il établit une aristocratie perpétuelle, qui devoit être le lien de la monarchie et de la démocratie, tempérer l'une par l'autre, et concilier la liberté avec l'autorité; en sorte que de deux poisons, pris séparément, il en composa un remède salutaire par le mélange de leurs qualités opposées.

Tous les hommes naissent à peu près du même caractère que les romains, suivant l'idée que Galba en donnoit à Pison. Ils ne peuvent supporter ni une entière liberté, ni une entière servitude.

La liberté effrénée et sans bornes en fait des bêtes féroces. La servitude entière et sans adoucissement, en fait des animaux stupides. Lycurgue, en mêlant l'un avec l'autre, dans une juste proportion, en fit des hommes raisonnables. Aussi, cette lacédémonienne, à laquelle on disoit un jour, *il n'y a que vous autres qui régniez sur vos hommes*, répondit fort bien, *c'est qu'il n'y a que nous qui mettions des hommes au monde.*

Pour attraper ce juste milieu, entre l'excès de l'autorité et l'excès de la liberté, Lycurgue donna à chacune des trois formes de gouvernement qu'il fit entrer dans la composition de sa république, ce qui lui convenoit véritablement, et la mit hors d'état d'entreprendre sur les deux autres.

Le conseil et l'ouverture des différens avis, étoient le partage des sages; le poids et la force irrévocables des résolutions résidoient dans le consentement du peuple; l'autorité dans l'exécution; et le pouvoir de donner les ordres particuliers, ensuite des délibérations générales, étoit réservé aux rois, qui étoient comme les organes ou les instrumens du gouvernement; et, pour se servir d'une image plus sensible, dans le corps politique de Lacédémone, on peut dire que le conseil des vieillards étoit la tête, que les rois étoient les bras, et le peuple le reste du corps.

Si le conseil avoit voulu prendre de lui-même toutes les résolutions, le peuple entier s'y seroit opposé, comme à un attentat sur sa liberté. Et si le même conseil s'étoit attribué l'exécution des délibérations du peuple, comme le commandement des armées, les jugemens, etc., les rois se seroient élevés contre les sénateurs, et le peuple auroit maintenu la prérogative des rois.

D'un autre côté, si les rois avoient voulu gouverner les affaires à leur gré, sans s'assujettir au conseil des vieillards, ou aux délibérations du peuple, ils auroient soulevé toute la république contr'eux, et la royauté auroit été bientôt menacée de périr dans Lacédémone.

Enfin, si le peuple avoit voulu s'échapper et se rendre le maître absolu, les rois et le conseil des vieillards l'auroient contenu, soit par l'autorité que le commandement des armes donnoit aux rois sur les gens de guerre, soit parce que les plus sages des citoyens, instruits de la bonté et de la solidité du gouvernement, soutenus d'ailleurs par l'espérance de devenir eux-mêmes un jour les régens de la république en entrant dans le conseil des vingt-huit, se seroient toujours réunis avec les rois et ce conseil, pour réprimer les saillies inconsidérées et les fureurs téméraires du peuple; ce n'est que par l'éducation que Lycurgue donnoit également à tous ses citoyens, et par les principes qu'il établissoit sur les mœurs; il n'avoit presque pas à craindre cette espèce de révolution.

Ainsi, les trois ordres de la république, uniformes chacun dans le cercle qui lui convenoit, et contenus mutuellement les uns par les autres, étoient comme les pierres d'une voûte, dont chacune conservant sa position, empêche que les autres ne s'échappent de leur place; en sorte que le seul arrangement et la seule proportion, en font toute la force, et en assurent la durée.

Il manquoit néanmoins quelque chose encore à la perfection de cet édifice. Quelque profonde que fût la sagesse de Lycurgue, il étoit homme, et il n'y a point d'homme qui puisse tout prévoir. Cette voûte, d'une structure si savante, pouvoit manquer par deux endroits; du côté du peuple, qui en étoit le fondement, par un ébranlement et une secousse universelle, c'est-à-dire, parce que les romains appeloient les flots et les tempêtes des assemblées populaires; du côté des rois et du conseil aristocratique, qui étoient comme les clefs de la voûte, si, en sortant de leur place, ils avoient voulu accabler et écraser le peuple.

L'expérience, qui est comme le supplément de la perfection de la prudence humaine, opposa un remède à chacun de ces maux.

Contre l'imprudence et l'aveuglement du peuple, qui méconnoissoit souvent ses véritables intérêts, elle inspira la loi qui permit aux rois et aux conseils aristocratiques, de rompre les assemblées orageuses où le peuple seroit sur le point de prendre un mauvais parti.

Contre l'ambition et l'usurpation des rois et du conseil, elle fit établir la magistrature des éphores, vengeurs perpétuels de la liberté du peuple, et son rempart assuré contre l'excès de la monarchie ou de l'aristocratie.

C'est ainsi que le système de Lycurgue fut porté à sa dernière perfection, et que l'expérience, achevant l'ouvrage de la prudence, forma une république si accomplie, que tout homme, qui auroit bien connu la nature du cœur humain, auroit pu prédire, avec sûreté, la longue durée d'un corps qui avoit de si bons principes de vie, sans en avoir aucun de mort et de destruction.

Aussi, cette république, peut-être plus parfaite que celle que Socrate et Platon n'ont vue qu'en songe, a subsisté et s'est conservée, dans toute sa pureté, pendant plus de cinq cents ans; et elle n'a éprouvé la fatalité commune à tous les établissemens humains, que lorsque le relâchement des mœurs s'y étant enfin glissé, eut énervé et affoibli peu à peu les principes solides sur lesquels Lycurgue en avoit jeté les fondemens.

Le système général de l'éducation des enfans, que Lycurgue regarda comme la principale partie de sa législation, n'est pas moins important à développer que celui de son gouvernement. Ils avoient, l'un et l'autre, une si grande liaison, qu'on peut dire que, sans le gouvernement, une telle éducation auroit été impossible, et que sans l'éducation, un tel gouvernement auroit été inutile, ou du moins de peu de durée. Tout autre gouvernement n'auroit pu former des lacédémoniens. Tout autre peuple n'auroit pu supporter le gouvernement de Lacédémone. Les autres législateurs n'ont fait, pour ainsi dire, que la moitié de leur ouvrage; ils se sont contentés de donner des lois saintes à leurs citoyens : Lycurgue seul a entrepris de former des hommes capables d'obéir à de saines lois. Rien de plus aisé en un sens, que de faire des lois parfaites; mais rien de plus difficile que de les faire pratiquer. Il faut pour cela travailler sur l'homme même, et graver les lois dans son cœur beaucoup plus que sur le marbre et sur le bronze : ce fut là le grand objet que Lycurgue se proposa dans l'éducation de ses citoyens, et dans les principes généraux qu'il établit sur les mœurs. On y découvre quatre caractères éclatans, qui distinguent sa législation de toutes les autres.

Ce fut dans cette vue qu'il établit l'usage d'exercer les jeunes filles, par la course, par la lutte, par les jeux du disque et du javelot, persuadé que la vigueur des enfans répondroit à celle des mères, et que les mères elles-mêmes, endurcies par ces exercices publics, combattroient avec plus de force et de bonheur contre les douleurs de l'enfantement, de même que les arbres élevés dans les climats froids, poussent leurs branches avec plus de vigueur, et résistent plus aisément aux rigueurs de l'hiver.

Par une conséquence du même principe, il voulut que les filles ne fussent mariées que dans l'âge où elles étoient pleinement nubiles, condamnant ces mariages prématurés, qui préviennent les lois de la nature, et qui ne produisent que des fruits précoces, menacés de périr bientôt, ou de n'arriver jamais à leur véritable perfection.

Ne parut-il point se relâcher de cette austérité de mœurs dont il étoit si justement jaloux, lorsqu'il voulut que tous les mariages commençassent par un rapt, et que la loi autorisât pour toujours, ce que la nécessité ne fit faire qu'une fois à Romulus ? Mais cet enlèvement n'étoit, sans doute, que ce que nous appelons *un rapt de séduction.* On ne voit point qu'aucune fille ravie ait réclamé la justice contre son ravisseur; et il y a lieu de croire que, dans l'intention du législateur, le rapt ne devoit servir que d'amorce et comme d'assaisonnement au mariage, de même qu'il voulut que les maris ne vissent leurs femmes qu'avec une espèce de mystère, et comme en bonne fortune, croyant que la rareté devoit être le sel des plaisirs les plus permis, et que d'ailleurs elle contribueroit à en faire sortir des enfans plus vigoureux, de même qu'une terre, qui ne reçoit la pluie que par intervalles, porte de plus beaux fruits que celle qui est arrosée continuellement.

Il faut convenir que nous n'étudions pas tant la nature, mais la nature n'en suit pas moins ses lois. Les lacédémoniens étoient presque tous forts et robustes, parce qu'ils s'y conformoient : nous naissons foibles et délicats, parce que nous les méprisons.

Non his juventus orta parentibus
Infecit æquor sanguine punico,
Pyrrhumque et ingentem cecidit
Antiochum, Annibalemque dirum :
Sed rusticorum mascula militum
Proles, Sabellis docta ligonibus,
Versare glebas, etc.

C'est peut-être une des raisons qui font que la force des hommes va toujours en diminuant; et pendant que les arbres, les plantes et les animaux, conservent la même vigueur qu'ils ont toujours eue, parce qu'ils vivent selon la nature, l'homme seul s'affoiblit, et dépérit presque de génération en génération, parce qu'il préfère sa raison à la nature, ou plutôt son plaisir à la raison.

Nos pères, les anciens germains, pensoient comme

Lycurgue : *Sera apud eos*, dit Tacite, *juvenum venus eoque inexhausta pubertas; nec virgines festinantur, eadem juventa, similis proceritas, pares validique miscentur, ac robora parentum liberi referunt* (1).

Sur les Pensées de M. Pascal.

M. Pascal joignoit à une piété éminente tous les talens de l'esprit les plus rares. Profond mathématicien, il auroit pu deviner toutes les parties de cette vaste science dont l'étendue et les nombres sont les principaux objets. Moraliste sublime, personne n'a mieux que lui, fait connoître la grandeur et la foiblesse de l'homme, ses égaremens et ses ressources. Écrivain éloquent et le plus pur de son siècle, il a fixé en quelque sorte le génie de la langue française; et rien dans ses ouvrages ne se ressent des changemens que subissent si souvent les langues vivantes. Cette assemblage si rare de tant de qualités éminentes, le fera regarder comme un des plus beaux génies. Ses pensées qui nous ont été transmises, et qu'il n'écrivoit qu'à mesure qu'elles se présentoient à son esprit, n'en sont pas moins une source abondante où tant d'auteurs ont puisé les plus belles et les plus solides réflexions sur la religion. On peut les regarder comme les matériaux d'un grand édifice, qu'il auroit porté dans la suite à sa perfection.

Il est évident que de pareils ouvrages ne peuvent jamais avoir l'exactitude, la correction, la précision que le temps et le travail seuls peuvent leur donner. Ils ont le défaut d'être presque toujours conçus en forme de propositions générales, et il y en a très-peu de cette espèce qui ne donnent prise à la critique par quelque endroit.

Si l'on vouloit donc faire usage des pensées de

(1) *De Mor. Germ.*, *p.* 645; édit. d'Elzévir, 1640.

M. Pascal, et former l'édifice dont elles sont les matériaux, il faudroit les revoir toutes pour les renfermer dans leurs véritables bornes, et en fixer la juste mesure.

2.° En faisant ce travail, on en trouveroit peut-être quelques-unes à retrancher, mais le nombre n'en seroit pas grand; il y en auroit beaucoup plus à ajouter, non-seulement pour lier les idées qu'on y trouve séparées ou même dispersées, mais pour remplir le vide qui se trouve nécessairement dans un simple projet d'ouvrage.

3.° Un troisième objet dans ce travail, seroit d'y mêler avec joie et sobriété une érudition qui n'entroit point dans le plan de M. Pascal. Un esprit élevé et d'un ordre supérieur dédaigne volontiers le secours de l'érudition, se livre à la fécondité de son génie, suit la rapidité de ses pensées, et ne s'arrête qu'aux raisonnemens les plus frappans. M. Pascal s'étoit accoutumé de bonne heure à la méthode des géomètres qui ne trouvent que dans leurs propres idées les principes de leurs démonstrations, et qui ne croient pas devoir employer toutes les connoissances que l'on emprunte de l'étude des langues, et de la critique littéraire.

Il est encore un autre genre d'érudition que bien des apologistes de la religion ont cru pouvoir employer, c'est la connoissance de l'ancienne philosophie. Il semble que M. Pascal ne l'ait pas cru aussi utile que le pensoient plusieurs écrivains avant lui ; ce n'est pas que ces connoissances lui fussent étrangères, et l'on pourroit dire de lui ce que l'on disoit, suivant Ciceron, de l'orateur *Antonius*, qu'il étoit plus savant qu'il ne vouloit qu'on le crût : *quasi contemneret litteras magisquàm nesciret.*

Quoi qu'il en soit, si l'on entreprenoit de mettre en œuvre les pensées de M. Pascal, il faudroit y rectifier en beaucoup d'endroits les idées imparfaites qu'il y donne de la philosophie du paganisme. La véritable religion n'a pas besoin de supposer dans ses adversaires ou dans ses émules, des défauts qui n'y sont pas.

Quelque perfection qu'on veuille leur attribuer, il y aura toujours une disproportion si immense entre leur morale et celle de l'évangile, que le christianisme ne peut jamais perdre dans la comparaison qu'on fera de l'une et de l'autre.

Lettre de M. le chancelier d'Aguesseau, à M. de la Faille, sur les Annales de Toulouse.

Il y a déja assez long-temps, Monsieur, que j'ai reçu, par les mains de M....., votre histoire de la ville de Toulouse; mais j'ai été bien aise de la lire avant que de vous en dire mon sentiment, pour ne pas me borner à un simple remercîment, ou à des louanges vagues dont un homme d'un aussi bon goût que vous l'*êtes* ne s'accommoderoit pas. Il eût fallu ne pas connoître votre mérite autant que je le connois, pour ne pas attendre beaucoup d'un ouvrage auquel je savois que vous travailliez depuis plusieurs années; mais j'avoue qu'il surpasse encore tout ce que je m'en étois promis. Il n'y a rien de si ennuyeux que les histoires particulières, parce que, ou elles se jettent dans les choses générales qu'on fait d'ailleurs, et qu'on n'y cherche pas, ou elles entrent dans un détail qui dégoute par le peu d'intérêt qu'on y prend. Ce sont les deux écueils de ces sortes de livres; il est très-difficile d'éviter l'un et l'autre. Vous avez néanmoins trouvé le secret de le faire, en alliant tellement l'histoire générale avec celle de Toulouse, que vous n'avez pris de la première, que ce qu'il en falloit pour faire entendre ce que vous aviez à dire de la seconde, et de la seconde, que ce qui pouvoit servir d'éclaircissement et comme de supplément à la première; en sorte que la lecture en est très-agréable à ceux mêmes qui ne sont pas nés à Toulouse, et qui n'ont pas de raison particulière de s'intéresser à ce qui regarde cette ville. En effet, vous y avez mêlé une infinité de recherches très-curieuses, dont chacune en particulier n'instruit pas moins le lecteur par les nouvelles découvertes dont vous lui faites part, qu'elles lui plaisent toutes ensemble par leur variété. Cela fait qu'on ne s'aperçoit pas de l'inconvénient qu'ont toutes les annales, qui est de laisser ralentir l'attention en rompant le fil de l'histoire, et coupant les événemens.

Car vous avez eu soin de réveiller l'esprit, et de le tenir toujours en haleine par quelques traits d'histoire, de géographie, ou d'autres sciences, que vous appliquez si à propos, qu'il n'y a point d'année où l'on ne s'arrête avec plaisir, où l'on ne se sente même excité par un désir secret à voir celle qui la suit. Je juge des autres par moi, et je puis vous assurer que je n'en ai jamais quitté la lecture qu'avec peine, et que je l'ai toujours reprise avec un certain empressement, que je n'attribue pas seulement au choix et à la diversité des matières. La solidité de vos jugemens, la justesse de vos réflexions, la pénétration de vos conjectures y contribuent encore beaucoup, en répandant dans l'esprit des lecteurs cette impression de lumière, d'attrait que la vérité et la raison ne manquent jamais d'y produire, quand on sait les faire connaître, et les mettre en leur jour. C'est aussi ce que vous faites si heureusement qu'elles trouvent dans vos expressions tous les secours dont elles ont besoin pour faire sentir leur force : car je ne dois pas oublier de vous dire, que je n'ai pas été moins charmé de votre style que de tout le reste. Il est naturel sans être bas ; il se soutient partout également sans tomber dans la langueur, dans l'affectation, ni dans l'obscurité ; en un mot, on y voit régner cette simplicité noble, qui est le caractère de ces sortes d'ouvrages. Mais ce que j'ai le plus admiré, est la modestie de votre critique. On voit dans tous les jugemens que vous faites, que l'envie, la jalousie, la malignité n'y ont point de part, que la vérité seule et la nécessité du témoignage que vous lui devez vous font parler. Vous vous contentez de mettre dans le droit chemin, les auteurs qui se sont égarés, sans leur insulter. Vous les excusez même souvent; vous cherchez, pour les justifier, des raisons dont ils ne se seroient peut-être pas avisés eux-mêmes; et il n'y en a pas un, s'il étoit équitable, et qu'il revint au monde, qui, bien loin d'avoir sujet de se plaindre de vous, ne vous dût savoir bon gré, de la manière dont vous le traitez. Ce qu'il y a de plus rare encore en cela, est que vous ne vous faites pas la même justice qu'à eux; et que, sévère envers vous, pendant que vous êtes si indulgent aux autres, vous ne vous élevez de rien et ne vous pardonnez rien à vous-même. Toutes les autres qualités qui m'ont fait trouver tant d'agrément dans votre histoire, appartiennent à l'esprit; mais ce fonds de modestie ne peut avoir son principe que dans un cœur bien fait; et ce qui part de cet endroit est d'un prix incomparablement plus grand. Il ne faut pas qu'un ouvrage si bien commencé demeure imparfait; vous devez donner à la ville de Toulouse, à vos amis, au public, la satisfaction de le voir achevé de votre main. Il n'y aura point d'homme sage après vous qui ose y mettre la science pour le finir. Aussi bien, ayant fait ce qu'il y avoit de plus difficile, ce qui me reste à faire ne vous coûtera guère. A mon égard, trouvez bon qu'après vous avoir dit ce que j'en pense, et vous avoir exhorté à le continuer, je vous assure qu'outre les sentimens d'estime que j'ai depuis long-temps pour votre mérite et que votre livre a fait augmenter, je conserve toujours une forte inclination à vous faire paroître, par des effets réels, qu'on ne peut être à vous, Monsieur, plus véritablement et plus sincèrement que je suis.

Remarques sur le Discours qui a pour titre : DE L'IMITATION PAR RAPPORT A LA TRAGÉDIE.

L'AUTEUR y établit d'abord cette proposition générale, qui est le fondement de toute sa dissertation, qu'*il n'y a rien qui plaise tant ni si généralement à tous les hommes, que l'imitation.*

Il semble par ces paroles, et encore plus par la suite de l'ouvrage, qu'on y veuille réduire tout ce qui nous charme dans la tragédie, au seul plaisir que la justesse de l'imitation fait naître dans notre ame. Aristote l'a dit; mais il y long-temps que ses opinions ont perdu le caractère d'infaillibilité que les philosophes et même des théologiens leur avoient attribué.

Nimium patienter utrique
Ne dicam stultè (1).

J'ai donc assez bonne opinion de l'auteur du discours, pour le croire destiné à faire voir aux hommes qu'on peut surpasser Aristote, même dans la poétique; et s'il a autant de courage pour l'entreprendre que je lui connois de talens pour l'exécuter, la première chose que je lui conseillerois de changer dans son ouvrage, est le titre qu'il lui donne. Pourquoi se borner à la seule imitation? La matière ne seroit-elle pas bien plus digne de lui, et bien plus intéressante pour les gens de lettres, s'il se proposoit de traiter en général *des causes du plaisir qu'une tragédie parfaite excite dans l'ame des spectateurs?*

Peut-on réduire toutes ces causes au seul goût que les hommes ont naturellement pour l'imitation? Je ne saurois croire que ce soit là le vrai sentiment de l'auteur; et Aristote même me fournit dans sa poétique de quoi combattre son opinion, par l'idée qu'il

(1) *Horat. de Art. poet.*

donne de la tragédie, et des différentes parties qui n'en forment qu'un seul tout.

Qu'est-ce que la tragédie selon ce philosophe? Semblable en ce point à tout autre genre de poésie, c'est une imitation de la nature. Mais, selon lui, on peut distinguer trois choses dans toute imitation, de quelque espèce qu'elle soit. Ce qu'on imite est la première; la seconde est la manière d'imiter; et la troisième consiste dans les secours ou dans les instrumens de l'imitation.

Ainsi, dans la peinture, ce que le peintre imite est en général tout ce qui est corporel et sensible. La manière d'imiter consiste dans l'art de former des traits et des contours sur la toile, ou sur toute autre espèce de table rase; et les instrumens ou les secours de l'imitation, sont les couleurs qu'il emploie. De même dans la tragédie, l'objet de l'imitation, ou ce que le poéte imite, est en général une action humaine, grave, illustre, intéressante; la mesure et l'harmonie des vers, à quoi il faut joindre la force et la grâce de la déclamation, sont la manière d'imiter; la décoration ou l'appareil extérieur du spectacle et la musique, lorsqu'elle y est jointe, sont les instrumens ou les secours de l'imitation.

Si Aristote s'est servi heureusement de cette division pour expliquer les règles de la tragédie, elle n'est pas moins utile, soit pour faire voir qu'elle excite dans le spectateur d'autres plaisirs que celui qui naît de l'imitation, soit pour indiquer les véritables sources de ces plaisirs, que je voudrois voir rassemblées dans le discours dont il s'agit, et rendues sensibles au lecteur, par ces images, ces grâces, et cette douceur de style qui sont surnaturelles à l'auteur.

Je m'attache d'abord à ce que le poéte imite, ou à l'objet de son imitation, qui comprend trois choses, selon Aristote: le fait ou l'événement considéré en lui-même, les mœurs ou le caractère des personnages, leurs pensées ou leurs sentimens; et, me mettant à la place du spectateur, je m'interroge moi-même sur les divers mouvemens qu'excite la représentation d'une belle tragédie.

Quel est le premier et peut-être le plus foible sentiment dont il est affecté? C'est celui qu'Aristote attribue à l'imitation, quoiqu'il naisse beaucoup plus de l'action imitée. C'est donc le plaisir d'apprendre qui s'offre le premier. C'est la satisfaction de voir le spectacle d'un événement singulier et d'une révolution surprenante. Le simple récit d'un fait de cette nature exciteroit agréablement mon attention, la représentation l'attache encore plus; mais quelle est la cause de ce plaisir? Vient-il seulement, comme l'auteur du discours le dit par rapport à l'imitation, de ce qu'un tel événement me présente une occasion de juger, ce que je ne fais jamais sans une secrète satisfaction? Je conviens que cette raison peut y entrer pour quelque chose : mais n'y en a-t-il pas une plus simple, et qui convient plus généralement au commun des hommes? C'est que rien ne leur est plus agréable que ce qui satisfait leur curiosité et qui fixe sans effort leur inquiétude naturelle.

Il en est à peu près de notre esprit comme de notre corps; Dieu a attaché un sentiment plus agréable au mouvement de l'un et de l'autre qu'à leur repos : il étoit de sa sagesse d'en user ainsi, parce que le mouvement leur est bien plus utile pour leur perfection. Notre corps tombe dans une espèce de langueur et d'abattement, nous ne le sentons presque plus; et, à peine croyons-nous vivre, lorsqu'il demeure trop long-temps dans une entière inaction : il en est de même à proportion pour notre ame et encore plus que pour notre corps; elle n'est, par sa nature, qu'une pensée et une volonté toujours subsistantes, et, par conséquent, toujours agissantes; son repos n'est, à proprement parler, qu'un moindre mouvement. Notre corps peut subsister sans aucune action extérieure, mais l'action est tellement de l'essence de notre ame, qu'elle cesseroit absolument d'être, si elle cessoit d'agir. Lorsqu'il n'y a point de nouvel objet qui la frappe, elle se replie, pour ainsi dire, sur elle-même; et elle se nourrit de sa propre substance. Mais, comme elle n'aime pas à vivre à ses dépens, ou, pour parler sans métaphore, comme elle se lasse bientôt de la multiplicité vague et confuse de ses propres pensées, qui l'épuise plutôt qu'elle ne la remplit, elle est avide de se répandre au dehors; et l'on diroit qu'elle soit toujours aux fenêtres pour y chercher un objet nouveau qui arrête et qui détermine ses regards, ou pour y trouver au moins le plaisir de ne plus se voir elle-même.

Hoc se quisque modo semper fugit. (1).

Quand le poète tragique ne feroit que nous tirer de cette situation importune, il nous plairoit toujours, parce que la cessation d'un mal est un bien; mais il y joint un plaisir plus réel et plus positif par un objet nouveau dont le spectacle, flatteur pour notre curiosité, n'est pas moins agréable à notre paresse, parce qu'elle ne fait aucun effort pour en jouir. Il n'y a presque point de tragédie qui ne satisfasse d'abord ces différentes dispositions de notre ame; et c'est peut-être en partie par cette raison que l'on voit plusieurs pièces de théatre avoir un succès surprenant dans les premières représentations, tomber bientôt après, et échouer enfin dans l'opinion publique, parce que notre esprit n'étant plus soutenu par la nouveauté et la singularité de l'événement, remarque bien plus les défauts qui se trouvent, ou dans la conduite de la pièce, ou dans les mœurs, ou dans l'expression.

Après le plaisir d'apprendre et d'amuser la curiosité et l'inquiétude de notre esprit, sans alarmer sa paresse naturelle, se présente celui de sentir, ou, pour parler avec plus de précision, celui d'éprouver une émotion douce et agréable.

L'homme se plaît, il est vrai, à être occupé d'un objet qui ne lui fait acheter par aucune contention pénible l'agrément d'en jouir; mais il aime infiniment plus ce qui excite dans son ame des passions sédui-

(1) *Lucret.*

santes, dont l'impression le charme par un trouble passager qui se fait sentir sans se faire craindre. Nous voulons être parfaits, et c'est ce qui forme en nous le désir d'apprendre, outre la satisfaction que nous trouvons à fixer par un objet nouveau l'agitation de nos pensées; mais nous désirons encore plus d'être heureux, et nous regardons le plaisir du sentiment, comme ce qui nous met en possession d'une félicité présente et d'un bonheur actuel. Je pourrois m'étendre beaucoup plus sur cette matière; mais on m'accuseroit peut-être de compiler ici les écrits du P. Malebranche, que l'auteur du discours appelleroit volontiers,

Crispini scrinia (1),

si j'entreprenois d'expliquer à fond toutes les raisons qui font voir que le sentiment nous affecte bien plus que la simple perception ou la seule intelligence. Les poètes, qui sont en ce point d'aussi bons métaphysiciens que le P. Malebranche, ont su nous faire trouver de la volupté jusque dans la douleur. Saint Augustin se reproche les larmes trop agréables qu'il avoit versées au théatre, ou en lisant dans Virgile la fin tragique de Didon; et il n'y a personne qui n'ait fait l'expérience de la douceur que l'on goûte à s'attendrir sur des malheurs qu'on pleure sans y être véritablement intéressé. Il en est de même des autres passions que l'action imitée par le poète tragique, réveille dans notre ame; et, sans en dire davantage sur un sujet si connu, il est certain qu'une passion vive et agréable, qui ne coûteroit rien à satisfaire, et qui ne seroit suivie ni d'un mal réel ni même d'aucun trouble importun, passeroit dans l'esprit du commun des hommes, si elle pouvoit être durable, pour l'état le plus heureux de cette vie. La tragédie les met pour quelques heures dans une situation qui leur paroît si agréable; son sujet en lui-même, les mœurs ou le caractère de ceux qu'elle met sur la scène, leurs pensées, leurs sentimens, leurs

(1) *Horat.*, *sat.* 1.

expressions, tout conspire à réveiller ou à flatter les inclinations que nous avons tous pour la gloire, pour la grandeur, pour l'amour, pour la vengeance, qui sont les mobiles secrets du cœur humain; et plût à Dieu qu'ils ne le fussent que dans la tragédie! Les passions feintes que nous y voyons, nous plaisent par les mêmes raisons que les passions réelles; parce qu'en effet elles en excitent de réelles dans notre ame, ou parce qu'elles nous rappellent le souvenir de celles que nous avons éprouvées. *Rapiebant me*, dit saint Augustin, *spectacula theatrica plena imaginibus miseriarum mearum*. Ce sont ces misères mêmes, qu'on aime à y voir et à y sentir. Le jeune Racine n'a donc pas eu tort de dire dans son épître à l'auteur du discours:

> Le jeu des passions saisit le spectateur:
> Il aime, il hait, il pleure, et lui-même est acteur.

Mais il devoit aller plus loin, et dire que non-seulement les passions feintes nous plaisent dans la tragédie, par celles qu'elles allument ou qu'elles réveillent en nous; mais qu'on y goûte encore la satisfaction de voir ses foiblesses justifiées, autorisées, ennoblies, soit par de grands exemples, soit par le tour ingénieux et la morale séduisante dont le poète se sert souvent pour les déguiser, pour les colorer, pour les peindre en beau, et les faire paroître au moins plus dignes de compassion que de censure. Le charme du spectacle, les actions qui y sont représentées, l'artifice de la poésie, et l'enchantement des paroles par lesquelles elle flatte la corruption du cœur, étouffent peu à peu les remords de la conscience, en apaisent les scrupules, et effacent insensiblement cette pudeur importune qui fait d'abord qu'on regarde le crime comme impossible; on en voit non-seulement la possibilité, mais la facilité: on en apprend le chemin, on en étudie le langage, et surtout on en retient les ex-

(1) *Aug., conf., lib.* 3, *cap.* 1.

cuses. Quelle impression ne fait pas Phèdre sur l'ame d'une jeune spectatrice, lorsqu'elle charge Vénus de toute la honte de sa passion, lorsqu'elle prend les dieux à témoin :

> Ces dieux, qui, dans son flanc,
> Ont allumé ce feu fatal à tout son sang;
> Ces Dieux, qui se sont fait une gloire cruelle
> De séduire le cœur d'une foible mortelle.

Il est vrai qu'on n'accuse plus les dieux du déréglement de son cœur, et qu'on ne cherche plus à l'autoriser par leur exemple, comme ceux dont saint Cyprien a dit : *peccant exemplo deorum ;* mais on l'attribue à l'étoile, à la destinée, à la nécessité d'un penchant invincible : on retrouve ses sentimens avec plaisir dans ceux qu'on appelle des héros, et une passion qui nous est commune avec eux, ne paroît plus une foiblesse ; on se répète en secret ce qu'Œnone dit pour apaiser le trouble de sa maîtresse : *mortelle, subissez le sort d'une mortelle.* On s'étourdit au moins de ces pensées vagues et confuses qu'on n'approfondit jamais. On sort du théatre, rassuré contre l'horreur naturelle du crime ; et ce même plaisir y ramène souvent ceux qui l'ont une fois goûté. Ainsi, soit que le spectacle ne cause qu'un trouble et une émotion passagère qui paroît d'abord innocente, soit qu'il excite ou qu'il rappelle des passions plus durables que l'action et le langage de la tragédie autorisent et justifient; c'est sans doute dans ces deux effets que consiste principalement le grand plaisir que les hommes y prennent. Tel est le jugement qu'en ont porté tous ceux qui ont écrit contre cette espèce de divertissement. En montrant combien il est dangereux, ils ont fait voir pourquoi il est agréable, parce qu'en effet ce qui en fait le plaisir est ce qui en fait le danger ; et qu'on peut dire presque toujours, que la meilleure pièce en un sens est en un autre sens la plus mauvaise.

Mais ce n'est pas ici le lieu de faire la censure de la tragédie ; il s'agit de découvrir l'origine du plaisir que nous y goûtons, et non pas de réfuter ce que l'on dit pour justifier ce plaisir : je veux même essayer de me réconcilier en quelque manière avec les poètes tragiques; et, pour épuiser tout ce qui regarde la satisfaction que notre ame trouve à être émue par des sentimens intéressans, je conviendrai volontiers avec eux, que si la tragédie nous plaît parce qu'elle excite en nous le mouvement des passions, elle nous plaît aussi parce qu'elle y présente des images de vertu; et je découvrirai dans cette réflexion une nouvelle source du goût que l'on a pour ce genre de poésie.

On n'a pas de peine à comprendre qu'il fasse par cet endroit une impression agréable sur des ames vertueuses; mais pourquoi la peinture de la vertu a-t-elle des charmes pour le cœur même le plus déréglé! C'est un problème de morale qui paroîtroit d'abord plus difficile à résoudre, si l'on n'en trouvoit le dénoûment dans le caractère de la plupart des hommes, et dans la nature des vertus, que l'on peint ordinairement sur le théâtre. Il y a peu de cœurs absolument mauvais, comme il y en a peu d'absolument bons; un homme qui n'auroit que des vices sans aucune trace de vertu, seroit une espèce de monstre dans la nature; un homme qui n'auroit que des vertus, sans aucune ombre de défauts, seroit un véritable prodige; mais le monstre et le prodige sont également rares, ou plutôt on n'en trouve jamais de semblables dans le monde. On remarque dans tous les hommes un mélange de bien et de mal, une inclination naturelle pour l'ordre, une pente encore plus forte pour le désordre : ceux mêmes qui s'y laissent le plus entraîner, ne le font pas toujours; et, à l'égard de toutes sortes d'objets, ils ont des intervalles de lumière et de raison, pendant lesquels ils ne sont pas insensibles aux attraits de la vertu. Ils condamnent volontiers les vices qu'ils n'ont pas; ils cherchent à excuser ou à se déguiser à eux-mêmes ceux qu'ils ont, pour étouffer les reproches de cette voix intérieure qui les rappelle toujours à l'ordre; et de là vient que le poète les flatte si agréablement, comme je le disois tout à l'heure, lorsque pour parler comme Racine,

Il prête à leurs fureurs des couleurs favorables (1).

A ce caractère susceptible des impressions de la vertu comme de celles du vice, se joint celui des vertus que la tragédie nous présente : elles alarment si peu les passions favorites du cœur humain, qu'il croit pouvoir les concilier aisément avec ces passions. Telles sont la valeur, la générosité, la grandeur d'ame, l'amour de la patrie, la haine de la violence et de la cruauté, l'horreur de la servitude et le goût de la liberté. On est charmé de voir que l'ambition, que le désir de la vengeance, que les foiblesses de l'amour ne soient pas toujours incompatibles avec ces vertus, qui nous plaisent d'autant plus dans les héros du théâtre, que nous les y trouvons souvent jointes à nos défauts. Que si le poète ose attaquer jusqu'à ces défauts, il ne cesse pas de nous intéresser par sa censure même. Nous nous plaisons souvent à voir la peinture de notre propre foiblesse, quand elle est du nombre de celles dont les spectacles nous apprennent à ne plus rougir. Nous trouvons même un plaisir secret à en gémir, et nous sommes quelquefois les premiers à les déplorer ; notre amour propre se flatte qu'il commence par là à s'en guérir ; et, comme il n'y a personne qui ne se repente dans certains momens de la servitude des passions, le poète possède l'art d'amener, si j'ose le dire, ces momens de repentir, de nous faire sentir la pesanteur de nos chaînes, la douceur de la liberté, et de nous plaire ainsi par sa morale dans le temps même que sa morale nous condamne.

Ou s'il va encore plus loin, s'il veut nous effrayer, suivant le but et les lois de la tragédie, par une catastrophe qui nous montre sensiblement les funestes effets d'un amour criminel, ou d'une ambition dé-

(1) Athalie.

mesurée ; nous ne manquons guère d'attribuer le malheur du héros à son imprudence plutôt qu'à sa passion ; nous nous flattons que nous serons plus sages ou plus heureux ; peut-être même toutes ces pensées sont-elles souvent bien éloignées de l'esprit du spectateur ? Une révolution surprenante le frappe, il se livre entièrement à l'émotion agréable qu'elle excite en lui ; et il en sent tout le plaisir, sans chercher à en corrompre la douceur par des réflexions amères qui ne serviroient qu'à l'affliger. Disons enfin que, si le spectacle d'une vertu éclatante plaît aux ames les moins vertueuses ; c'est parce qu'il agit sur elles par goût et par sentiment, plutôt que par la voie de lumière et de raison. Il n'est point de vertus sur le théâtre, qui ne soient animées et soutenues par quelque passion ; elles en empruntent le dehors, et, pour ainsi dire, le masque, afin de frapper plus fortement notre esprit. Tantôt c'est le désir de surpasser ses rivaux, et de vaincre ses ennemis ; tantôt, et presque toujours, c'est la soif de la grandeur, ou l'amour de la gloire qui lui prête le sien : ainsi, soit par son éclat naturel, soit par tout ce qui l'accompagne, l'image de la vertu affecte toujours l'ame du spectateur. Ce n'est plus la vertu seule, c'est un mélange de vertu et de passion qui l'émeut et qui le touche. C'est par là que la tragédie suspend l'impression du vice qui le domine ; elle en interrompt le cours par un mouvement contraire ; il s'anime à la vue de la gloire qui environne les héros ; il aime à se laisser enflammer d'une noble émulation ; il s'applaudit en secret de ce sentiment, dont le cœur le plus corrompu est toujours agréablement flatté, et peu s'en faut qu'il ne se croie vertueux, parce qu'il admire la vertu.

C'est ainsi que le poète, maître de tous les ressorts du cœur humain, ne réussit dans son art que parce qu'il sait, comme Despréaux l'a dit de Racine,

> Émouvoir, étonner, ravir un spectateur (1).

(1) Despréaux, épître 7.

soit par les passions, soit par ce qui devroit les corriger; et qu'il trouve le moyen de nous faire jouir dans la même pièce, des plaisirs du vice, et de ceux de la vertu.

Mais, pour suivre ici le progrès de nos pensées, et chercher toujours la raison de la raison même, d'où vient que nous prenons tant de plaisir à admirer, nous, qui en trouvons un si grand à mépriser? C'est que l'homme réunit en soi des goûts qui paroissent opposés l'un à l'autre, mais qui ne le sont point en effet, parce qu'ils partent sur le même fond d'amour-propre, et que, par des routes différentes, ils tendent également à la même fin, c'est-à-dire, à satisfaire a vanité.

La comédie nous fait passer agréablement notre temps, lorsqu'elle peint de telle manière les mœurs vicieuses de notre siècle, qu'elle nous les rend méprisables; le spectateur, qui se reconnoît rarement dans les portraits qu'il y voit, s'élève, dans son esprit, au-dessus de tous ceux qu'il croit que le poete a voulu peindre, et il jouit du plaisir de leur appliquer ce qu'ils lui appliquent peut-être à leur tour; ainsi, comme Despréaux l'a dit dans son Art poétique :

> Chacun peint avec art dans ce nouveau miroir,
> S'y voit avec plaisir, ou croit ne s'y point voir.
> L'avare, des premiers, rit du tableau fidèle
> D'un avare souvent tracé sur son modèle;
> Et mille fois un fat, finement exprimé,
> Méconnoît le portrait sur lui-même formé.

La tragédie prend une autre route pour flatter notre amour-propre; et elle n'y réussit pas moins par l'admiration, que la comédie par le mépris. Elle réveille en nous ces sentimens nobles et généreux, qui sont comme endormis au fond de notre ame. Nous croyons les reconnoître dans les héros que le poète fait parler; nous nous approprions leurs pensées, ou nous nous imaginons qu'ils empruntent ou qu'ils expriment les nôtres ; et ces deux différens tours de notre amour-propre réussissent également. Ainsi, par des effets contraires, mais qui naissent de la même cause, la comédie nous inspire l'estime de nous-mêmes par le mépris des défauts dont nous nous croyons être exempts ; et la tragédie ne nous l'inspire pas moins par l'admiration des vertus que nous nous flattons de posséder, ou dont nous trouvons au moins les semences dans notre ame.

Indépendamment de ce retour sur nous-mêmes, tout ce qui est grand et sublime, tout ce qui s'élève au-dessus des sentimens et des actions du commun des hommes, fait sur nous une impression aussi forte qu'agréable. Soit que nous nous flattions de croître, en quelque manière, avec les objets qui occupent notre attention, ce qui fait que l'on aime à vivre avec les grands, et qu'un savant mesure l'étendue de son esprit par la multitude des faits dont il a chargé sa mémoire ; soit que notre ame, née pour connoître et pour posséder l'infini, se plaise à trouver toujours quelque chose de plus grand que les objets qui la frappent ordinairement, comme si, par là, elle faisoit un pas vers cette immensité de connoissances, et cette plénitude de sentimens qui est le terme de ses désirs, il est au moins certain que toute admiration, dont nous sommes saisis, nous intéresse par quelque endroit, puisqu'elle nous fait un si grand plaisir, et qu'il n'y en a guère qui nous touche davantage que celui de nous sentir enlevés et comme transportés hors de nous-mêmes, soit par un discours sublime, soit par le spectacle d'une action qui nous paroît être au-dessus de l'humanité.

Je vais encore plus loin ; et il me semble que, dans ce plaisir, je reconnois la main et la bonté du créateur qui a voulu que tout ce qui est parfait, ou qui approche de la perfection, répandît dans notre ame une satisfaction sensible pour nous en inspirer le respect, la vénération, l'amour, et afin, si j'ose hasarder ici cette pensée, que nous puissions connoître la vertu par un sentiment d'admiration, comme nous découvrons la vérité par ce repos d'esprit qui accompagne l'évidence. Tacite (1) observe que chez les anciens germains c'étoit le seul mérite qui faisoit les chefs, *duces ex virtute*, et qu'on leur obéissoit par admiration, *admiratione præsunt.* C'est ainsi que, suivant l'institution de l'auteur de la nature, la vertu devoit régner sur le cœur de l'homme par admiration; et elle y régneroit encore, si les passions ne lui en disputoient l'empire par une autre espèce de plaisir. Mais, malgré leur révolte, la vertu nous excite toujours à l'admirer dans le temps même que nous lui résistons. Nous le faisons encore plus, lorsqu'elle ne trouble point véritablement nos passions; et, comme c'est presque toujours avec cette précaution que le poète nous la montre sur le théâtre, il n'est pas surprenant qu'elle nous fasse éprouver alors ces mouvemens naturels d'estime et d'admiration, que des sentimens héroïques et des actions magnanimes font naître dans notre ame. C'est le genre du plaisir qui domine le plus dans les pièces de Corneille, et c'est par cet endroit qu'il a l'avantage sur Racine, son rival, qui lui est supérieur presque dans tout le reste. Despréaux (2) ne se trompe donc pas, lorsqu'il lui donne *la gloire d'avoir inventé un genre de tragédie inconnu d'Aristote, où, sans s'attacher uniquement comme les poètes de l'ancienne tragédie, à émouvoir la pitié et la terreur, il ne pense qu'à exciter dans l'ame des spectateurs par la sublimité des pensées, et par la beauté des sentimens, une certaine admiration dont plusieurs personnes s'accommodent souvent beaucoup mieux que des véritables passions tragiques.*

Mais le désir d'apprendre et d'occuper notre esprit dont le poète charme l'inquiétude par la vue d'un événement singulier et merveilleux; les passions déréglées que leur image fait naître, ou rappelle dans notre ame; les impressions que le spectacle de la vertu excite dans tous les cœurs, et l'admiration qui

(1) *De Moribus Germanorum.* — (2) Lettre à M. Perrault.

en est une suite naturelle, ne sont pas les seules raisons qui attachent à la tragédie. J'y découvre encore une nouvelle source d'un plaisir plus fin et plus spirituel, qui n'est bien connu que des spectateurs capables de réflexion, mais qui ne laisse pas de faire sentir à ceux mêmes qui réfléchissent le moins, et qui les affecte toujours quoiqu'ils n'en sachent peut-être pas la cause; je veux parler ici de ce qu'on appelle dans la peinture l'effet du *tout ensemble* ou de la composition et de l'ordonnance du tableau. J'entends, par ces termes appliqués à la tragédie, cet art du poète tragique, par lequel il construit si habilement toutes les parties de son poème, qu'elles se tiennent comme par la main, et que les divers événemens qu'il y fait entrer, conspirent l'un avec l'autre, et tendent tous à la même fin. J'entends encore ce tissu ingénieux, qui forme si adroitement le nœud de la pièce que le spectateur cherche avec inquiétude comment le poète pourra le dénouer, et qu'il le dénoue ensuite si heureusement et d'une manière si convenable au reste de la tragédie, que le dénoûment paroît sortir du nœud même, sans que le poète ait été obligé de l'aller chercher bien loin, d'emprunter des secours étrangers pour sortir de l'embarras où il s'est mis, et de faire en quelque sorte une seconde pièce pour finir la première, comme il est arrivé à Corneille même dans les Horace. J'entends enfin, par le mérite et l'artifice du *tout ensemble*, ce contraste et en même temps cet assortiment dans les différens caractères; cette uniformité et cette stabilité dans celui de chaque personnage, qui donnent à peu près le même plaisir dans la tragédie, que la variété des ordres et des ornemens qui entre dans la structure d'un bel édifice, et la perfection égale de chacune des parties semblables, produisent dans l'architecture.

Il résulte d'une pièce si bien ordonnée, une impression totale qui charme notre esprit par la satisfaction dont il jouit, lorsqu'il compare les différentes parties d'un ouvrage, ou les unes avec les autres, ou avec le corps qu'elles composent; lorsque, frappé de la justesse de leurs rapports, il goûte le plaisir de voir, que chaque chose étant à sa place, elle fait en elle-même, et dans le tout qui en résulte, le véritable effet qu'on doit en attendre; et, comme cette espèce de plaisir vient du goût que nous avons naturellement pour les objets qui se présentent à nos yeux, ou à notre esprit, avec ces proportions exactes et cette juste disposition, l'on peut appeler la satisfaction que nous en ressentons, le plaisir de l'ordre et de l'harmonie. Mais pourquoi y trouvons-nous tant de charmes?

C'est, premièrement, parce que la beauté et la régularité de l'ordonnance nous offrent une image plus claire et plus distincte qui frappent aussi plus vivement notre attention et qui l'attache bien plus constamment; c'est encore parce que cette image étant plus lumineuse, elle est aussi plus facile à saisir et à embrasser toute entière, ce qui plaît infiniment à notre esprit, aussi ennemi du travail qu'avide de connoissances; de là vient que ceux qui sont le moins instruits des règles de l'art, goûtent le plaisir qui est attaché à l'observation de ces règles mêmes qu'ils ignorent. Leur imagination coule agréablement sur un objet qui ne l'arrête en aucun endroit, qui se développe insensiblement devant elle, sans embarras, sans confusion, sans, obscurité, et dont toutes les parties se succèdent l'une à l'autre, avec une liaison si vraisemblable, qu'on diroit que c'est la nature plutôt que l'art qui en a formé l'enchaînement.

C'est enfin, parce que rien ne nous charme davantage dans tout genre de plaisir, qu'un mélange et une combinaison parfaite de la variété avec l'unité; une trop grande diversité d'objets nous fatigue; une trop grande uniformité nous ennuie. La beauté de l'ordre et des proportions nous enchante, parce qu'en amusant et en occupant notre esprit par la diversité des objets qu'elle nous présente, elle ménage ses forces en même temps par l'art avec lequel elle les rapporte tous au même but, et réduit ainsi la variété à l'unité.

Outre cet avantage, qui est commun à la tragédie avec tous les ouvrages bien ordonnés, il y en a un qui lui est propre, ou qu'elle ne partage presque qu'avec la comédie et le poème épique; c'est de préparer au spectateur le plaisir de la surprise, en disposant de telle manière la suite des événemens, qu'il en laisse un étonnement et une espèce d'admiration différente de celle dont j'ai déja parlé, parce que c'est une grande révolution qui la produit, plutôt qu'une grande vertu, quoiqu'il arrive souvent que l'une et l'autre se réunissent et fassent par leur concours une double impression sur notre esprit.

Cette réflexion est une nouvelle preuve de ce que je disois il n'y a pas long-temps, que l'homme a souvent des goûts contraires, qui ont chacun leur genre de volupté, et que l'adresse du poète consiste à les satisfaire tous également. Nous aimons à prévoir les événemens qui doivent arriver, par le désir que nous avons de tout connoître, et de satisfaire la curiosité de notre esprit. Nous aimons aussi à être surpris par un événement imprévu, lorsqu'il n'a rien qui nous afflige, ou qui nous menace personnellement, et cette inclination est l'effet du goût que nous avons pour tout ce qui est nouveau; non-seulement notre ame se plaît à être attentive, mais elle aime le changement dans les objets de son attention, la variété la délasse. Un objet nouveau trouve aussi une application toute neuve pour le recevoir à peu près comme le changement de mets réveille en nous un nouvel appétit. Que si l'objet n'est pas seulement nouveau, mais surprenant et extraordinaire, nous le dévorons avidement comme un bien qui nous paroît d'autant plus grand qu'il étoit plus inespéré. Il finit d'ailleurs ce trouble, cette agitation, cette anxiété, qui cause une douce torture à notre imagination par le nœud et l'intrigue de la pièce; c'est une espèce de délivrance qui succède heureusement aux douleurs de ce travail, et, si je l'ose dire, de cet enfantement d'esprit. Dirai-je enfin, qu'il y a je ne sais quoi dans l'extraordinaire et dans le merveilleux qui nous paroît étendre les bornes de notre intelligence, en lui découvrant ce qu'elle auroit cru impossible, si l'événement ne lui en montroit la réalité ? Mais je ne pourrois presque que répéter sur ce point ce que j'ai dit plus haut sur l'effet de l'admiration, en parlant de celle qui est excitée par l'image des vertus. Quoi qu'il en soit, le poète, dont toute la force consiste à bien connoître toute notre foiblesse, profite heureusement de ces dispositions, pour mieux assaisonner le plaisir de la surprise, et faire en sorte que le commencement et le nœud de la tragédie servent comme d'ombre et de contraste à l'événement imprévu par lequel il doit achever de nous charmer; mais il n'oublie pas que si nous aimons la surprise, nous méprisons celle dont on veut nous frapper en violant toutes les règles de la vraisemblance : il évite donc de mettre le spectateur en droit de lui dire:

Quodcumque ostendis mihi sic, incredulus odi (1).

Il ne change point Procné en hirondelle, ni Cadmus en serpent, c'est-à-dire, qu'il n'invente point un dénoûment fabuleux, et qui, suivant l'expression de Plutarque, *franchisse trop audacieusement les bornes de vraisemblable* (2). Il sait concilier le goût que les hommes ont pour l'apparence même de la vérité, avec le plaisir que la surprise leur cause; et il tempère avec tant d'art le mélange de ces deux sortes de satisfaction, qu'en trompant leur attente il ne révolte point leur raison; la révolution de la fortune de ses héros n'est ni lente ni précipitée, et le passage de l'une à l'autre situation étant surprenant sans être incroyable, il fait sur nous une impression si vive par l'opposition de ces deux états, que nous croyons presque éprouver dans nous-mêmes une révolution semblable à celle que le poète nous présente.

(1) *Horat.*, *de Art. poet.* — (2) *De Audien. poet.*

Enfin, le dernier effet de ce que j'ai appelé la beauté du *tout ensemble*, ou de l'ordre et de la conduite qui règnent dans une tragédie, est qu'elle nous met beaucoup plus en état d'y apercevoir et d'en recueillir l'instruction morale qui, selon la remarque de plusieurs auteurs, doit être comme le fruit et la conclusion de cette espèce d'ouvrage.

Les anciens philosophes, peut-être plus sévères que les nouveaux casuistes, nous ont appris que la tragédie, aussi bien que le poème épique, ne devoit chercher à plaire que pour instruire : ils ont cru que l'une et l'autre n'étoient véritablement qu'une fable plus noble, à la vérité, plus étendue, plus ornée que celles d'Ésope, mais du même genre et qui avoit le même but, c'est-à-dire, d'employer le secours et l'agrément de la fiction, pour faire entrer plus aisément dans l'esprit, et pénétrer plus avant dans le cœur, une vérité morale qui en est l'ame, et qui en doit animer tout le corps.

Si le poète tragique entre bien dans l'esprit de son art, il faut que toute la conduite, toute l'économie de sa pièce tende uniquement à établir, à développer, à mettre dans tout son jour le point de morale qui doit en être le véritable sujet, et qu'en donnant par là le plaisir de l'unité, il fasse goûter encore plus celui de la vérité, dont sa tragédie doit être une preuve vivante, qui la démontre par les événemens et par cette espèce d'expérience que le spectateur fait, suivant le proverbe espagnol, *sur la tête d'autrui*; par là le poème tragique renfermeroit une espèce de philosophie, si les poètes pouvoient être vraiment philosophes. Peindre les vices pour nous en montrer le péril et nous en faire craindre les suites malheureuses; émouvoir notre ame pour l'affermir, et comme pour l'endurcir par cette émotion même en lui donnant une trempe plus forte et plus vigoureuse, c'est le moyen de rendre la poésie utile.

Un poète vertueux ne prend la route des sens que

pour aller à la raison ; et c'est par là, selon Horace, qu'il atteint à la perfection de son art.

Omne tulit punctum qui miscit utile dulci,
Lectorem delectando, pariterque monendo (1).

Un poème où ces deux caractères se trouvent dans un égal degré, charme aussi également toutes nos facultés. Il rassasie notre esprit en lui faisant goûter en même temps le plaisir de la variété, de l'unité et de la vérité. Il touche encore plus notre cœur par la beauté d'une morale qu'il rend sensible. Notre imagination n'est pas moins satisfaite d'entendre parler sa langue, non pour la séduire, mais pour la rendre plus attentive et plus docile à la raison. Rien ne manque donc plus à la véritable gloire du poète, parce que, joignant toujours ce qui plaît à ce qui touche, et ce qui touche à ce qui instruit, il rassemble et il réunit tout ce qui peut faire sur nous une impression aussi agréable qu'intéressante et aussi intéressante que solide.

Jusqu'ici je n'ai encore parlé que du premier et du principal membre de la division d'Aristote, je veux dire de ce que le poète imite, ou de l'objet de son imitation ; et j'ai tâché d'y découvrir les véritables causes de l'impression qui fait la tragédie : j'y ai mêlé avec la fable ou l'action imitée, ce qui regarde les mœurs ou les caractères, et les pensées ou les sentimens, qui, selon le même philosophe, sont les deux dernières choses que le poète doit imiter.

Il me reste maintenant à toucher beaucoup plus légèrement les deux derniers points qu'Aristote distingue dans l'imitation du poète tragique, comme dans toute autre imitation : l'un est la manière d'imiter, l'autre consiste dans les secours ou dans les instrumens de l'imitation ; et il me suffiroit presque d'observer ici, en général, que ce qui plaît dans ces deux derniers points nous émeut par les mêmes raisons que j'ai expliquées peut-être avec trop d'étendue sur le premier.

(1) *Horat., de Art. poet.*

Les paroles sont les couleurs, ou, si l'on veut, le pinceau du poète; c'est par elles qu'il imite, et qu'il peint dans notre ame tout ce qu'il entreprend de représenter; mais, 1.° ce sont des paroles harmonieuses dont la mesure uniforme ou variée, mais toujours assujettie à certaines règles, forme ce que l'on appelle des vers. C'est une espèce de musique qui plaît naturellement à notre ame par les sons et par leurs rapports, mais qui lui plaît encore parce qu'elle forme une espèce de langue différente qui réveille bien plus notre attention que celle qui nous est plus familière. Quoique parmi nous, la langue poétique ne soit pas aussi éloignée du langage ordinaire qu'elle l'étoit chez les grecs, et que leurs poètes aient eu par là un grand avantage sur les nôtres, il reste néanmoins assez de différence même dans notre langue, entre le style de la poésie et celui de la prose, pour nous faire goûter le plaisir d'entendre un langage plus noble que celui qui nous est ordinaire.

2.° Ce n'est pas seulement par les nombres et par la cadence que les vers peuvent être regardés comme une espèce de langue à part, qui nous attache beaucoup plus que la prose, c'est encore plus par la noblesse des pensées, par la hardiesse de l'expression, par la vivacité des images, par la variété des figures, et par la liberté des mouvemens, que la poésie s'élève au-dessus du langage vulgaire, et qu'elle fait sur nous des impressions si sensibles. Je n'ai pas besoin d'en expliquer ici la raison; je l'ai marquée par avance, lorsque j'ai parlé en général du plaisir que notre imagination trouve à être remuée et à éprouver une agitation douce et agréable. L'application s'en fait d'elle-même au style poétique; il nous plaît jusque dans la prose, lorsqu'elle peut oser s'en permettre l'usage; et le public en a fait l'expérience dans Télémaque, dont la lecture a su l'intéresser pour le moins autant que celle de l'Odissée, malgré le grand avantage que les charmes du nombre et de la mesure donnoient au poète grec sur l'auteur français.

3.° Enfin, les expressions qui frappent dans la tragédie, ne sont point des paroles froides, inanimées, et, pour ainsi dire, des paroles mortes, qu'on n'apprenne que par le récit du poète, comme dans le poème épique; ce sont, pour suivre la même image, des paroles sensibles, animées, des paroles vivantes. Ce n'est pas Corneille que nous entendons, c'est Cinna, c'est Émilie, c'est Maxime, c'est Auguste; et de là vient que ce genre d'imitation a un si grand avantage sur celle qui se fait dans l'Épopée. Il joint la lumière et les couleurs de la peinture, à la vérité et au relief de la sculpture; il y ajoute le mouvement et la vie qui manquent à l'une et à l'autre. Oubliez, pour un moment, que les acteurs ne sont pas ceux qu'ils représentent, l'imitation deviendra la nature même, vous sentirez la même émotion que si vous entendiez parler ceux qui ont eu part à l'action représentée, et les expressions qui paroissent sortir de leurs bouches même ne portent que trop réellement dans le cœur des spectateurs leurs différentes passions.

Jugeons par ce qui se passe dans le poète lui-même, de l'effet que ces vers font sur nous, par le ton sur lequel la poésie monte et élève notre ame.

Qu'est-ce qu'un poète selon Horace?

Ingenium qui sit, cui mens divinior, atque os
Magna sonaturum, des nominis hujus honorem (1).

Aussi les premiers poètes ont-ils passé pour des hommes inspirés : leur enthousiasme a paru avoir quelque chose de plus qu'humain, et leur langue a été appelée la langue des Dieux. On permet à Claudien même de dire :

Gressus removete profani :
Jam furor humanos nostro de pectore sensus
Expulit, et totum spirant præcordia phœbum (2).

(1) *Horat., lib.* 1, *satyr.* 4. — (2) *Claud., de rap. Proserp., lib.* 1.

On diroit que le poète nous crie à haute voix comme la Sibille de l'Énéïde,

Deus, ecce Deus (1).

Et l'on applique volontiers à Virgile ce qu'il dit de sa prêtresse.

.... *Majorque videtur*
Nec mortale sonans, afflatur numine quando
Jam propiore Dei.........

Mais la fureur des poètes est une passion contagieuse. Elle se communique, elle pénètre dans l'ame du spectateur, qui devient presque comme ces peuples que le son de certains instrumens fait danser malgré eux; pour peu qu'il ait l'ame facile à émouvoir, il entre dans l'enthousiasme, et il éprouve en lui les mêmes mouvemens qui ont agité le poète dans la chaleur de la composition. Il sent dans son ame je ne sais quoi de plus noble, de plus sublime : il croit être transporté dans une région supérieure.

Sub pedibusque videt nubes et sidera (2).

Il conçoit une plus haute idée de ses forces : il se flatte de penser avec plus d'élévation, et c'est là sans doute une des plus grandes causes de cette espèce d'enchantement qui est attaché à la poésie sublime et héroïque.

La déclamation, le geste, le mouvement des acteurs, augmentent cet enchantement, sur tout quand ils sont soutenus de ce qu'Aristote appelle les secours ou les instrumens de l'imitation, et dont il fait la troisième partie de sa division générale; je veux parler ici de la musique et de la décoration qui

(1) *Virgil.*, *Æneïd.*, *lib.* 6. — (2) *Virgil.*, *Eclog.* 5.

tendent à la même fin que tout le reste, et qui y tendent presque par les mêmes impressions.

La musique excite et attache notre attention comme la poésie, par une espèce de langue qui lui est particulière, et qui ne nous parle que par les rapports des sons : elle nous affecte encore plus que la poésie, même par la douceur du nombre et de l'harmonie, qui n'a tant de charmes pour nous que parce qu'en ébranlant avec une justesse et une convenance parfaite les cordes de cet instrument naturel qui y répond dans nos oreilles, elle cause dans notre ame une émotion aussi douce qu'agréable ; elle frappe, pour ainsi dire, les ressorts de toutes les passions par des accords qui les excitent ou les rappellent : elle les justifie aussi en un sens, et les autorise comme la poésie dramatique, par la douceur qui est attachée aux dispositions qu'elle inspire dans l'ame, qui, en s'y livrant, a de la peine à croire que ce qui lui paroît si innocent, et qui est si agréable, puisse jamais lui être funeste, ni qu'un plaisir dont elle fait son bonheur actuel, soit capable de la rendre moins parfaite. La musique exprime même la majesté de la vertu, et semble lui prêter des grâces et des charmes, et c'étoit la première destination du chant et de la symphonie. Elle présente aussi à notre esprit ce mélange, cette combinaison bien proportionnée de variété et d'unité qui dominent dans tous les ouvrages dont il est justement touché ; elle le remplit d'admiration par des sons dont le rapport, et encore plus le contraste, nous surprennent et nous ravissent par le changement soudain qu'il produit dans notre ame. Elle a donc son sublime comme la poésie, et elle transporte l'auditeur comme dans un séjour enchanté où il éprouve une espèce d'ivresse qui absorbe toute autre pensée. Elle excite, elle soutient ou elle anime les passions qui affectent l'ame dans la tragédie, et elle y mêle une plus grande diversité qui sert à délasser et à renouveler l'attention. On en a vu l'effet dans les représentations d'Esther et d'Athalie qui ont fait sentir combien ce mélange de vers et de musique donnoit d'avantage aux tragédies grecques et latines ; sur les nôtres.

La décoration est trop peu de chose par rapport à tout le reste, pour mériter que je m'arrête à observer que par son rapport et sa convenance avec l'action représentée, elle rend la représentation plus vive et plus animée, qu'elle en lie et en unit toutes les parties, et qu'elle y ajoute un nouvel ornement.

Tout ce que je viens de distinguer, soit dans les parties principales de la tragédie, soit dans celles qui appartiennent plus à l'ornement qu'à l'essence de cette espèce de poème, fait connoître les premières causes de l'impression qu'elle produit sur les spectateurs en réveillant, en fortifiant, en autorisant leurs passions.

Après cela, je consens très-volontiers que l'on y ajoute encore un plaisir d'un autre genre, qui est indépendant de la représentation, et de la vue d'un spectacle : c'est celui que notre ame, qui désire toujours la perfection, trouve naturellement à juger et à connoître les rapports des objets qui lui sont présentés ; et en effet, ce plaisir, dont je parlerai bientôt plus à fond, doit être gardé pour le dernier, parce qu'il se mêle et qu'il influe dans tous les autres, et qu'il se fait sentir également par rapport à tous les ouvrages de l'art.

Aristote a donc eu raison de dire que la tragédie, comme tout autre poème, est une peinture. Il ne s'est pas trompé non plus lorsqu'il a remarqué que l'homme se plaît naturellement à l'imitation, soit qu'il imite lui-même, soit qu'il ne fasse que sentir l'effet de l'imitation faite par un autre. Mais Aristote resserre les charmes de la poésie dans des bornes trop étroites, quand il les fait consister dans le seul plaisir que l'imitation cause à notre esprit. Je viens d'en indiquer un grand nombre d'une autre espèce, et j'y en ajouterois peut-être de nouveaux, si la matière méritoit d'être encore plus approfondie, et si je n'avois à me reprocher de m'en être déjà trop occupé.

En vain Aristote, ou ses partisans, voudroit-il répondre que c'est par l'imitation même que le poète tragique prépare ces différens genres de plaisirs. Il est vrai que tout l'art et toute la perfection de la tragédie consistent, en un sens, dans une imitation savante et fidèle, en sorte que le poète qui imite le mieux, est aussi celui qui nous plaît davantage. Mais autre chose est le plaisir qui résulte de cette justesse d'imitation considérée comme telle, et en tant que c'est une imitation dont nous comparons le rapport avec son original; autre chose est l'impression agréable que fait sur nous l'action ou l'événement que le poète imite. L'un est le plaisir que l'art, envisagé comme art, excite dans notre esprit; l'autre est le plaisir qui naît des choses mêmes que l'art met devant nos yeux.

Qu'il me soit permis, pour en faire mieux sentir la différence, de comparer l'impression que fait sur moi un tableau de Tesnières qui me représente un cabaret ou une noce de village, avec celle dont je suis frappé à la vue d'un tableau de Raphaël, tel que celui de la sainte Famille, ou du saint Michel que l'on voit à Versailles. L'art est égal dans les deux peintres; l'imitation est parfaite de part et d'autre: le peintre flamand auroit peut-être même quelque avantage par cet endroit, sur le romain; sa peinture a je ne sais quoi de plus vrai: son imitation est plus naïve; on la prendroit presque pour la nature même; ainsi, du côté du plaisir que j'ai appelé le plaisir de l'art, je suis également satisfait de l'une et de l'autre peinture. Mais quelle disproportion entre les sentimens dont je suis affecté par les différens objets qu'ils imitent tous deux avec la même perfection? L'un, me plaît par la grâce, la naïveté que j'y observe; l'autre, fait sur moi une impression plus sérieuse, plus forte, plus profonde par la grandeur, la noblesse, le sentiment que le peintre a su jeter dans les caractères qu'il a voulu exprimer. Je sens naître dans mon cœur des mouvemens de respect et d'admiration: ce n'est plus seulement l'art qui me frappe, c'est l'objet même que l'art me présente. Telle est la différence d'une belle tragédie et de la farce la plus amusante : celle-ci, peut-être aussi parfaite en son genre que la tragédie dans le sien : le mérite de l'imitation leur est commun; et le plaisir doit être égal à cet égard. Mais l'une l'emporte sur l'autre (et il me suffit même qu'elle en diffère), par le mérite ou par la nature de la chose imitée. Que fait donc l'imitation dans la poésie comme dans la peinture ? Je comparerois volontiers cette espèce de prestige que l'une et l'autre exercent sur nous, à l'artifice des lunettes d'approche qui efface la distance des objets, et qui me met en état d'en recevoir une impression si vive et si distincte; que, comme c'est par cette distinction et cette vivacité que je juge de leur proximité, je crois voir la lune au bout du télescope au travers duquel je l'aperçois; il ne fait que la placer à la portée de mes yeux, et, après cela, c'est la lune même que j'observe, c'est sa lumière qui agit sur moi, et quelquefois si fortement que j'en suis ébloui. Il en est de même lorsque la lune appelle, pour ainsi dire, la façade d'un palais éloigné, et l'oblige à se présenter devant moi. Elle a fait par là tout ce qui est de son ressort, et c'est alors la beauté de l'objet, la régularité, les proportions et les ornemens de l'architecture, qui causent par eux-mêmes l'impression du plaisir que je sens. Tel est à peu près ce que j'ai nommé le prestige de l'imitation du peintre ou du poète : il rapproche l'objet; il le met tout entier, et tel qu'il est sous mes yeux. C'est à quoi se termine toute l'industrie de l'imitateur : mais, lorsqu'il a une fois achevé son ouvrage, ce n'est plus lui, à proprement parler, qui agit sur mon ame; c'est le sujet même, ce sont l'union et le concours de toutes les parties de l'événement qui excitent en moi cette agitation et cette espèce de chaleur que j'éprouve. Ainsi, pour me servir encore d'une comparaison semblable, un miroir ardent ne sert qu'à réunir, comme dans un point, plusieurs rayons de lumière, et ce sont ensuite ces rayons qui, par leur propre chaleur, allument et embrasent tout ce que l'on place dans leur foyer.

Jugeons enfin, pour achever d'approfondir cette pensée, jugeons de l'art par la nature, et de la fiction par la vérité. Une action, telle que celle qui fait le sujet de la tragédie de Cinna, se passe réellement devant mes yeux : j'entends des conversations de Cinna et d'Émilie ; je vois leur entreprise sur le point d'éclater ; j'assiste à la délibération d'Auguste sur l'abdication de l'empire et le rétablissement de la république ; je suis témoin de la trahison de Maxime : la conjuration est découverte. Auguste se trouble ; Livie le rassure, et lui donne un conseil généreux. Il accable Cinna de reproches trop mérités ; il lui fait grâce ensuite par une grandeur d'ame et une clémence inouies. Je suis présent à tout, sans intérêt personnel, et sans avoir rien à craindre ni à désirer pour moi-même. Certainement si cette supposition étoit une vérité, ce ne seroit pas alors le plaisir de l'imitation ou des rapports aperçus entre l'original et la copie, qui se feroit sentir à mon ame, puisque l'action même se passeroit en ma présence ; mais je serois agité de tous les mouvemens que la curiosité naturelle, que l'attente inquiète de l'événement, que la grandeur des caractères, la sublimité ou la violence des sentimens, peuvent exciter dans mon cœur. Or, ne sont-ce pas là les mêmes impressions que la représentation de Cinna fait sur les spectateurs, et qu'elle a faites encore lorsqu'elle a paru pour la première fois? C'est donc dans la beauté du sujet même et de toutes ses circonstances, c'est dans la grandeur singulière de l'événement ; dans les caractères des héros de la pièce, dans leurs sentimens, dans leurs expressions, en un mot, dans ce que le poète imite, qu'il faut chercher la principale source du plaisir qu'il fait goûter. Si ce plaisir diffère beaucoup de celui que causeroit un grand événement, dont nous serions témoins, c'est parce que la vérité nous frappe toujours plus que la plus parfaite peinture. Elle excite en nous des sentimens plus vrais, des passions plus originales, au lieu que celles qui naissent de l'imitation, tiennent toujours quelque chose de la copie, et que, pour se servir ici d'un terme de Cicéron, elles sont *non expressa quidem sed adumbrata signa affectuum*. Mais le genre de l'impression est le même, si le degré en est différent; et cette impression est un effet absolu que la chose même produit, et non pas seulement un plaisir de comparaison, qui ne naît que d'un rapport de conformité entre la représentation et l'objet représenté.

J'ajoute encore que le plus grand mérite et le plus haut degré de l'imitation, quand elle est parfaite, sont de se cacher eux-mêmes, et de rendre l'illusion si forte et si dominante, que l'esprit tout occupé de l'objet imité n'ait pas le loisir de penser à l'art de l'imitation. La poésie n'est, à la vérité, qu'une peinture; mais cette peinture est bien froide, lorsqu'au premier moment qu'elle frappe notre vue, elle nous laisse assez de sang-froid pour faire des comparaisons; et, pour bien juger de la fidélité du pinceau, il faut qu'elle nous transporte dans le temps et dans le lieu où l'action s'est passée véritablement, que l'on croie la voir de ses yeux, l'entendre de ses oreilles; et il ne faut pas croire que notre ame refuse de se prêter à cette espèce d'enchantement: elle s'y livre au contraire, avec d'autant plus de plaisir, que l'illusion de la poésie est plus parfaite; elle réalise sans effort tout ce qui peut flatter ses passions en les remuant agréablement. Corneille vouloit que l'on eût de l'indulgence pour les poètes tragiques, d'admettre un lieu théâtral, où, sans blesser la règle de l'unité, on voulût bien supposer que tous les événemens de la pièce auroient pu se passer avec vraisemblance; mais si son idée a quelque chose de bizarre, il ne l'est point de penser que la plupart des hommes ont une imagination disposée à recevoir toutes les fictions et les suppositions du poète, où chacune se place et où l'apparence fait presque la même impression que la vérité. On les écoute dans la résolution de s'y laisser tromper, et c'est parce qu'on s'y trompe en effet, et qu'on prend la copie pour l'original, que les malheurs feints excitent une compassion presque réelle, et que l'image de la douleur y fait couler des larmes passagères, mais en un sens véritables. Le commun des hommes aime mieux se laisser agiter, échauffer, attendrir, que d'examiner s'il a raison d'être touché: et, si le poète a su imiter parfaitement les actions, les sentimens, les pensées de ceux qu'il met sur la scène, les spectateurs *se reposent sur lui* (comme Racine l'a fort bien dit) *du soin d'éclaircir les difficultés de la poétique d'Aristote : ils se réservent le plaisir de pleurer et d'être attendris*. Juger de l'exacte observation des règles de l'art, c'est le plaisir du philosophe et du connoisseur; mais ce n'est pas celui du plus grand nombre des hommes : le philosophe et le connoisseur même, s'ils ont l'ame sensible, ne le goûtent que par réflexion; et leur plaisir directe est le même que celui du peuple, je veux dire, le plaisir qui naît des mouvemens excités dans leur ame par une action qu'ils veulent bien regarder pour un moment comme une action véritable.

Il en est de même à proportion du plaisir que la musique nous fait; une ame délicate et sensible à l'harmonie, ne pense point d'abord à examiner si un air tendre et touchant exprime bien le sentiment d'un cœur foible et passionné : elle se livre naturellement et presque machinalement à l'impression que cet air fait sur elle; elle devient elle-même ce cœur touché dont le musicien a voulu faire sentir l'état par des modes propres à inspirer la tendresse et la douleur; le plaisir de comparer le rapport de ces modes avec la disposition de notre ame, qu'ils peignent, pour ainsi dire, par le son, ne vient qu'après coup; c'est un plaisir réfléchi qui ne se fait sentir qu'en second. L'habile musicien qui s'est fait une longue habitude des règles de son art, peut en être frappé plus tôt; mais le commun des hommes jouit des sentimens que la musique fait naître dans son ame, sans en rechercher la cause. Combien y en a-t-il qui passent leurs jours à entendre des opéras et des concerts, et qui n'ont pas encore fait réflexion que le plaisir qu'ils y goûtent vient de la fidélité de l'imitation qui se fait par la musique? Ou si leur esprit a quelques lueurs de cette vérité, elles sont si foibles, si obscures, si enveloppées dans le sentiment, qu'ils ne s'en aperçoivent presque pas eux-mêmes; et l'on ne peut guère s'imaginer qu'une pensée, à laquelle ils font si peu d'attention, soit néanmoins la véritable cause du plaisir qu'ils y trouvent. Ainsi, de même que les sons et leurs accords nous charment par les mouvemens qu'ils excitent en nous, indépendamment de la réflexion que nous pouvons faire sur l'art avec lequel le musicien a su exprimer ce qu'il imite, il y a aussi dans les impressions qu'un sujet rapproché par l'imitation du poète nous fait éprouver, un plaisir direct, qui prévient et qui surpasse le plaisir plus abstrait et plus réfléchi que nous prenons à juger de la justesse et de la fidélité de l'imitation.

Il me semble donc que si l'auteur du discours qui m'a fait naître toutes ces pensées, veut plaire et instruire véritablement en traitant la matière de l'imitation par rapport à la tragédie, il doit embrasser également les deux objets principaux auxquels on peut la réduire toute entière; je veux dire :

1.° Le plaisir de l'imitation considérée comme vérité, et comme un événement réel qui se passeroit en notre présence;

2.° Le plaisir de l'imitation considérée seulement comme imitation, et comme un ouvrage de l'art, dont on examine le rapport et la convenance avec l'objet qu'il imite.

Je n'ai fait ici qu'une ébauche grossière de ce qui regarde le premier point, où j'ai jeté rapidement, et peut-être avec trop d'abondance, les premiers traits qui se sont présentés à mon esprit : les réflexions de l'auteur, la fécondité de son génie et la délicatesse de son goût y suppléèrent avantageusement par les nouvelles découvertes qu'il fera dans le cœur humain, et par l'art avec lequel il développera les ressorts des mouvemens que je n'ai presque fait qu'indiquer; il ne sauroit au moins traiter cette matière d'une manière plus agréable ni plus intéressante pour ceux qui se plaisent à chercher dans la connoissance de l'homme le fondement des règles de la poésie, comme de celles de la rhétorique.

Après avoir épuisé ce premier point, la seconde face sous laquelle on peut envisager la tragédie, en ne la considérant que comme une imitation, lui fournira un sujet presque aussi riche, s'il s'attache à bien expliquer pourquoi toute imitation nous plaît en tant qu'imitation, et pourquoi celle qui est l'ame de la tragédie, fait de plus fortes impressions que toutes les autres.

L'auteur paroît avoir voulu se réduire à traiter ces deux dernières questions. Mais je ne sais si dans cette vue même, il n'y auroit pas plusieurs choses qu'il pourroit développer, ou même ajouter pour rendre sa dissertation plus pleine et plus parfaite. J'en indiquerai ici quelques-unes, puisque j'ai commencé à ne ménager ni ma paresse naturelle, ni la patience de l'auteur.

I. Ne pourroit-on pas y distinguer davantage la satisfaction que nous avons à imiter nous-mêmes, et celle que nous prenons à voir l'ouvrage que l'imitation faite par un autre a produit?

Lorsque nous imitons nous-mêmes, nous goûtons plusieurs plaisirs qui ne dépendent point de celui d'apercevoir des rapports, comme le plaisir d'agir qui nous fait sentir notre force; le plaisir de mépriser l'original, et de le regarder comme étant fort au-dessous de nous, si nous ne l'imitons que pour le tourner en ridicule; le plaisir contraire de joûter en quelque manière contre notre modèle, s'il nous paroît digne d'estime ou d'admiration, et de nous flatter d'avoir remporté la victoire, etc.

Lorsque nous voyons l'effet de l'imitation faite par un autre, ces plaisirs se changent en celui de comparer, de juger, d'exercer une espèce de supériorité sur l'ouvrage et sur l'auteur.

II. De la différence qui est entre ces deux espèces de plaisirs, ne pourroit-on pas conclure que si les enfans aiment naturellement à imiter, ce n'est pas précisément par le plaisir de juger, à quoi l'auteur attribue dans la suite de son discours le goût que nous avons pour l'imitation; c'est plutôt par la satisfaction qu'ils trouvent dans le mouvement et dans l'action, et parce qu'ils sont déjà sensibles au plaisir de jouir des perfections de leur être, c'est-à-dire, des forces de leur corps et de celles de leur esprit. Mais pourquoi en veulent-ils jouir par l'imitation? C'est parce que leur raison n'étant encore ni assez développée, ni assez parfaite pour mettre en ordre leurs idées afin de produire quelque chose d'eux-mêmes, et de faire de nouvelles découvertes, ils sont obligés de s'arrêter à ce qu'ils ont vu faire aux autres. Ainsi, le plaisir qu'ils prennent à les contrefaire pour s'amuser et pour s'exercer, pourroit bien venir autant de la foiblesse de leur esprit, que d'une pente naturelle à l'imitation. L'on entretient d'ailleurs, et l'on augmente ce goût dans les enfans, par les louanges qu'on leur donne lorsqu'ils ont réussi dans cette espèce de comédie qu'ils jouent naturellement. Leur vanité les porte donc à imiter, encore plus que le plaisir même de l'imitation; et ces réflexions ne conviennent pas seulement aux enfans. Combien y a-t-il de personnes d'un âge mûr, et même de beaux esprits, à qui l'on pourroit appliquer ce qu'un prêtre égyptien disoit au législateur d'Athènes : *ô Solon, Solon, vous autres grecs, vous êtes toujours enfans?* On est frappé de ce que l'on voit, ou que l'on entend dire, et l'on se plaît à l'imiter : on se croit assuré de plaire en imitant ce qui est à la mode. L'esprit aime naturellement à agir; mais il préfère ce qui lui coûte moins de travail; et le succès, en donnant moins de peine, ne laisse pas d'attirer de grands applaudissemens à l'imitateur : on en voit aussi beaucoup plus que de véritables auteurs, et ce n'est pas seulement dans la peinture qu'il est vrai de dire qu'on trouve mille et dix mille copies contre un seul original. Je serois donc bien tenté de croire que, d'un côté, le désir d'agir, et, de l'autre, la foiblesse et la paresse de notre esprit jointes à sa vanité, ont souvent presque autant de part que les charmes de l'imitation, au plaisir que nous prènons à tout imiter.

III. Je consens très-volontiers qu'on regarde le goût que la plupart des gens d'esprit ont pour la peinture, pour la sculpture, pour la musique, pour les fables, comme une des preuves du plaisir qu'ils prennent à l'imitation, pourvu néanmoins qu'on y joigne toujours cette expression d'un ordre supérieur que les choses mêmes qui sont imitées font sur notre ame; mais j'aurois plus de répugnance à mettre l'histoire dans le même rang. Il n'y a personne qui ne sente que le plaisir qu'il trouve à la lire, à satisfaire ainsi la curiosité naturelle à notre esprit, à y étudier le cœur humain, à former son jugement et ses mœurs par de grands exemples de vice et de vertu, de folie et de sagesse, de foiblesse et de fermeté, n'a rien de commun avec le plaisir de l'imitation renfermée dans ses véritables bornes. Si je parlois donc de l'histoire en traitant cette matière, il me semble que je n'appliquerois ce qui regarde le plaisir propre à l'imitation, qu'aux ornemens et à ce qu'on peut appeler l'accessoire de la narration, je veux dire, à la beauté du style, aux harangues, aux descriptions, aux portraits, où l'historien se donne la liberté d'entreprendre sur l'art du peintre, et quelquefois sur celui du poète même, *verba prope poetarum*, comme Cicéron le dit des orateurs.

IV. L'auteur observe avec beaucoup de raison *qu'il n'est pas nécessaire que les objets que le peintre a voulu représenter, soient parfaits en eux-mêmes, et qu'on peut faire une représentation très-parfaite d'une chose très-imparfaite; que celles mêmes dont la vue fait horreur, nous sont rendues agréables par la peinture, parce que ce n'est pas la perfection de l'objet qui nous plaît, mais celle de l'imitation.* Je voudrois seulement qu'il y eût ajouté deux choses :

L'une, que c'est véritablement en ce cas que nous goûtons le seul plaisir de l'imitation. Comme les objets de cette espèce sont bien éloignés d'avoir aucun attrait par eux-mêmes, et que la nature n'y a rien mis du sien pour nous plaire, elle a laissé tout à faire au peintre, dont l'art est la seule chose que l'on puisse admirer dans ces sortes d'images, parce qu'elles ne nous plaisent que par le seul rapport et par la conformité parfaite de la copie avec l'original.

L'autre, qu'il n'en est pas ainsi quand les objets, dont on nous présente la peinture, ont une beauté naturelle qui nous frappe et qui nous saisit par elle-même indépendamment de celle de l'imitation ; il se forme alors dans notre ame un mélange de sentimens dont les uns naissent de l'objet représenté, et les autres de la représentation. J'ai déjà assez développé l'effet de la première impression : je dirai donc seulement que, si le plaisir de la seconde s'y joint, notre cœur agité de ces passions douces que l'objet réveille par lui-même, et notre esprit frappé de la justesse de l'imitation, applaudissent également à l'art du poète, et goûtent ainsi deux plaisirs au lieu d'un. Le premier est plus mêlé de sensible ; le second a quelque chose de plus spirituel. Mais tous deux, joints et réunis ensemble, forment par leur accord la plus grande satisfaction que l'art puisse nous procurer. C'est par là qu'il semble ajouter quelque chose à la nature ; et il la surpasseroit même, si la fiction pouvoit jamais faire sur nous autant d'impression que la vérité.

Je pourrois m'étendre ici sur les conséquences que je tirerois aisément de la distinction de ces deux différentes espèces de plaisirs ; et c'est par là que j'expliquerois sans peine pourquoi les tableaux d'histoire nous plaisent davantage que les paysages, ou que la peinture des choses mortes ou inanimées ; pourquoi l'on voit avec plus d'admiration le portrait d'un grand homme que celui d'un homme du commun, quoique l'un et l'autre portraits soient également parfaits; enfin, pour revenir à la matière présente, par quelle raison la tragédie fait des impressions plus profondes et plus pénétrantes que la comédie. Mais toutes ces conséquences me paroissent si clairement renfermées dans les principes dont je me suis servi pour établir la distinction des mouvemens qui viennent de l'objet même et de ceux qui naissent de la copie, que tout ce que j'ajouterois ici sur ce sujet, ne pourroit être qu'une répétition aussi inutile qu'ennuyeuse.

V. Après avoir fait ces réfléxions générales sur le goût que les hommes ont pour l'imitation, il restera d'expliquer les véritables causes de cette dernière espèce de plaisir dont l'imitation nous affecte.

L'auteur a raison de trouver qu'Aristote ne nous donne qu'une idée très-imparfaite de ces causes, lorsqu'il semble les réduire au seul désir d'apprendre et de s'instruire, qui est commun à tous les hommes. Le plaisir que nous sentons à satisfaire ce désir s'useroit bientôt, et il y auroit peu de personnes qui voulussent revoir plusieurs fois la même pièce, ou tout autre ouvrage, puisqu'elles n'auroient plus rien de nouveau à y apprendre; il n'y a personne d'ailleurs qui ne sente en soi-même quelque chose de plus que ce plaisir d'apprendre, quand il ne chercheroit dans une tragédie ou autre poëme, que la justesse et la vérité de l'imitation. Enfin, Aristote, content de nous dire gravement que c'est le plaisir d'apprendre qui nous rend l'imitation si agréable, sans remonter plus haut, et nous expliquer en grand philosophe, quelle est la source de plaisir même que nous prenons à nous instruire, a laissé dans la poétique comme dans la physique, non pas de quoi glaner seulement, mais de quoi moissonner après lui. C'est cette moisson abondante, qui est réservée à l'auteur du discours sur l'imitation. Il commence à la faire, lorsqu'au plaisir d'apprendre, qui est le seul qu'Aristote ait touché, il joint celui de juger, que ce philosophe n'a pas trouvé digne de son attention. Mais je voudrois aussi que, remontant de cause en cause jusqu'à la première, il nous expliquât les raisons de ce plaisir que nous prenons à juger; et dans ce moment, il ne s'en présente que trois à mon esprit :

L'une, que le jugement est l'acte le plus parfait de notre raison, ou plutôt, que notre raison même n'est qu'un jugement continuel, et comme c'est par la raison que nous estimons le plus notre nature, dont elle est en effet le plus précieux avantage, il y a aussi un plaisir secret attaché à l'usage que nous faisons de cette perfection de notre ame en prononçant un jugement;

La seconde est que nous croyons exercer par là un acte de supériorité, et nous regardons notre critique comme une espèce de tribunal auquel nous attribuons presque le privilége de l'infaillibilité. Nous considérons les auteurs qui s'exposent à sa censure, comme autant de cliens de notre raison et de notre goût, qui attendent avec une inquiétude flatteuse pour nous, l'arrêt par lequel nous allons décider de leur mérite. De là vient que les jugemens que l'on porte sur les auteurs, et en général sur le caractère, la conduite, les discours des autres hommes plaisent plus à l'amour-propre que ceux qui n'ont pour objet que les idées des choses mêmes. On ne trouve dans les derniers que la satisfaction de sentir la perfection absolue de son esprit, au lieu que les premiers y font goûter une perfection relative, ou une perfection comparée à celle des autres, et l'on ne manque guère de la croire supérieure. Quelque parfait que soit un ouvrage, il s'y glisse toujours de ces taches légères.

Quas aut incuria fudit,
Aut humana parùm cavit natura (1).

Homère même sommeille quelquefois, selon Ho-

(1) *Horat., de Art. poet.*

race. Notre amour-propre se repaît donc, pour parler ainsi, de la vue de ces fautes qui échappent aux meilleurs auteurs : nous nous flattons aisément que, puisque nous les apercevons, nous les aurions évitées si nous avions eu à faire le même ouvrage. Nous sommes à peu près comme un juge, pour suivre la même image, qui se remercieroit sur son tribunal de n'avoir pas fait les injustices qu'il découvre et qu'il condamne. C'est ainsi que pour avoir remarqué quelques fautes légères qui sont inévitables à l'humanité, nous nous croyons supérieurs à ceux mêmes dont nous ne pourrions approcher, si nous voulions prendre la peine de composer, au lieu de jouir du plaisir facile de critiquer.

Enfin, quand nous aurions le bonheur de nous mettre entièrement au-dessus de ces retours de l'amour-propre, nous éprouverions toujours en nous-mêmes, que l'auteur de notre être a attaché une secrète satisfaction à l'exercice des opérations de notre ame, qui nous sont aussi nécessaires que celles du jugement et du raisonnement, qui n'est qu'un jugement plus composé. Si ce plaisir n'est pas toujours le plus sensible, il est au moins le plus pur et le plus digne d'une créature raisonnable ; c'est ce qui fait que l'évidence des vérités les plus sèches et les plus abstraites est d'une si grande douceur pour ceux qui s'attachent à les découvrir : ils sentent un repos, un calme intérieur, une espèce de bonheur actuel qui pénètre le fond de leur ame, et qui éteint en eux tout autre désir, au moins pendant ce moment de jouissance de la vérité. C'est à cette situation que tendent tous nos jugemens, et l'espérance d'y parvenir nous en donne un goût et comme une satisfaction anticipée qui nous soutient, et qui nous anime dans ceux mêmes qui coûtent un plus grand effort à notre raison.

VI. De tout ce qui sert de matière à nos jugemens, il n'y a rien qui nous plaise davantage que les rapports qui sont entre les choses que nous connoissons, soit par idée ou par sentiment, et il y en a plusieurs raisons. Je ne ferai que les indiquer ici pour tracer une image légère de ce que je voudrois voir exécuté par l'auteur, à qui il en coûtera moins pour achever l'ouvrage qu'à moi pour en former le premier trait.

1.° Il est ordinairement plus aisé d'apercevoir des rapports entre des objets qui nous sont connus, que d'examiner à fond les choses en elles-mêmes. La curiosité de notre esprit demande de l'occupation, comme je l'ai dit ailleurs, et sa paresse la veut facile. Ainsi, le goût qu'il trouve à juger des rapports est fondé en partie sur ce qu'il fait moins d'efforts dans cette espèce de jugement;

2.° L'esprit qui se plaît à agir, comme je l'ai déjà observé, croit agir davantage quand il découvre des rapports, que quand il aperçoit les premières idées des choses. Il ne se regarde à l'égard de ces notions que comme la toile qui reçoit l'impression des différentes couleurs; mais, pour les autres, il croit être le pinceau, ou plutôt le peintre qui les distribue; et, en effet, plus un esprit a d'étendue et de pénétration, plus il découvre de ces rapports; et, comme rien n'en fait connoître un plus grand nombre que l'imitation, il n'est pas surprenant qu'il prenne un plaisir singulier à juger des ouvrages qu'elle produit;

3.° Quoique nous aimions, en général, à remarquer et à exprimer des rapports, ils ne nous plaisent pas tous également; et cette différence vient de celle des objets entre lesquels nous les apercevons. Si ces objets sont purement intelligibles, leurs rapports le sont aussi; ils sont, par conséquent, moins agréables au commun des hommes que ceux qui sont sensibles, et qui naissent de la comparaison que leur esprit fait de deux objets également sensibles. L'aversion qu'ils ont pour la contention et le travail les éloigne des premiers, et le goût qu'ils ont pour ce qui affecte les sens et l'imagination les porte vers les derniers. Il suffit, pour les goûter, d'être capable de sentiment. Mais il faut une certaine force d'esprit, et encore plus de persévérance dans une application pénible, pour sentir cette espèce de volupté purement spirituelle que les premiers cachent aux yeux du vulgaire. Aussi l'imitation qui se fait des rapports intelligibles par les nombres de l'arithmétique, par les lettres de l'algèbre, ou même par les lignes de la géométrie, trouve peu d'admirateurs, au lieu que la plupart des hommes courent après celle des rapports sensibles qui se fait par la peinture ou par la poésie, parce que, pour y exercer son jugement, il ne faut y porter que des yeux et des oreilles, avec une imagination vive et un cœur facile à émouvoir ;

4.° Que si, outre le plaisir d'apercevoir des rapports sensibles entre les objets imités et l'imitation du poète, ces objets ont par eux-mêmes une relation et une convenance, je dirois presque une consonnance naturelle avec nos dispositions intérieures, c'est alors que, soutenus par le mouvement des passions, nous exerçons notre jugement avec un extrême plaisir sur une imitation qui nous paroît d'autant plus intéressante, que c'est le sentiment qui en juge au dedans de nous beaucoup plus que la raison, et que les décisions de notre cœur nous plaisent infiniment davantage que celles de notre esprit.

J'ajouterai ici (quand ce ne seroit que pour me reconcilier avec Aristote, en finissant ce long discours, après m'être brouillé avec lui en le commençant) que, si le plaisir de juger de l'imitation n'est pas le premier dont on soit frappé à la représentation ou à la lecture d'une belle tragédie, il a du moins l'avantage d'en faire le mérite le plus solide et le plus durable, lorsque la première chaleur que la nouveauté allume dans l'ame, commence à se refroidir. On en revient toujours à juger de sa vraie beauté par la justesse et la fidélité de l'imitation ; c'est ce qui fait que l'on y retourne, ou qu'on la lit plusieurs fois avec un plaisir qui se renouvelle et augmente, même à mesure qu'une plus grande attention, et une espèce de familiarité que l'on contracte avec l'ouvrage, y font reconnoître de nouveaux rapports entre les objets imités et l'imitation du poète : notre esprit, plus serein et bien plus tranquille, en juge mieux alors, parce qu'il est moins offusqué de ces nuages que les passions élèvent du fond de notre cœur. L'imagination seule avoit d'abord prononcé; et, comme elle décide promptement, elle est aussi inconstante dans ses décisions; mais le dernier suffrage est celui de la raison, qui, n'étant pas sujette aux mêmes changemens, parce qu'elle juge avec plus de maturité, assure à l'auteur la durée de sa gloire, et lui donne droit d'espérer, comme dit Despréaux,

> Que ces vers à grands pas chez la postérité
> Iront marqués au coin de l'immortalité.

Au reste, je n'ai pas besoin d'observer, après toutes ces réflexions, qu'en découvrant les sources du plaisir qui naît et de la chose imitée, et de l'imitation même, on découvre en même temps l'origine et la raison de toutes les règles du poème tragique, et même de l'art poétique en général. Il me suffit d'en avoir donné des notions générales. Ce sera à l'auteur de les méditer, de les digérer, de les perfectionner; et, s'il veut en prendre la peine, ce qu'il y mettra du sien vaudra beaucoup mieux, sans doute, que tout ce que ma plume a tracé à la hâte, et presque au hasard, sur le papier, pendant que je maudissois mille fois cette douce, mais dangereuse rêverie, qui a tant abusé de mon oisiveté, que je rougis presque d'être devenu prodigue, pour le théâtre, d'un temps que je n'y avois jamais perdu.

Conjectures sur le véritable sens de la définition (1) qu'Aristote a donné de la Tragédie.

Le commencement ou la première partie de cette définition n'a rien de difficile à entendre. Tous ceux

(1) Εστιν ουν Τραγωδια μιμησις πραξεως σπουδαιας και τελειας, μεγεθος εχουσης, ηδυσμενω λογω, χωρις εκαστου των ειδων εν τοις μοριοις δρωντων; και ου δι απαγγελιας, αλλα δι ελεου και φοβου περαινουσα την των τοιουτων παθηματων καθαρσιν.

qui l'ont interprété conviennent que, selon Aristote, une tragédie est l'imitation d'une action grave et complète qui forme un tout d'une juste mesure, avec un style propre à plaire, et qui attache agréablement l'attention du spectateur.

L'obscurité des termes de ce philosophe ne commence qu'après ces mots, et elle continue jusqu'à la fin de la définition. C'est donc ce qu'il s'agit de bien expliquer, et j'en réduis d'abord la difficulté à trois points principaux :

1.° Quel est le véritable sens de ces mots : χωρις εκαστου των ειδων εν τοις μοριοις δρωντων, quelle est la force en cet endroit du mot ειδων, et de celui de δρωντων, qui y est joint ?

2.° Faut-il lier ce mot : δρωντων, avec les termes suivans : και ου δι επαγγελιας, ou joindre ces derniers mots à ceux qui viennent après, αλλα δι ελεου και φοβου, etc., et n'y a-t-il rien ici de corrompu dans le texte qu'il soit facile de rectifier ?

3.° Qu'est-ce qu'Aristote a entendu par cette expression : των τοιουτων παθηματων ? Est-ce la crainte et la compassion dont il vient de parler, ou d'autres passions qu'il n'a pas désignées d'une manière plus précise ?

Si l'on peut applanir ces trois difficultés, il ne sera peut-être pas impossible de donner un sens clair, suivi, raisonnable à une définition qui, pour parler latin en français, a été vexée en mille manières par ceux qui ont voulu l'interpréter chacun selon son génie.

Le terme de ειδων, qui est le plus obscur du premier point, parce que c'est un terme vague et abstrait, a le même usage dans le grec, que ceux de *genre*, *d'espèce*, de *manières d'être* ou d'*attribut*, ont dans notre langue. Mais quel en est le *sujet*, pour continuer de parler ici en termes de l'école, ou pour dire la même chose plus intelligiblement, à quoi doit-on rapporter cette expression ? Quelle est la *chose* dont Aristote veut ici marquer les *espèces différentes* par le mot ειδων ? Il n'a parlé que de deux choses jusqu'à cet endroit de sa définition. L'une, est l'*imitation d'une action grave* : l'autre, est le style avec lequel on l'imite : il faut donc nécessairement que ce soit à l'une de ces deux choses que le terme de ειδων se rapporte dans la pensée d'Aristote.

Mais le terme d'*espèces* ne peut guère s'appliquer à ce style, il n'y a pas assez de différence entre celui du récitatif et celui des chœurs, pour donner lieu de croire qu'un dialecticien comme Aristote ait voulu en faire comme deux genres ou deux espèces réellement distinctes et séparées ; et en effet on ne voit pas que dans le reste de sa poétique, il ait rien dit qui puisse autoriser cette prétendue distinction de deux différentes espèces de style dans la tragédie. Enfin, le style n'est point ce qui domine dans la définition dont il s'agit ; tout ce qui la précède et tout ce qui la suit, montrent également que c'est l'*imitation* en quoi Aristote fait consister l'essence de la tragédie, qui étoit son principal objet ; c'est ce qu'il croyoit avoir découvert le premier dans cette matière ; et, s'en regardant comme l'inventeur, on voit qu'il regardoit cette idée avec un amour de père, et qu'il en avoit fixé la base ou le fondement de tout son ouvrage. Ainsi, le terme de ειδων ou d'*espèces* n'étant point déterminé précisément dans cette définition, ni par rapport au *style* ni par rapport à l'imitation, toutes les règles d'une bonne critique veulent qu'on rapporte à l'objet ce que l'auteur de la définition avoit principalement en vue ; et, par conséquent, on s'éloigneroit de son esprit si on vouloit l'appliquer au *style* de la tragédie, et prétendre que c'est des différentes espèces de style qu'Aristote a voulu parler.

On n'a pas même besoin de raisonner ici par conjectures ; Aristote s'est expliqué lui-même, et on ne peut trouver un meilleur interprète de ses pensées.

1.° On voit au commencement du chapitre 7 de sa poétique, suivant la distinction de Henisius, qu'il a regardé le terme de ειδη et celui de μερη comme des expressions synonymes : μερη δε ; Τραγωδιας οις μεν ως ειδεσι δει χρησθαι, προτερον ειπομεν. C'est ainsi que parle ce philosophe. Ainsi, selon lui, *parties de la Tragédie*, *espèces dont la Tragédie se sert*, ce sont des mots qui ont le même sens; mais le terme de *parties* ne peut point s'appliquer au style; le même terme au contraire convient fort à l'*imitation* où l'on peut distinguer des parties différentes, parce que toutes les manières d'imiter ne sont pas les mêmes. Il n'en faudroit pas davantage à la rigueur pour faire voir par Aristote même que le terme εἰδῶν synonyme avec celui de *partie*, ne peut se rapporter au style, et par conséquent que c'est de l'imitation dont Aristote veut expliquer les différentes espèces quand il se sert de cette expression.

2.° C'est ce qui paroît encore plus clairement dans le chapitre même où se trouve la définition de la Tragédie.

Après l'avoir proposée d'abord toute entière, Aristote en reprend les principales parties pour les expliquer plus en détail; et quand il vient à ces mots, χωρὶς τῶν εἰδῶν, il en donne une idée grossière, en disant qu'il a mis ces mots dans sa définition, parce qu'il y a des choses que les poètes peignent par les vers, et d'autres qu'ils imitent par la musique; mais, parce que cette notion n'étoit pas assez exacte à son gré, il entre dans une plus grande discussion; et, s'il faut en faire ici une espèce d'analyse abrégée, il distingue trois choses dans toute tragédie, toujours considérée comme étant essentiellement une imitation :

La première, ce qu'on imite;

La seconde, par quoi on imite;

La troisième, comme on imite.

Ce qu'on imite comprend ou forme trois parties de la tragédie, selon Aristote :

La fable, ou le sujet de la pièce, c'est la première;

Les mœurs ou le caractère des personnages, c'est la seconde;

Les pensées ou les sentimens des personnages, c'est la troisième.

Le second point qui consiste à expliquer pourquoi on imite, ou quels sont les instrumens de l'imitation, n'a que deux parties :

L'une est la diction ou la versification ;

L'autre est la modulation ou le chœur.

Enfin *imite-t-on?* c'est ce qu'Aristote fait consister dans la décoration de la scène disposée convenablement au sujet.

Cette distinction le conduit à en conclure qu'il y a en tout six parties essentielles dans toute tragédie ; trois, par rapport à ce qu'on imite ; deux, par rapport aux moyens dont on se sert pour imiter ; une, sur la forme extérieure de l'imitation.

S'il étoit question de critiquer ici ce grand philosophe, on pourroit bien dire que ces trois points auroient dû être réduits à deux, et que la décision seroit bien plus claire et plus simple, si Aristote n'avoit fixé que deux classes des six parties qu'il compte dans la tragédie.

La première, auroit compris les trois parties qui regardent ce qu'on imite ;

La deuxième, auroit confirmé les instrumens ou les moyens de l'imitation, ou la manière d'imiter, et on auroit mis la décoration du spectacle dans cette classe, parce que si elle n'est pas un instrument de l'imitation, elle en est au moins un secours qui tombe naturellement dans la manière d'imiter.

Mais sans s'amuser à chicaner Aristote sur ce point, il suffit d'avoir expliqué sa pensée, et il est aisé après cela d'y trouver la véritable signification du mot ειδων, dont il se sert dans sa définition.

On a déjà vu qu'il confondoit ce terme avec celui de μερη, ou de partie de la tragédie, et en effet, c'est pour expliquer le mot ειδων, qu'il entre dans la distinction et dans l'énumération des six différentes parties de la tragédie. Ce qu'il avoit dit d'abord, lorsqu'il avoit appliqué ce mot à la versification et à la musique, ne lui plaît pas, ou ne lui paroît pas suffisant ; et c'est pour mieux développer sa pensée sur le mot ειδων, qu'il dit que puisque ce sont des hommes qu'on imite, ou qu'on représente comme agissans, il faut qu'il y ait une action; que ces hommes ayant certaines mœurs ou un certain caractère, les mœurs ou le caractère des personnages font aussi une partie essentielle de la tragédie; que comme ils y expliquent ce qu'ils pensent et ce qu'ils sentent, leurs pensées et leurs sentimens en sont une troisième; que les vers, ou seuls ou soutenus par la musique, étant leur langue, la versification et le chant font la quatrième et la cinquième partie de la pièce. Enfin, comme tout cela se passe sur une scène, ce qui montre précisément comment la tragédie imite, la décoration ou l'ornement de cette scène est la dernière partie de tout le spectacle.

Or, comme tout ceci entre dans l'imitation, qui suppose une action imitée, des personnages qui parlent ou qui chantent, au lieu où toutes leurs actions et leurs paroles soient représentées; c'est aussi toutes ces parties différentes qu'Aristote désigne par le terme de εἶδων, parce qu'en effet l'imitation entière est comme composée de toutes ces parties qui n'en forment qu'un seul tout.

Ce n'est donc point au style à quoi on peut appliquer ces idées, c'est uniquement à l'imitation qui tient la place du genre dans la définition d'Aristote. Il reste maintenant à examiner ce qui y tient lieu d'espèce, c'est-à-dire, ce qui distingue l'imitation qui se fait dans la tragédie, de toute autre imitation poétique.

La comédie imite une action comme la tragédie, et elle peut employer pour cela les mêmes secours; mais l'action qu'elle représente est une action ordinaire de la vie, qui n'a rien de grand ni de propre à exciter l'admiration; au lieu que l'action que la tragédie imite, est une action grave, sérieuse, héroïque, et c'est ce qu'Aristote n'a pas oublié de marquer dans sa définition, pour empêcher qu'on ne confonde ces deux genres de pièces ou d'imitation.

Le poème épique, au contraire, est semblable à la tragédie, en ce qu'il a pour signe une action aussi grave, aussi sérieuse, aussi héroïque : mais il en diffère par un endroit essentiel ; c'est que le poète épique n'imite que par la narration, au lieu que le poète tragique imite par l'action : on sent que dans son ouvrage ce sont les personnages mêmes qui parlent et qui agissent, comme si la chose représentée se passoit réellement sous les yeux du spectateur.

Il faut donc que cette différence qui caractérise la tragédie, comparée avec le poème épique, se trouve aussi dans la définition d'Aristote, et elle s'y trouve en effet dans le mot énergique δρωντων, qui est le même terme dont on se sert pour exprimer le genre du poème dramatique, comme si l'on disoit, poème qui consiste tout en action, au lieu qu'il n'y a, à proprement parler, que des paroles dans le poème épique, et c'est ce qui lui a fait donner ce nom.

Ce terme caractéristique δρωντων se rapporte à celui de ειδων, parce qu'en effet il n'y a aucune des parties de l'imitation qui n'agisse dans la tragédie, comme dans une action réelle et présente.

La fable, les mœurs, les sentimens des personnages y sont peints par voie d'action.

Ce sont les personnages mêmes qui parlent dans les vers ou qui chantent dans la musique.

Enfin, le lieu du spectacle y doit être tel que celui où l'on suppose que l'action s'est passée ; en sorte que les oreilles et les yeux soient agréablement trompés, et puissent prendre l'image pour la vérité.

Toutes les parties de la tragédie agissent donc, tout y paroît réel, le poète seul s'y cache, et la plus grande partie de son art consiste à faire oublier que ce que l'on voit est une imitation, et à donner lieu aux spectateurs de croire qu'ils voient et qu'ils entendent les personnages mêmes qui ont part à l'action représentée.

Ainsi, le premier point paroît suffisamment éclairci ; le terme de ειδων et celui de δρωντων deviennent aisés à entendre, et le véritable sens de ces mots χώρις.

. . . .

Examen critique d'un Discours d'Éloquence, etc.

Je ne suis pas surpris, Monsieur, de l'étonnement de l'abbé qui me paroît avoir une grande opinion de lui-même, et être plus propre à louer la modestie de M. Boivin, qu'à l'imiter. La lecture de son épître m'a fait découvrir bien des défauts, que la récitation m'avoit cachés. Quintilien disoit *superbissimum aurium judicium;* on pourroit bien y ajouter *oculorum superbius*. Je vous renvoie donc cet ouvrage avec deux sortes de coups de crayon : les uns en forme de la lettre S, marquent les défauts de style, et je comprends, sous ce titre, le peu de justesse dans la pensée comme dans l'expression; les autres dans la forme d'une L, désignent des louanges dont je ne me reconnois pas digne, et qui ne serviroient qu'à faire contraster ma vanité avec la modestie de M. Boivin, que l'on a raison de vouloir canoniser par cette épître. Vous devinerez aisément ce que tous mes coups de crayon signifient, et il ne tiendra qu'à vous d'y en ajouter plusieurs autres. Je suis tranquille dès le moment que vous vous rendez le maître de l'ouvrage. La seule louange que je puisse admettre, et encore à regret, est de n'en point vouloir, et de chercher à réconcilier les épîtres dédicatoires avec la vérité et la simplicité.

Je n'ai pas besoin de vous prier de ménager la délicatesse d'un auteur qui a beaucoup d'esprit et de mérite, malgré ce qui lui manque. Je serois très-fâché qu'il trouvât un sujet de dégoût et d'amertume dans ce qu'il n'a imaginé que pour me faire plaisir, et me donner une marque de ses sentimens à mon égard.

Sur les Dialogues de M. de Valincourt, contre les Spectacles.

Je suis bien honteux, Monsieur, de vous avoir fait attendre si long-temps mes réflexions sur votre premier dialogue contre les spectacles; mais depuis trois semaines j'ai été accablé de conversations et de lettres, qui, quoique peu décisives, demandoient néanmoins des réponses, et ont presque consommé tout mon temps; j'ai eu bien de la peine à trouver celui de mettre par écrit ce qui m'avoit frappé d'abord à la première lecture d'un dialogue, qui me feroit presque croire que vous avez une portion de l'ame de Platon et de celle de M. Pascal, tant je trouve de ressemblance entre leur style et le vôtre; pourquoi ai-je donc la hardiesse de critiquer un ouvrage qui m'a fait un si grand plaisir? Vous en jugerez par mes réflexions, qui sont moins des critiques, que l'effet du désir que j'ai de voir la matière pleinement traitée, et votre dialogue porté à la plus grande perfection. J'en serois content, s'il n'étoit fait que pour votre réputation; mais comme c'est ce que vous y cherchez le moins, je n'ai été aussi occupé, dans mes remarques, que de ce qui peut servir à la cause plutôt qu'à son défenseur, et je crois entrer dans votre esprit en vous disant, après Quintilien: *laudetur potius causa quam patronus.*

J'ai lu avec beaucoup de plaisir le petit ouvrage critique que vous m'avez envoyé; il est écrit avec un sel et une légèreté qui me l'ont fait dévorer en un instant; je n'en connois point l'auteur, mais je serois fort aise de le connoître, quand ce ne seroit que pour l'empêcher d'écrire contre moi. Que dites-vous du traître grec, qui n'a pas agi en cette occasion comme le cauteleux Ulisse, et que sa rare prudence auroit bien pu empêcher de se déclarer expert en l'art de comparaison et de vérification d'écriture? Je doute qu'une célèbre compagnie lui en sache beaucoup de gré. Si j'avois votre esprit, je ferois un dialogue où j'invoquerois les mânes de M. Huet, pour lui bien laver la tête sur le soin qu'il a pris de faire sortir son ouvrage d'une obscurité qui lui étoit si favorable, et d'avoir détruit jusqu'à l'ombre du pyrrhonisme contre celui qui a voulu en être le défenseur.

Ce que vous m'avez écrit sur M...... ne me paroît que trop certain, et j'ai fait sur ce sujet la même réflexion que vous. Que dire sur tout cela, si ce n'est :

Permittas ipsis expendere numinibus, quid conveniat nobis, rebusque sit utile nostris.

Il est honteux qu'un païen l'ait dit, et qu'un chrétien ne le pratique pas. Bornez vos vœux pour moi à souhaiter que je puisse suivre ce précepte; ce souhait vaut mieux que tout ce que vous pouvez désirer en ma faveur.

Sur la versification de M. la Motte, et sur l'opinion de M. Rollin au sujet de l'harmonie d'Homère et de Virgile.

Je suis très-fâché de votre rhume, Monsieur, mais très-aise de savoir que Versailles en est le seul coupable. Je craignois que Fresnes n'y eut quelque part, et j'étois prêt à me reprocher le grand plaisir que votre voyage m'a fait, s'il vous en avoit coûté, pour me le donner, un rhume aussi violent que celui dont vous avez été attaqué; ç'auroit été à moi de payer ce plaisir, et non pas à vous. Les vœux que vous faites de venir habiter pour toujours un des pavillons de Fresnes me flattent encore plus; donnez-nous au moins le temps que vous pourrez dérober à des occupations qu'il ne vous est pas encore permis de quitter entièrement, et commencez par la semaine de la passion, si votre santé vous le permet; j'espère qu'alors le temps nous servira mieux qu'il n'a fait les jours gras, à vous faire les honneurs de Fresnes, et que l'on commencera à y respirer alors les douces haleines du printemps.

Pourquoi donc Lamotte veut-il paroître toujours sur la scène? Ne seroit-ce point parce qu'il est aveugle, et qu'il cherche à se dédommager par le plaisir des oreilles de ce qu'il perd du côté de la vue, en se donnant à lui-même une espèce de musique par ses vers. Mais, si cela est, avouez qu'il a peu de goût pour l'harmonie, car je ne connois guère de poésie moins nombreuse, et qui sente moins les vers que la sienne. Le divin Homère, puisqu'il faut lui donner ce nom, avoit bien une autre oreille, quoique tout le monde n'approuve pas que M. Rollin donne la préférence en général à l'harmonie d'Homère sur celle de Virgile, *quâ nihil apud cruditas aures pecundius*. Je suivrois volontiers sur ce point, comme sur tout le reste, le jugement que Quintilien porte de ces deux poètes.

Pour revenir à Lamotte, je ne crois pas, sur ce que vous dites de sa tragédie, qu'elle soit comme celle dont parle Horace :

Fabula quæ spectari vult et spectata reposci (1).

Il n'appartient point, en vérité, à de tels auteurs de vouloir jouter contre Sophocle; et, après que le grand Corneille même y a échoué, on dira toujours de Lamotte :

Infœlix puer atque impar congressus Achilli (2).

Mais je m'amuse ici à des fariboles, pendant que la cour nous présente de plus grands objets et une scène plus sérieuse; je ne saurois croire qu'il y ait une réconciliation sincère entre deux personnes, dont

(1) Art. poét., v. 190. — (2) Virgile, premier livre de l'Æuéide, v. 490.

il y en a du moins une qui me paroît destinée à dire toujours :

Dieu, ne puis-je savoir si j'aime ou si je hais !

Mais, après tout, comme Tibère écrivoit au sénat : *quid scribam aut, quid non scribam*, on pourroit bien dire aussi : *quid credam aut, quid non credam hoc reipublicæ tempore*. Le parti que je prends ordinairement dans cette incertitude est de n'y point penser, et je serois presque tenté de faire un traité des distractions, ou plutôt du grand art de ne penser à rien de tout ce qui se passe dans le monde.

Il s'explique sur le mérite de quelques Auteurs, et sur une dispute touchant la Musique des anciens, etc.

Le temps me manque à Fresnes comme à Paris, Monsieur, assez de travail, un peu d'échecs, beaucoup de promenade, tout cela rend les journées si courtes que je n'ai pu trouver le temps de lire, malgré la soif ardente que j'en avois apportée ici ; et ce qui me déplaît encore plus, c'est de n'avoir pu répondre qu'aujourd'hui à vos deux lettres : elles valent mieux pour moi que certains discours d'éloquence ; louange modeste dont votre humilité ne sera point alarmée. Je ne blâme pourtant point la harangue de........, elle est au moins sensée ; je lui appliquerois volontiers la moitié de l'éloge que Cicéron donne à Roscius. Pour ce qui est de M...... je ne sais si c'est jalousie de métier ; mais je vous avoue que sa naïveté m'a fait rire, quand il donne à certains auteurs la gloire de savoir également augmenter la finesse des pensées, ou en faire disparoître la simplicité. Je souscris volontiers à cette louange, et je suis ravi qu'on se vante ainsi de proscrire la simplicité, parce que je pourrai espérer de donner un asile dans Fresnes à cette aimable infortunée. Elle pourroit vous y attirer; mais peut-être après cela ne voudrois-je plus en sortir ; et cependant il faut en quitter demain le séjour tranquille, et retourner dans le tumulte de Paris, et, qui pis est, de la cour. Je m'en consolerai, si je puis vous y revoir après une si longue séparation, et je souhaite que votre santé soit assez bien rétablie pour vous mettre en état de me procurer un plaisir que je désire depuis si long-temps. Me remercier des soins que j'ai pris pour en savoir exactement des nouvelles, c'est me savoir gré de ce que je m'aime moi-même.

Je vous répondrois assez mal sur les accords qui entroient dans la musique des anciens. Malgré le talent que j'ai pour mettre des paroles en chant, sans le savoir, je n'en sais pas assez sur votre question pour entreprendre de la décider, ni même de la traiter. Vos deux passages me paroissent bien forts; il me semble que M. Burrette en a encore cité d'autres dont il tire la même conséquence dans une dissertation qui fait partie des mémoires de l'académie des belles-lettres ; mais je n'ai point suivi la querelle avec le P. du Cerceau, qui l'a pris sur un ton si haut, que l'harmonie de la société civile y paroît encore plus blessée que celle de la musique.

Sur l'Auteur du Poëme de la Religion, etc.

Je vous félicite, Monsieur, d'avoir trouvé une occasion favorable de vous défaire de votre charge de secrétaire du cabinet. Votre oracle approuve fort que l'on rompe tous les liens qui vous attachent à la cour, et elle ne fait grâce qu'à celle d'Astrée; cela n'est pas surprenant, depuis que sur votre parole, elle croit être elle-même la déesse Astrée. Que dites-vous du jeune poëte que nous avons ici depuis plus de quinze jours, et qui n'a jamais voulu lui prêter sa muse pour vous répondre. Peut-être faut-il louer en cela sa prudence; mais la prudence n'est guère une vertu de poète; plus j'étudie son caractère, plus il me paroît singulier; à le voir, à l'entendre parler, on ne se défieroit jamais qu'il pût sortir de sa tête d'aussi beaux vers que les siens, *Adeo ut plerique viso eo quærant famam, pauci interpretentur.* Cela me feroit presque croire qu'il y a effectivement une espèce d'inspiration et d'enthousiasme dans la composition qui élève l'ame au-dessus d'elle-même, par un effet à peu près semblable à cette musique des anciens, qui donnoit du courage et de la valeur aux ames les plus timides; l'harmonie des vers me paroît faire la même impression sur M. Racine. Dès qu'il a la trompette à la main, il devient un homme différent.

Majorque videri,
Nec mortale sonans, afflata est numine quando
Jam propriore Dei (1).

Je ne sais s'il vous a lu le commencement d'un poëme qu'il médite sur les preuves de la vérité de la religion, je n'ai guère rien lu de plus noble en vers français, et je l'ai fort exhorté à suivre ce dessein qui me paroît susceptible de toute la magnificence et de tout le sublime de la poésie sacrée; au reste c'est un caractère d'esprit qui ne réussira jamais bien que dans le genre sérieux; je l'ai tâté sur l'idée de faire des georgiques en vers français, mais cela ne le saisit point, et je doute même qu'il y fût propre; je ne trouve point en lui ce *molle atque facetum* que les muses champêtres avoient inspiré à Virgile. Il s'est essayé sur un sujet qui est presque du même genre, c'est sur l'ame des bêtes: mais je n'en suis point content. Il y a jeté un tragique et un sérieux qui ne conviennent point à la matière, et au lieu d'y badiner légèrement comme Lafontaine, ou d'y attraper le propre et le grâcieux du cardinal de Polignac,

(1) *Virg. Æneid., lib.* 6.

il y parle en prédicateur et en théologien; son génie ne le porte point à l'invention; il a peine à convenir que la fiction soit l'ame de la poésie; et je crois qu'il faut l'attacher à des ouvrages où il n'ait rien à produire de lui-même, si ce n'est le tour et l'expression. Au surplus, c'est le meilleur enfant et la plus douce nature que j'aie jamais connue; il mérite par là que tous ses amis l'aident et le soutiennent, mais sur tout qu'ils l'affermissent dans la bonne résolution où il est de renoncer à la tentation de faire des pièces de théâtre. Je le tiendrois malheureux quand même il y réussiroit; mais ce ne seroit pas là, suivant toutes les apparences, le genre de malheur dont il seroit menacé s'il entroit dans cette carrière; je suis persuadé qu'il n'y réussiroit point. Voilà ce que je pense en général sur le caractère du jeune poète; c'est à vous, Monsieur, de redresser mon jugement si je m'égare.

Sur le Projet d'une Édition de la République de Platon, etc.

Je vous ai gardé pour le dernier, Monsieur, et c'est la place des amis qu'on cherche à entretenir plus long-temps après s'être d'abord défait des importuns. Je ne sais même pas trop pourquoi vous avez donné avec moi dans la fadeur des complimens de la nouvelle année, comme si je n'étois pas persuadé que tous les jours qui la composent, sont pour moi, dans votre cœur, comme le premier. Je prêcherois après cela contre mes principes, si je vous assurois qu'il en est de même chez moi pour vous, et je me flatte que vous en êtes bien persuadé.

Je crains, Monsieur, qu'il ne faille en effet que je me réduise à la république de Platon, et que je n'aie point d'autres idées de gouvernement dans l'esprit. Mais quelque puisse être mon sort, je serai toujours très-aise que nous puissions avoir une édition nouvelle et portative d'un si utile et si aimable philosophe; je ne connois M. l'abbé Sallier que de réputation, mais c'en est assez pour le croire être capable de faire ce présent au public, sur tout si vous l'assistez de vos conseils, qui sont bien au-dessus des miens. Je ne voudrois point former sur cette édition un grand projet dont, par cette raison, on ne verroit de long-temps la fin. Je sais donc borner mes désirs, et je serois très-content si nous avions une édition de Platon, en grec et en latin, d'un petit volume in-8.°, en beaux caractères, et dont le texte fût revu avec une extrême diligence. Je souhaiterois aussi que l'on corrigeât les endroits qui ont besoin d'être retouchés dans la traduction de Marsille Ficin; et qu'au lieu d'argument, on mît à la tête de chaque dialogue, une analyse courte et serrée, qui fît sentir toute la méthode et tout l'artifice du dialogue; enfin, si de toutes ces analyses particulières on pouvoit en former une générale, qui fût comme un tableau de toute la doctrine de Platon, digérée par ordre et par matière, je ne verrois rien de plus à désirer pour la satisfaction du public, sur tout dans une édition en petit volume, qui ne seroit pas susceptible des notes plus profondes que l'on pourroit faire sur Platon en le comparant avec les autres philosophes de l'antiquité, dont on ne pourroit y rapporter les sentimens. Mais cette idée trop vaste pour un in-8.° seroit excellente, si, après cela, M. l'abbé Sallier avoit le courage d'entreprendre une édition *in-folio* du même auteur. Je vous prie cependant de faire en sorte qu'il ne la saisisse point dans le moment présent, et qu'il commence par nous faire présent du nécessaire avant que de songer à nous donner le superflu, ou du moins, ce que nous pouvons attendre plus long-temps. Je ne sais si je serai encore en état, cette année, d'appuyer et de favoriser son travail, mais certainement rien ne me sera jamais plus agréable, que de donner à sa personne toutes les marques d'estime que je sais qu'elle mérite.

Je passe, Monsieur, à la tâche que je vous ai imposée; car, en vérité, l'ouvrage que je vous ai demandé est presque une besogne de maçon, en comparaison de ce que vous seriez capable de faire. Je serai fort aise que monsieur votre frère la partage avec vous, et peut-être que j'y gagnerai dans la suite le plaisir de le connoître et de voir un cadet digne d'avoir un tel aîné. J'approuve entièrement le dernier des deux plans que vous me proposez, et c'est le seul que j'ai eu dans l'esprit, quand je vous ai donné l'idée de l'ouvrage. Tout ce que je crains, c'est que l'exécution ne vous rebute. Rien ne ressemble mieux à un bâtiment qu'un pareil ouvrage, chacun des matériaux détachés est presque sans mérite, ce n'est que l'assemblage et le tout ensemble, qui en fait le prix; mais ce qu'il y a de plus désagréable, c'est que dans les édifices matériels on charge les manœuvres de ramasser ou de tailler les matériaux; et ici il faut que ce soit l'architecte même qui les déterre et qui leur donne la forme dont ils ont besoin pour devenir des pierres précieuses dans la structure générale. Armez-vous donc de courage et de patience, Monsieur, vous en aurez besoin pour conduire à sa perfection un ouvrage si laborieux; mais vous en serez bien récompensé par le plaisir d'avoir exécuté un des plus agréables et des plus utiles desseins, que le public puisse attendre de votre zèle et de votre capacité.

Je n'ai pas encore achevé pour moi-même la copie de l'ouvrage que vous me demandez, et qui a bien grossi entre mes mains, selon la mesure de mon affection, autant que sur celle du mérite de celui dont j'écris la vie. Je vous la ferai voir volontiers quand vous viendrez ici; mais c'est un ouvrage qui ne doit pas sortir de la sphère d'une famille à laquelle seule il peut être propre, quoique vous me flattiez fort en m'assurant que vous en avez les sentimens pour moi. Je les mérite en vérité par ceux dont je serai toujours rempli pour vous, Monsieur.

Portrait des Courtisans, etc.

Je ne sais en vérité, Monsieur, comment les journées se passent en ce pays-ci; c'est bien du peuple qui l'habite que l'on peut dire :

> *Trepidè cumcursans, occupata in otio,*
> *Gratis anhelans, multa agendo nihil agens* (1),

et qui auroit bien besoin d'apprendre cette grave sentence, admirée par M. Rollin dans le traducteur de Pline. *Il vaut mieux ne rien faire que de faire des riens.* C'est à quoi nous passons ici une grande partie de notre temps; plus de distraction que d'occupation, plus de mouvement que d'action, plus de tracasseries que d'affaires. Toute cette longue, mais trop véritable préface, se termine à vous dire, Monsieur, que j'ai espéré tous les jours de la semaine dernière, de trouver un moment pour vous écrire, et que tous les jours mon espérance a été également trompée. Je suis donc aussi honteux qu'affligé, de n'avoir pu vous témoigner plus tôt combien j'ai été charmé de l'ouvrage que vous m'avez envoyé; j'y ai trouvé une fleur d'esprit, un badinage aimable, et pour tout dire en un mot, une jeunesse qui est au-dessus du pouvoir de l'âge, des maladies et de Chirac même. J'ai été bien tenté de vous faire l'infidélité de le montrer à M...... C'étoit le meilleur moyen de le délasser de l'ennui et du froid de la plupart de nos harangueurs; mais je n'ai pas osé le faire sans votre aveu, et je vous avertis qu'à votre exemple, bon ou mauvais, je prendrai le silence pour un consentement. Je souhaite que le lait d'ânesse, qui vous a tenu lieu de l'hipocrène, devienne aussi pour vous la fontaine de Jouvence, non pour l'esprit,

(1) Phed, liv. 2, ch. 5.

qui n'a pas besoin de rajeunir, mais pour son compagnon, qui ne le suit pas toujours d'un pas égal; puisse-t-il vous donner des jours *filés non pas d'or et de soie*, mais de santé, de vigueur, de gaîté. Je n'ajouterai point, pour continuer de vous parodier; puissé-je, pour mon bonheur, ignorer toujours si vous êtes plus aimé de moi que je ne le suis de vous! Le doute même blesseroit ici la délicatesse de mes sentimens.

Sur l'Anti-Lucrèce, et sur les avantages de l'étude des Belles-Lettres, et de la solitude.

Ma solitude a déjà retenti des vers français de M. le cardinal de Polignac; elle ne répétera pas avec moins de plaisir des vers latins. J'ai d'autant plus besoin du secours de l'Anti-Lucrèce, que je me laisse presque séduire par un enchanteur italien qui vient d'en faire en vers une très-belle traduction que je lis à présent avec beaucoup de plaisir. Je sais que M. le cardinal de Polignac a remanié et retouché son poème entier depuis que je ne l'ai vu. La faveur seroit complète, s'il vouloit bien me le confier aussi en entier; mais je ne demande cette grâce que supposé qu'il n'y ait point d'indiscrétion à le faire.

Votre prose, Monsieur, ne me fera pas moins de plaisir que les vers, et j'en aurai certainement beaucoup à voir comment, après avoir tourné en ridicule ce malheureux dictionnaire, même par des épigrammes dont je n'ai peut-être pas encore perdu le souvenir, vous saurez changer votre sel en encens, et maîtriser tellement nos jugemens, que vous nous fassiez admirer ce que vous nous avez fait mépriser. Pour moi, soit que la censure vous plaise, ou que vous vous prêtiez aux éloges, vous me ferez toujours jouir agréablement d'une solitude qui me rappelle souvent ce que dit Cicéron de l'amour des belles-lettres : *Hæc studia adolescentiam alunt, senectutem oblectant, secundas res ornant, adversis perfugium ac solatium præbent, delectant domi, non impediunt foris, pernoctant nobiscum, peregrinantur, rusticantur* (1).

Sur les avantages de la Critique, etc.

On est bien à plaindre, Monsieur, quand on a à faire à un critique, et à un critique oisif. Vous n'en trouverez que trop de preuves dans les notes que je vous envoie, principalement sur la seconde partie de votre préface; j'avoue qu'il m'a paru que vous y célébriez trop le saint du jour, et que vous vouliez faire d'un dictionnaire un livre universel qui renfermât toutes les sciences. Il faudroit vous faire ici la répétition ennuyeuse de mes remarques pour vous dire ce que je pense sur cette idée, sur laquelle vous trouverez peut-être que je me suis un peu trop égayé, mais à l'exemple d'Horace :

Ubi quid datur oti
Illudo chartis (2).

et pour parler encore comme lui :

Ergo fungar vice cotis, acutum
Reddere quæ ferrum valet, exsors ipsa secandi (3).

Après tout, je ne crains jamais de contredire les gens d'esprit. C'est par là qu'on leur fait faire de nouveaux efforts, et qu'on les oblige à s'élever au-dessus d'eux-mêmes. Despréaux l'a fort bien dit :

Plus on le contredit, plus il croît et s'élance,
Au Cid persécuté, Cinna doit sa naissance.

J'espère donc que le public me remerciera de la

(1) *Orat. pro Archia.* — (2) Horac., sat. 4, v. 138. — (3) *Ibid.*, Art. poét., v. 304.

contradiction que vous éprouvez de ma part; et peut-être serez-vous assez bon pour m'en remercier vous-même : j'attends avec impatience que vous m'envoyiez la nouvelle édition du poème de M. le cardinal de Polignac.

Il y a deux sortes d'hyperboles : l'une, qui vient de l'esprit, et l'autre du cœur, etc.

Je m'acquitte bien tard, Monsieur, de la réponse que je vous dois. Je différois à la faire jusqu'à ce que j'eusse la table de tout ce que j'ai dans mes manuscrits sur le traité de Munster, pour voir si j'aurois quelque chose qui eût échappé aux recherches de M. de With, et qui fût de nature à pouvoir lui être communiqué : mais je m'impatiente à la fin d'être si long-temps sans vous écrire, et je crains d'ailleurs de garder aussi trop long-temps la préface historique que M. de With vous a confiée. J'en ai été assez content à quelques fautes près, dont les principales ne sont que des fautes de style, excusables dans un étranger, et sur lesquelles il ne sauroit mieux faire que de vous consulter comme sur tout le reste, qu'il seroit trop long d'écrire, mais que vous aurez sans doute remarqué avant moi.

Je verrai avec plaisir la dissertation d'un de vos amis, sur les prophéties qui regardent Babylone, que vous me promettez de m'envoyer, et si elle a votre approbation, elle aura bientôt la mienne.

Vous répondez si bien aux reproches que je vous avois faits sur l'hyperbole que je trouvois dans votre lettre précédente, et vous y mêlez tant de sentimens, que je ne saurois me repentir de vous les avoir faits. Vous m'apprenez par votre réponse à distinguer deux sortes d'hyperboles; l'une qui vient de l'esprit, l'autre qui part du cœur. J'aurois pu me plaindre de la première, mais je ne saurois que vous remercier de la dernière. Elle a pour principe, au moins, une vérité de sentiment ; les excès et les égaremens mêmes du cœur sont quelquefois excusables ; et je dirai avec plaisir du vôtre, qu'il peut se tromper en faisant plus de cas de moi que je ne le mérite ; mais il ne se trompera jamais quand il me regardera comme très-digne de son amitié, au moins par le discernement qui m'a fait connoître tout ce que vous valez. Il y a peut-être de la vanité à le dire, mais il y a encore plus de vérité chez moi, quand je vous assure, Monsieur, aussi bien que Madame la chancelière, de toute l'estime que nous avons pour vous.

Éloge d'un homme de génie qui a le courage d'avouer ses erreurs, etc.

Je ne crois pas, Monsieur, qu'il puisse y avoir de poison plus subtil et plus dangereux pour l'amour-propre que vos louanges. Je connois l'élévation et la sagacité de votre esprit; je connois et j'honore encore plus la candeur et la sincérité de votre cœur. Vous êtes du nombre de ceux qui ne peuvent ni être trompés eux-mêmes ni tromper les autres. Ainsi, en me louant, comme vous le faites, vous me présentez, sans y penser, une tentation si délicate, que quand ma vanité y succomberoit, elle pourroit mériter quelque excuse, et qu'en périssant par l'orgueil, je pourrois dire que je péris au moins dans les règles. Mais heureusement, ou malheureusement pour moi, je n'ai qu'à rentrer un moment dans moi-même pour y trouver un contre-poison trop sûr contre toutes vos louanges. Ce qui en mériteroit bien plus justement, c'est la modestie et la simplicité d'un génie tel que le vôtre, qui a le courage d'avouer sans détour qu'il s'est trompé. Peut-être se trompe-t-il en cela même; mais son aveu n'en auroit encore que plus de mérite quand on pourroit le supposer ainsi, et ce seroit bien le cas de dire :

Si non errasset, fuerat ille minus.

Pour moi, Monsieur, qui suis bien éloigné de vous condamner aussi facilement que vous vous condamnez vous-même, j'avoue que, malgré la force, au moins apparente, des raisons que j'ai employées pour soutenir la cause des anciens philosophes, il suffit de savoir que vous ayez douté une fois sur ce sujet, pour douter encore long-temps. Je mets dans la balance, d'un côté, mes raisons, et de l'autre, votre doute : peu s'en faut que ce dernier ne l'emporte ; et je crois même qu'il l'emporteroit à la fin, si vous ne passiez de mon côté pour m'engager à y demeurer. Je voudrois presque que vous n'y eussiez pas passé si promptement, et que vous eussiez fait une plus longue résistance avant que de vous rendre. La facilité avec laquelle vous me cédez, me trouble au lieu de m'affermir dans mon opinion : mes raisons m'en deviennent presque suspectes : je crains pour moi l'éblouissement de l'esprit, et pour vous celui de l'amitié. Un peu plus de contradiction m'auroit ou détrompé de mon erreur, ou confirmé plus sûrement dans la possession de la vérité ; et je serois tranquille si nous avions fait chacun le personnage qui nous convient ; vous celui d'instruire, et moi celui d'être instruit. Pourquoi voulez-vous donc après cela que je m'engage encore dans l'examen du sentiment de Platon et de celui d'Aristote ? Soyez plus opiniâtre, ou je cesse d'écrire. Défiez-vous moins de vos pensées, et je serai plus libre à vous exposer les miennes : votre défiance est un mal contagieux pour moi : que ne peut-elle y passer avec toutes vos autres qualités ; mais elle sera certainement mieux placée chez moi que chez vous. Promettez-moi donc que vous me contredirez, que vous me réfuterez, que vous me confondrez si j'entreprends la défense de Platon et d'Aristote. Le succès d'une première témérité me rendra peut-être moins timide, et si j'y suis attrapé, j'aurai cent fois plus de plaisir à être vaincu par vous, que je n'en aurois à vous vaincre. Expliquez-vous donc nettement sur ce sujet, avant que je m'engage dans une nouvelle dissertation. Je ne pourrois donner les mains à la permission que vous demandez de faire voir la première à M. l'abbé Fraguier et à un autre de vos amis, s'il m'étoit libre de vous refuser quelque chose. Sachez-moi du moins quelque gré du sacrifice que je vous fais d'une répugnance si bien fondée. Mais j'y mettrai, s'il vous plaît, deux conditions : l'une, que vous prendrez la chose sur vous, sans qu'il paroisse que j'aie été consulté, et que je serai toujours en droit de vous reprocher votre infidélité ; l'autre, que ma lettre ne sortira point de vos mains, qu'elle ne sera lue que chez vous, et que vous exigerez de ces Messieurs qu'ils n'en parlent point. Vous me trouverez peut-être bien rigide dans mes précautions ; je me flatte cependant que vous ne les blâmerez pas, , et que la délicatesse de vos sentimens vous fera trouver plus de plaisir à être le seul pour qui je veuille tant écrire.

M. . . . . s'étoit déjà bien justifié auprès de moi sur les mauvais propos qui m'étoient revenus sur son compte, et dont j'avois cru devoir le faire avertir. Votre témoignage seul auroit suffi pour les effacer entièrement de mon esprit. Ce n'est pas seulement une apologie, c'est un éloge d'avoir un tel défenseur : personne n'en sauroit avoir un meilleur auprès de moi ni auprès de Madame la chancelière ; nous honorons également tous deux votre vertu ; et ses sentimens pour vous, comme les miens, Monsieur, seront toujours tels que vous le méritez. C'est tout dire.

Je ne sais s'il faut vous faire un compliment sur votre entrée dans l'académie des belles-lettres ; j'aimerois encore mieux vous voir placé dans celle des sciences. Il en faudroit fonder bien des nouvelles, si l'on vouloit en établir pour chaque genre de connoissance que vous renfermez dans votre personne.

Presque tous les hommes sont trompés par l'apparence du vrai. Caractère de l'évidence. La certitude d'une règle est indépendante du bon ou mauvais usage qu'on peut en faire. Les premiers principes de la morale sont susceptibles d'évidence, etc.

Vous m'envoyâtes hier, Monsieur, un remède et un poison; le remède, est le tabac d'Irlande, dont j'ai essayé ce matin, et qui m'a paru fort doux. Je continuerai d'en faire l'épreuve pendant quelques jours avant que de vous prier de vouloir bien m'en faire venir une plus grande provision. Le poison, est dans votre lettre, où vous travaillez à renverser ma tête, pendant que vous cherchez d'ailleurs à rétablir ma poitrine. Je ne suis point la dupe de vos louanges, Monsieur, elles portent leur contre-poison dans leur excès même, quand je ne le trouverois pas au-dedans de moi, où je ne vois rien qui ne m'humilie. Au surplus, je sens comme vous et comme Horace, que *maxima pars hominum decipimur speciè recti*, et il pourroit dire aussi bien *speciè veri*. Il n'y a point d'homme qui n'en ait fait de tristes expériences, sans être obligé d'avoir recours aux exemples. Mais nos méprises ou nos erreurs toujours fondées sur un défaut d'attention suffisante et méthodique n'empêchent pas qu'il ne soit toujours vrai que l'évidence parfaite ne sauroit nous tromper; il faut toujours distinguer en cette matière, la majeure et la mineure du raisonnement. L'évidence véritable ne sauroit nous induire en erreur; voilà la majeure, dont les preuves paroissent incontestables; or, je vois clairement et évidemment telle et telle proposition, voilà la mineure, et c'est la seule sur laquelle nos doutes peuvent tomber; mais cette mineure, souvent disputable, ne regarde que le fait actuel de l'évidence dans une découverte particulière. Le droit de l'évidence en général, (si je puis parler ainsi) subsiste donc en son entier. Malheur à celui qui l'applique mal et qui se hâte de dire qu'il voit, quand il ne voit pas encore; mais la certitude d'une règle ne dépend pas du bon ou du mauvais usage qu'on en fait, parce que la règle renferme toujours ou suppose toujours cette condition essentielle, qu'on s'en servira légitimement, ou, pour dire la même chose, d'une autre manière. L'évidence n'est le caractère certain de la vérité qu'autant qu'il est évident qu'on a pris toutes les précautions possibles pour chercher l'évidence par l'évidence même, c'est-à-dire, que l'évidence des moyens doit produire l'évidence de la fin et de la conclusion qui en résulte. Au reste, j'ai cet avantage dans notre querelle, que la question ne roule point sur des sujets composés, elle ne tombe que sur les idées les plus simples et les plus communes à tous les hommes, où la droiture naturelle de l'esprit humain a bien moins à travailler, et n'a presque à craindre que les sophismes du cœur, bien plus faciles à éviter, quand on examine de sang-froid une question générale, que ceux de l'esprit, parce qu'il ne faut que deux ou trois syllogismes pour réduire à l'absurde ceux qui veulent nier les premiers principes de la morale. Je la regarde, par cette raison, comme le véritable royaume de l'évidence, qui y domine plus sûrement et plus promptement, sans aucune comparaison, que dans la géométrie même.

Sur divers Ouvrages, etc.

Puisque vous avez une voie sûre, Monsieur, pour faire venir des livres d'Angleterre, je vous prie de vouloir bien demander pour moi, et peut-être pour vous, *la Cyropœdie de Xénophon, grec. lat., de Thomas Hutchinson, imprimée* à *Oxford en* 1727. Je doute que les voyages de Cyrus, quoique fort applaudis en ce pays-ci, effacent jamais l'histoire de son éducation.

Il y a encore un autre livre qui porte ce titre : le *Hérault des anciens Bretons ;* je serois bien aise d'en avoir le *prospectus*, pour savoir si cet ouvrage, qu'on imprime par souscription, mérite que j'en fasse prendre une.

A M. Pothier, conseiller au châtelet d'Orléans, relativement à son Ouvrage sur les Pandectes (1).

Du 16 *février* 1736.

Monsieur, j'ai reçu le travail que vous avez fait sur le titre : *De Solutionibus ;* et je profiterai du premier moment de loisir que j'aurai pour l'examiner avec toute l'attention que mérite un ouvrage si difficile à bien exécuter, et dont l'entreprise seule mérite des louanges. Je vous communiquerai avec plaisir les réflexions que j'y aurai jointes, afin que vous puissiez mettre le public en état de profiter un jour du fruit de vos veilles.

Du 8 *septembre* 1736.

Je suis fort content de ce que j'ai vu du travail que vous avez entrepris, et même bien avancé sur la jurisprudence romaine ; et j'y trouve un ordre, une netteté et une précision qui peuvent rendre cet ouvrage aussi utile que l'entreprise est louable. Il me semble seulement qu'on pourroit le porter à une plus grande perfection ; et j'ai fait quelques remarques en le lisant, qui tendent à cette fin. Comme il seroit bien long de s'expliquer par écrit sur une pareille matière, je ne serois pas fâché d'avoir quelques conversations avec vous, pour vous expliquer plus aisément ma pensée. Vous allez être dans un temps de vacations ; et

(1) Pothier ne fut professeur qu'en 1750.

si vous voulez en profiter pour venir passer deux ou trois jours à Paris, je serai fort aise de connoître un homme de votre mérite, et de vous faire part de mes réflexions. Mais si vous n'avez point d'autres raisons qui vous appellent en ce pays, il sera bon que vous m'avertissiez par avance du temps dans lequel vous pourrez y venir, afin que je vous fasse savoir si je serai libre, de mon côté, dans le temps qui vous conviendra. Le bon usage que vous savez faire de votre loisir, m'engage à ménager vos momens avec une attention que vous devez regarder comme une preuve de l'estime avec laquelle je suis, etc.

Fragment d'une note envoyée au même, le 24 septembre 1736.

L'OUVRAGE de Vigelius, qui a eu une idée fort approchante de celle de M. Pothier, pourra lui être d'un très-grand secours; et il y a quelque chose de meilleur et de plus utile dans le dessein de M. Pothier, parce qu'il n'emploie que les termes des lois, et présente le texte dans sa pureté; au lieu que Vigelius écrit presque toujours d'après lui-même, sans s'assujettir aux expressions des jurisconsultes, et se contente de citer les lois dont il emprunte les principes.

Du............ 1736.

EN travaillant sur chaque titre particulier, il faudroit en extraire, comme par récapitulation : 1.° les lois qui définissent les termes de droit; 2.° les règles générales qui se trouvent dans les lois du titre. Ce travail jusqu'à présent, n'a été bien exécuté par personne. Quand on auroit eu une attention persévérante à le faire sur tous les titres, on réuniroit tout ce qui se trouveroit dans chacun sur les deux points que je viens de marquer, pour en former deux titres généraux : l'un, *de Verborum significatione*; l'autre, *De regulis Juris*, qui seroient meilleurs que ce que l'on trouve sous ces deux rubriques dans le digeste; et il ne s'agiroit plus que de donner, à l'un et à l'autre, un ordre plus naturel et plus parfait que celui qu'on a suivi dans l'arrangement de ces deux titres dans le corps de droit.

Du 1.er janvier 1739.

Je vois avec plaisir la persévérance avec laquelle vous continuez de travailler à un ouvrage aussi vaste et aussi pénible que celui dont vous avez déjà fait une si grande partie. Je me reproche depuis longtemps le silence que j'ai gardé sur les derniers essais que vous m'en avez envoyés; mais, outre que le temps de vous écrire sur ce sujet, comme je l'aurois désiré, m'a manqué, je crois qu'il vaut mieux vous laisser avancer votre travail, dont j'ai été fort content; parce que les remarques qu'on pourroit y faire seront mieux placées quand vous en serez à la révision de tout l'ouvrage. Il seroit à souhaiter que vous pussiez avoir des adjoints capables de diminuer vos peines en les partageant..... Vous me ferez plaisir de me marquer, de temps en temps, en quel état sera votre ouvrage.

Du 23 août 1740.

Je n'ai pu trouver plus tôt le temps de répondre à la lettre que vous m'avez écrite pour m'informer du progrès du grand ouvrage que vous avez entrepris: j'y ai vu avec plaisir que vous le suivez avec une application et un courage infatigables. Les analyses que vous voulez mettre à la tête de chacun des titres, pourront être d'une grande utilité pour les jeunes gens: elles formeront comme des élémens de toute la jurisprudence civile. Vous en profitez le premier, par les vues que ce travail vous donne pour perfectionner encore plus ce que vous avez déjà fait. Il seroit effectivement à désirer que vous trouvassiez quelqu'un qui pût vous soulager à l'égard des notes...

Je ne saurois trop louer la constance et la diligence avec laquelle vous continuez à vous livrer à un travail si pénible et si immense, ni trop vous assurer de l'estime, etc.

Du 10 *juin* 1741.

..... Vous prendrez la peine de me marquer à quoi montera la dépense nécessaire pour la copie que vous voulez faire faire de votre ouvrage.

Du 3 *mars* 1742.

J'AI remis votre premier mémoire entre les mains de M. d'Argenson, qui n'est pas moins disposé que moi à vous procurer toutes les facilités dont vous pouvez avoir besoin pour l'impression du grand ouvrage que vous avez presque achevé avec un travail infatigable. Il doit m'en rendre compte demain; et si vous voulez venir chez moi à Paris, mercredi matin, je serai en état de vous faire une réponse plus précise.

Du 6 *décembre* 1744.

Je reçois avec plaisir le *Prospectus* que vous m'avez envoyé du grand ouvrage que vous avez entrepris. Vous savez combien j'en ai approuvé le dessein et les différens essais que j'en ai vus. Le dernier que vous avez fait imprimer, achève de me donner une idée avantageuse de votre travail; et la forme de l'impression et du caractère me paroît fort convenable.... J'aurai soin de le faire annoncer dans le *Journal des Savans*, pour vous procurer promptement le plus grand nombre de souscriptions qu'il sera possible. Elles ne se feroient pas attendre longtemps, si l'empressement du public répondoit toujours au mérite des ouvrages.

Du 10 janvier 1745.

Je ne doute pas que vous n'employiez cette année aussi utilement que les autres, à achever et à faire imprimer ce grand ouvrage qui vous occupe depuis long-temps, et qui me paroît être très-bien reçu dans le public.... Si les deux titres *de Verborum significatione*, *et de diversis regulis Juris antiqui*, sont entièrement finis de votre part, je serois bien aise que vous prissiez la peine de me les envoyer, ou de me les apporter quand vous aurez occasion de venir à Paris; parce que j'ai quelques vues sur ces deux titres, dont je crois que vous pourriez profiter pour leur donner toute la perfection nécessaire, si vous ne l'avez pas déjà fait.

Du 20 avril 1745.

Je n'ai pu trouver encore le loisir de répondre, comme je le voulois, à la lettre que vous m'avez écrite le 13 janvier dernier sur le grand ouvrage dont vous êtes occupé, et je profite d'un temps où je suis un peu plus libre, pour vous dire d'abord que j'approuve fort en général le plan que vous vous êtes formé pour recueillir et arranger les règles que les titres *de regulis Juris et de Verborum significatione* doivent renfermer; mais je ne saurois être de votre sentiment sur le dessein dans lequel vous me paroissez être d'en faire un ouvrage séparé, qui ne sera imprimé qu'après que votre digeste, mis en ordre, aura été donné au public; et je trouve deux inconvéniens dans ce dessein.

Le premier, est que les deux titres dont il s'agit, et qui, selon votre lettre, seront compris dans votre ouvrage, ne s'y trouveront que d'une manière très-superficielle et très-imparfaite; puisque, si j'ai bien conçu votre pensée, ils ne contiendront que les règles que vous n'aurez pu placer sous aucun de tous les titres précédens : ce ne sera donc qu'une espèce de *résidu*, qui ne répondra nullement à la promesse que ces titres font aux lecteurs, ou à ce qu'ils leur annoncent.

Le second inconvénient est qu'il faudra, par là, que ceux qui s'attachent à l'étude de la jurisprudence romaine aient deux livres au lieu d'un; et qu'ils soient souvent obligés de chercher dans deux ouvrages, ce qu'ils devroient trouver dans un seul.

Ainsi, soit parce qu'on doit tendre toujours à l'intégrité d'un dessein également rempli dans toutes ses parties, soit parce qu'il est juste d'avoir égard à la facilité et à la commodité de ceux qui s'en servent, je crois que, sans renvoyer à un autre temps les deux titres plus étendus que vous vous proposez de donner sur les règles du droit et sur la signification des mots, il est fort à propos que vous les fassiez entrer, dès à présent, dans l'ouvrage qui est sous la presse. Comme vous en avez sans doute tous les matériaux déjà rassemblés, vous n'aurez pas besoin de beaucoup de temps pour les mettre dans l'ordre que vous m'avez marqué, et qui est fort bon. Quand même cela devroit retarder un peu l'impression de votre livre, le public en seroit bien dédommagé par l'avantage d'avoir un ouvrage parfait, où il trouveroit tout ce qu'il peut désirer, sans être obligé d'en attendre une espèce de supplément; et vous y gagnerez même du côté de la réputation du livre, à laquelle les deux titres dont il est question peuvent beaucoup contribuer; parce qu'ils seront peut-être le premier objet de l'attention des connoisseurs qui voudront juger promptement, par là, du mérite et de l'utilité de votre méthode.

Je ne doute pas, au surplus, qu'en travaillant sur ces deux titres, vous n'ayez fait et que vous ne fassiez encore un grand usage du savant ouvrage que Jacques Godefroi a fait sur le titre *de regulis Juris*, et de celui de Petrus Faber, président des enquêtes du parlement de Toulouse, qui étoit aussi un des plus habiles jurisconsultes que la France ait produits. Je ne vous parle point de plusieurs autres auteurs qui vous sont sans doute bien connus, et surtout de M. Domat, dont on peut tirer de grands secours sur ce qui regarde les règles générales du droit.

Vous ne m'avez pas parlé dans votre lettre, du plan que vous vous êtes formé sur le titre *de Verborum significatione*; mais je présume que quand vous vous proposez de faire imprimer ce titre séparément et d'une manière plus étendue, votre intention n'est pas de le faire dégénérer en dictionnaire ou en *lexicon Juris*, semblable à celui de Brisson ou de Calvin; et que, suivant l'esprit général de ce titre, vous le renfermez dans les explications de mots qui ont été donnés par les lois mêmes, et qui contiennent ou qui indiquent un principe ou une règle de droit, ou la manière d'en interpréter les textes.

Ce sont à peu près les réflexions que j'ai faites en lisant votre dernière lettre; et vous devez les regarder comme une nouvelle preuve du cas que je fais de votre travail, et de l'estime avec laquelle je suis, etc.

A M. Furgole, relativement à son Ouvrage sur les Donations.

Du 11 *juin* 1733.

J'AI reçu l'ouvrage que vous m'avez envoyé, Monsieur, et je n'ai pu le parcourir encore que très-légèrement; mais le peu que j'en ai vu m'a inspiré le désir de le lire attentivement, et je profiterai du premier moment de loisir que j'aurai pour faire une lecture qui me donnera lieu de mieux connoître votre grande capacité et la netteté de votre esprit. Vous jugez bien, après cela, que je recevrai avec plaisir les difficultés que vous pourrez me proposer; et comme je ne désire que le bien public, dans le travail dont vous avez fait l'objet de votre application, rien ne peut m'être plus agréable que de profiter des lumières des plus habiles jurisconsultes, pour le porter, s'il est possible, à la plus grande perfection. Je suis avec toute l'estime qui est due à vos talens et à votre savoir, Monsieur, votre affectionné à vous servir.

Avantages d'un Mariage assorti; indication de plusieurs Ouvrages philosophiques, etc.

La philosophie ne sauroit désavouer, Monsieur, un engagement aussi sage que celui que vous avez contracté. Ses préceptes n'y sont point contraires, et vous n'avez pas besoin d'y être autorisé par mon exemple. Je ne puis vous donner que celui d'une union douce et tranquille avec la compagne, et non pas l'ennemie de ma vraie ou fausse philosophie. Vous avez tout lieu d'espérer, par le caractère de celle qui a mérité votre choix, que vous enchérirez encore sur cet exemple; elle ne fera que mêler une société agréable aux occupations de la philosophie, qui feront toujours vos délices, avec une femme aimable et des livres. J'ajoute encore, avec un esprit tel que le vôtre, on est sûr de ne s'ennuyer jamais à la campagne, dont le séjour ne fera de la peine qu'à vos amis qui seront privés par là du plaisir de vous voir. Vous m'avez pourtant promis que vous voudriez bien quitter quelquefois ce séjour en ma faveur, ou plutôt mettre une campagne à la place d'une autre; et c'est ce qui peut le plus m'empêcher de sentir la longue durée de ma retraite. Je n'ai garde de me flatter que je puisse vous y faire trouver quelque chose de meilleur que vos livres; il faudroit pour cela que ce ne fût pas vous qui les lussiez. Vous trouvez dans votre propre fonds tout ce qui peut y manquer, et vous ne pouvez que me donner le plaisir de profiter également, et de vos lectures et de vos réflexions, dont je connois tout le prix. Je croirois rendre un grand service au public, si j'étois assez

heureux pour vous indiquer un sujet de travail qui
e mît en état de jouir pleinement de votre loisir.
Un travail sur les mœurs de tous les peuples et leurs sentimens touchant la religion, la morale et la politique, tels qu'on peut les recueillir de tous les voyageurs, me paroît toujours fort digne de vous; ou si votre séjour en province y met un obstacle, par la difficulté de rassembler tous les livres nécessaires pour exécuter un dessein si vaste, la conformité de la philosophie ou de la raison humaine, avec les vérités que la religion nous enseigne, pourroit, à ce qu'il me semble, vous occuper utilement dans votre solitude. Vous auriez occasion d'y renfermer, comme dans un seul corps de morale, tout ce que l'antiquité nous a enseigné sur les mœurs; de faire voir que tout ce que les anciens philosophes et les poètes ont dit sur ce sujet, étoit une espèce de préparation à la lumière que la religion a fait éclater dans un plus grand jour; de marquer exactement jusqu'où l'esprit humain, dégagé des erreurs et du trouble des passions, a pu aller dans cette matière, et montrer ce qui y manquoit et que la religion a ajouté; et de développer pleinement cette grande vérité, que la religion n'est autre chose, dans ses préceptes moraux, que la perfection de la raison. Vous feriez par là un des plus beaux préliminaires que l'on puisse mettre à la tête d'un traité complet sur la vérité de la religion; traité d'une telle étendue, si l'on vouloit le rendre parfait, qu'il vaut mieux le prendre par parties, afin de pouvoir approfondir pleinement celle qu'on entreprend de développer. Voilà, Monsieur, ce qui se présente à mon esprit dans le moment que je vous écris, et je ne vous le propose que parce que vous l'avez exigé de moi. Je laisse, après cela, à un ouvrier tel que vous, le choix de son ouvrage; vous le ferez, sans doute, beaucoup mieux que je ne puis vous l'inspirer, et il est bien juste que le dessein et l'exécution vous appartiennent également. Je n'ai pas besoin de vous assurer, après cela, que mes sentimens pour vous sont

au-dessus des temps et des lieux; je voudrois pouvoir vous en assurer autrement que par des paroles, et vous témoigner avec combien d'estime je suis, Monsieur, entièrement à vous, etc.

Sur plusieurs Ouvrages de divers Auteurs, et sur les qualités d'un Négociateur.

J'ai reçu, Monsieur, le mémoire des bénédictins que vous m'avez envoyé, et je vous prie d'en faire mes remercîmens à D. B...., ou plutôt à vous-même, qui le lui avez demandé pour moi. A propos de D. B...., je ne sais s'il suit toujours son idée de nous donner un recueil des antiquités françaises. Je souhaite, si cela est, qu'il se donne le loisir d'en faire un meilleur ouvrage que ses antiquités grecques et romaines. Il est du nombre de ceux qui ont plus besoin du frein que des éperons. On en pourroit bien dire autant de M....; qui m'a envoyé son écrit, je lui en ai marqué mon sentiment en deux mots; il n'a ni assez de tête, ni assez de capacité pour parler sur de pareilles matières; et il ne sait ni presque où il faut aller, ni par où il y faut aller. Je l'ai averti qu'il pourroit bien recevoir des avis plus durs que les miens, et j'ai lieu de croire, par ce qu'on m'écrit, que ma prédiction aura été trop véritable.

Je ne sais si l'on doit craindre ou désirer le retour de M......, j'en jugerai par ce qu'il fera. Il m'a toujours paru meilleur pour traiter avec les philosophes, que pour négocier avec les politiques. Vous souvenez-vous d'avoir lu dans les mémoires de M. Gourville, que le grand art du négociateur est de persuader aux autres qu'ils ont plus d'esprit que lui. C'est un avantage que la nature a refusé à M....., à qui elle a nui en lui faisant trop de bien.

Si Fresnes vous a plu, vous avez plu infiniment davantage à Fresnes. On attend avec impatience la semaine de la passion, où vous faites espérer de le revenir voir avec M......, si vos occupations vous le permettent. Je comprends fort que vous voudriez pouvoir rompre les chaînes qui vous retiennent; et, si je ne consultois que mon intérêt, je le souhaiterois encore plus que vous, parce que je profiterois plus souvent et plus long-temps du plaisir de vous voir ici; mais sur cela, comme sur tout le reste, il y a un devoir qui doit l'emporter sur l'inclination, et qui sera toujours la règle de votre conduite. Je me borne donc à vous désirer une parfaite santé.

Il m'est revenu, par des voies très-indirectes, que vous aviez eu quelque incommodité depuis votre voyage de Fresnes; mais, comme je n'en ai rien su par tous les endroits par où j'aurois dû naturellement en être informé, il faut, ou que ce qu'on m'a écrit n'ait point de fondement, ou du moins qu'il en ait très-peu. Rassurez-moi encore plus, en me faisant savoir ce qui a pu donner lieu à cette nouvelle; le sujet est trop intéressant pour m'en tenir à des conjectures sur ce point, quelque sûres qu'elles paroissent.

Sur une Idylle adressée à Madame la Chancelière, etc.

Je tâcherai, Monsieur, de répondre, autant qu'il me sera possible, à vos doutes métaphysiques; mais auparavant il faut, s'il vous plaît, que vous résolviez un problème poétique, dont je crois cependant entrevoir la solution. Il est arrivé à Fresnes, dans un paquet cacheté, adressé à Madame la Chancelière, une idylle sur l'âge d'or et sur la déesse Astrée, que je croirois presque avoir été traduite ou imitée d'après Bion ou Moschus, tant elle est noble, simple, gracieuse, si je n'y avois trouvé le nom du poète B...... Ce n'est pas que depuis que j'ai entendu Marot parler de Pradon, je ne comprenne fort bien que Bion et Moschus ont aussi pu parler de l'abbé B.....;

mais, si cela est, il faut avouer aussi, que le génie prophétique qui les inspiroit prévoyoit de bien loin le fléau des mauvais poètes. Il ne reste, après cela, que de souhaiter, pour les habitans de Fresnes, que cet aimable génie ait été aussi clairvoyant dans le bien que dans le mal. L'idylle dont je vous parle en fait une peinture qui efface celle qu'Ovide a faite de l'age d'or; et nous sommes à peu près comme ces femmes, qui aiment mieux voir leur portrait que leur miroir. Je ne m'en trouverai pas mieux pour cela; car, depuis que la dame, ou plutôt la reine de ces lieux, a lu cette idylle, elle croit d'aussi bonne foi être Astrée, que Don Quichotte s'imaginoit être le réparateur de tous les torts; et je prévois que l'opinion qu'elle aura désormais de sa justice divinisée, va la rendre si altière, que l'âge d'or pourra bien devenir pour moi l'âge de fer. N'importe, je veux connoître l'auteur de ma servitude; et je le crois si aimable, que je lui pardonnerai volontiers le mal qu'il me fait lorsque je l'aurai connu. Vous ne risquez rien, après cela, à le démasquer, Monsieur, et je vous crois plus à portée de le faire que personne. Ce ne sera pas ici comme dans Rousseau:

> Le masque tombe, l'homme reste,
> Et le héros s'évanouit.

Celui que j'accuse en secret est aimable, lors même qu'il se masque, il l'est encore plus quand il se démasque; et plus on le connoît, plus on l'aime, plus on s'estime heureux d'en être aimé.

Sur un Dixain marotique, etc.

L'EXCÈS de votre docilité, Monsieur, est la plus rigoureuse censure de l'excès de ma critique, que vous avez trouvé le moyen de réduire à rien par la nouvelle édition de votre préface. Je vous la renvoie avec quelques notes très-légères, qui vous marqueront seulement que je l'ai lue exactement et que je l'approuve entièrement.

Je ne puis concevoir par quel hasard les nouvelles poétiques transpirent chez M......., ni par qui ni comment il a pu savoir qu'on avoit lu, à Fresnes, une réponse aux vers d'un grand cardinal qui a si bien pris le masque de Marot, qu'on le prendroit pour Marot lui-même; mais, comme les nouvelles arrivent rarement sans se défigurer en chemin, voici la pure vérité que je vous jurerai, si vous voulez, par les Muses et par Appollon.

On fut ici charmé du Dixain Marotique, et il n'en fallut pas davantage pour se remettre dans le goût de ce genre de poésie. L'un prend un Marot, l'autre un Melin de Saint-Gelais, et l'on trouve, dans le dernier, un Dixain qui paroît être une imitation de celui que vous m'avez envoyé, et qui semble au moins y faire une réponse assez juste. Je voulois d'abord vous l'envoyer, et je vous avois même écrit une lettre où il étoit inséré; mais, toute réflexion faite, la politique nous prit à la gorge, et les têtes sensées crurent que d'un lieu frappé de la foudre, il ne devoit partir tout au plus que des élégies, qu'il falloit respecter une disgrâce récente, et ne pas badiner sitôt avec la mauvaise fortune: ainsi, la lecture et le Dixain furent supprimés, et ceux qui l'avoient entendu jurèrent de n'en point parler. Je ne sais encore qui peut être le parjure qui nous a trahi; mais il faut qu'il y en ait un, puisque M...... même en a entendu parler; et quel qu'il soit, tous les habitans de Fresnes évoqueront plutôt l'ombre de Regnier, ou celle de Despréaux, que de laisser son infidélité impunie. Je vous attraperois bien, si, après avoir conté cette histoire, je ne vous envoyois pas le Dixain. Mais l'oracle de Fresnes a répondu que cela seroit trop dur, et s'est rendu garant de votre discrétion; il m'assure que vous n'admettrez dans cette confidence que la seule personne que le Dixain regarde, et qu'il ne sortira pas de vos mains. Il y a en effet des balivernes qui demandent un secret aussi sérieux que les affaires les plus importantes, et quoique j'honore fort la muse de Saint-Gelais, je la crois néanmoins du nombre de celles dont le mystère fait presque tout le prix. Regardez-la donc comme cette divinité dont un ancien auteur a dit, *quæ ignoratione colitur*; et si vous prévoyez que le secret ne soit pas bien gardé, brûlez plutôt le Dixain, aussi bien c'est chose à laquelle on ne pense plus ; je n'en dis pas autant de l'Anti-Lucrèce que j'attends avec beaucoup d'impatience.

L'abbé .... n'est nullement dans la confidence, et je vous prie de n'y mettre ni lui ni personne.

L'Auteur prétend qu'il ne peut faire que des ébauches, etc.

J'ai reçu, Monsieur, les remarques que vous m'avez envoyées. Je n'avois pas pris la précaution de vous prier de n'en pas prendre de copie, parce que je ne croyois pas qu'elles en valussent la peine, et qu'elles ne sont en effet qu'une espèce de préliminaire, plutôt pour montrer ce qu'il faudroit faire sur la question importante qui vous occupe, que pour le faire en effet. Il me semble que je suis à peu près comme ces peintres qui peuvent tracer passablement une première esquisse, mais qui ne sauroient faire un tableau fini. Je ne laisserai pas de continuer de faire des ébauches qui vous engageront peut-être à travailler au tableau. Mais je serois bien aise de savoir auparavant à quoi se réduisent les doutes que vous devez m'envoyer. Je n'en saurois avoir aucun sur les sentimens de M...... pour moi, après ce que vous m'avez écrit deux fois sur ce sujet. Je l'ajouterois volontiers aux preuves de la liberté humaine, par le bon usage qu'il en sait faire, en se mettant au-dessus de tout ce qui n'est point son devoir. J'ai appris que votre santé n'étoit pas trop bonne, et j'en suis plus affligé que surpris : soutenez-la pourtant au milieu des agitations présentes. Il me semble qu'en toutes occasions le bon esprit va à se tourner du côté des sujets de consolation, et à se détourner au contraire des idées qui affligent.

Sur les dispositions de diverses personnes à l'égard de sa situation, etc.

Je vous suis obligé, Monsieur, des mesures que vous avez prises pour faire passer à M...... ce que je vous avois écrit; votre esprit est toujours fécond en ressources pour le service de vos amis; plût à Dieu que vous pussiez inspirer à ceux qui sont les miens, et qui veulent m'en donner des marques, toute la sagesse et la discrétion qui accompagnent vos démarches! Je ne savois point que la M...... eut parlé depuis peu pour moi, et cela augmente l'obligation que je lui en ai. C'est une personne très-respectable; mais je sens, comme vous, que certains suffrages apportent plus d'honneur que de profit.

Je ne doute point que les affaires de l'église ne soient un des prétextes dont on se sert pour éluder ou pour retarder l'effet des bonnes intentions (car je les crois telles) de la personne respectable dont vous me parlez; mais je crains plus, sur cela, ce qui se passe en France, que ce qui viendra de Rome. J'ai su ce qu'on vous a rapporté des sentimens de M...... sur ce qui me regarde; cela s'accorde fort avec ce que j'en ai appris par d'autres endroits. Mais je ne crois pas qu'il faille pousser la chose plus loin, ni tomber dans l'inconvénient d'avoir recours à des personnes étrangères, et je blâme trop cette conduite dans les autres pour me la permettre à moi-même; et je m'affermis d'autant plus dans cette pensée, qu'on m'assure que c'est aussi votre sentiment. J'entends dire qu'on a de bonnes espérances pour la paix, et je tire un bon augure de ce que cela se dit depuis le retour de M. Walpole. Dieu veuille nous la donner et temporelle et spirituelle. Je doute, quoi qu'on ait pu dire, que la personne soit si bien disposée; certainement, ce ne sera pas par son canal que je parviendrai à changer d'état; je voudrois bien en faire (c'est-à-dire, de mon état) un aussi bon usage que vous l'avez fait d'un malheur beaucoup plus grand. Vous êtes du nombre de ceux que l'adversité relève, non parce qu'elle les rend sages, mais parce qu'elle les trouve tels. Vos vers grecs ne vous conviennent donc point. Elle n'a point fait d'échange avec vous, et c'est en pure perte que vous lui avez sacrifié ce que vous aviez de plus précieux. Je rétracterois peut-être cette expression, si je repassois sur mes lettres, comme saint Augustin, et je conviendrois que je me suis trompé lorsque j'ai dit *en pure perte*, puisque vous y avez toujours acquis une augmentation de mérite qu'on ne sauroit acheter trop chèrement.

Avez-vous abandonné vos dialogues sur les spectacles? j'en aurois pourtant bien besoin, quand ce ne seroit que pour me délasser de la peine que j'ai eue à vous écrire une lettre toute remplie de mes affaires.

M. et Madame....., qui se chargent de cette lettre, me feront espérer que nous aurons le plaisir de vous voir ici pendant le voyage de Chantilly.

Sur ses dispositions personnelles pendant son séjour à Fresnes, etc.

Je n'étois nullement en peine, Monsieur, de ce que vous appelez une folie. Il y a des personnes à qui il est permis de tout hasarder, parce qu'elles ne hasardent rien en effet; on sait que c'est le cœur seul qui les fait parler, et ce cœur est accompagné de tant d'esprit, que tout ce qu'ils disent ne sauroit déplaire à ceux mêmes qu'ils ne persuadent pas entièrement. Je crois sentir que c'est là l'impression que votre lettre a faite sur celui dont vous m'envoyez la réponse; elle est, à la vérité, laconique, énigmatique, (ou oraculeuse, comme disoit une fois M. D.....); mais je n'y vois rien cependant qui marque mauvaise volonté. J'ignore absolument qui sont ces amis trop empressés qui gâtent mes affaires; non-seulement il y a plus de trois mois que personne ne lui demande mon retour avec ma participation, et je pourrois dire même plus de quatre; mais j'ai empêché et j'empêche encore plusieurs personnes de lui ouvrir la bouche sur mon sujet. J'ai poussé même si loin la délicatesse sur ce point, que je n'ai pas voulu lui écrire au commencement de cette année, parce qu'il auroit été presque impossible de le faire sans lui dire un mot de mon état; et je me suis contenté d'écrire à mon neveu une lettre qu'il pût lui montrer, et qui ne contient que des souhaits généraux pour lui, sans y rien mêler qui puisse avoir le rapport le plus indirect avec mon retour. Je ne serois pas fâché que vous trouvassiez le moyen de lui faire savoir que vous êtes assuré de tous ses faits, et qu'il seroit fort injuste q'on m'imputât des démarches auxquelles je n'ai nulle part. Il n'est point dans mon caractère d'importuner, et j'avoue que je suis même trop glorieux pour cela; mais peut-être cherche-t-on seulement ici à dire quelque chose, pour ne pas être obligé de reconnoître qu'on n'a rien de bon à dire, il n'y a que le temps qui puisse nous éclaircir sur tout cela; mais quelque dénoûment qu'il nous prépare, je n'en sentirai pas moins toutes les marques que je reçois de votre amitié. Il y a long-temps qu'elle ne connoît point la différence des années, ni celle de la fortune, et je la regarde comme un bien qui ne peut jamais me manquer; les sentimens que j'ai pour vous, Monsieur, ont la même stabilité. Je vous souhaite une année plus heureuse en un sens que la dernière; car, si nous jugions sainement des choses, l'année la plus heureuse pour nous, seroit celle où nous aurions été le plus éprouvés; c'est une grâce singulière que Dieu vous fit, l'année dernière, de soutenir la plus rude épreuve avec une patience et une fermeté vraiment chrétiennes. Nous touchons presque à l'anniversaire de ce malheur; et je suis trop occupé de ce qui vous regarde pour n'y pas penser avec douleur et avec consolation.

Il me revient dans l'esprit, que ce pourroit bien être M........ qui auroit encore parlé d'office, sur mon sujet, quoique je l'aie fait prier instamment de ne le plus faire. Comme vous n'êtes point à portée de le voir, parce qu'il est à Marly, je ne vous prie point de lui rien dire pour le contenir; mais si vous pouviez y suppléer par quelqu'un de ses amis, vous me ferez plaisir. Il est désagréable de faire tout ce qu'on peut pour demeurer tranquille, et de se voir accuser d'inquiétude et d'impatience.

Où il expose sa manière de penser sur les bruits de guerre et sur les affaires de l'Église, etc.

Je souhaite fort, Monsieur, que le séjour de Paris soit plus favorable à votre santé que celui de Versailles; on n'en est pas mieux dans le fond pour ne pas vivre à la cour, mais on voit au moins de plus loin des objets qui ne servent qu'à attrister, et le mouvement du tourbillon se fait moins sentir dans les extrémités que quand on est proche du centre.

Il est bien surprenant que toutes les puissances de l'Europe se trouvent à la veille de se faire la guerre malgré elles, et dans le temps qu'elles voudroient toutes pouvoir l'éviter, si l'on en excepte les seuls Anglais. Quoique vous en disiez, je crois que nous manquons encore plus de bons négociateurs que de bons généraux; et je ne saurois croire, (s'il m'est permis de penser sur ce sujet) qu'il fût bien difficile de détourner l'orage encore à présent; je jouis, au reste, de cette consolation dans ma solitude, que je ne saurois encore imaginer que nous ayons la guerre.

L'état de M........ est un plus grand obstacle à la paix de l'église, que les animadversions de M.......; sur quoi j'entends dire, qu'il ne seroit pas fort difficile de se concilier. Par les dernières nouvelles que j'ai reçues, l'affaire ne me paroît pas encore entièrement désespérée. Plût à Dieu, qu'elle ne dépendît que de notre ami commun, il paroît toujours que celui qui en est le principal arbitre, la desire sincèrement; et, cela étant, il ne faut qu'un moment favorable, et un rayon de santé dans M....., pour donner la dernière main à cette grande affaire!

Je ne vous parle point de ce qui me regarde, parce que c'est une énigme à laquelle je ne comprends rien, et le meilleur est de ne point chercher à y rien comprendre; ce qu'il y a de bien sûr, est que mon état durera tant qu'il plaira à Dieu, et que le véritable bonheur de l'homme est de faire ce qui lui plaît. Désirez pour moi cette disposition, c'est le seul vœu qui convienne à un ami de votre caractère.

Où il explique sa manière de penser sur un Ouvrage qui lui fut communiqué.

J'ai lu et relu, Monsieur, le manuscrit que vous m'avez envoyé. J'y ai trouvé d'excellentes vues et des traits dignes de votre capacité et de votre religion. Le plus grand, et peut-être le seul défaut que j'y remarque, est que l'ouvrage est trop court. Le sujet en est si grand, si intéressant, qu'il demanderoit à être traité avec plus d'étendue. Je doute que les notes puissent y suppléer, elles n'y ajouteront que des faits plus détaillés; mais c'est dans la suite et dans le progrès du raisonnement, que doit consister la force d'un tel ouvrage. Le texte n'en sauroit donc être trop parfait par rapport au genre des preuves; tout le nécessaire doit s'y trouver. Ce n'est pas que je regarde les notes comme un superflu, ni même comme un simple ornement. Je sens qu'elles seront fort utiles pour réaliser, si je puis parler ainsi, auprès de certains esprits, les raisonnemens abstraits, et pour leur donner lieu de reconnoître dans la vérité des faits la solidité des principes. Mais il faut, avant toutes choses, que l'établissement de ces principes, considérés en eux-mêmes, ne laisse rien à désirer; et c'est ce qui ne peut se faire sans une métaphysique plus profonde, qui s'assujettisse pleinement l'esprit, avant que de vouloir régner sur le cœur. J'aurois encore d'autres réflexions à vous communiquer sur cet ouvrage; mais j'ai cru qu'il seroit trop long de les écrire, et qu'une heure de conversation me meneroit plus loin avec vous sur ce sujet, que plusieurs jours d'écriture. Je les réserve donc pour le temps que vous me promettez de venir bientôt passer ici, et où je ne vous proposerai mes difficultés que pour m'instruire sur la manière dont vous saurez les lever. L'ouvrage que vous me pressez de finir, et qui, par parenthèse, ne mérite en aucune manière d'être annoncé au public, pour lequel il n'est point fait, s'avance toujours, mais lentement, *more socraticorum*, qui travaillent long-temps à détruire avant que de commencer à édifier. J'ai même été obligé de l'interrompre par un autre ouvrage, dont le sujet, quand vous le saurez, vous fera excuser ma distraction; je compte de le reprendre bientôt, quoique après tout je doute fort de pouvoir aller plus loin, sur cette matière, que le docteur Clark, qui me paroît en avoir indiqué les vrais principes, et à qui il n'a manqué que l'art de les bien développer. Mais ce sera encore une matière de ces conversations, qui font la plus grande douceur de ma solitude, lorsque je peux vous y assurer moi-même, Monsieur, de tout le sentiment dont je suis rempli pour vous, etc.

Madame la chancelière vous est fort obligée de votre souvenir, dont elle fait plus de cas que des livres que vous cherchez pour moi.

Sur l'Ouvrage d'un de ses amis, etc.

J'ai eu bien des fois la volonté de mettre des notes à côté de vos harangues, et j'ai même commencé à le faire avec le crayon ; mais j'ai toujours été détourné, quand ce ne seroit que par deux secrétaires qui me gardent à vue, et qui croient qu'une réponse à un intendant ou à un premier président, vaut mieux que tous les ouvrages de l'académie. J'étois bien tenté d'ailleurs de vous prier d'abréger encore infiniment vos discours, et de vous proposer l'exemple de Gédéon qui, par différentes épreuves, trouva le moyen de réduire une armée nombreuse à trois cents soldats; mais, pour faire tout ce que je pourrois désirer sur ce sujet, vous n'avez besoin en effet de consulter que vous-même, et je ne doute pas que vous n'ayez été bien au-delà de mes critiques. Il me semble cependant qu'à votre place, je me serois bien gardé de me demander à moi-même ce que Démosthènes ou Cicéron auroit dit en pareil cas, et surtout le dernier qui auroit fait un volume sur une si belle matière. J'aurois mieux aimé évoquer les mânes de Salluste ou de Tacite, pour attrapper cette précision vive et élégante : *Quâ nihil apud vacuas aures potest esse jucundius*, comme le dit à peu près votre Quintilien. Mais vous aurez fait tout cela sans doute, et encore mieux ; je vous demande seulement de n'être pas privé du plaisir de voir votre ouvrage ; la peine seroit, en vérité, plus grande que la faute, si vous portiez la rigueur jusqu'à cette extrémité. Je vais lire dans cette confiance votre mémoire sur les officiers des amirautés ; je doute pourtant qu'il me fasse autant de plaisir que l'apologue de la petite fille du jardinier. Je défierois volontiers Ésope, Phèdre et Lafontaine de rien produire de plus parfait en ce genre. Que ne peut-on haranguer ainsi les rois !

Éloge des Vers qu'on lui a envoyés, etc.

Je ne me repens pas, Monsieur, d'avoir réveillé votre muse qui croyoit pouvoir dormir en repos à l'ombre des louanges d'un grand cardinal. Vous les avez encore mieux méritées par le second madrigal que par le premier. Je n'ai rien vu de plus heureux; et il semble qu'on n'ait bâti Tripoly sur les ruines de l'ancienne Carthage, que pour vous fournir la pensée d'un ouvrage qui feroit honneur, non-seulement à Martial, mais à Horace même. Au reste, le désaveu des vers de M. l'abbé, me paroît assez foible, et semble confirmer mon premier soupçon. Je vous demande pardon de ne vous avoir pas renvoyé sur-le-champ un billet dont il est bien juste que l'original demeure entre vos mains, quoique je pense comme vous, que vous tireriez peu d'argent d'un pareil billet.

Sur un Madrigal, etc.

Je ne devine pas plus que vous, Monsieur, ce que c'est que l'abbé B.....; mais je souscris de bon cœur à la pensée de son madrigal; je voudrois qu'il fût l'ouvrage du premier ministre même, masqué sous le nom de l'abbé B.... Vous devriez le supposer ainsi, et lui envoyer de nouveaux vers sur ce sujet, et il ne vous seroit pas difficile d'y trouver la matière d'un élégant badinage; c'est tout ce qui peut arriver de mieux à un spectateur, non pas indifférent, mais curieux comme moi. Le commandeur de. . . . . fait actuellement un si grand bruit dans mon cabinet, que je ne sais pas trop ce que j'écris. Il est vrai que Racine a fait de meilleures épigrammes que celle dont vous étiez, il y a huit jours, le seul possesseur; mais elle n'est pas aussi mauvaise qu'elle l'a parue à S. E. La critique que vous en faites est juste, mais rigoureuse. Je serai plus indulgent pour l'histoire de la ligue de Cambray, puisqu'elle a votre approbation; et l'auteur, présenté par vous, est sûr d'être bien reçu de moi : je sais d'ailleurs que c'est un homme d'un vrai mérite qui a bien étudié l'histoire moderne.

Sur la nomination d'un Magistrat au nouveau Conseil des Prises.

J'ai fait, Monsieur, une faute à votre égard, qui me couvre d'une très-juste, mais encore plus grande confusion. Vous m'avez écrit que M. le comte de Toulouse avoit résolu de mettre M. D. . . . . . dans le nouveau conseil des prises, se souvenant que je lui avois demandé autrefois de lui donner une place dans un semblable conseil. Je vous ai écrit depuis ce temps-là, et j'ai oublié totalement et très-ridiculement de vous en témoigner ma reconnoissance. Mais, puisqu'il faut que l'amour-propre cherche toujours quelque excuse, c'est à vous-même, Monsieur, que vous devez imputer cet oubli ; pourquoi m'avez-vous tellement rempli l'esprit des images de l'âge d'or, que vous m'avez fait perdre de vue jusqu'aux biens du siècle présent? J'étois, en effet, si occupé de vos vers lorsque je vous écrivis, que nulle autre pensée ne trouva place en ce moment dans mon esprit. Ne vous contentez donc pas de me pardonner une faute dont vous êtes la cause innocente; aidez-moi encore à la réparer, en rendant pour moi de très-humbles actions de grâces à M. le comte de Toulouse, d'un choix où il veut bien que j'entre pour quelque chose; j'y reconnois sa raison, son équité, l'uniformité de sa conduite, autant que j'y sens tout le mérite d'un souvenir si précieux et si honorable pour moi. Vous ferez aisément ma paix avec vous, et j'ose même l'espérer, avec M. le comte de Toulouse; mais je ne sais si vous y réussirez également auprès de votre oracle, dont je n'ai pu encore obtenir le pardon de ma faute. Elle fait sentir qu'Astrée ne met point la clémence au nombre de ses vertus, et qu'il n'y a qu'une justice rigoureuse qui puisse la satisfaire. Après tout, c'est ce que je mérite en cette occasion, et ce n'est pas la première fois qu'il est arrivé à un coupable d'apaiser ceux qu'il avoit offensés sans pouvoir trouver grâce auprès de ses juges; cependant, comme le mien s'imagine, non sans beaucoup de vraisemblance, que vous n'avez pas peu contribué à la grâce que M. le comte vient de faire à M. D......., j'espère que si vous vouliez bien intercéder pour moi, rien ne troublera plus ici les plaisirs du siècle d'or.

Sur l'incendie d'une Bibliothèque, etc.

J'APPRENDS dans le moment, Monsieur, le malheur qui vient de vous arriver; et on me le dépeint si grand, que j'ai besoin que vous m'en consoliez en le réduisant à ses véritables circonstances. Je souhaite surtout d'apprendre qu'il n'est pas vrai que le feu ait dévoré votre bibliothèque et une infinité de mémoires manuscrits dont la perte seroit encore plus irréparable que celle des livres imprimés.

Je conçois que la métaphysique sans la religion est bien inutile dans de pareils accidens; mais la dernière est si forte et si bien affermie chez vous, que je suis persuadé qu'elle vous aura mis au-dessus d'un si triste événement : je crains seulement pour votre santé, la surprise du premier moment; le mouvement et l'agitation inévitable dans ces sortes d'aventures, capables de troubler les ames les plus fermes, surtout par le défaut de secours et sur l'inutilité des ordres que l'on donne à la campagne pour arrêter le progrès du feu : j'en suis ému en vous écrivant; que seroit-ce si j'en avois été le témoin! Rassurez-moi donc au plutôt, et diminuez mon inquiétude, si vous ne pouvez la calmer entièrement : mandez-moi au moins que vous vous portez bien ; vous vous resterez toujours à vous-même, et c'en est assez pour vous consoler de tout ce que vous pouvez avoir perdu. Plût à Dieu que Fresnes fût plus à portée de vous offrir une retraite, en attendant que vous ayez réparé les ruines de votre maison ! Madame la chancelière sent aussi vivement que je le fais, tout ce qui peut vous faire de la peine dans un si grand malheur.

Sur le même sujet.

M. B.... le premier, et vous-même ensuite, Monsieur, vous m'avez ôté la foible consolation qui me restoit de pouvoir douter encore de l'étendue de votre malheur.

Fuimus Troes, fuit Ilium.

M. B.... et M. A.... qui s'y sont joints aussi d'esprit, m'expliquent plus longuement le détail affreux de votre calamité. Je la sens peut-être plus que vous-même. Je compte pour peu de chose tout ce qu'on peut réparer avec de l'argent ; mais perdre tout ce que vous aviez jamais écrit ou recueilli pour votre usage, c'est perdre en vérité une partie de soi-même, et celle qu'Horace appelle la meilleure ; mais, comme je vous l'ai écrit dans le premier moment, en perdant tout le reste, vous vous conservez vous-même, et vous conservez en vous un philosophe, et un philosophe chrétien, qui trouve dans sa foi des ressources que le monde ne connoît point, et qui vont si loin, que des maux mêmes elles savent en faire des biens. Je suis consolé et non pas surpris d'apprendre par vos amis que c'est ainsi que vous mettez à profit un malheur si pénible à la nature. Je ne dirai donc point, comme Sulpicius à Cicéron, de jeter les yeux sur les ruines du Pyrée ou de Corinthe, et de vous consoler en regardant, *tot oppidûm projecta cadavera* : je pourrois vous dire avec plus de justesse : *cogita.... ea nobis erepta esse quæ hominibus* (1), *multo plus quam domus cara esse debent, patriam honestatem, dignitatem, honores omnes. Hoc uno incommodo addito, quid ad dolorem adjungi potuit ?* Mais c'est une triste consolation que celle qui ne cherche à guérir une plaie qu'en en montrant une plus grande. Je me réduis donc à vous dire, comme Sulpicius à son ami : *Noli te oblivisci Ciceronem esse, et eum qui aliis consueveris præcipere et dare consilium.* Mais, je n'ai pas même besoin de vous le dire, vous avez prévenu tous les conseils de vos amis; et si j'ai souvent comparé vos lettres à celles de Cicéron, je ne vous ferai pas l'injure de vous mettre à côté de lui par rapport aux sentimens; vous ne vous attribuerez pas même l'honneur de le surpasser en fermeté, et je suis très-sûr que vous en rendrez gloire à la religion, qui nous donne bien d'autres forces que la raison humaine pour soutenir toujours des maux bornés et passagers, quelque grands qu'ils soient par l'espérance d'un dédommagement infini et éternel. Jouissez donc en cette occasion d'une vertu acquise et confirmée pendant tant d'années. Dieu a voulu achever de l'épurer par un feu qui consume votre détachement de tous les biens périssables : *Et invenit illos dignos se, tanquam aurum in fornace probavit illos* (2). Mais je me reproche de débiter tant de morale à un homme qui en est bien plus rempli que moi, et qui trouve sans doute la plus solide consolation. Si vous avez besoin de livres en attendant que vous ayez réparé une partie de vos pertes, je vous prie d'envoyer chercher chez moi tous ceux que vous aurez envie d'avoir sous votre main; et si vous vouliez même les garder pour toujours, ce seroit le plus sensible plaisir que vous puissiez me faire; vous me donneriez par là une con-

(1) *Cicer. Epist.*, *l.* 4, *Epist.* 5. Le texte de Sulpicius porte : *non minus quam liberi*. — (2) Sap., ch. 3, ỳ. 5, 6.

solation dont moi-même j'ai besoin. La triste situation de mes affaires ne me permet pas de vous offrir d'autres secours; et je vous avoue que c'est dans ces sortes d'occasions qu'on est tenté de murmurer contre la fortune, et d'en souhaiter une meilleure pour la pouvoir partager avec ses amis. Mais il faut savoir renfermer cette douleur dans son sein et dans celui de votre Astrée, qui peut seule égaler mes sentimens sur ce point, et apprendre de vous à supporter patiemment toutes les disgrâces de la vie. Je vous recommande toujours le soin de votre santé, et je ne saurois vous exprimer à quel point elle m'est précieuse.

Explication qu'on lui avoit demandée sur le mot Contractus, *etc.*

Je souffre plus que vous, Monsieur, du rhume qui vous incommode fort, et qui vous met comme à cent lieues de moi. Vous auriez eu le temps de les faire depuis qu'il vous retient dans votre chambre. Redoublez votre attention sur votre santé, à mesure que l'hiver augmente sa rigueur.

Dissolve frigus, ligna super foco
Largè reponens (1).

Je ne sais si vous suivrez le reste du régime qu'Horace prescrit au même endroit.

Je voudrois n'avoir perdu à votre rhume que le compliment de la nouvelle année; compliment bien inutile entre vous et moi, et presque aussi froid que ces prologues d'Eschyle qui donnèrent lieu à ce bon mot dont je n'ai jamais pu vous désabuser. Je viens présentement à vos affaires.

J'ai toujours cru que le *contractus* qui vous fait tant de peine, ne signifioit autre chose qu'un homme

(1) Hor. Od. liv. 1, ch. 9.

qui se resserre, et qui se concentre pour se réduire comme en un point, afin de moins sentir le froid; c'est un oiseau qui fait de son corps une espèce de boucle portée sur un pivot. *Contractus* me paroît ici employé dans le même sens que dans cet autre vers d'Horace :

Contrahes vento nimium secundo
Turgida vela (1);

ou dans celui de Virgile :

Ipse tibi jam brachia contrahit ardens
Scorpius (2).

En voulez-vous encore un d'Horace ?

Contracto melius parva cupidine,
Vectigalia porrigam (3),

où l'opposition de *porrigam et de contracto*, me paroît assez propre à faire entendre le sens du dernier de ces deux termes. Si je pouvois vous peindre au coin de votre feu, enveloppé dans votre robe de chambre, tout rentré en vous-même, craignant d'allonger un bras ou une jambe, il me semble que je ferois mieux entendre le *contractus* que par tous les commentaires du monde, fussent-ils du père Sanadon.

Sur son Ouvrage des Méditations.

NE vous pressez pas tant de me remercier, Monsieur; le silence dont je vois que vous voulez abuser (pardonnez-moi cette expression) est un silence de

(1) Ode, liv. 2, ch. 10. — (2) Georg., liv. 1. — (3) Ode, l. 3, ch. 16.

pure distraction. L'ouvrage dont vous désirez d'avoir une copie, ne mérite point l'honneur que vous lui faites : il est d'ailleurs bien éloigné d'avoir la perfection très-imparfaite que je puis être capable de lui donner : il y a même un changement considérable que je veux faire à la deuxième et à la troisième méditation. Enfin j'attends vos objections qui me donneront lieu, sans doute, d'en corriger ou d'en retoucher plusieurs endroits. Commencez donc par me mettre en état de la perfectionner, pour acquérir par là une espèce de droit sur un ouvrage que vous aurez rendu beaucoup meilleur ou moins mauvais, qu'il n'est sorti de mes mains. Vous voyez que je ne suis pas tout-à-fait du même caractère que votre épistolier; il craint la correction, et je la désire assez pour l'exiger comme la seule condition sous laquelle je puisse consentir à ce que vous désirez de moi.

Sur la proposition d'un Mariage, etc.

Vous ne vous contentez pas, Monsieur, de me faire trouver les biens intelligibles dans votre société. Vous voulez y joindre les biens sensibles, par l'alliance à laquelle vous avez pensé pour une personne qui m'est chère. Rien ne paroît plus désirable en toute manière que le parti dont vous me donnez l'idée; mais il faudroit parler plutôt qu'écrire sur une semblable matière, pour entrer dans des détails dont une lettre n'est guère susceptible. Vous me feriez donc un véritable plaisir si vous pouviez venir ici promptement, afin que nous puissions parler plus aisément et plus à fond d'une affaire si importante : elle me plaît par beaucoup d'endroits, mais surtout par le caractère du négociateur. Je sentirai vivement l'obligation que je vous aurai si elle peut réussir. Je doute néanmoins qu'elle puisse augmenter l'estime et l'amitié que je sens pour vous, Monsieur, ou plutôt je suis bien sûr que la plus grande et la plus juste reconnoissance ne sauroient rien ajouter aux sentimens dont vous avez su remplir mon cœur à votre égard.

Je n'ai rien trouvé, dans mes manuscrits, sur le Traité de Munster qui ne soit fort commun, et dont je ne doute pas que M. de With ne soit parfaitement instruit. Je vous montrerai cependant la table que j'en ai fait faire, lorsque vous viendrez ici, afin que vous jugiez si elle mérite d'être communiquée à M. de With. Madame la chancelière n'est pas moins touchée que moi de votre attention et de vos soins : vous ne sauriez lui donner des marques de votre amitié pour nous, dans un endroit qui lui soit plus sensible, et elle vous sait, par avance, le même gré de votre bonne volonté, que si la chose avoit déjà réussi.

Sur le bruit de son retour de Fresnes, et l'Ouvrage de M. de Valincourt, etc.

J'ai bien abusé, Monsieur, des prétextes qu'une très-légère maladie a donnés à ma paresse, pour ne point écrire de lettres; car j'avoue à ma confusion qu'elle ne m'a pas empêché d'écrire d'autres choses, et surtout de celles que je pourrois bien appeler, comme Marc Antonin, *de me ipso ad me ipsum.* J'ai voulu mettre à profit le temps que me donne encore l'incertitude et l'indécision de celui qui peut tout ce qu'il veut, mais qui ne veut pas tout ce qu'il peut, pour tâcher d'achever au moins une grande partie d'un ouvrage interrompu cent fois, et cent fois repris, et qui ne ressemble pas mal à cet ouvrage inachevable que Don Quichotte vouloit toujours achever. J'ai peur que vous ne critiquiez le terme d'*inachevable*, et que vous ne l'ajoutiez au dictionnaire néologique, où je serois autant surpris de me trouver à côté de la Mothe et de l'abbé Houteville, que leurs mots le sont souvent de se voir placés si près l'un de l'autre. Mais, après tout, le terme d'*inachevable* est une expression qui m'est si propre et dont j'ai si souvent besoin, que je vous prie de lui faire grâce en faveur d'un ancien ami. Mais parlons de choses plus sérieuses, après avoir rendu grâces, comme je l'aurois dû faire d'abord, de toute la part que vous avez prise à mon mal, et à ma guérison qui se fortifie tous les jours de plus en plus, au milieu d'une foule de malades dont nous sommes environnés et au dedans et au dehors de cette maison.

Ma fièvre n'étoit pas assez considérable pour mériter qu'on en parlât à personne, mais on ne peut se tromper en suivant les avis d'un homme aussi sage que celui qui vous a conseillé de le faire. Rien n'est égal à toutes les marques qu'il me donne d'une amitié constante, suivie et aussi éclairée que sûre dans les services qu'elle lui inspire de me rendre. Quoiqu'il sache par d'autres endroits, combien j'en suis touché, vous me ferez cependant beaucoup de plaisir si vous voulez bien le lui témoigner encore; la reconnoissance est un devoir dont on ne s'acquitte jamais aussi pleinement qu'on le voudroit. Il paroît espérer beaucoup, lui qui n'est pas trop sujet à se flatter; mais je crains toujours que mon retour ne soit accompagné de circonstances embarrassantes qui pourront bien me faire regretter plus d'une fois le séjour de Fresnes, s'il est vrai que je doive le quitter; car tout ce qui est différé est si incertain, surtout dans la situation présente des esprits et des affaires, que le plus sûr est de n'y point compter. Tout le monde veut que le chapeau si long-temps attendu, influe sur ma destinée, ce qui seroit aussi bizarre que les prédictions des astrologues, fondées sur de prétendues conjonctions d'étoiles ou de planètes, qui sont peut-être à plus de deux cent millions de lieues l'une de l'autre. J'ai cependant des raisons de croire qu'il n'est pas impossible que j'éprouverai la malignité d'une pareille conjonction, j'en ai de contraires à la vérité; mais je m'abstiens volontiers de résoudre ce problème, dont le temps seul peut nous donner le dénoûment. Tout ce que vous m'expliquez sur les causes d'un retardement, qui ne s'accorde guère avec le génie et la politique ordinaire de la cour, est plus que vraisemblable; et notre ami qui est absent pourroit bien éprouver à présent, qu'il est plus facile de faire le mal que de le guérir. Il est fâcheux qu'il se trouve presque toujours du mal entendu dans les affaires qu'il traite, et qu'il soit sujet à prendre des complimens pour des assurances positives. Si l'on avoit le courage de penser comme notre maréchal, et de parler comme il a fait à.... cela vaudroit mieux que les discours enchanteurs de celui que j'ai nommé, il y a long-temps, une sirenne qui se séduit elle-même, et souvent elle seule, par la douceur de son chant. Quelque soit l'événement et de cette affaire, et de tout ce qui peut me regarder directement et indirectement, je n'oublierai jamais la manière dont vous y entrez, soit de vous-même ou par l'inspiration d'un homme qui a autant d'habileté que de bonne volonté pour moi. Je suis charmé toutes les fois que j'apprends qu'il se sert de vous pour parvenir à ce qu'il désire. Il agit alors véritablement selon mon cœur, et le mérite d'un si digne instrument ne dépend point du succès, quoique vous soyez plus capable d'y contribuer que personne. La dernière proposition qu'il vous a prié de faire sur les sceaux seroit, sans doute, ce qui me conviendroit le mieux, tant qu'on ne me rendra point une justice entière. Mais je crains que les mêmes raisons, qui empêchent qu'on ne me la rende, ne détournent aussi celui dont il s'agit, d'entrer dans cette espèce de tempérament.

C'est avec regret que je vous parle si long-temps de ce qui me regarde. J'aimerois bien mieux n'avoir à vous entretenir que sur la morale dont vous voulez faire un si bon usage dans vos dialogues sur les spectacles. Le cannevas que vous m'en avez envoyé, remplit et surpasse même toutes mes vues: j'attends avec impatience l'exécution d'un si beau projet; j'espère que le temps du voyage de Fontainebleau, où je voudrois bien que vous puissiez vous dispenser d'aller, vous donnera tout le loisir d'y mettre la dernière main. Plût à Dieu que vous puissiez venir l'achever à Fresnes, ce seroit le moyen de me faire préférer ma solitude à toute autre situation, si elle étoit habitée par de pareils solitaires! Je pourrois bien dire comme Horace :

Cur valle permutem Sabinâ
Divitias operosiores.

Je vous renvoie l'ouvrage du poète italien, où j'ai trouvé d'assez beaux endroits, comme vous me l'aviez annoncé ; mais peu de poésie, une imagination souvent plus froide que celle de nos poètes présens, et des défauts de conduite plus grands que ceux que son fade panégyriste reprend dans Corneille, et qui n'y sont pas sauvés par les mêmes beautés. Voilà, monsieur, en peu de mots, mon jugement sur cette pièce qui, à tout prendre, est pourtant d'un meilleur goût que celles de la Mothe, qui ont été le plus applaudies, on n'y trouve rien qui vaille ces trois vers du poète italien.

Arbor non v'ha, che alla stagion novella
Sia si presto a fiorir, come la speme ;
Ma rado avvien, che ne maturi il frutto.

Ce seroit une plaisante chose, si les italiens s'avisoient de devenir français, pendant que les français semblent ne chercher qu'à devenir italiens.

Sur le même sujet.

Je vous envoie, Monsieur, un griffonnage peu digne, en toutes manières, de paroître à côté d'un ouvrage dont il déshonore les marges. Je ne sais si vous pourrez venir à bout de le déchiffrer, tant je l'ai fait à la hâte, et avec une plume qui m'a très-mal servi ; mais vous devinerez toujours aisément ma pensée, et je souhaite que vous y trouviez quelques vues qui puissent vous être utiles pour porter un si bel ouvrage à sa dernière perfection. J'ai fini mes notes par où j'aurois dû les commencer, c'est-à-dire, par la première édition du dialogue, que j'ai lu mal à propos après la seconde; mais ce dérangement ne change rien au fond des remarques. Vous trouverez peut-être que je vous taille bien de la besogne; mais il est naturel de proportionner ses désirs sur un ouvrage au mérite de l'ouvrier; et, d'ailleurs, la matière est si importante, que vous ne sauriez avoir regret à la peine que vous prendrez pour la traiter aussi profondément que vous êtes capable de le faire, et aussi agréablement que vous seul le pouvez faire. Apprenez-moi à rendre en français ces deux mots latins, *festivum et facetum*, qui sont dans une note que je crois de l'abbé Fragnier; ils renferment mon jugement général sur votre dialogue; faut-il que notre langue ne puisse exprimer ce qui vous coûte si peu à produire!

Sur la Mort d'un de ses Enfans.

Nous avons perdu, Monsieur, un enfant fort aimable, mais que je ne voyois jamais sans douleur, parce que je sentois qu'il étoit presque impossible de le conserver long-temps. Que lui auroit donné, d'ailleurs, la plus longue vie, qui pût entrer en comparaison avec la fortune immense que Dieu lui a fait faire en un instant? Vous avez donc bien raison de dire: *non erepta vita sed donata*; et cela seroit vrai quand même ce pauvre enfant seroit né dans un siècle plus heureux. Je me rappelle toujours avec consolation deux vers qu'un homme de bien me dit la première fois que j'éprouvai un pareil malheur dans un degré plus proche.

Impia nam pietas animam lugere beatam
Gaudentemque Deo flere, nocens amor est.

Cela vaut encore mieux que votre passage de Cicéron : *vana sunt ista*, disoit Juste-Lipse, *hæc est vera philosophia.*

J'augure fort mal de la négociation que vous avez commencée, non-seulement par ce que vous m'en avez écrit, mais encore plus par votre silence sur les suites qu'elle devoit avoir. Il y a bien de l'homme dans tout ceci ; et, à moins que Dieu ne s'en mêle, je n'ai guère d'espérance de voir la paix rétablie dans l'église.

HIC JACET (1)

ANNA LE FEVRE D'ORMESSON,

HENRICI-FRANCISCI D'AGUESSEAU,

GALLIARUM CANCELLARII,

REGIORUM ORDINUM COMMENDATORIIS,

UXOR.

Felicitate indolis,
Morum leni gravitate,
Fidei et Religionis simplicitate,
Tam bene comparata,
Ut ad omne Virtutis et Officii genus
Nata potius, quam instituta videretur.
Mulier Christianè fortis,
Numquam otiosa, semper quieta,
Non elata prosperis, non adversis fracta,
Graves et longos Corporis cruciatus
Tulit patienter et placidè,
Mortem etiam libenter.
Obiit Anno ætatis 58.
Kalend Decemb. An. 1735.

Quæ in terris velut hospes vixerat,
Hac in villa,
Divinâ ita disponente Providentiâ,
Tanquam in hospitio mortua est;
Et inter Pauperum cineres,
Pauper ipsa spiritu, et Pauperum Mater,
Beatam Resurrectionem expectare maluit,
Quàm inter divitum sepulcra.

(1) L'Éditeur a cru devoir faire suivre cette Épitaphe, composée par d'Aguesseau, de celle qui a été faite pour lui-même.

Maritus mœrens, et mœrentes Liberi
Doloris simul et venerationis Monumentum
Posuêre.

Sit in benedictione memoria illius,
Et ossa ejus pullulent de loco suo.

HIC JACET

HENRICUS-FRANCISCUS D'AGUESSEAU,

GALLIARUM CANCELLARIUS,

REGIORUM ORDINUM COMMENDATOR.

Vir, eloquio cæteris, ratione sibimet imperans:
Ingenii
Maturâ gravitate venerandus Juvenis,
Semper florenti lepore amabilis Senex,
Toto vitæ tenore æquabilis.
Capaci mente et immensâ memoriâ
Humanas omnes Doctrinas complexus,
Sacris in Litteris præcipuè conquiescens:
Res secundas in Patriæ commoda,
Infaustas sibi in frugem vertit.
Civis, Conjux, Parens optimus;
Legum egregius Interpres, Custos, Conditor;
Eruditis, etiam Exteris, Lux et Patronus:
Egentium Tutor et Pater;
Ad consilium, ad præsidium, patens omnibus:
Prodesse singulis, non præstare expetens;
Quantùm prodesset, unus non sentiebat.
Solius sapientiæ cupidus,
Et illam, et ea quæ non petierat, adeptus,
Primam in Regno Dignitatem,
Ultrò delatam, accepit,
Ad XXXIV annos splendidè gessit,
Sponte abdicavit.

Terrenorum immemor, superna sitiens,
Clavis dolorum confixus cruci,
Obiit V. Idus Februarii M DCC LI,
Anno ætatis LXXXIII ineunte.

Desideratissimæ Cónjugi,
Ut in omnibus, sic et Christianâ humilitate
Concors,
In hoc Cœmeterio jungi voluit.
Liberi lugentes
P. P.

INSCRIPTIONS

Sur le piédestal de la Croix du Cimetière de la Paroisse d'Auteuil, au pied duquel sont les Tombeaux de M. le Chancelier et de Madame la Chancelière d'Aguesseau.

SUR UNE DES FACES DU PIÉDESTAL.

Christo Servatori
Spei Credentium,
In quo crediderunt et speraverunt
Henricus-Franciscus d'Aguesseau,
Galliarum Cancellarius,
Et Anna Le Fevre d'Ormesson,
Ejus Conjux,
Eorum Liberi,
Juxtà utriusque Parentis exuvias,
Hanc Crucem
Dedicavêre
Anno reparatæ Salutis
MDCCLIII.

SUR L'AUTRE FACE.

Sobriè, justè et piè,
Conservati in hoc sæculò,
Expectant beatam Spem
Et adventum gloriæ
Magni Dei et Salvatoris nostri
Jesu Christi,
Qui dedit semetipsum pro nobis
In Cruce
Ut nos redimeret et mundaret
Sibi Populum acceptabilem,
Sectatorem bonorum operum.

Ora pro eis, viator.

FIN DU TOME SEIZIÈME ET DERNIER.

AVIS

SUR LA TABLE DES MATIÈRES.

CETTE Table générale est un Ouvrage entièrement neuf. L'ancienne Édition *in-quarto* des OEuvres de D'AGUESSEAU n'a que des Tables particulières pour chaque volume. Ces Tables sont toutes conçues sur un plan différent, et rédigées sans aucun esprit d'analyse. Le plus souvent elles présentent la transcription littérale de pages entières de d'Aguesseau. Elles n'ont été d'aucun secours pour la rédaction de celle-ci.

Voici le Plan sur lequel cette Table générale a été dressée :

On a placé, sous le mot qui a paru le plus convenable, l'analyse raisonnée de tout ce que l'Ouvrage présentoit de relatif à ce mot. On s'est contenté d'indiquer les Propositions ou les Questions sous les mots auxquels les mêmes matières se rapportoient moins directement, et l'on a renvoyé au mot sous lequel se trouve l'analyse raisonnée.

Ainsi, au mot *Testament*, on trouve l'analyse raisonnée de diverses questions sur les testamens; et les mêmes questions sont seulement indiquées sous les mots *Ab irato*, *Posthume*, *Codicilles*, qui renvoient à *Testament*.

Ces renvois aux mots sous lesquels reviennent les mêmes propositions sont imprimés en *italique*, immédiatement après la question.

On a mis à la ligne, en PETITES MAJUSCULES, les renvois à des mots sous lesquels sont placées des questions analogues, mais différentes.

Pour faciliter les recherches, on a divisé en paragraphes les matières placées sous le même mot, et l'on renvoie précisément au paragraphe qui est relatif à la question indiquée.

On trouvera, sous le mot *Parlemens*, tous les Parlemens dont il est parlé dans d'Aguesseau ; de même pour les Conciles, au mot *Conciles ;* pour les Évêques, au mot *Évêques*, etc.

Un Tableau, placé à la fin de la Table, présente, par ordre chronologique, toutes les Ordonnances, Édits, Déclarations, sur lesquels d'Aguesseau a eu occasion de parler. On indique, dans ce Tableau, la date précise de l'Ordonnance, le Roi qui l'a rendue, le nom sous lequel cette Ordonnance est connue ; enfin, on désigne le titre et l'article de cette ordonnance, que d'Aguesseau a examinés.

Un second Tableau, par ordre alphabétique, offre les Coutumes et les divers articles de Coutumes dont il est parlé dans les OEuvres complètes de d'Aguesseau.

Ces deux Tableaux renvoient aux mots de la Table des Matières, où l'on trouve l'analyse raisonnée de ce qui a été dit sur l'Ordonnance ou sur la Coutume.

Les noms des Auteurs, et généralement tous les Noms propres sont dans cette Table des Matières.

Sous le nom des Parties, on indique les mots de la Table où leurs contestations sont analysées.

Chaque Matière est analysée avec un soin scrupuleux. La rédaction de la Table indique si la Proposition est développée dans l'Ouvrage, ou si elle n'y reçoit aucun développement ; dans le premier cas, on renvoie à la page et à celles qui suivent ; dans le second, on se contente d'indiquer la page.

TABLE ANALYTIQUE

ET RAISONNÉE

DE TOUTES LES MATIÈRES

CONTENUES

DANS LES SEIZE VOLUMES DE CETTE COLLECTION COMPLÈTE DES OEUVRES DE D'AGUESSEAU (1).

A.

ABBADIE. — Beautés et défauts de son livre sur la vérité de la Religion chrétienne; tom. XV, *pag.* 7 *à* 9.

ABBAYES. — 1.° Le roi a le droit de nommer aux abbayes de Jendure et autres, situées dans le Barrois; tom. IX, *pag.* 403 *à* 436.

2.° Contestation élevée à l'occasion de l'abbaye de Saint-Claude, qui est dans le ressort du parlement de Besançon; tom. XIII, *pag.* 53.

ABBÉS. — Pour leurs bénéfices, les abbés sont assimilés aux tuteurs, et l'église aux mineurs; tom. II, *pag.* 14. — Conséquences de ce principe, *pag.* 15 *à* 26. Voy. *Bénéfices* et *Bénéficiers.*

ABIGEAT. — Définition de ce crime; sa punition chez les Romains; tom. XI, *pag.* 525 *à* 526.

AB INTESTAT. *Voy.* HÉRITIERS.

AB IRATO (action). — Le droit romain n'admettoit point l'action *ab irato* contre les testamens; tom. II, *pag.* 43.

---

(1) Cette Table est due aux soins de M. ROGER, Avocat aux Conseils du Roi et à la Cour de Cassation.

— Pourquoi et dans quelles circonstances la jurisprudence française admet cette action ; tom. II, *pag.* 44 *et suivantes.* — Voy. encore même tome, *pag.* 525 *et suiv.*

ABOLITION. — Les lettres d'abolition et de grâce accordées par le prince ont-elles un effet rétroactif ? tom. V, *pag.* 477. — La décision de cette question dépendoit, chez les romains comme chez nous, des termes employés dans les lettres d'abolition, *pag.* 478, et encore *pag.* 480 *et suiv.* — Application de ces principes au mariage de M. de Guise, contracté en pays étranger, pendant sa mort civile, *pag.* 482 *et suiv.*

ABSENT. — On ne peut recevoir une plainte au nom d'un absent sans que celui qui se présente ait une procuration spéciale ; tom. XI, *pag.* 267, et encore *pag.* 576.

ABUS. — 1.° Quelles personnes peuvent appeler comme d'abus de la célébration d'un mariage ? tom. II, *pag.* 253. — La mère qui a approuvé tacitement le mariage de son fils mineur ne peut interjeter appel comme d'abus de ce mariage sous le prétexte qu'elle n'a pas donné son consentement lors de la célébration, *pag.* 261. — Dans ce cas, on peut prouver, par témoins, l'approbation tacite de la mère, *pag.* 264. — Le fils, exécuteur testamentaire de sa mère, est non-recevable à poursuivre l'appel comme d'abus abandonné par celle-ci, *pag.* 266.

2.° Le mineur, devenu majeur, peut-il interjeter appel comme d'abus de son propre mariage ? *pag.* 270. — Cette question, très-controversée, doit se décider par les circonstances du fait, *pag.* 271. — Arrêt qui reçoit l'appel d'abus du mineur, mais le condamne à des dommages-intérêts, *pag.* 276. — Autre arrêt dans le même sens, *pag.* 279. Voy. *Curé*, 2.°

3.° On peut appeler comme d'abus d'une décision de la Rote ; tom. V, *pag.* 405 *et* 406.

4.° L'appel comme d'abus ne suppose, dans le juge qui le reçoit, aucune supériorité sur le juge dont on attaque la juridiction ; tom. V, *pag.* 409. — Il a succédé à l'ancienne voie du recours, *ibid.* — Ce qu'étoit ce droit de recours, et ce qu'est aujourd'hui l'appel comme d'abus, *pag.* 410.

5.° Dans quel cas les collatéraux peuvent appeler comme d'abus d'un mariage ; tom. II, *pag.* 86 *et suiv.*, et tom. V, *pag.* 397 *à* 401. Voy. *Mariage*, 4.°

ACCEPTATION. — 1.° Les donations faites à l'église ou aux mineurs ne sont point dispensées d'acceptation ; tom. II, *pag.* 370. — Néanmoins le tuteur ou le curé ne peuvent eux-mêmes exciper du défaut d'acceptation, *pag.* 371.

2.° Motifs de l'article 7 de l'ordonnance de 1731, qui établit la nullité de la donation acceptée par le mineur seul; tom. XII, *pag.* 313 *à* 326.

3.° Motifs de l'article 9 de la même ordonnance, qui défend aux femmes d'accepter une donation sans l'autorisation de leur mari; tom. XII, *pag.* 327.

ACCOUCHEMENT. — La présence du lait est la preuve la plus forte de l'accouchement; tom. III, *pag.* 57. — Cette preuve employée par les défenseurs de la fille de Virginius, *ibid.*

ACCURSE. — Pour concilier les lois, cet auteur se sert plus souvent de son imagination que de sa raison; tom. IX *pag.* 612.

ACCUSÉ. — 1.° En quelque état que soit l'accusé, il doit être nécessairement entendu en présence de tous les juges; conséquence de ce principe; tom. XI, *pag.* 297 *et* 298.

2.° Le coupable ne devient véritablement accusé que par le décret; tom. XI, *pag.* 359.

ACTES. — Les actes font preuve de ce qu'ils contiennent; mais ils ne prouvent point la capacité de ceux qui contractent; tom. III, *pag.* 227. — Pour les testamens surtout, on admet la preuve testimoniale contre la déclaration du notaire, que le testateur étoit *sain d'esprit*; tom. III, *pag.* 228; et même tome, *pag.* 398 *et suiv.*

Voy. DATE; SIGNATURE; SCEAU.

ACTIONS DE BANQUE. — 1.° Mérite du Mémoire sur le Commerce des Actions, par d'Aguesseau; tom. I, *pag.* xlix *et* l.

2.° Examen de différens problèmes qu'on peut agiter sur le commerce des actions de la compagnie des Indes; t. XIII, *pag.* 557. — Ces actions, considérées par rapport à l'honnêteté publique, *pag.* 562. — Par rapport au véritable intérêt de l'état, *pag.* 563. — Par rapport à l'intérêt des familles, *pag.* 572. — Sous aucun de ces rapports, l'acquisition ou la possession des actions ne sauroit être juste et légitime, quand même on les acquerroit sans l'intention de les revendre, *pag.* 584. — Il est encore moins juste d'acquérir des actions pour y gagner en les revendant, même de vendre au taux du commerce des actions qu'on possédoit, *pag.* 585 *à* 601. — L'agiotage dans les actions, plus criminel que dans les autres commerces, *pag.* 610. — Le commerce des actions, et l'agiotage qui s'en fait, ne peuvent être justifiés par l'utilité qu'en retire l'état, *pag.* 612. — Le salut de l'état doit être réputé impossible, si on ne peut l'obtenir que par une action criminelle, *pag.* 613. — Il est, d'ailleurs, douteux que le commerce des actions soit utile à l'état, *pag.* 620. — L'impossibilité de faire un autre emploi de son argent n'excuse pas le commerce des actions; pourquoi? *pag.* 630. — Ceux qui ont gagné dans le commerce des actions sont-ils obligés de restituer le profit? *pag.* 636.

3.° Proposition à examiner sur le commerce des Indes, tendant à réduire au cinquième toutes les actions; t. XIII, *pag.* 639.

ADAM (M.^e^). — Cause de Me Adam, avocat au parlement, contre les neveux de la dame de Fontenay; tom. II. Faits, *pag.* 99. — Discussion, *pag.* 103. — Arrêt, *pag.* 108. Voy. *Avocats.*

ADJOINTS AUX ENQUÊTES. — Cette charge, supprimée par l'ordonnance de 1667, rétablie en 1696; tom. IX, *pag.* 331. — Il seroit nécessaire de fixer leurs attributions d'une manière plus précise, *pag.* 332. — Dispositions des anciennes ordonnances à leur égard, *pag.* 333 *à* 340.

ADJUDICATION. — En cas de fraude, la preuve testimoniale peut être admise contre une adjudication en justice; tom. IV, *pag.* 144 et 145.

ADMONITION. — C'est un principe constant que tous les criminels condamnés à l'admonition doivent en même temps être condamnés à une aumône; tom. XI, *pag* 628.

ADULTÈRE. — L'adultère de la femme n'empêche pas que l'enfant né dans le mariage ne soit réputé le fils du mari; tom. II, *pag.* 352; et encore tom. III, *pag.* 40. — La présomption *is pater est quem nuptiæ demonstrant* n'est détruite que par la preuve de la longue absence ou de l'impuissance du mari; tom. II, *pag.* 354. — De ce que la femme adultère a caché sa grossesse, on ne peut conclure que l'enfant est adultérin, *pag.* 358. — Arrêt conforme aux principes ci-dessus, *pag.* 360.

ADULTÉRIN. — 1.° L'enfant adultérin a droit à des alimens, alors même qu'il auroit voulu se faire déclarer enfant légitime; tom. II, *pag.* 223.

2.° La novelle 18, qui défend d'accorder des alimens aux bâtards *ex nefario coïtu*, n'a été suivie ni par le droit canon ni par la jurisprudence française; tom. VII, *pag.* 544.

AGE. — 1.° Quel âge on exigeoit pour porter témoignage dans le droit romain; tom. III, *pag.* 346. — En France, pour l'âge, on distingue les témoins instrumentaires de ceux qui déposent de faits, *pag.* 347. Voy. *Témoins.*

2.° Age requis pour remplir les charges de lieutenans-généraux, civils et criminels, dans les bailliages; tom. IX, *pag.* 474 *à* 483. Voy. *Lieutenans-Généraux.*

3.° Lettres (non susceptibles d'analyse) sur des dispenses d'âge, demandées à d'Aguesseau; tom. X, *pag.* 330 *à* 346.

AGIO. — Dans sa véritable signification, est ce qui se donne à un agent de commerce, ou pour le change, ou pour sa peine, ou pour l'escompte d'une lettre de change qu'il se charge de négocier; tom. XIII, *pag.* 521.

AGIOTAGE. — 1.° Ce que c'étoit dans sa signification originaire; ce que c'est encore aujourd'hui; tom. XIII, *pag.* 521.

2.° Comment l'agiotage sur le papier est encore plus vicieux qu'une pareille industrie dans toute autre espèce de commerce; tom. XIII, *pag.* 546 *et suiv.*

AGUESSEAU (d') (HENRI-FRANÇOIS), *Chancelier de France.* — 1.° But du discours préliminaire sur d'Aguesseau; tom. I, *pag.* xv. — Classement naturel de ses Œuvres, *pag.* xvj. — État du barreau français quand d'Aguesseau devint avocat-général, *pag.* xvij. — Ses premiers essais fixèrent l'admiration, *pag.* xx. — Secret de sa composition, et qualités de son style, *pag.* xxj. — Ses conclusions n'étoient pas toutes écrites, mais toutes méditées, *pag.* xxix. — Effets de cette méthode, *pag.* xxx. — Vigilance de d'Aguesseau dans les fonctions de procureur-général, *ibid.* — Ses talens dans la défense du patrimoine de la couronne, *pag.* xxxj. — Mérite de ses Mémoires sur les projets de lois, *pag.* xxxij. — Sa conduite dans les affaires criminelles, *pag.* xxxiij. — Il a réformé une grande partie des lois existantes, *pag.* xxxiv *à* xxxix. — On a blâmé à tort l'importance qu'il mettoit à ses lettres, *pag.* xl. — Toutes les lois qu'il a rédigées sont accompagnées de préambules remarquables, *pag.* xlj. — Sa circonspection, en réformant les lois, justifiée, *p.* xlij *à* xlvij. — Ses égards pour la magistrature ont été blâmés injustement, *pag.* xlvij. — Mérite de ses écrits privés, *pag.* xlviij *à* lvj. — Les lois dont il fut l'auteur ont survécu aux institutions de son temps, *pag.* lvij *et* lviij. — Éloge de d'Aguesseau, par Thomas, *pag.* lxix *à* lxxxiij. — Notes historiques sur d'Aguesseau, *pag.* lxxxiv *à* xcvj.

2.° Conduite de d'Aguesseau dans les affaires de l'église

de France, depuis 1697 jusqu'en 1710; tom. VIII, *pag.* 189 *à* 358.

3.° D'Aguesseau se plaint de ce que ses amis sollicitent, à la Cour, son retour, qu'il ne demande pas; tom. XVI, *pag.* 320 *à* 324. — Sa manière de penser sur les bruits de guerre qui couroient pendant son exil à Fresnes, *pag.* 325. — Lettres (non susceptibles d'analyse) dans lesquelles il donne son avis sur des ouvrages en vers et en prose qui lui avoient été adressés; tom. XVI, *pag.* 290 *à* 294, 326 *à* 330, et encore *pag.* 334 *à* 336. — Lettre sur le bruit de son retour de Fresnes, *pag.* 337. — Autre lettre de d'Aguesseau, sur la mort d'un de ses enfans, *pag.* 341.

4.° Épitaphe du chancelier d'Aguesseau; tom. XVI, *pag.* 344. — *Fac-simile* de son écriture, *à la fin du tome.*

Voy. Aguesseau (d'), *conseiller d'état;* Actions de Banque; Barreau; Bibliothèque; Législation; Magistrature; Méditations métaphysiques; Monnoie, Racine (fils).

AGUESSEAU (d') (Antoine), *aïeul du Chancelier.* — Est mort premier président du parlement de Bordeaux. Son éloge est consacré dans l'Histoire de Saintonge; tom. I, *pag.* lxxxiv.

AGUESSEAU (d'), *Conseiller d'état, père du Chancelier.* — 1.° Son éloge; tom. I, *pag.* lxxxiv *à* xciij. — Ses relations avec M. de Pontchartrain; tom. VII, *pag.* 212.

2.° Discours sur sa vie et sa mort, par son fils; tom. XV, *pag.* 273. — Motifs de ce discours, *pag.* 274. — Premières études de M. d'Aguesseau, *pag.* 276. — Il entre dans la magistrature par une charge de conseiller au parlement, *pag.* 279. — Comment il devient maître des requêtes après la mort de son frère consanguin, *pag.* 280. — Ce qu'il pensoit de cette charge, *pag.* 281. — Son mariage, *pag.* 282. — Différences entre son caractère et celui de sa femme, *pag.* 283. — Comment M. d'Aguesseau est nommé intendant du Limousin, *pag.* 286. — Sa conduite dans cette intendance, *pag.* 290. — Il passe à l'intendance de Bordeaux, *pag.* 295. — Il est rappelé à Paris, *pag.* 298. — Nommé intendant de Languedoc, *pag.* 299. — Son désintéressement dans cette intendance, *pag.* 304. — Il contribue à faire terminer le canal de Languedoc, *pag.* 306. — Ses maximes sur la conversion des huguenots, *pag.* 311. — Sa belle conduite lors de leurs assemblées secrètes et des dragonnades, *pag.* 320. — Il est fait conseiller d'état en 1682, *pag.* 323. — Il quitte le gouvernement de Languedoc en 1685; pourquoi, *pag.* 327. — Il est nommé commissaire pour visiter les provinces d'élection, *pag.* 330. — Nommé à l'intendance de Dauphiné, refuse; pour quel motif; *pag.* 333. — Il est chargé de la direction générale du commerce du royaume, *pag.* 335. — Ensuite de l'inspection des affaires du duc du Maine, *pag.* 337. — On lui doit la naissance, la forme et les réglemens de l'ordre de St.-Louis, *pag.* 342. — Devient conseiller au conseil royal des finances, *pag.* 345. — Il étoit lié d'amitié avec Fénélon, *pag.* 348. — Sa conduite dans l'affaire du quiétisme, *pag.* 353. — Il est désigné par l'opinion publique pour remplacer le chancelier Boucherat, *pag.* 354. — Mort de son épouse, *pag.* 362. — Son calme dans un incendie, *pag.* 368. — Son portrait, *pag.* 371. — Soins qu'il donne à l'éducation de ses enfans, et notamment à celle du chancelier, *pag.* 388. — Sa piété, *pag.* 396. — Sa charité, *pag.* 404. — Son humilité, *pag.* 406. — Détails sur sa mort, *pag.* 410 *à* 437.

3.° *Fac simile* de son écriture; tom. XVI, *in fine.*

AGUESSEAU (d') (François), *Maître des requêtes, et Président du Grand-Conseil.* — Il soigne l'éducation d'Henri d'Aguesseau, père du chancelier; tom. XV, *pag.* 276. — Sa mort; il laisse tous ses biens à Henri d'Aguesseau, *pag.* 277.

AIDES (Cour des). — Ces cours, à moins d'un privilége particulier, ne connoissent point des crimes commis par leurs officiers, hors de l'exercice de leurs fonctions; tom. XI, *pag.* 12 *et* 13.

Voy. Compétence.

AILLY (d'), *évêque de Cambray.* — Est accusé, sous Charles VI, de lèze-majesté; tom. IX, *pag.* 77.

AIX. — Lettres au sujet de la réunion de la charge de lieutenant-particulier à cette sénéchaussée; tom. X, *pag.* 321 *à* 323. — Examen d'un projet de supprimer les trois charges de président des enquêtes du parlement d'Aix, *pag.* 355 *à* 358. — Motifs qui font créer, par Louis XV, trois nouvelles charges de conseillers-clercs au parlement d'Aix, *pag.* 405 *et* 406.

ALIÉNATION. — Effet de l'affoiblissement des monnoies, relativement aux aliénations perpétuelles qui ont été faites à la charge d'une prestation d'argent, sans faculté de rachat; tom. XIII, *pag.* 389.

ALIMENS. — Il est dû des alimens aux bâtards par leurs père et mère; tom. VII, *pag.* 593 *à* 595, même aux bâtards adultérins. Voy. *Adultérins*, 1.° *et* 2.°

ALMAIN (Jacques), *docteur célèbre de la Faculté de Théologie de Paris*. — Vivoit sous Louis XII. A quelle occasion fut composé son *Traité de l'autorité de l'Église, contre Cajetan*; tom. VIII, *pag.* 527 *et* 528. — Ce Traité, imprimé trois fois avec privilége des rois de France, ne sauroit être condamné sans danger pour les libertés de l'église gallicane, *pag.* 529 *à* 531. — La doctrine de la souveraineté du peuple, dont il est parlé dans ce Traité, a été soutenue dans plusieurs autres livres non censurés, *pag.* 532 *à* 541. Voy. *Peuple*.

AME. — Quelque simple que soit l'essence de l'ame, on y distingue deux facultés principales : l'intelligence et la volonté. Différentes perfections de ces deux facultés; tom. XIV, *pag.* 271 *et suiv.* Voy. *Volonté*.

AMENDE. — 1.° C'est un principe constant que tous les criminels que l'on condamne à mort, au bannissement ou au blâme, doivent être condamnés en même temps à une amende; que ceux que l'on condamne à l'admonition doivent être condamnés à une aumône, et que ceux contre lesquels on prononce la peine des galères, étant censés payer le roi de leur personne, ne sont condamnés ni à l'aumône ni à l'amende; tom. XI, *pag.* 628.

2.° L'amende portée dans l'article 12, titre 2 de l'ordonnance de 1670, contre les lieutenans de maréchaussée, n'est que comminatoire; tom. XI, *pag.* 171. Voy. *Maréchaussée*.

AMOUR (de soi ou amour-propre). — Le sentiment qui porte chaque être à sa conservation et à son bonheur, peut être nommé *amour-propre*; tom. XIV, *pag.* 254. — Origine de ce sentiment, *pag.* 256. — Comment on peut découvrir son véritable caractère, *pag.* 258 *à* 261. — L'amour du prochain dérive de l'amour de soi-même, *pag.* 263. — Objet de l'amour-propre, *pag.* 264 *et suiv.* — Il tend au bien de l'individu, c'est-à-dire, à sa conservation, à sa perfection et à son bonheur, *pag.* 266 *à* 306. — Nature de l'amour-propre, *pag.* 307. — On peut distinguer un amour de désir et un amour d'union, *pag.* 308. — La haine tire sa naissance de l'amour-propre, *pag.* 314. — L'amour de soi est fondé sur celui que Dieu a pour nous, *pag.* 330. — Définition précise de l'amour de soi, d'après tout ce qui vient d'être dit, *pag.* 331. — La perfection, qui dépend de nous, et le plaisir, qui en est inséparable, sont en même temps le plus grand des biens, et le seul objet qui puisse fixer pleinement la complaisance de notre amour-propre, *pag.* 333 *à* 348. — Ceci indique la route la plus sûre pour satisfaire ce sentiment, *pag.* 349. — Règles à suivre dans l'amour-propre, *pag.* 580. — L'amour-propre bien entendu nous porte à l'amour de nos semblables. De là dérivent toutes les espèces de droits, le droit naturel, le droit des gens et le droit civil, *pag.* 592 *et suiv.*

AMOUR (charité, philantropie). — 1.° Les hommes ne peuvent avoir d'autre objet de leur amour relatif, que leurs semblables; tom. XIV, *pag.* 378. — Les hommes deviennent l'objet de mon amour par le bien qu'ils me font, par le bien que je leur fais, et par les sentimens agréables qui naissent en moi à la vue de leurs bonnes qualités, qui ont le plus de rapport et d'opposition avec mon caractère, *pag.* 382. — Le caractère général de l'amour est de tendre à augmenter ou à affermir ma complaisance en moi, *pag.* 386. — Preuve de cette vérité, résultant de l'analyse des sentimens principaux ou accessoires qui forment la nature et l'agrément de l'amour, *pag.* 387 *à* 390. — L'amour produit d'heureux effets, même pour le corps. Exemple pris de Tibère. Voy. *Tacite.*

2.° Règles générales pour bien diriger toutes sortes d'amours; tom. XIV, *pag.* 574. — Règles particulières, relativement à notre amour envers Dieu, *pag.* 575. — Règles sur notre amour envers nous-mêmes, *pag.* 580. — Règles sur notre amour envers nos semblables, *pag.* 585.

ANARCHIE. — La foiblesse des princes jette leur état dans l'anarchie; tom. XVI, *pag.* 227.

ANDELY (vicomte). — Contestation élevée à l'occasion de la justice d'Andely; tom. X, *pag.* 294 *à* 296. Voy. *Justice.*

ANDRÉAS DE ISERNIA. — Il a été regardé comme le Papinien du royaume de Naples. Son Commentaire paroît avoir été fait dans les premières années du treizième siècle; tom. IX, *pag.* 528.

ANGLAIS. — Les Anglais ont toujours été regardés comme Aubains en France; tom. II, *pag.* 605, même dans le temps où les rois d'Angleterre possédoient la Guyenne et la Normandie, *pag.* 606. — Un traité de commerce de 1606, renouvelé depuis, plusieurs fois, a excepté les marchands qui conservent l'esprit de retour, *ibid.* Voy. *Aubain.*

ANJOU. — 1.° Dans la coutume d'Anjou, la prescription d'une rente par l'effet du ténement de cinq ans, a lieu aussi bien contre les absens que contre les présens; tom. I, *pag.* 489 *et* 490. — Cette prescription a lieu contre l'église pour les biens acquis par elle depuis quarante ans, *pag.* 491 *à* 492.

2.° La coutume d'Anjou veut qu'à défaut d'héritiers dans

une ligne, la portion dévolue à cette ligne appartienne au seigneur; tom. II, *pag.* 229. — Origine de cette disposition, *pag.* 230. — On ne doit pas l'appliquer lorsqu'il y a un testament, et pourquoi; *pag.* 231 *et* 232.

ANTI-LUCRÈCE. — L'auteur de l'Anti-Lucrèce ne répond pas d'une manière satisfaisante aux philosophes qui soutiennent que le vide, ou l'espace, n'est rien en genre de corps, mais que c'est quelque chose en genre de distance; tom. XVI, *pag.* 78. — Comment il auroit fallu les réfuter, *pag.* 80 *à* 102. — Le même auteur se contente d'affirmer que la matière n'a pas de force d'*inertie*. Le principe contraire, reconnu par Newton et Descartes, devoit être réfuté avec développement; tom. XVI, *pag.* 103 *à* 109. — Il paroît d'ailleurs impossible de concilier le principe de la non-résistance de la matière avec sa divisibilité à l'infini, *pag.* 110 *à* 114. — Cet auteur ne justifie pas mieux la proposition par lui établie, que le mouvement des corps ne pourroit se continuer dans le vide, *pag.* 115. — Enfin, il ne détruit pas entièrement l'existence de la force centripète établie par Newton, *pag.* 117 *à* 122. — Raisonnement qu'il auroit pu employer contre Newton à cet égard, *pag.* 123 *à* 135. — Au surplus, l'auteur de l'Anti-Lucrèce n'est point obligé de combattre Newton pour établir l'existence de Dieu et l'immortalité de l'ame, *pag.* 136. — Pour arriver à ce but, il seroit mieux, peut-être, d'exposer les différens systèmes sur le monde, et de montrer que, dans tous les systèmes, il faut toujours reconnoître un Être tout-puissant, créateur et moteur de la matière, *pag.* 137. Voy. encore, sur l'Anti-Lucrèce, *pag.* 300.

APANAGES. — 1.° Les termes d'apanage et de pairie ont été quelquefois confondus; pourquoi; tom. VI, *pag.* 142.

2.° Le parlement de Paris connoît seul de tout ce qui concerne les apanages; tom. IX, *pag.* 461.

APOTHÉOSE. — Les philosophes pythagoriciens pensoient que les grands hommes pouvoient devenir des dieux. Pensée de Plutarque à ce sujet; tom. XVI, *pag.* 225.

APOTRE. — Caractère de divinité dans les instructions de Jésus-Christ aux apôtres; tom. XV, *pag.* 466. — La qualité d'apôtre consiste à être témoin. Intrépidité des apôtres à annoncer l'avenue de Jésus-Christ, *pag.* 614. — Succès incroyable de leur prédication, *pag.* 616.

APPELLATIONS ou APPELS. — 1.° Les appellations qualifiées de juges incompétens ne sont pas du ressort des présidiaux; tom. XII, *pag.* 3.

2.° Il est certain qu'en matière criminelle l'appel éteint

la condamnation, et que l'accusé, décédé avant le jugement d'appel, est mort *integro statu*; tom. XI, *pag.* 369.

3.° Maximes générales sur les appellations en matière criminelle; tom. XIII, *pag.* 257 *et suiv.*

Voy. TABLE DE MARBRE, 2.°; COMPÉTENCE, 4.°, VOIRIE.

ARGENT. — Pourquoi on a employé de préférence, pour la monnoie, l'or et l'argent; tom. XIII, *pag.* 346.

Voy. ESPÈCES.

ARGENTON. — La terre d'Argenton est dans la mouvance du Roi, à cause du duché de Berry; tom. VII, *pag.* 248 *et suiv.* — Pendant cinq cents ans, Argenton et Châteauroux ont été possédés par le même seigneur, *pag.* 249. — Quand-même Argenton n'eut été qu'un arrière-fief du Roi, il seroit devenu plein fief par cette réunion. Voy. *Fiefs*, 8.° Titres qui montrent qu'Argenton, indépendamment de Châteauroux, est dans la pleine mouvance du Roi, *pag.* 252 *à* 263. — La châtellenie d'Argenton peut être considérée en trois temps différens, *pag.* 264. — Premier temps, celui de la conquête du château d'Argenton. Dans ce temps, Argenton étoit dans la mouvance du Roi; second temps, usurpation d'Argenton par les seigneurs de Châteauroux, *pag.* 270 *à* 272; troisième temps, séparation de la terre d'Argenton de celle de Châteauroux, *pag.* 273 *et* 274. — Traité qui prouve qu'Argenton relevoit du Roi, comme fief jurable et rendable, *pag.* 277 *et* 278. — Autres titres prouvant la mouvance du Roi sur la châtellenie d'Argenton, *pag.* 289 *à* 307.

ARISTIDE. — Anecdote sur Aristide, rapportée par Plutarque, qui prouve que l'horreur de l'injustice est naturelle; tom. XV, *pag.* 227.

ARISTOTE. — 1.° Ce qu'il décide sur l'avortement; tom. IX, *pag.* 611.

2.° Les Politiques d'Aristote sont un ouvrage moins beau dans la spéculation que la République de Platon, mais peut-être plus utile dans la pratique; tom. XV, *pag.* 42.

3.° La Rhétorique d'Aristote est l'ouvrage le plus parfait sur cette matière; tom. XV, *pag.* 112.

4.° Comment la jalousie d'Aristote contre ceux qui l'avoient précédé nous a mieux servi que sa science; tom. XVI, *pag.* 29.

5.° Le plaisir que procure la tragédie ne vient point uniquement de l'imitation, comme le prétend Aristote; tom. XVI, *pag.* 243 *et suiv.* — Conjectures sur le véritable sens de la définition qu'Aristote a donné de la tragédie; *pag.* 282 *à* 288.

ARNAUD. — Caractère de ses ouvrages; tom. XV, *pag.* 115. — Il pensoit qu'il seroit dangereux de ne réfuter Spinosa qu'à demi; tom. XVI, *pag.* 66.

ARNOUL, *archevêque de Rheims.* — Forme suivie dans le procès contre cet archevêque, accusé de lèze-majesté; tom. IX, *pag.* 48.

ARRÊTÉS. — Leur nature; ils sont plus qu'une délibération provisoire et moins qu'un arrêt; tom. XII, *pag.* 117.

ARRÊTS. — 1.° Lettres afin d'avoir continuation du Recueil des arrêts rendus par le parlement de Flandre et par le parlement d'Aix; tom. X, *pag.* 278 *à* 282.

2.° Quand un arrêt a été prononcé à l'audience, il ne peut être changé; sa date en est aussi fixée par cette prononciation; *quid* des arrêts fixés dans la chambre du conseil, dans un procès appointé; tom. XII, *pag.* 72.

3.° Comment les arrêts doivent être rédigés, d'après l'ordonnance de 1344; tom. XIII, *pag.* 287. — Nombre de juges nécessaire pour rendre arrêt; *pag.* 291, et encore *pag.* 312 *et* 313.

ARRIÈRE-FIEF. — Lorsque, par félonie, le vassal oblige le Roi à conquérir son fief, les arrière-fiefs possédés par le coupable se réunissent de plein droit au domaine de la couronne; tom. VI, *pag.* 20. — Ainsi le veut la déclaration de François I.er, du 10 août 1539. Motifs de cette déclaration, *pag.* 21, 22.

ARTOIS. — Dans la coutume d'Artois, l'héritier qui n'appréhende que les propres peut attaquer les aliénations d'un héritage patrimonial vendu par le défunt sans les formalités indiquées dans la coutume; tom. II, *pag.* 470 *et* 471. — Mais l'héritier qui appréhende l'hérédité à titre universel ne peut attaquer ces aliénations, *pag.* 471 *et* 472. — Encore moins le curateur à la succession vacante, qui peut exercer les droits de l'hérédité, mais non ceux particuliers à la personne de certains héritiers, *pag.* 472.

ASCENSION. — L'ascension de Jésus-Christ attestée et prouvée; tom. XV, *pag.* 613.

ASSASSINAT. — L'assassinat prémédité, qui n'est plus un cas prévôtal, d'après la déclaration de 1731, doit-il être au moins réputé cas royal? Question difficile, qui sera décidée dans la révision entière du titre 1.er de l'ordonnance de 1670, à laquelle révision d'Aguesseau travailloit le 30 avril 1731; tom. XI, *pag.* 92 *et* 93, et encore *pag.* 193 *à* 197.

ASSESSEUR. — 1.° Peut taxer les frais de procès faits devant le prévôt, tom. XI, *pag.* 87.

2.° Les assesseurs ont séance aux présidiaux, avec voix délibérative dans les affaires des maréchaussées, d'après l'édit de création du mois de décembre 1594, et l'ordonnance de 1670; tom. XI, *pag.* 112, 114, et encore 147 *et* 148. Voy. *Prévôté de Maréchaux.*

ASSIGNAT. — 1.° Dans le droit commun, la promesse d'assignat ne donne point à un meuble la qualité d'immeuble; tom. II, *pag.* 286. — Exceptions à cette règle, *pag.* 287.

2.° C'est une question très-subtile, que celle de savoir si un legs est fait par forme d'assignat limitatif ou d'assignat démonstratif; tom. V, *pag.* 232 *et* 233. — Pour la résoudre, les docteurs ont d'abord fait une distinction grossière entre le cas où le corps certain, destiné à la sûreté du legs, est écrit le premier dans le testament, et celui où il n'est écrit que dans la phrase suivante, *pag.* 235. — Seconde distinction, plus utile, et néanmoins insuffisante, entre le cas où le corps certain se trouve dans la substance du legs et le cas où le corps certain n'est que dans la clause d'exécution du legs, *pag.* 236. — Pour décider sagement cette question, on doit uniquement s'attacher à découvrir la volonté du testateur, *pag.* 237 *et* 238. — D'après ces règles, interprétation d'une clause obscure dans le testament de M. de Bullion, *pag.* 239 *à* 247. — Dans le doute, on doit décider que le legs est démonstratif, *pag.* 248. — Motifs et modifications de cette maxime, de Dumoulin, *pag.* 249 *à* 251.

ASSISE. — Quelle part ont les puînés dans les fiefs d'assise, ou dans les anciennes baronnies établies dès le temps de l'assise; tom. IX, *pag.* 525 *à* 571. Voy. *Jean II, duc de Bretagne.*

ATTALUS, *roi de Pergame.* — Son testament, tom. I, *pag.* 293.

ATTENTION. — Quel genre d'attention est nécessaire au magistrat; tom. I, *pag.* 179 *à* 188.

AUBAINS. — 1.° Qu'entend-on par Aubains? tom. II, *p.* 611. — Il y en a de deux sortes : les uns, par la naissance; les autres, par l'abandonnement qu'ils ont fait de leur patrie, *pag.* 612. — Les premiers ne peuvent acquérir la qualité de Français que par des lettres de Naturalité; les seconds n'ont besoin que de lettres de Déclaration, *pag.* 612 *et* 613. Voy. *Anglais* et *Naturalité* (lettres de).

2.° Pendant l'usurpation, les seigneurs traitoient les aubains comme des serfs; tom. VII, *pag.* 497. — L'abolition de la servitude personnelle leur fit perdre le droit d'aubaine, *pag.* 498.

AUDIENCES. — Heures et lieux des audiences; tom. XIII, *pag.* 281, et encore 295.

AUDOUL, *Avocat au Conseil.* — Historique de son affaire, relative au *Traité de la Régale*; tom. VIII, *pag.* 335 *et suivantes.*

AULUGELLE. — Dit que les Vestales ne succédoient point; tom. I, *pag.* 296.

AUMONE. — 1.° L'Aumône n'est point une peine infamante; tom. XI, *pag.* 618 *et* 619.

2.° Ceux qu'on condamne à l'admonition sont toujours condamnés en même temps à une aumône; tom. XI, *pag.* 628.

Voy. AMENDE.

AUNIS. — Dans le pays d'Aunis on n'admet point le parage; tom. VII, *pag.* 461. — Ainsi, le parage n'a pu s'opérer de la mouvance de la terre de Saint-Laurent-de-Prée, située dans ce pays, *pag.* 462 *à* 492.

AUTORISATION. — La femme doit être autorisée, par son mari ou par justice, pour aliéner ou pour ester en jugement; tom. I, *pag.* 345. — Cette autorisation doit être spéciale, *pag.* 346. — La femme autorisée par justice, pour la poursuite de ses droits, à l'occasion de l'achat qu'elle avoit fait d'une terre, peut, sans nouvelle autorisation, ester en jugement sur la saisie féodale de cette même terre, *pag.* 346 *et* 347. — Arrêt qui le juge ainsi, *pag.* 355.

AUTORITÉ. — A quoi se réduit celle du magistrat; tom. I, *pag.* 135.

Voy. PRINCES.

AUZANNET. — Éloge du Commentaire de cet auteur, sur la Coutume de Paris; tom. XV, *pag.* 109.

AVALLEAU (Marie d'). *Voy.* BURY.

AVEU (confession). — L'aveu du coupable ne suffit pas pour

le condamner. Cette règle s'applique au crime de faux; tom. XI, *pag*. 305.

AVEUX (dénombremens). — Les baillis et sénéchaux sont juges des contestations sur les aveux ou dénombremens; tom. XIII, *pag*. 35 *à* 58.

Voy. DÉNOMBREMENT.

AVOCAT DU ROI. — Études et exercices pour se préparer à remplir les fonctions d'avocat du Roi; tom. XV, *pag*. 100 *et suiv.*

AVOCATS. — 1.° Avantages de leur profession; tom. I, *pag*. 3 *à* 6. — Leurs devoirs, *pag*. 7 *à* 12. — Connoissances qui leur sont nécessaires, *pag*. 36 *et* 37.

2.° Les avocats ne sont point incapables de recevoir une donation entre-vifs; tom II, *pag*. 104. — Quelques auteurs ont voulu à tort les comprendre dans les dispositions de l'ordonnance de 1539, *ibid*. — Arrêt conforme à ces principes, *pag*. 109.

3.° Les avocats ne forment pas un corps; ils ne sont liés que par l'exercice d'un même ministère; tom. X, *pag*. 515. Le nom de profession ou d'ordre exprime le mieux l'état des avocats.

4.° Lettres sur quelques difficultés entre les avocats et les parlemens devant lesquels ils exerçaient; tom. X, *pag*. 501 *et suiv*. (non susceptibles d'analyse).

5.° Un avocat au parlement de Paris seroit déshonoré parmi ses confrères, s'il avoit fait une poursuite pour obliger une partie à récompenser son travail; tom. XIII, *pag*. 118.

6.° Des avocats aux parlemens; leur réception; leurs devoirs envers les juges, envers les parties, envers leurs confrères, envers eux-mêmes, envers le Roi; tom. XIII, *pag*. 336.

Voy. ÉLOQUENCE, ORATEUR.

AVORTEMENT. — Les lois ont toujours condamné, comme homicides, ceux qui ont procuré un avortement; tom. IX, *pag*. 604. — Distinctions établies par les lois, les canons et les docteurs, pour la punition de ce crime, *pag*. 605 *à* 624. — L'ordonnance de Henri II, de 1556, contre les femmes qui ont récélé leur grossesse, est toujours suivie à la tournelle. Par quelle présomption favorable sa rigueur est tempérée; *pag*. 625. — Peines canoniques contre ceux qui procurent des avortemens, *pag*. 626 *à* 628. Voy. *Aristote*, *Hypocrate*, *Part*.

AZORIUS, *Jésuite célèbre.* — Décide que le peuple peut déposer son Roi avec l'autorisation du Pape; tom. VIII, *pag.* 531.

B.

BACON. — Mot de Bacon, sur la philosophie, appliqué à d'Aguesseau; tom. I, *pag.* liv.

BAILLEUL (M. le Président de). — Cause de M. le président de Bailleul, seigneur de Château-Gontier, et autres; tom. II. Faits, *pag.* 363. — Discussion, *pag.* 367. — Arrêt, *pag.* 386. Voy. *Dîme; Inféodation.*

BAILLIAGES. — On doit distinguer les bailliages qui méritent proprement ce nom de ceux qui, comme les prévôtés, ne ressortissent point immédiatement du parlement; tom. IX, *pag.* 480.

BAILLI. — 1.° C'est le curé, et non le bailli, qui doit présider l'assemblée de la fabrique; tom. X, *pag.* 140. — Arrêts en ce sens; *pag.* 141. — Application de ces arrêts à une contestation entre le curé et le bailli de Braine, *pag.* 142.

2.° Dans quels cas les baillis connoissent par prévention sur les prévôts; tom. XI, *pag.* 5 *à* 7. Voy. *Prévention.*

BAILLISTRES. — Motifs de la coutume d'Aire, en Artois, qui ne soumet à donner caution que les baillistres, c'est-à-dire, le père et la mère des mineurs, et non les tuteurs; tom. XIII, *pag.* 126.

BALE. — Le concile de Bâle a toujours eu autorité en France; tom. VIII, *pag.* 521 *et* 522.

BALLUE. — Naissance, caractère et fortune de ce cardinal; tom. IX, *pag.* 116. — Discussion exacte de l'accusation dirigée contre lui, pour lèze-majesté, *pag.* 117 *à* 127. — Sa prison, son élargissement, *pag.* 128.

BALZAC. — Jugement sur les ouvrages de Balzac; tom. XV, *pag.* 122.

BANNISSEMENT. — 1.° Malgré l'opposition de la partie civile, le condamné au bannissement perpétuel doit être mis en liberté, tandis que le condamné au bannissement à temps n'est élargi qu'après avoir satisfait aux réparations civiles; tom. XI, *pag.* 273.

2.° Le bannissement hors du royaume, emportant mort civile, ne peut être à temps; tom. XI, *pag.* 640.

3.° Le bannissement hors d'une province de France, même d'une province dite étrangère, n'emporte jamais mort civile; tom. XI, *pag.* 653. — Rectification à faire à ce sujet au livre de Parc-Poulain, *pag.* 656.

4.° Les condamnés au bannissement doivent en même temps être condamnés à une amende; tom. XI, *pag.* 628. Voy. *Amende.*

BANQUE. — *Voy.* Actions et Billets.

BANQUEROUTE. — La déclaration du 18 novembre 1702, qui déclare nuls les actes passés dans les dix jours avant la banqueroute n'étant qu'une explication de l'art. 4, titre 11 de l'ordonnance de 1673, doit être observée dans le ressort de Besançon, quoique le parlement de cette ville ne l'ait pas enregistrée; tom. XIII, *pag.* 10.

BANS. — Sous l'empire du quatrième concile de Latran, qui fait une loi générale de la publication des bans, on a douté si le défaut de cette solennité formoit un empêchement dirimant ou un empêchement prohibitif; tom. II, *pag.* 558. — Le concile de Trente, qui annulle pour l'avenir les mariages clandestins, prononce ainsi tacitement la nullité du mariage non précédé de publication. L'ordonnance de Blois, et la déclaration de 1639, prononcent cette nullité d'une manière expresse, *ibid.* — D'abord cette ordonnance a été étendue aux majeurs; enfin, on l'a renfermée, suivant son esprit, dans la personne des mineurs, *ibid.* Voy. encore tom. V, *pag.* 425. — Le père peut exciper du défaut de bans qui sont établis dans son intérêt, *pag.* 560 *et suiv.* Voy. *Mariage*, 6.°

BAPTÊME. — Il renferme le mystère profond de la Trinité; tom. XV, *pag.* 611.

BAR. — 1.° Réquisitoire contre les habitans du Barrois, qui ajoutoient au nom du Roi le surnom de *Très-Chrétien*; tom. I, *pag.* 251. — Arrêt sur ce Réquisitoire, *pag.* 254.

2.° Le Barrois étoit soumis à la domination de nos Rois dans le temps du concordat de François I.er Ainsi, le Roi a droit de nommer aux abbayes de *Jendure*, *Flabement*, *Jovilliers*, *Lille* et *Escurey*, qui y sont situées; tom. IX, *pag.* 403 *à* 436.

BARBEYRAC. — Il a fait plus d'honneur à Puffendorf en l'abrégeant qu'en le traduisant; tom. XV, *pag.* 43.

BARONS. — Les barons du Roi étoient autrefois les grands vassaux de la couronne; tom. VI, *pag.* 40. — Dans le siècle de

Louis le jeune, le nom de baron, pris absolument, signifioit baron de France, ou pair de France. Preuves historiques de cette vérité, *pag.* 41 *à* 46. — Le mot *baron*, en langue germanique, signifie originairement *homme*. Les barons du Roi étoient donc les hommes du Roi, ou ses grands-vassaux, *pag.* 145 *à* 147. *Voy. Comtes; Pairs.*

BARRE (M.e de la). — Cause de M.e de la Barre, avocat au parlement; la veuve de Pierre Collinet et ses enfans; tom. II. Faits, *pag.* 577. — Discussion, *pag.* 579. — Arrêt, *pag.* 591. Voy. *Don mutuel; Frais judiciaires.*

BARREAU FRANÇAIS. — Sans éclat, quand d'Aguesseau fut fait avocat-général; tom. I, *pag.* xvij. — Causes de cette obscurité, *pag.* xviij.

BATARDS. — 1.° Les bâtards n'étoient point exclus des ordres sacrés dans les premiers siècles de l'Église; tom. II, *pag.* 402. — Ce n'est qu'au onzième siècle que cette exclusion a pris naissance dans l'Église latine, *ibid.*

2.° L'usage a donné au Pape le droit d'accorder aux bâtards des dispenses de légitimité pour entrer dans les ordres sacrés, tom. II, *pag.* 404. — Mais une pareille dispense ne suffit point pour posséder un canonicat dans le chapitre de Poitiers, *pag.* 406. — Arrêt conforme, *pag.* 411.

3.° De droit commun, la succession des bâtards est acquise au Roi à titre de réversion à la puissance publique; tom. VII, *pag.* 493 *et* 494. — Vers la fin de la deuxième race, les seigneurs usurpèrent le droit de succéder aux bâtards qu'ils considéroient comme leurs serfs, *pag.* 495 *à* 498. — La servitude personnelle ayant été abolie, par grâce les seigneurs ont conservé le droit de bâtardise, quand concourent les trois conditions : que le bâtard est né, domicilié et décédé dans leur territoire, *pag.* 499 *et* 500. — Dans le temps même de l'usurpation, leur droit sur la succession des bâtards a été contesté, *pag.* 501, 502 *à* 506. — La règle qui exige le concours des trois conditions ci-dessus est encore favorable aux seigneurs dont les droits n'avoient jamais été reconnus, *pag.* 507 *à* 514, et 565 *à* 573. — Dans la Bretagne comme dans le reste de la France coutumière, le concours des trois cas est nécessaire pour que le seigneur succède, *pag.* 514 *à* 532. *Voy.* encore sur la disposition des Coutumes, relativement à la succession du bâtard et des enfans du bâtard, même tome, *pag.* 606 *à* 622.

4.° Les hébreux ne mettoient aucune différence entre les bâtards et les enfans légitimes; tom. VII, *pag.* 533. — Comment les bâtards étoient traités par les lois des grecs; *pag.* 534. — Droit romain, par rapport à la naissance des bâtards, à l'état et à leur famille, *pag.* 535 *à* 547. Voy. *Concubinage* et *Légitimation.* — Comment les bâtards sont regardés dans le droit canonique, *pag.* 555 *à* 558. — Bâtards considérés suivant les ordonnances et coutumes de France, *pag.* 559 *à* 580.

5.° Le bâtard d'un noble n'est pas noble, sauf exception pour les personnes illustres; tom. VII, *pag.* 571 *à* 573.

6.° Le bâtard a capacité pour tester, sauf deux exceptions établies par les coutumes; tom. VII, *pag.* 578 *et* 579.

7.° Le bâtard ne succède point, d'après la disposition générale des coutumes; tom. VII, *pag.* 581. — Conséquences de ce principe, *pag.* 582. — Plusieurs coutumes font exception pour les biens de sa mère et de ses parens maternels, auxquels elles font succéder le bâtard. Observations sur cette exception, *pag.* 583 à 586. — Par une autre exception, qui est un droit général du royaume, le bâtard succède à ses enfans, *pag.* 587. — Troisième exception, aussi de droit commun, qui veut que le mari succède à femme bâtarde, *et vice versâ*, *pag.* 588.

8.° Le bâtard ne peut recueillir les dispositions universelles faites à son profit par son père; tom. I, *pag.* 298. — Mais il peut recueillir celles que lui font les étrangers; tom. VII, *pag.* 589 *à* 592.

9.° Règles suivies dans la succession des bâtards légitimés; tom. VII, *pag.* 623 *à* 631.

Voy. Adultérin; Légitimation.

BAZIN. — Seigneur de Bandeville. *Voy.* Hémery.

BEAUFORT (duché de). — Jugé que, quand même, par les lettres d'érection en pairie de cette terre, le Roi ait dérogé au droit de réversion, pour le cas de défaut de descendans mâles, le Roi a conservé la mouvance de ce duché; tom. VI, *pag.* 206 *à* 224.

BEAUMETS. — Les droits de justice et de censive de cette terre sont mouvans du Roi, à cause du bailliage d'Amiens; tom. VII, *pag.* 171 *à* 247.

BEAUVAIS (comté de). — Donné par Eudes de Champagne à l'évêque de Beauvais, qui donna en échange la tour de Sancerre; tom. VI, *pag.* 12.

BEAUVILLIERS (le duc de), *Gouverneur des enfans de France.* — Son portrait; ses relations avec M. d'Aguesseau, père du Chancelier; tom. XV, *pag.* 348.

BELIER (Claude). *Voy.* Martinet.

BELLAIGNE (religieux de). — Jugé contr'eux que le domaine de Bourbonnais et les cens y attachés sont imprescriptibles; tom. VII, *pag.* 340 *à* 351.

BELLECOURT. *Voy.* Guillard.

BELLES-LETTRES. — L'étude des belles-lettres se réduit à trois points principaux : l'intelligence des auteurs, le jugement ou la critique, et la composition; tom. XV, *pag.* 94. — Sur le premier point, instruction de d'Aguesseau à son fils, *pag.* 95 *à* 100. — Auteurs à lire, *pag.* 117 *à* 124.

Voy. Orateur; Poètes; Style; Traduction.

BELLIÈVRE (de). *Voy.* Pelletier.

BELLET (René et Charles). — Cause de René et Charles Bellet, appelans comme d'abus, et Marguerite Bernier; tom. II. Faits, *pag.* 235. — Discussion, *pag.* 251. — Arrêt, *pag.* 276. Voy. *Abus,* 1.° *et* 2.°

BÉNÉDICTION NUPTIALE. — 1.° L'ancienne discipline de l'Église exigeoit la bénédiction du prêtre, pour la validité du mariage. Depuis, les théologiens ont cru la *présence* du curé suffisante; tom. V, *pag.* 427 *et* 428. — L'incertitude sur le jour et le lieu de la bénédiction nuptiale n'est qu'une présomption de clandestinité du mariage, *pag.* 429 *à* 431.

2.° Le droit d'administrer les mariages doit être nommément compris dans la permission d'administrer les sacremens, pour que les mariages célébrés par un vicaire apostolique soient valables; tom. V, *pag.* 437 *et suiv.*

BÉNÉFICES. — 1.° Deux espèces, *à lege vel à fundatione.* Différence entre ces deux espèces; tom. I, *pag.* 383. — Aucun bénéfice n'est réputé sacerdotal de sa nature, *ibid.* — La plus longue possession ne peut ôter à un bénéfice le caractère de sacerdotal qu'il avoit par sa fondation, *pag.* 391. — Arrêt conforme à ces principes, *pag.* 396.

2.° Questions proposées aux parlemens, sur la vacance, l'union et l'extinction des bénéfices; tom. XIII, *pag.* 41 *et suiv.*

3.° La déclaration du 6 octobre 1731, sur la régie des bénéfices vacans, ne s'applique point au cas où le bénéfice est converti en évêché, et notamment à l'abbaye de Saint-Claude; tom. XIII, *pag.* 53.

Voy. Collation; Pape; Résignation.

BÉNÉFICIERS. — Sont assimilés aux tuteurs, et l'église aux mineurs ; tom. II, *pag.* 14. — Ils ne peuvent aliéner les immeubles sans autorisation, et doivent faire emploi du prix de la vente, *pag.* 15. — La preuve du remploi est à leur charge, *pag.* 16. — Faute de remploi, l'eglise a une action même contre leurs héritiers, *pag.* 17. — L'église n'a pas besoin d'attaquer préalablement les tiers-détenteurs, *pag.* 18 *et* 19. — Arrêt conforme à ces principes, *pag.* 26.

Voy. Hypothèque, Prescription.

BERCHÈRE (de la). *Voy.* Bourges.

BEREVEGIUS. — La lecture des prolégomènes de ses Pandectes des Canons, très-utile; tom. XV, *pag.* 147.

BERNARD (Esprit). — Sa cause contre Orsin Malespine ; tom. V. Faits, *pag.* 153. — Discussion, *pag.* 157. — Arrêt, *pag.* 167. Voy. *Patronage.*

BERNIER. *Voy.* Bellet.

BESANÇON. — Lettres relatives à quelques usages admis à tort par le parlement de Besançon ; tom. XIII, *pag.* 140 *à* 146.

BESOIN. — En matière d'Achats et ventes, ce qu'on entend par le besoin de l'acheteur ou du vendeur ; tom. XIII, *pag.* 518.

BIBLIOTHÈQUE. — Consolations données, par le chancelier d'Aguesseau, à un ami, dont la bibliothèque avoit été incendiée ; tom. XVI, *pag.* 331 *à* 333.

BIEN. — 1.° Ce qui paroît un bien est ce qui convient ou au corps ou à l'ame, ou à ce tout composé de l'un et de l'autre, qui porte le nom d'*homme.* Développement de cette proposition ; tom. XIV, *pag.* 265 *et suiv.* — Distinction entre les biens réels et les biens imaginaires, *pag.* 267. — Il n'y a que la perfection qu'on puisse appeler un souverain bien. Nul autre bien ne peut faire le bonheur de l'homme, *pag.* 333 *et suiv.*

2.° Le bien fait moins de plaisir aux hommes que le mal ne les afflige. Preuves et raisons de cette vérité ; tom. XIV, *pag.* 384 *et suiv.*

BIGAMIE. — Lorsque le premier mariage est nul, il n'y a point lieu à accusation de bigamie ; tom. IV, *pag.* 242. — Arrêt conforme, *pag.* 244.

BIGNON (Jérôme). — Auteur de l'ordonnance de 1639 ; son

éloge; tom. I, *pag.* [illegible]. — Il est auteur du *Traité sur l'état de Rome*; tom. V, *pag.* 407.

BIGORRE (comté de), consacré à la Sainte-Vierge par le comte Bernard; exemple curieux d'un hommage de dévotion; tom. VII, *pag.* 77 *et suiv.*

BILLETS DE BANQUE. — L'arrêt du 9 février 1720, par lequel le Roi évoque à lui les différends qui naîtroient à l'occasion des billets de banque, a reçu peu d'exécution; tom. X, *pag.* 573.

BILLETS AU PORTEUR. — Abrogés par une déclaration de mai 17[illegible]6; rétablis par une autre déclaration de janvier 1721; pourquoi? tom. XIII, *pag.* 23.

BLAME D'AVEU. — L'opposition d'une communauté d'habitans, à la réception d'un dénombrement, est un procès véritable sur lequel le parquet doit donner des conclusions. Il ne s'agit pas là d'un simple blâme d'aveu; tom. X, *pag.* 464 *à* 466.

BLAME (peine). — Les condamnés au blâme doivent en même temps être condamnés à une amende; tom. XI, *pag.* 628.

BODIN (Jean). — Son éloge; sa *Méthode pour la lecture de l'Histoire*, est le meilleur livre qui ait été fait sur ce sujet; tom. XV, *pag.* 62.

BOILEAU DESPRÉAUX. — Ami d'enfance de d'Aguesseau; tom. I, *pag.* xx *et* xcij. — Jugement porté sur Corneille, par Boileau; tom. XVI, *pag.* 255.

BOIS. — Les bois de haute futaie, appartenant à l'église, sont assimilés aux immeubles pour l'aliénation; tom. II, *pag.* 9. — Les ordonnances comprennent, sous le nom de bois de haute futaie, les baliveaux anciens et modernes, *ibid.*
Voy. MALTE.

BOIVIN. — Anecdote sur une lecture faite en commun par d'Aguesseau et Boivin; tom. I, *pag.* xcij.

BOLIMBROKE. — S'étoit chargé de donner à d'Aguesseau une liste des livres du droit public anglais; tom. XVI, *pag.* 147.

BONHEUR. — Divers systêmes des philosophes sur le bonheur; tom. XIV, *pag.* 279. — En quoi consiste véritablement la nature du bonheur? *pag.* 290. — Le bonheur n'est autre chose que le plaisir, *pag.* 295. — La cessation des peines sensibles est au moins un commencement de bonheur, *pag.* 306.

BONZY (cardinal de), *Archevêque de Narbonne.* — Son caractère et ses talens; tom. XV, *pag.* 301.

BORDEAUX. *Voy.* HOSPICES.

BOSCAGER. — Ce maître du père de d'Aguesseau, traitoit les matières de droit avec beaucoup de pureté; tom. XV, *pag.* 23.

BOSSU (comtesse de). — Cause de son héritier contre ceux du duc de Guise; tom. V. Faits, *pag.* 328. — Discussion, *pag.* 360. — Arrêt, *pag.* 490. Voy. *Mariage, Mort civile, Rote.*

BOSSUET. — Belles expressions de Bossuet sur la présomption du pouvoir; tom. I, *pag.* xxxiij. — Ses discussions théologiques avec Fénélon; tom. VIII, *pag.* 204 *et* 205. — Parallèle de Bossuet et de Fénélon, *ibid.* — Jugement sur l'ouvrage de Bossuet, *Défense de la déclaration donnée par le clergé de France, en* 1682; tom. XV, *pag.* 145.

BOUCHERAT (le chancelier). — Meurt en 1699; tom. VIII, *pag.* 220. — Ses talens et ses défauts, *pag.* 221. — M. de Pontchartrain lui succède, *pag.* 222. Voy. *Harlay, premier président.*

BOUILLEROT DE VINANTES. — Cause du sieur Bouillerot de Vinantes; tom. II. Faits, *pag.* 335. — Discussion, *pag.* 347. — Arrêt, *pag.* 360. Voy. *Adultère.*

BOURBONNAIS. — 1.° Le domaine du Bourbonnais et les cens y attachés sont imprescriptibles, parce qu'ils font partie du domaine de la couronne; tom. VII, *pag.* 3_0. — Application de ce principe à des aliénations faites au profit de Peyneton et Bouillé, qui en avoient passé déclaration aux religieux de Bellaigne, *pag.* 341 *à* 350. — La châtellenie d'Hérisson dépend du domaine de Bourbonnais, *ibid.*

2.° Anciennement le Bourbonnais n'étoit pas un domaine de la couronne; tom. VIII, *pag.* 1. — Érection du Bourbonnais en duché pairie, en 1327, *pag.* 2. — Comment le Bourbonnais fut réversible à la couronne, *pag.* 3 *à* 5. — Erreur de Pasquier sur ce point, *pag.* 6. — Transaction du roi François I.er et de sa mère, sur le Bourbonnais, *pag.* 8. En 1531, François I.er consomme, par lettres-patentes, la réunion du Bourbonnais au domaine de la couronne, réunion qui subsiste encore, *pag.* 14 *à* 16.

BOURDALOUE. — Bourdaloue est encore plus utile que

Fléchier et Bossuet, pour apprendre à prouver et à convaincre. Éloge de ses ouvrages; tom. XV, *pag.* 121.

BOURDEILLES. — Cette seigneurie étoit composée de deux parties bien distinctes : l'une, formoit un comté depuis plusieurs siècles; l'autre, une baronnie; tom. VI, *pag.* 500 *à* 514. — Réunion de ces deux portions sous le même seigneur en 1480, *pag.* 515. — Cette terre est dans la mouvance du Roi. Prétentions de l'abbaye de Brantôme sur cette seigneurie, réfutées, *pag.* 521 *à* 527. — Quand même l'abbaye auroit eu autrefois la mouvance de Bourdeilles, elle l'auroit perdue depuis quatre siècles, par l'acquisition de cette terre, faite par le Roi et par la prescription, *pag.* 528 *à* 550. — Examen des titres produits par le Roi et par l'abbaye, qui prouve incontestablement les droits du Roi, 551 *à* 609. — Réfutation des objections formées en fait et en droit contre les titres du Roi, pour établir sa mouvance sur la terre de Bourdeilles; tom. VII, *pag.* 1 *à* 137. — Récapitulation de tous les moyens invoqués pour le Roi, *pag.* 138 *à* 147.

BOURGES (M. l'Archevêque de). — Cause de M. l'archevêque de Bourges et de M. de la Berchère, nommé à l'archevêché d'Alby; tom. II. Faits, *pag.* 178. — Discussion, *pag.* 191. Voy. *Dîme, Portion congrue.*

BOURNONVILLE (dame de). — Cause de la dame de Bournonville, contre M. Martineau, maître des comptes, et le tuteur du fils mineur de la dame de Coulanges; tom. II. Faits, *pag.* 111. — Discussion, *pag.* 116. — Arrêt, *pag.* 130 *à* 132. Voy. *Enfant, 2.°*

BOUTONNE. — Le droit de pêche sur la rivière de Boutonne appartient au Roi; tom. VII, *pag.* 334 *à* 340.

BRAINE. — Contestation entre le curé et le bailli de Braine, sur le droit de présider l'assemblée de la fabrique; tom. X, *pag.* 140 *à* 142.

BRASSAGE (droit de). — Ce que c'est, et comment il doit être pris; tom. XIII, *pag.* 362.

BREFS. — Les brefs de la pénitencerie romaine n'ont, en France, aucune autorité, lorsqu'ils s'étendent au for extérieur; tom. II, *pag.* 420. — Alors même que le Pape en auroit ordonné l'exécution, *pag.* 421.
Voy. Bulle, Cas de Conscience, Papes.

BRESSE. — Deux déclarations de 1702 font défenses à tous créanciers de faire vendre, autrement que par subhastation, les biens situés en Bresse; tom. XIII, *pag.* 129.

BRETAGNE. — Dans la coutume de Bretagne, on suit la règle des trois cas pour la succession de bâtards. Voy. *Bâtards*, 1.° *Voy.* PARLEMENT DE RENNES.

BREVAL. — La terre de Breval est un ancien domaine de la couronne. Preuves historiques. Elle n'a pu être donnée valablement par le Roi ; tom. VIII, *pag.* 17 *à* 32. Voy. *Domaine de la Couronne*, 2.°

BRICEAU DE LA BORDERIE. — Peut être regardé comme le meilleur des commentateurs de l'ordonnance de 1667 ; tom. IV, *pag.* 144.

BRIET (Barbe). *Voy.* FORBI.

BRIFFE (de la), *Procureur-Général.* — Son éloge ; tom. I, *pag.* 82.

BRISSAC. — Cause du duc de Brissac, contre les cordeliers de Bressevic. et les créanciers de la maison de Bellay; tom. I. Faits, *pag.* 481. — Discussion, *pag.* 488. — Arrêt, *pag.* 497. Voy. *Anjou ; Prescription.*

BRISSON. — Avoit préparé le travail pour refondre les coutumes en une loi uniforme ; tom. I, *pag.* xliij. Voy. *Code Henri.*

BUGEY. — Deux déclarations de 1702 font défenses à tous créanciers de faire vendre, autrement que par subhastation, les biens situés dans les pays de Bresse, Gex et Bugey ; tom. XIII, *pag.* 129.

BULLE. — Récit historique sur la bulle de 1705, *Vineam Domini Sabaoth.* Elle est acceptée par le clergé de France. Relation de cette acceptation. On fait insérer, dans l'enregistrement de cette bulle, deux clauses importantes pour la conservation des libertés de l'église gallicane. Historique des contestations qui s'élevèrent au sujet du bref lancé contre l'acceptation de cette bulle par le clergé de France; t. VIII, *pag.* 254 *à* 392. — Mémoires sur un projet de déclaration de douze évêques sur cette acceptation, *pag.* 393 *à* 411.

BUREAUX DES FINANCES. — 1.° Lettres relatives à quelques difficultés particulières, élevées dans les bureaux des finances ; tom. X., *pag.* 559 *et suiv.*

2.° Le procureur-général au parlement de Paris traite de ses substituts les procureurs du Roi près les bureaux de finances ; tom. X, *pag.* 576.

3.° Les premiers présidens des bureaux des finances qui plaident au parlement doivent-ils prendre la qualité de premier président ou de président premier? tom. X, pag. 581 et 582.

BURY (Louise de), femme du sieur d'Athonas, veuve en premières noces de Pierre Toucher. — Cause de cette dame contre Marie d'Avalleau, veuve de Jacques Toucher; tom. III. Faits, *pag.* 2. — Discussion, *pag.* 10. — Arrêt, *pag.* 16. Voy. *Abus*, *Mariage*.

BUSSEUL. — Cause d'Henriette de Busseul et d'Henri-François de Busseul.; tom. IV. Faits, *pag.* 153. — Discussion, *pag.* 155. — Arrêt, 160. Voy. *Substitution*, 2.°

C.

CADASTRE. — Les contestations relatives au cadastre des effets mobiliers ou compoix cabaliste de Languedoc, lors même qu'elles sont élevées par des communautés, doivent être portées en première instance devant les juges des lieux, et par appel seulement, en la cour des aides. Celles relatives au cadastre terrier ou des immeubles, sont portées à la cour des aides en première instance. C'est ce que porte la déclaration du 20 janvier 1736; tom. X, *pag.* 587 *à* 591.

CANISIUS. — Éloge des Paratitles de Canisius sur les Décrétales, tom. XV, *pag.* 147.

CANONISTES. — Les maximes des anciens canonistes, plus pures que celles des modernes. — Travail utile qu'on pourroit faire sur ces anciens auteurs; tom. XV, *pag.* 155.

CAPACITÉ. — 1.° Les actes notariés ne prouvent point la capacité de ceux qui contractent. Application de ce principe aux testamens; tom. III, *pag.* 377.

2.° Le bâtard a capacité pour tester, sauf deux exceptions établies par les coutumes; tom. VII, *pag.* 578 *et* 579.

3.° Questions envoyées aux parlemens, à l'occasion d'un projet d'ordonnance sur les capacités de donner et de recevoir, et circulaire accompagnant l'envoi de ces questions; tom. XII, *pag.* 462 *et suiv.*

CAPTURE. — Ce que doit contenir un procès-verbal de capture; par qui il doit être signé; tom. XI, *pag.* 125.

CAPUCINS. — Le père temporel des Capucins n'est point recevable à soutenir la validité de l'engagement spirituel d'un de leurs membres. C'est aux capucins à former cette demande; tom. IV, *pag.* 260. — Arrêt conforme, *pag.* 266.

CARDINAUX. — On en distingue de trois sortes; tom. IX, *pag.* 99. — Les distinctions usurpées par les cardinaux au-dessus des évêques sont l'ouvrage d'un droit purement humain, *pag.* 100. — Origine de la dignité de cardinal, *pag.* 101 *et* 102. — Pour être électeurs du Pape, ils n'en restent pas moins sujets de leur Roi, *pag.* 103. — Leur qualité de ministre d'un prince étranger ne les exempte pas, s'ils sont Français, de la juridiction royale, *pag.* 104 *à* 114. — Exemples célèbres de cardinaux français, jugés par les tribunaux ordinaires, pour crime de lèze-majesté, *pag.* 115 *à* 142. — Le concordat n'exempte les cardinaux de la juridiction royale que pour les affaires ecclésiastiques, *pag.* 143 *à* 145. — Quoique le cardinal français soit évêque d'un diocèse étranger, il est soumis à la juridiction du Roi, *pag.* 146 *et* 147.

CAS DE CONSCIENCE. — Détails sur l'affaire du *Cas de Conscience*, et de la bulle contre cet écrit; tom. VIII, *pag.* 228 *à* 250. — Observations et Mémoire qui prouvent que le bref de 1703, contre le Cas de Conscience, ne peut être reçu en France, *pag.* 3.9 *à* 384, et encore *pag.* 412 *à* 416.

Voy. Delan, Dupin, Petit-Pied.

CAS PRÉVOTAUX. — 1.° Deux sortes de cas prévôtaux: les uns, par la nature du crime; les autres par la qualité de l'accusé. Différences entre ces deux cas, relativement aux juges qui peuvent en connaître, d'après l'ordonnance de 1670, et la déclaration du 22 mai 1702; tom. XI, *pag.* 1 *à* 3, et encore *pag.* 39.

2.° Les juges ordinaires connoissent, concurremment et préférablement aux prévôts, des cas prévôtaux, par la qualité des accusés, à moins que le prévôt n'ait fait la capture de l'accusé. Cette exception nouvelle, établie par la déclaration du 28 mars 1703, pourroit bien être abolie; tom. XI, *pag.* 10. — Les cas prévôtaux, par leur nature, sont réservés exclusivement aux prévôts, excepté le cas du flagrant délit, s'il y a prévention du juge ordinaire, *pag.* 28, et encore *pag.* 74 *à* 78.

3.° Pourquoi l'assassinat prémédité, et le vol ou sacrilége, avec effraction simple, ont été retranchés du nombre des cas prévôtaux dans la nouvelle déclaration (déclaration du 5 février 1731)? tom. XI, *pag.* 88 *à* 90, et encore *pag.* 92.

4.° Tout cas royal n'est pas prévôtal; mais tout cas prévôtal par sa nature, est cas royal. Conséquence de ce principe pour la compétence des juges; tom. XI, *pag.* 74.

5.° Tout cas prévôtal est censé mériter une peine afflictive ou infamante; tom. XI, *pag.* 247.

Voy. MONNOIES, 2.°; PRÉSIDIAUX, SERGENTERIE, SOLDATS, 2.°

CAS PRIVILÉGIÉ. — Ce qu'on entend par là dans la jurisprudence française; tom. IX, *pag.* 54.

CAS ROYAL. — Tout cas royal n'est pas prévôtal; mais tout cas prévôtal par sa nature, est cas royal. Conséquence de ce principe, pour la compétence des juges; tom. XI, *pag.* 74.
Voy. *Assassinat*, *Inceste*.

CASSATION. — Lettres à l'occasion de quelques demandes de cassation d'arrêts; tom. XI, *pag.* 435 *à* 456.

CASTRUM. — Dans les anciennes chartes, ce mot signifie tantôt le château seul, tantôt la totalité de la châtellenie; tom. VII, *pag.* 75 *à* 78, et 111 *à* 116.

CATON. — Mot de Salluste sur Caton, appliqué à d'Aguesseau; tom. I, *pag.* xxj.

CAUSES. — 1.° Ce que les jurisconsultes appellent *causes* dans les engagemens; tom. XIII, *pag.* 516. — Pourquoi quelques docteurs ont défini la donation une aliénation sans cause, *pag.* 517. — Ce qu'on entend par causes honteuses ou contraires aux bonnes mœurs, *pag.* 517.

2.° Tout engagement qui n'a point de cause, ou qui n'a qu'une cause fausse, injuste ou contraire aux bonnes mœurs, est un engagement sans effet. La misère de l'un des contractans n'est point une cause de gain pour l'autre. La folie des hommes, ou un désir aveugle de s'enrichir n'est pas une cause légitime d'un engagement; tom. XIII, *pag.* 521 *à* 523. — Application de ces principes au jeu, *pag.* 524 — Effets des obligations qui reposent sur une cause contraire aux bonnes mœurs, *pag.* 525 *à* 528. — Dans les ventes et achats, le besoin réciproque est la cause de l'obligation. Celui qui donne à cette cause un effet plus grand qu'elle ne doit avoir, abuse du contrat, *pag.* 529 *à* 530. — Cette maxime doit être entendue avec une certaine latitude morale, *pag.* 530.

CÉLIBAT. — Le célibat est un état moins naturel que le mariage. Sans la religion, le célibat est l'effet de la singularité de l'esprit ou du libertinage du cœur; tom. XIV, *pag.* 550.

CENS. — Interprétation de l'article 123 de la coutume de Paris, sur la prescription du cens; tom. VI, *pag.* 535 *à* 537.

— Avis des commentateurs sur cet article obscur; tom. VII, *pag.* 35 *à* 44.

CENSURE PUBLIQUE. — Elle n'est plus qu'une vaine cérémonie; tom. I, *pag.* 59. — Censure de l'indocilité, de la présomption et de la jalousie des jeunes magistrats, *pag.* 61 *et* 62. — Ces vices pourroient faire profaner la loi de la pluralité des suffrages, *pag.* 63.

Voy. MAGISTRATS.

CERTITUDE. — D'où provient la certitude, et comment on peut la reconnoître? tom. XIV, *pag.* 109. — La certitude peut résulter du témoignage des hommes comme de l'évidence du raisonnement; *pag.* 116. Voy. *Évidence.*

CHABANNES (Antoine de), *Évêque du Puy*, accusé de conspiration. — Son procès; conclusions extraordinaires, prises dans ce procès par M.e Lezet, avocat du Roi; tom. IX, *pag.* 84 *et* 85.

CHABERT. — Cause de cette dame contre Marguerite Vinot; tom. IV. Faits, *pag.* 229. — Discussion, *pag.* 237. — Arrêt, *pag.* 244. Voy. *Abus, Mariage.*

CHAMBRES. — Le droit de convoquer extraordinairement les chambres n'appartient qu'au premier président; tom. XII, *pag.* 161 *et suiv.*

CHAMBRE (grand'). — 1.° Elle est chargée, à l'exclusion de la Tournelle, de l'instruction des procès criminels contre les officiers qui ont le privilége d'être jugés au parlement; tom. XI, *pag.* 43. C'est l'esprit de l'art. 21, titre 1.er de l'ordonnance de 1670.

2.° Les conseillers de la grand'chambre qui sont de service à la Tournelle doivent être appelés, soit qu'il s'agisse d'un crime jugé par privilége en la grand'chambre; pourquoi? tom. XI, *pag.* 183 *à* 188.

3.° La grand'chambre a seule le droit de faire des réglemens; tom. XI, *pag.* 297.

Voy. PARLEMENT, 5.°

CHAMBRE DE JUSTICE. — Discours à cette chambre, en lui annonçant sa suppression; tom. X, *pag.* 1 *à* 4.

CHAMBRE DES VACATIONS. — 1.° Ne peut enregistrer des lettres-patentes, à moins que ces lettres elles-mêmes ne le permettent; tom. X, *pag.* 386 *à* 388.

2.° Peut enregistrer des lettres de révision, et pourquoi? tom. XI, *pag.* 625.

3.° Organisation de la chambre des vacations; sa compétence. Salaire de ceux qui la composent; tom. XIII, *pag.* 318.

CHAMPAGNE (comté de). — Le comté de Roucy relève du Roi, et non du comté de Champagne; tom. VII, *pag.* 54. Voy. *Roucy*.

CHANCES. — Y auroit-il un rapport infini entre deux chances, il ne s'ensuivroit point nécessairement que la chance qui est infiniment improbable n'arrivât jamais? Il vaut donc mieux démontrer directement l'existence d'une cause première que d'entrer, avec les épicuriens, dans des combinaisons de chances pour les réfuter; tom. XVI, *pag.* 146 *et* 147.

CHANGE. — Notions sur le change. Effets de l'affoiblissement des monnoies sur le change; tom. XIII, *pag.* 434 *et suiv.* — Trois choses peuvent produire un bénéfice sur le change au profit d'une nation: la nature du sol et l'industrie des habitans, les conjonctures, l'habileté de ceux qui gouvernent. Examen de ces trois choses, *pag.* 450 *et suiv.*

CHAPITRES. — De toutes les exemptions, les moins favorables sont celles des chapitres; tom. IX, *pag.* 378. — Ces exemptions ayant été détruites par les ordonnances de nos Rois, quelques arrêts réservèrent aux chapitres un premier degré de juridiction, *pag.* 379 *et* 380. — Dans le dernier état de la jurisprudence, cette réserve n'est plus accordée, *pag.* 381 *à* 395.

CHARGES. — 1.° Autrefois les grandes charges se donnoient, comme les fiefs, sous foi et hommage; tom. VIII, *pag.* 93. — L'édit d'avril 1633 supprime les charges et offices des condamnés par contumace, pour crime de lèze-majesté, *pag.* 94 *et* 95, et de 101 *à* 105. — Dans ce cas, les charges et offices reviennent au domaine francs de toutes dettes, *pag.* 96. — Les gages de l'office, échus depuis le crime, sont acquis au Roi au préjudice des créanciers, *pag.* 104 *et* 105. Voy. *Lèze-Majesté*.

2.° En matière de charges, il existe deux sortes d'oppositions: les oppositions au titre et les oppositions sur le prix. Différence entre ces deux oppositions, relativement à la réception de l'acquéreur de l'office; tom. X, *pag.* 290 *à* 294, et 301 *à* 303. — Les officiers du siége où veut entrer un candidat ne peuvent former opposition au sceau des provisions de celui-ci, sous prétexte de son inconduite; tom. X, *pag.* 308 *à* 312.

3.° La vénalité des charges est la source de presque tous

les désordres qui se glissent dans l'administration de la justice. Moyens de remédier à ces désordres; tom. XIII, *pag.* 224.

CHARLES VII. — Ordonne de rédiger toutes les coutumes pour en faire une seule; tom. I, *pag.* lxix. Voy. *Dumoulin.*

CHARLES DE NEUFCHATEL, *Archevêque de Besançon*, obtient de Louis VI des lettres d'abolition; tom. IX, *pag.* 81.

CHARRON. *Voy.* URSULINES.

CHARTES. — Origine du trésor des Chartes; tom. VI, *pag.* 47.

CHASSE. — Les juges de réformation connoissent sur l'appel d'un meurtre commis à la chasse. Une déclaration du 13 septembre 1711 leur a donné ce droit; tom. XI, *pag.* 57 *à* 60.

CHATEAUROUX. — Cette terre a été long-temps réunie à celle d'Argenton. Ces deux terres sont dans la mouvance du Roi; tom. VII, *pag.* 248 *à* 307. Voy. *Argenton.*

CHATEL. — Papiers trouvés chez le père Guignard, lors de l'attentat commis par Châtel sur Henri IV; tom. VIII, *pag.* 551.

CHATELET. — Le droit, qu'ont les commissaires du Châtelet d'écrire eux-mêmes les informations, est peut-être fondé sur un abus; tom. IX, *pag.* 257.

CHATILLON, *Cardinal et Évêque de Beauvais.* — Forme de la procédure dirigée contre lui pour crime de lèze-majesté; tom. IX, *pag.* 130 *à* 133.

CHAUMONT (la dame comtesse de). — Cause de la dame comtesse de Chaumont, demanderesse en opposition et en requête civile, contre Élisabeth de Fiennes et consorts; tom. II. Faits, *pag.* 435. — Discussion, *pag.* 459. — Arrêt, *pag.* 474.

CHAUVELIN. — Maître des requêtes, successeur de son frère dans la charge d'avocat-général, depuis garde des sceaux. Son éloge; tom. I, *pag.* 178 *et* 227.

CHEMIER. — Pour qu'il y ait parage, il faut que le chemier ou celui qui garantit les autres sous sa foi retienne une partie du fief; tom. VI, *pag.* 380.

CHEVALIERS D'HONNEUR. — D'après l'édit de création de ces charges, les chevaliers d'honneur ont la préséance sur tous les conseillers d'honneur dans le même parlement; tom. X, *pag.* 378 *à* 382.

CHEVREUSE. — Cause du duc de Chevreuse, tuteur des enfans Morstein, contre Galyot; tom. IV. Faits, *pag.* 455. — Discussion, *pag.* 460. — Arrêt, *pag.* 470. Voy. *Collation de Bénéfice*, *Dévolution.*

CHIENS. — Cause de Pierre des Chiens, contre le père temporel des Capucins de Langres; tom. IV. Faits, *pag.* 247. Discussion, *pag.* 260. — Arrêt, *pag.* 265. Voy. *Capucins.*

CHINY. — Le comté de Chiny est un fief lige du duché de Bar; tom. IV, *pag.* 314 *à* 316. — La prévôté d'Ivoix fait partie du comté de Chiny, *ibid.*

CHIVERNY (chancelier). — Caractère de ses Mémoires, publiés par son fils l'abbé de *Pont-le-Roy*; tom. VIII, *pag.* 566. — Ce que pensoient de ce chancelier Sully et d'Ossat, *pag.* 567. — Anecdotes sur l'impression de ses Mémoires, qui ne prouvent rien en faveur du père Guignard, *pag.* 568 *et* 569.

CHRONOLOGIE. — L'étude de la chronologie doit servir de préliminaire à l'étude de l'histoire; tom. XV, *pag.* 36. — Moyen le plus sûr de conserver ses connoissances en chronologie, *pag.* 37 *et* 38.

CICÉRON. — Il est plus orateur que philosophe. Il a puisé de grandes notions sur l'origine des lois dans Platon; tom. XV, *pag.* 17. — Comment il faut étudier les Oraisons de Cicéron, *pag.* 117. — Beau passage de Cicéron sur la loi naturelle, *pag.* 233.

CLANDESTINITÉ. — Ce que c'est en fait de mariage; tom. I, *pag.* 457. — Ses effets, *pag.* 458 *et* 459.

CLAUDE (Saint). — La déclaration du 6 octobre 1731, sur la Régie des bénéfices vacans, ne s'applique point à l'abbaye de Saint-Claude; tom. XIII, *pag.* 53.

CLAUSE CODICILLAIRE. — Effets de la clause codicillaire; tom. III, *pag.* 204 *à* 217. Voy. *Codicille*, 2.° — Motifs de l'article 67 de l'ordonnance de 1735, sur les testamens qui contiennent une clause codicillaire; tom. XII, *pag.* 438.

CLAUSE DÉROGATOIRE. — Motifs de l'ordonnance de

1735, qui abroge l'usage des testamens mutuels et des clauses dérogatoires; tom. XII, *pag.* 405, 426 *et* 439.

CLERCS. — Dans quels cas les clercs sont soumis à la juridiction royale? tom. IX, *pag.* 2 *à* 99, et encore *pag.* 231 *à* 233. Voy. *Ecclésiastiques.*

CODE HENRI. — 1.° Marche suivie par le président Brisson dans la composition de cet ouvrage. La mort d'Henri III rendit ce travail inutile au public; tom. XII, *pag.* 201. Voy. encore tom. XV, *pag.* 111.

2.° Maximes tirées des ordonnances, suivant l'ordre du Code Henri; tom. XII, *pag.* 272 *et suiv.*

CODICILLE. — 1.° Définition; tom. III, *pag.* 201. — Il y a deux espèces de codicilles: les uns, *ad testamentum;* les autres, indépendans du testament, *pag.* 202 *à* 203. — La clause codicillaire, ajoutée au testament, le rend semblable à un codicille, indépendant du testament, *pag.* 204 *à* 217. — Dans ce cas, la caducité du testament ne fait pas tomber le fidéicommis, *ibid.* — En pays de coutume, les testamens sont de vrais codicilles, *pag.* 217. — La loi romaine, qui refuse le secours de la clause codicillaire à l'héritier qui a déclaré vouloir se servir du testament, ne peut être rigoureusement appliquée en France, *pag.* 198 *et* 199. Voy. encore, sur ces Questions, même tome, *pag.* 368 *à* 373.

2.° Motifs de l'article 67 de l'ordonnance de 1735 sur les testamens qui contiennent une clause codicillaire; tom. XII, *pag.* 438.

COEFFETTAU. — L'Histoire romaine de cet auteur est écrite avec pureté; tom. XV, *pag.* 122.

COLBERT. — Sa conduite honorable envers M. d'Aguesseau, père du chancelier; tom. XV, *pag.* 288. — Son éloge, *pag.* 293.

COLLATÉRAUX. — Dans quel cas les collatéraux peuvent appeler comme d'abus d'un mariage? tom. II, *pag.* 86 *et suiv.*, et tom. V, *pag.* 397 *à* 401. Voy. *Mariage*, 4.°

COLLATION DE BÉNÉFICE. — 1.° Elle est restreinte par la présentation en ce sens que l'on suppose celui qui présente véritable patron; tom. II, *pag.* 307.

2.° Il faut distinguer le patronage laïque de la collation

laïque; tom. IV, *pag.* 462. — Les bénéfices à collation laïque ne sont pas sujets à dévolut ni à dévolution, *pag.* 463 *et suiv.* — Arrêt qui le juge ainsi; *pag.* 469.

3.° Dans l'incertitude si un titulaire est mort ou absent, on doit donner plutôt la possession à celui qui a été pourvu par l'ordinaire que par celui qui a obtenu des provisions de Rome antérieurement par une course ambitieuse; tom. V, *pag.* 290 *à* 294.

Voy. Régale.

COLLÉGE. — Contestation entre plusieurs prétendans à la place de Principal du collége de la Marche; tom. IV. Faits, *pag.* 267. — Discussion, *pag.* 271. — Arrêt, *pag.* 339. Voy. *Marche.*

COLLINET. *Voy.* de la Barre.

COLLIQUET (Victor). — Cause de Victor Colliquet et Marie Lemoine; tom. II. Faits, *pag.* 477. — Discussion, *pag.* 485. — Arrêt, 496. — Voy. *Official.*

COMMERCE. — Avantages que le commerce procure à la société; tom. XIV, *pag.* 440 *et suiv.* — Inconvéniens qui en dérivent également pour la société, *pag.* 445.

COMMISE. — La commise pour félonie du vassal réunit au domaine du seigneur le fief sans aucune charge de dettes. Cela tient à la nature des fiefs qui ne sont possédés qu'à la charge perpétuelle de la foi; tom. VIII, *pag.* 74 *à* 76. — Il n'en est pas ainsi dans le cas de confiscation du fief; pourquoi? *pag.* 77 *et* 78. — Ce privilége du seigneur dans le cas de commise est une conséquence de la maxime des coutumes, *le seigneur peut se prendre à la chose pour les profits de son fief*, *pag.* 79 *et* 80. — L'intérêt général des seigneurs exige ce privilége, admis par tous les anciens auteurs. Il a été contesté par Dumoulin et autres auteurs modernes. Réfutation de leurs raisonnemens, *pag.* 82 *à* 84. — Le privilége est admis en faveur du seigneur dans le dernier état de la jurisprudence, *pag.* 85 *et* 86. — *A fortiori* doit-il l'être en faveur du Roi dans le cas de crime de lèze-majesté du vassal? Voy. *Lèze-Majesté.*

COMMISSAIRES. — 1.° C'est un exemple dangereux de nommer des commissaires pour juger un procès criminel; tom. XI, *pag.* 343.

2.° La forme de juger par commissaires, très-ancienne. Il en est parlé dans une ordonnance de 1493; tom. XIII, *pag.* 307. — A qui appartient le choix des commissaires? *pag.* 308. — Quel doit être leur nombre? *pag.* 309. — Dans quels cas il peut en être nommé? *pag.* 310. — Leur salaire; heures et lieux de leurs travaux, *pag.* 311. — Ordonnances sur ces points divers, *pag.* 312.

COMMISSIONS. — Dans quels cas les Cours donnent des commissions, tant pour enquêtes qu'exécution d'arrêts? tom. XIII, *pag.* 317 *à* 319.

COMMITTIMUS. — 1.° Le privilége de *committimus* est général pour toutes les actions personnelles possessoires ou mixtes suivant l'ordonnance de 1669; tom. XII, *pag.* 13.

2.° Sur quoi est fondé le *committimus* accordé aux évêques de Limoges? tom. XII, *pag.* 16.

3.° En général, le *committimus* accordé aux chapitres, évêques et archevêques, n'a rapport qu'aux biens dépendans desdits chapitres, etc., et non aux effets personnels des chanoines, etc.; tom. XII, *pag.* 17.

COMMUNAUTÉ. — 1.° Pour faire cesser la communauté, lorsqu'il y a des mineurs, il faut que l'inventaire ait été clos en justice; tom. II, *pag.* 127 *et* 128.

2.° Dans le cas d'exclusion de communauté, on peut stipuler que la femme reprendra tous ses apports; tom. II, *pag.* 468 *et* 469.

3.° Motifs de la loi qui établit la continuation de communauté, faute d'inventaire, tom. IV, *pag.* 550. — L'inventaire est nul dans la coutume de Paris, et la communauté est continuée, lorsque le subrogé tuteur contre qui il a été fait n'a pas prêté serment; tom. IV, *pag.* 552 *à* 556.

COMMUNAUTÉS SÉCULIÈRES ou RÉGULIÈRES. — 1.° Peuvent-elles recevoir un legs universel? tom. I, *pag.* 284 *et suiv.* — Variation de la jurisprudence romaine sur ce point, *pag.* 293 *et* 294. — Un Capitulaire de Charlemagne défend à tous ecclésiastiques de recevoir au préjudice des parens, *pag.* 294. — Le parlement de Paris applique cette loi aux donations excessives en faveur des communautés, *pag.* 295. — Il étend aux communautés la présomption de captation, établie contre les tuteurs et administrateurs par l'ordonnance de 1539 et la coutume de Paris. Arrêt de 1658 dans ce sens, *pag.* 299 *à* 303. — Autre arrêt qui applique tous les principes ci-dessus, *pag.* 307 *à* 313. Voy. *Hôpitaux*, 1.°

2.° Les communautés religieuses et tous gens de main-morte sont obligés de rendre hommage à leur seigneur suzerain. L'amortissement n'éteint pas le fief; mais, comme les religieux, à cause de leur incapacité, ne peuvent offrir l'hommage, ils doivent l'offrir par un homme vivant et mourant; tom. VII, *pag.* 354 *et* 355.

Voy. Main-Morte, Récusation.

COMPAGNIE DES INDES. — Examen de différens problèmes qu'on peut agiter sur le Commerce des Actions de la Compagnie des Indes; tom. XIII, *pag.* 555 *à* 639. Voy. *Actions de Banque.*

COMPAGNIES. — De droit commun, les compagnies ne connoissent que des crimes commis par leurs officiers dans l'exercice de leurs fonctions; tom. XI, *pag.* 12 *et* 13.

COMPÉTENCE. — 1.° Ce n'est pas le temps où le crime a été commis qu'il faut considérer pour déterminer la compétence du juge, c'est le moment où commence l'instruction; tom. XI, *pag.* 92.

2.° Les motifs du crime ne décident point de la compétence des juges; ce sont les effets de l'action extérieure dans laquelle le crime consiste; tom. XI, *pag.* 94. — Ainsi, la cour des aides n'est point compétente pour connoître d'un crime ayant pour motif une haine conçue à l'occasion de la taille, *pag.* 95 *et* 96.

3.° Un crime prescrit ne change pas la compétence à l'égard d'un individu accusé d'un crime nouveau; tom. XI, *pag.* 122.

4.° Le simple appel d'un décret ne rend pas compétens les juges supérieurs pour connoître du fond de l'accusation; tom. XI, *pag.* 140.

5.° Les jugemens de compétence, en matière criminelle, doivent nécessairement être rendus sur les conclusions du procureur du Roi du siége; tom. XI, *pag.* 150 *et* 164.

6.° C'est le principal de la demande, et non la valeur des dépens, qui donne au juge le droit de statuer en dernier ressort, alors même que le juge donne acte de la reconnoissance du débiteur, ce jugement est sujet à l'appel, si la somme excède celle indiquée par la loi pour le dernier ressort; tom. XII, *pag.* 4.

7.° Maximes générales et communes à toutes sortes de juges et de cas, sur la compétence en matière criminelle; tom. XIII, *pag.* 244.

8.° C'est par la nature des demandes, et non par le

jugement qui intervient dans la suite, qu'on juge la compétence des tribunaux; tom. XII, *pag.* 8.

Voy. AIDES (Cour des), COMPLAINTE, REBELLION.

COMPLAINTE. — La complainte étant toujours mêlée de voies de fait, est un cas royal qui doit être porté à l'ordinaire au bailliage; tom. III, *pag.* 1.

COMPOIX. — Devant quels juges doivent être portées les contestations relatives aux compoix ou cadastres de Languedoc; tom. X, *pag.* 587 *à* 591. Voy. *Cadastre.*

COMPTES. — Les dispositions du titre 21 de l'ordonnance de 1667, s'appliquent aux comptes entre des associés, comme aux comptes rendus par les tuteurs; seulement, en cas de contestation, on peut renvoyer devant des arbitres conformément à l'ordonnance de 1673; tom. X, *pag.* 556 *à* 557.

COMTÉ. — Tout comté existant sous la première et la deuxième race, est réputé de droit dans la mouvance de la couronne; tom. VI, *pag.* 8.

COMTES. — Sous la première et la seconde race, les dignités de comtes et de ducs, n'étoient que des offices personnels. Ils devinrent héréditaires par l'usurpation de la puissance féodale; tom. VI, *pag.* 4 *et* 5. Voy. *Pairies*, 2.°

CONCILES. — De Bâle. *Voy.* BALE.
— De Constance. *Voy.* CONSTANCE.
— De Latran. *Voy.* BANS.
— De Trente. *Voy.* BANS, ÉVEQUES; MARIAGES; RELIGIEUSES.

CONCORDAT. — Le concordat passé entre le pape Léon X, et le roi François I.er, long-temps combattu, est enfin passé en usage; tom. XV, *pag.* 140. — Manière dont il faut étudier ce Concordat, *pag.* 150.

CONCUBINAGE. — Permis par l'ancien droit romain à toutes sortes de personnes. Plus tard défendu par Constantin aux gens mariés. Enfin, défendu entièrement à tout le monde par Léon; tom. VII, *pag.* 535. — Il étoit des personnes qui ne pouvoient être concubines, *pag.* 536. — On ne pouvoit avoir plusieurs concubines, *pag.* 537.

CONFIRMATION. — La confirmation d'un titre nul ne peut avoir d'effet rétroactif; tom. II, *pag.* 423. — Différences entre les confirmations qui se font en forme commune et celles données en connoissance de cause, *pag.* 423 *et* 424. — Dans aucun cas, la confirmation d'un acte ne peut préjudicier aux tiers, *pag.* 433.

CONFISCATION. — 1.° Quand le mari est condamné pour crime emportant confiscation, ses propres sont confisqués à la charge de la restitution de la dot et autres conventions matrimoniales; tom. VIII, *pag.* 106. — Quant aux biens de la communauté les coutumes sont partagées, *pag.* 107. — *Quid*, tant à l'égard des propres que de la communauté, si c'est la femme qui est condamnée? *pag.* 108 *à* 110. — Auteurs qui pensent que la femme ne confisque pas sa part dans la communauté, *pag.* 110 *à* 112. — Auteurs qui soutiennent le contraire, *pag.* 113. — Réfutation de cette dernière opinion, *pag.* 114 *à* 120.

2.° La confiscation a toujours paru odieuse aux Romains; tom. VIII, *pag.* 122. — Lois qui en adoucissoient la rigueur, *pag.* 123.

3.° En France, la confiscation doit-elle avoir lieu à l'égard des biens des condamnés par jugement militaire? tom. VIII, *pag.* 123. — Quelques auteurs l'ont pensé; un arrêt du parlement l'a jugé ainsi, *pag.* 124. — Mais l'opinion commune rejette la confiscation dans ce cas, *pag.* 125. — Développement de cette dernière opinion, *pag.* 126 *à* 130. — Autorités sur la question, *pag.* 131 *à* 136.

CONFLIT. — Lorsqu'il y a conflit, la maréchaussée ne doit point défendre un tribunal contre l'autre. Elle doit attendre que le conflit soit jugé, et donner ensuite main-forte à l'autorité compétente; tom. XI, *pag.* 53 *à* 55.

CONFUSION. — En règle générale, la confusion se fait dans la personne du mineur; tom. II, *pag.* 162. — Deux exceptions à cette règle, *ibid.*

CONNOISSANCE. — 1.° *Connoître*, en général, c'est avoir une idée des propriétés essentielles d'un objet. Ce que c'est que la connoissance *distincte* et la connoissance *certaine*; tom. XIII, *pag.* 22. — Nous n'avons d'autres juges que nous-mêmes de la certitude de nos connoissances, *pag.* 23. — Le doute, s'il y en a, naît de la chose, et non de l'opinion que quelques hommes en ont, *pag.* 24. — Quelle influence doit avoir sur nous le doute des autres hommes à l'égard d'un point qui nous paroît certain? *pag.* 25 *à* 30. — La diversité des opinions humaines n'empêche point la certitude. Il peut donc exister une justice naturelle, *pag.* 31 *à* 34.

2.° Deux différentes manières de *connoître* : la première, par *voie d'intelligence* ; la deuxième, par *voie d'impression*. Ces deux manières, quelquefois réunies; leur différences; tom. XIV, *pag.* 85.

3.° Y a-t-il des connoissances innées? Voy. *Idées.*

CONNÉTABLIE. — Ce tribunal connoît, en général, des fautes commises par les officiers ou archers de maréchaussée. Mais, s'ils ont prévariqué dans une commission donnée par le juge royal, ils sont soumis aux tribunaux ordinaires; tom. XI, *pag.* 41. Voy. encore *pag.* 124, 143 et 598.

CONQUÊTS. — Différence entre les *acquêts* et les *conquêts*; tom. IV, *pag.* 180. — Le terme *conquêt*, dans l'article 279 de la coutume de Paris, comprend les meubles comme les immeubles, *pag.* 181 *et suiv.* Voy. *Noces (secondes).*

CONSEIL — Disposition réglementaire sur un conseil qu'on devoit établir en 1715, pour la réformation de la justice; tom. XIII, *pag.* 194 *à* 200.

CONSEIL (grand). — 1.° Le Grand-Conseil n'est qu'un tribunal d'exception, obligé de justifier son pouvoir dans chaque affaire particulière; tom. VI, *pag.* 399. — Il ne peut connoître des causes qui intéressent le domaine du Roi. Voy. *Duel*, 2.° *et* 4.°; *Roi*, 1.°

2.° Le Grand-Conseil n'a pas le droit d'exiger des prévôts des maréchaux l'envoi des extraits de leur dépôt. Ce droit appartient au parlement. Les ordonnances anciennes et modernes le lui accordent, et le bien public le demande; tom. IX, *pag.* 484 *à* 510.

3.° Le Grand-Conseil juge la compétence des présidiaux et des prévôts des maréchaux; mais n'examine point la forme des accusations jugées par eux; tom. XI, *pag.* 4, et *pag.* 50 *à* 53.

4.° Quand le Grand-Conseil est chargé d'une demande en cassation contre un jugement de compétence de prévôts, il ne peut charger de l'instruction provisoire un autre juge, d'après la déclaration du 23 septembre 1678. Mais, lorsqu'il statue sur un réglement de juges, avant toute décision de compétence, il peut, d'après l'article 2, titre 3 de l'ordonnance de 1669, charger la juridiction qu'il veut de cette instruction provisoire; tom. XI, *pag.* 69 *à* 71.

5.° D'après l'art. 6 du titre 3 de l'ordonnance de 1669, le Grand-Conseil est seul compétent pour statuer sur les réglemens de juges qui s'élèvent contre un présidial et le parlement, son supérieur. Motifs de cette disposition; tom. XII, *pag.* 9 *à* 12.

6.° Les motifs envoyés par les cours supérieures, pour soutenir les arrêts déférés en cassation au Grand-Conseil, doivent être rédigés par le rapporteur. Danger de les faire rédiger par l'avocat des parties ; tom. XII, *pag.* 154.

CONSEILLERS. — Les conseillers du parlement de Paris ont le privilége de ne pouvoir être jugés en matière criminelle, que par ce parlement, en quelque lieu que le crime ait été commis ; tom. IX, *pag.* 437. — Dans quels cas les conseillers des autres parlemens ont un privilége semblable ? *pag.* 439. — Un président du parlement de Bretagne est justiciable des juges ordinaires, pour un crime commis dans le ressort du parlement de Paris, *pag.* 460.

CONSEILLER-CLERC. — Motifs qui font créer par Louis XV trois nouvelles charges de conseiller-clerc au parlement d'Aix ; tom. X, *pag.* 405 *et* 406.

CONSEILLER D'HONNEUR. — Il a dans le parlement rang au-dessus du doyen ; tom. X, *pag.* 399 *et* 400.

CONSEILLERS *d'un Siége présidial.* — Ces conseillers ne sont jugés par le parlement que lorsqu'il s'agit de malversations dans les fonctions de leur charge ; tom. XI, *pag.* 63.
Voy. PARLEMENS.

CONSTANCE (cardinal). — Comment le parlement instruisit contre ce cardinal ? tom. IX, *pag.* 115.

CONSTANCE. — Le concile de Constance a toujours eu autorité en France ; tom. VIII, *pag.* 521 *et* 522.

CONSULS (juges). — Leur compétence. Voy. *Juges-Consuls.*

CONTY (prince de). — Cause du prince de Conty, contre la duchesse de Nemours ; tom. III. Faits, *pag.* 112. — Discussion, *pag.* 168. — Arrêt, *pag.* 272. — Second plaidoyer dans la même affaire, *pag.* 274. — Second arrêt, *pag.* 513. Voy. *Clause codicillaire, Substitution.*

CONTRACTUS. — Explication de ce mot, employé par Horace ; tom. XVI, *pag.* 334 *à* 335.

CONTRATS. — Observations sur le projet de donner de la publicité aux contrats de vente et de prêt ; tom. X, *pag.* 32. — Ce projet est injuste, *pag.* 33. — Il détruira le crédit, *pag.* 37. — Il est de difficile exécution, *pag.* 39. — Il n'est pas utile même par rapport à la fin qu'on se propose, *pag.* 43 *à* 50.

CONTROLE. — Le contrôle des exploits est nécessaire dans

les affaires criminelles comme dans les affaires civiles ; tom. XI, *pag.* 316.

CONTUMACE. — 1.° Est anéantie par la capture ou la représentation de l'accusé ; tom. XI, *pag.* 66.

2.° Formalités essentielles à remplir, d'après l'édit de décembre 1680, avant de déclarer la contumace bien instruite ; tom. XI, *pag.* 386. — Aucune disposition de cet édit n'établit la nécessité de faire signifier à un *contumax* le jugement de compétence, *pag.* 387.

3.° Forme de procéder pour purger la mémoire d'un condamné décédé dans les cinq années de la contumace ; tom. XI, *pag.* 389.

4.° Lorsque l'accusé décrété d'ajournement personnel ne comparoît point, faut-il instruire la grande contumace, ou procéder d'après les articles 10 et 24, titre 17 de l'ordonnance de 1670 ; tom. XI, *pag.* 397.

5.° Tout est contre le contumax, tant qu'il ne se représente point. Dans les accusations de duel, on prononce même le bannissement contre lui pour le seul fait de contumace ; tom. XI, *pag.* 478.

CONTUMAX. — Est-ce le premier juge ou le juge d'appel qui est compétent pour juger le contumax dont les co-accusés ont été condamnés sur appel ? Dissertation sur cette question ; tom. XI, *pag.* 560 *à* 576.

Voy. Contumace.

CONVERSATION. — La conversation avec des gens habiles et d'un jugement solide ranime l'effet de la lecture ; tom. XV, *pag.* 61.

CORAY. — Ode grecque composée en l'honneur du chancelier d'Aguesseau par Coray, et traduction littérale de cette ode ; tom. I, *pag.* xcvij.

CORDELIERS DE BRESSERIE. *Voy.* Braissac.

CORNEILLE. — L'admiration est le genre de plaisir qui domine le plus dans les pièces de Corneille ; il a, par cet endroit, l'avantage sur Racine. Jugement porté par Despréaux sur Corneille ; tom. XVI, *pag.* 255.

COULANGE (de). — Son mot sur le mariage de d'Aguesseau ; tom. I, *pag.* xcv.

COUPABLE. — Le coupable ne devient véritablement accusé que par le décret ; tom. XI, *pag.* 359.

COURONNE. — Inaliénabilité du domaine de la couronne ; tom. VI, *pag.* 209, et tom. VIII, *pag.* 21 *à* 32. — Quels meubles font partie du domaine de la couronne? *pag.* 62. Voy. *Domaine de la Couronne.*

COUTARD. *Voy.* DOMINICAINS.

COUTUME. — 1.° L'autorité des coutumes, très-grande dans les matières de droit privé, ne doit point être appliquée dans la punition des crimes prévus par les ordonnances; tom. XI, *pag.* 520. — Pourquoi, *pag.* 521 *à* 528.

2.° On peut distinguer dans les coutumes trois sortes de dispositions: les unes ont pour objet les droits de seigneurie ; les secondes, les droits des particuliers ; les dernières, l'ordre judiciaire. Rapprochement des diverses coutumes sur ces trois sortes de dispositions ; tom. XIII, *pag.* 208 *et suiv.*

Pour les diverses Coutumes dont il est parlé dans d'Aguesseau, voy. le Tableau à la fin de la Table des Matières.

CRAINTE. — La crainte est souvent la mère de la valeur; pensée de Platon, que Plutarque applique à Romulus; tom. XVI, *pag.* 226.

CRÉANCIERS. — 1.° Les créanciers sont parties capables pour faire juger l'état de leur débitrice décédée ; tom. I, *pag.* 407.

2.° Les créanciers d'une succession vacante peuvent contester la qualité d'un prétendu héritier ; tom. II, *pag.* 115 *et suiv.*

CRÉATION. — Les anciens philosophes ont pu connoître la création par l'effet seul de la raison, la révélation n'étant point nécessaire pour découvrir cette vérité ; tom. XVI, *pag.* 1. — La possibilité de la création est nécessairement renfermée dans l'idée de la puissance divine qui est reconnue par Platon et Aristote, *pag.* 10. — Preuves que les anciens philosophes ont réellement connu la création, *pag.* 17. — Comment cette vérité avoit été transmise aux grecs, *pag.* 27. — Les pythagoriciens ont reconnu la création, *pag.* 28 *à* 40. — Les égyptiens l'avoient également reconnue, *pag.* 42 *à* 48. — Argumens qui prouvent l'existence de la création, et réfutent les objections des philosophes qui soutiennent l'éternité de la matière, *pag.* 73 *à* 78.

CRÉDULITÉ. — La crédulité qu'on remarque dans tous les enfans prouve notre amour pour la vertu ; tom. XIV, *pag.* 191 *à* 196.

CRÉQUI (maréchale de). *Voy.* LESBERON.

CRIMES. — Différence établie par les lois romaines entre les crimes civils ou communs et les crimes ecclésiastiques; tom. IX, *pag.* 30 *et suiv.* Voy. *Ecclésiastiques.*

CRITIQUE. — Avantages de la critique; tom. XVI, *pag.* 301.

CRITON. — Traduction de ce dialogue de Platon; tom. XVI, *pag.* 195 *à* 205.

CUDWORTH. — Il a soutenu avec raison que les anciens philosophes avoient pu connoître la création sans le secours de la révélation; tom. XVI, *pag.* 1 *à* 20. Voy. *Création.*

CUJAS. — Il a mieux parlé la langue du droit qu'aucun moderne, et il l'a peut-être aussi bien parlée qu'aucun ancien; tom. XV, *pag.* 23.

CURATEUR *à une succession vacante.* — Il peut exercer les droits de l'hérédité, mais non ceux particuliers à la personne de certains héritiers; tom. II, *pag.* 472.

CURÉ. — 1.° Le mariage d'un majeur est nul par le seul défaut de présence du propre curé; tom. III, *pag.* 99. — Cette nullité est établie par la loi civile et par la loi canonique, *ibid.* — Le majeur peut l'invoquer lui-même, *pag.* 92. Voy. encore tom. V, *pag.* 432, 497 *et suiv.*

2.° *Quid* si le mariage a été célébré par un des curés des parties, sans que l'autre en ait eu connoissance? Dans ce cas, s'il s'agit de mineurs, on juge que le mariage est nul; tom. V, *pag.* 505 *et* 506. — S'il s'agit de majeurs, on doit décider de même, d'après l'édit de mars 1697, *pag.* 508 *à* 512. — Néanmoins, dans ce dernier cas, si le majeur réclame lui-même après une longue possession, il peut être déclaré non-recevable, *pag.* 513.

3.° Motifs de l'article 25 de l'ordonnance de 1735 qui permet aux curés de recevoir des testamens dans certains cas; tom. XII, *pag.* 380, 405 et 420. Voy. *Vicaires*, 1.°

4.° C'est le curé, et non le bailli, qui doit présider l'assemblée de la fabrique; tom. X, *pag.* 140. Voy. *Bailli.*

D.

DAMVILLE (duché pairie de). — Jugé pour la terre de Damville, que le Roi n'a point renoncé à la mouvance sur cette terre, lors de son érection en Duché-Pairie; tom. II, *pag.* 206 *à* 224.

DANIEL (le père). 1.° On lui attribua dans le principe, le libelle intitulé: *Problème ecclésiastique*, qui étoit l'ouvrage de *Dom Thiery*; tom. VIII, *pag.* 224.

2.° Parallèle de Daniel et de Mezerai; tom. XV, *pag.* 53.

DATE. — 1.° Le défaut de date dans les actes ne rend pas un acte nul; tom. I, *pag.* 385 et suiv. — Les lois romaines, le droit-canon, l'ordonnance de Blois ne prononcent point cette nullité, *pag.* 387. — Dans les X, XI et XIIe siècles, on omettait souvent la date des actes, *pag.* 389. — Arrêt qui applique ces principes, *pag.* 396.

2.° Utilité de la date dans les testamens. L'article 38 de l'ordonnance de 1735 qui l'exige est conforme au droit romain; tom. XII, *pag.* 379 *à* 430.

DAVRIL. — *Voy.* DESNOTZ.

DÉCRET (vente en justice). — L'édit de 1673 qui défend aux juges de recevoir aucuns droits judiciaires, et pour les décrets, ne peut-être paralisé par une convention contraire; tom. XIII, *pag.* 123 *à* 126 *et* 129.

DÉCRET *de prise de corps.* — Comment l'article 18 de l'ordonnance de Roussillon, qui porte que les appelans de prise de corps décrétés ne pourront-être reçus appelans qu'après qu'ils se seront constitués prisonniers, a été modifiée par l'ordonnance de 1670; tom. XI, *pag.* 215 *à* 220 *et encore* 392.

Voy. ACCUSÉ, 2.°; COMPÉTENCE, 4.°

DÉCRÉTALES (fausses). — Achevèrent d'affermir les priviléges des ecclésiastiques; tom. IX, *pag.* 41.

DELAN. — Censuré par la faculté de Théologie, à l'occasion du *cas de conscience*, se retracte; tom. VIII, *pag.* 253.

DELBIEST (Pierre). — Détails de son procès contre l'évêque de Nantes qui ne voulait point reconnaître d'autre autorité que celle du pape; tom. IX, *pag.* 79 *et suiv.*

DÉMAGOGUES. — La nation de ceux que les Grecs appellent *démagogues*, c'est-à-dire, flatteurs du peuple, fut aussi ancienne à Athènes que la démocratie; tom. XVI, *pag.* 220.

DÉMENCE. — 1.° Pour tester il faut être sain d'esprit au

moment du testament; tom. III, *pag.* 224 *et* 225. — Le furieux même non interdit, ne fait point un testament valide, *pag.* 226. — La sagesse des dispositions testamentaires ne prouve point la sagesse du testateur, *pag.* 229. — La déclaration du notaire que le testateur étoit sain d'esprit, ne la prouve pas non plus, *pag.* 230 *à* 236. Voy. *Actes.* — Arrêt conforme à ces principes, *pag.* 273.

2.° En droit, que faut-il entendre par *Insensés*; tom. III, *pag.* 384. — Les jurisconsultes en distinguent de deux espèces; les furieux et les imbécilles, *pag.* 385. — L'incapacité résultant de la démence, doit être examinée avec plus d'attention quand il s'agit d'un testament, que quand il s'agit d'un simple contrat; pourquoi, *pag.* 387 *et suiv.*

3.° La démence peut se prouver par témoins; tom. III, *pag.* 395. — Il n'est pas nécessaire qu'il y ait deux témoins sur chaque fait de démence, *pag.* 396.

4.° Qu'entend-on par intervalles lucides; tom. III, *pag.* 503 *et* 504. — Les jurisconsultes ne reconnoissent d'intervalles lucides, qu'à l'égard des furieux, *pag.* 507 *et* 508. — Si l'intervalle lucide est prouvé et que l'acte soit sage, la présomption sera qu'il a été fait dans l'intervalle lucide, *pag.* 509 *et* 510. — En France où il est difficile d'admettre le fait d'intervalle, on s'écarte du droit romain, *pag.* 511.

DÉMOCRATIE. — Thésée fut le premier auteur de la forme de Gouvernement qu'on appelle *démocratie;* dangers de ce Gouvernement; tom. XVI, *pag.* 219 *et* 220. Voy. *Démagogues.*

DÉNOMBREMENT. — 1.° L'opposition d'une communauté d'habitans à la réception d'un dénombrement est un procès véritable sur lequel le parquet doit donner des conclusions. Il ne s'agit pas là d'un simple blâme d'aveu; tom. X, *pag.* 464 *à* 466.

2.° Les baillis et sénéchaux sont juges des contestations qui s'élèvent sur les aveux ou dénombremens faits au Roi. Comment et dans quels cas la chambre des comptes peut en connoître; tom. XIII, *pag.* 35 *à* 38.

DÉNONCIATEUR. — 1.° Ne peut être entendue comme témoin la femme du dénonciateur; tom. XI, *pag.* 101.

2.° Les héritiers sont responsables des dénonciations de leurs auteurs; tom. XI, *pag.* 321.

DÉPENS. — 1.° On ne condamne pas aux dépens les accusés poursuivis seulement par le ministère public; tom. XI, *pag.* 401. — Dans quels cas les épices et les dépens sont accordés, et mode dont ils sont taxés? *pag.* 402 *à* 432.

2.° En quelle occasion la contrainte par corps est une suite de la condamnation de dépens, prononcée en matière criminelle, tom. XI, *pag.* 433 *à* 435.

Voy. Hors de Cour.

DÉPORT. — Il n'est permis à aucun juge de se déporter de lui-même. Il doit faire sa déclaration à la chambre, qui décide s'il doit s'abstenir; tom. XII, *pag.* 111.

DÉS. — C'est par une suite réelle de causes que les dés jetés tombent plutôt sur une face que sur l'autre; ce n'est point le hasard qui produit le nombre; tom. XVI, *pag.* 151.

DESCARTES. — Mérite de ses ouvrages. On trouve en lui le fond de l'art de l'orateur joint à celui du géomètre; tom. XV, *pag.* 114.

Voy. Anti-Lucrèce.

DESCENTE *sur les lieux.* — L'ordonnance de 1667 défend de commettre, pour faire une descente sur les lieux, le conseiller au rapport duquel la descente a été ordonnée; tom. XII, *pag.* 76.

DESMARETS, *Contrôleur-Général.* — Son estime pour d'Aguesseau; tom. I, *pag.* lxxxvj.

DESMARETS (Henri). *Voy.* Saint-Gobert.

DESNOTZ. — Cause des enfans du sieur Desnotz et de Henriette d'Avril, contre une prétendue fille de Pierre d'Avril et d'Anne de la Val; tom. I. Faits, *pag.* 314 *à* 328. — Discussion, *pag.* 329 *à* 336. — Arrêt, *pag.* 337 *et* 338. *Voy.* *État civil, Témoins.*

DEVOIR, *Deverium.* — En matière féodale, ce terme comprend les services personnels du vassal et la perstation des droits utiles; tom. VII, *pag.* 89 *à* 92.

DÉVOLUTION DE BÉNÉFICE. — Les bénéfices à collation laïque ne sont pas sujets à dévolut ni à dévolution; tom. IV, *pag.* 463 *et suiv.* — Arrêt qui le juge ainsi, *pag.* 469.

DIEU. — 1.° Source du vrai. La science universelle de Dieu ne consiste qu'à voir; tom. XIV, *pag.* 82 *et suiv.*

2.° L'homme peut-il, sans témérité, sonder la profondeur des desseins de Dieu? Distinctions à ce sujet. Il le peut, quand Dieu lui a fait connoître une partie de ses desseins par une révélation naturelle; tom. XIV, *pag.* 473 *et suiv.*

3.° Dieu aime tous les hommes; tom. XIV, *pag.* 477. — Il les aime tous également, *pag.* 480. — Comment on doit concilier ce principe avec le partage inégal des biens qui paroît exister entre les hommes, *pag.* 486.

4.° De l'aveu même des athées, la première opinion du genre humain, c'est que Dieu peut tout ce qu'il veut. Preuves de cette vérité tirées des écrits des anciens philosophes; tom. XVI, *pag.* 23 *à* 30.

Voy. LIBERTÉ DE L'HOMME, UNIVERS.

DIGNITÉ (qualité). — Nécessaire au magistrat; tom. I, *pag.* 83. — Vices dans l'exercice de ses fonctions, qui détruisent la dignité du magistrat, *pag.* 84 *à* 87. — Vices du magistrat dans la vie privée, qui produisent le même effet, *pag.* 88. — Portrait du magistrat qui conserve sa dignité, *pag.* 89.

DIGNITÉS (honneurs). — Les dignités de comte et de duc n'étoient autrefois que des offices personnels. Par l'usurpation de la puissance féodale, ils devinrent héréditaires; tom. VI, *pag.* 4 *et* 5. Voy. *Pairies*, 2.°

DIMES. — 1.° La réunion d'une dîme à une cure est favorable; tom. II, *pag.* 268. — Sa réunion à un monastère est condamnée, *ibid.*

2.° Les dîmes ne sont point de droit divin; tom. II, *pag.* 372. — De droit commun, les dîmes inféodées doivent-elles être réputées profanes ou ecclésiastiques? *ibid.*

3.° Trois opinions sur l'origine des dîmes; tom. XI, *pag.* 362. — On a toujours distingué les dîmes ecclésiastiques des dîmes féodales, *pag.* 363. — L'édit de juillet 1708 sur les dîmes inféodées, est contraire aux principes sur cette matière. Examen de cet édit, *pag.* 364 *à* 377.

4.° Questions proposées aux parlemens, sur les dîmes et les novales; tom. XIII, *pag.* 45 *et suiv.*

5.° La jurisprudence varie sur les cas où les curés peuvent demander une indemnité pour les changemens de culture qui tendent à substituer des fruits non-décimables à ceux sur lesquels ils percevoient la dîme. La déclaration de 1657, sur ce sujet, n'a été enregistrée par aucun parlement; tom. XIII, *pag.* 61.

DISCIPLINE. — 1.° Elle seule peut conserver la dignité de la magistrature ; tom. I, *pag.* 218 *et* 219. — La censure, autrefois si utile à la discipline, n'est plus qu'une cérémonie, *pag.* 220 *et* 221. — Conseils anciennement établis pour maintenir la discipline dans le sénat, *pag.* 222. — Ils devroient être formés de nouveau, *pag.* 223 *à* 225.

2.° Moyen de rétablir la discipline dans les tribunaux, tom. XIII, *pag.* 238.

DISPENSES. — Lettres sur des dispenses d'âge et autres, demandées à M. d'Aguesseau ; tom. X, *pag.* 330 *à* 346.

Voy. Batard.

DISSERTATIONS. — Les dissertations faites par de savans hommes, sur les mœurs, le gouvernement et les antiquités des peuples sont d'un grand secours pour l'étude de l'histoire ; tom. XV, *pag.* 58. — Choix à faire dans ces dissertations, *pag.* 59.

DOCTRINE. — Supériorité de la doctrine évangélique sur celle des philosophes ; tom. XV, *pag.* 450.

Voy. Évangile, Jésus-Christ.

DOMAINE DE LA COURONNE. — 1.° Il est toujours inaliénable, qu'il consiste en propriété ou en simple mouvance ; tom. VI, *pag.* 209.

2.° Le parlement de Paris est juge naturel de tout ce qui intéresse le domaine de la couronne ; tom. VI, *pag.* 399, et *pag.* 423 *à* 425, et encore tom. VIII, *pag.* 68 *à* 73.
Voy. Conseil (grand), *et* Roi, 1.°

3.° Avant l'ordonnance de Moulins, rendue en 1566, on doutoit encore si le domaine ne pourroit pas être aliéné pour récompense de services importans rendus à l'état. Exemples célèbres de pareilles aliénations ; tom. VIII, *pag.* 21 *à* 23. — Depuis l'ordonnance, l'aliénation ne peut avoir lieu que pour apanage des fils de France, ou pour la nécessité de guerre, *pag.* 24 *et* 25. — Application de ces principes au don fait de la terre de Breval, *pag.* 26 *à* 32.

4.° Quels meubles font partie du domaine de la couronne ; tom. VIII, *pag.* 62 *à* 63. — Les meubles de la couronne ne peuvent être vendus que dans le cas et dans les formes indiquées par les ordonnances, pour la vente des autres biens du domaine. Quels sont ces cas et ces formes ; *pag.* 66 *et* 67.

5.° Différence entre les engagistes et les acquéreurs du domaine, par rapport à la foi-hommage dû au Roi ; tom. XIII, *pag.* 38.

6.° Qu'entend-on par petits domaines? tom. VIII, *pag.* 372.

Voy. Trésoriers de France; Voix, 3.°

DOMAT. — Éloge de son livre des *Lois Civiles.* Cet ouvrage a été fait sous les yeux du chancelier d'Aguesseau, ami de l'auteur; tom. XV, *pag.* 18. — On peut appeler Domat le jurisconsulte des magistrats, *pag.* 102.

Voy. Institutes.

DOMINICAINS. — Cause des Religieux Dominicains du Mans, contre Julien Coutard; tom. IV. Faits, *pag.* 188. — Discussion, *pag.* 207. — Arrêt, 227. Voy. *Épilepsie*, *Profession religieuse.*

DOMMART. — Les seigneurs de Dommart n'ont aucun titre pour obtenir la mouvance de Longvilliers; tom. VII, *pag.* 206, *à* 227. Voy. *Longvilliers.*

DONATION. — 1.° Une donation non suivie de tradition peut être prescrite du vivant du donataire; tom. II, *pag.* 159. — La rétention d'usufruit par le donateur est une tradition feinte qui empêche la prescription, *ibid.*

2.° Texte de l'ordonnance sur les donations, du mois de février 1731; tom. XII, *pag.* 265. — Circulaire et questions sur les donations, envoyées à tous les parlemens avant la rédaction de cette ordonnance, *pag.* 280. — Lettre sur la manière dont cette ordonnance doit être rédigée, *pag.* 289.

3.° La perte de la minute d'une donation ne seroit pas une cause de nullité, si l'existence de cette minute avoit été légalement prouvée; tom. XII, *pag.* 302.

4.° Un acte notarié n'est pas nécessaire pour les donations mobilières accompagnées de tradition; tom. XII, *pag.* 310.

5.° L'article 3 de l'ordonnance de 1731 ne fait que régler les formes de la donation à cause de mort; ainsi, la capacité des personnes qui peuvent les faire n'est point changée. Application de ces maximes aux fils de famille; tom. XII, *pag.* 295, 297, 302, 310 et 322.

6.° Les donations faites *in extremis*, sous le nom et avec les formes des donations entre-vifs, sont-elles valables? Il paroît que non; tom. XII, *pag.* 292 *et* 335.

7.° Pourquoi l'article 15 de l'ordonnance déclare nulle, même pour les biens présens la donation de biens présens et à venir; tom. XII, *pag.* 300, 307, 314 *et* 327.

8.° Explication des motifs de l'article 17 de l'ordonnance, qui permet, par contrat de mariage, de donner les biens présens et à venir; tom. XII, *pag.* 301, 308, 317 *et* 327.

9.° Motifs de la dernière disposition de l'article 18 de l'ordonnance de 1731; tom. XII, *pag.* 308 *et* 309.

10.° Explication des motifs des articles 36 et 37 de l'ordonnance de 1731; tom. XII, *pag.* 317.

Voy. Avocat, Acceptation, Capacité; Insinuation, 3.°; Révocation.

ON MUTUEL. — 1.° Lorsqu'il a été stipulé que la femme, en renonçant, pourroit reprendre francs et quittes ses apports dans la communauté, et que, pendant le mariage, les époux se sont fait un don mutuel; les héritiers de la femme, en renonçant à la communauté, et par suite exerçant le droit de reprise, peuvent-ils anéantir l'effet du don mutuel? Résolution négative, et motifs de cette résolution; tom. II, *pag.* 579 *et suiv.* — Arrêt qui juge dans le même sens, *pag.* 591.

2.° Le donataire mutuel, dans la coutume de Paris, est tenu d'avancer les frais funéraires, à la décharge même de l'héritier des propres; tom. II, *pag.* 591.

ORMAY (auteur d'une *Histoire de Soissons*). — Démontre la fausseté de la donation prétendue du comté de Soissons, par Clovis, à saint Principe; tom. VI, *pag.* 12.

OT. — 1.° De droit commun, quand la dot est estimée, le mari ne doit que le prix; tom. II, *pag.* 288.

2.° L'immeuble acquis par le mari, avec les deniers dotaux, n'est pas dotal; tom. II, *pag.* 462. — Deux exceptions à cette règle: 1.° le cas d'insolvabilité du mari; 2.° celui où l'acquisition est faite de la volonté de la femme, *ibid.* — Dans ce dernier cas, il faut que le mari déclare, au moment même, qu'il achète avec les deniers dotaux, *pag.* 463. — L'acceptation de cette déclaration par la femme peut être faite plus tard, *pag.* 464.

3.° Dans la coutume de la Marche, le père prend, dans la succession de ses enfans, la dot mobilière de leur mère; tom. II, *pag.* 288. — La nouvelle coutume a dérogé à l'ancienne sur ce point, *pag.* 289.

OULEUR. — Le fameux dilemme d'Épicure, et l'impassibilité stoïque sont des remèdes insuffisans contre la crainte de la douleur ; tom. XIV, *pag.* 349. — Manière dont il faut l'envisager, *pag.* 351 *et suiv.*

DROIT CANONIQUE. — 1.° Marche à suivre dans l'étude du droit canonique. Instruction donnée par d'Aguesseau à son fils, à ce sujet ; tom. XV, *pag.* 26 *à* 30, 105 *à* 107, et 130 *et suiv.*

2.° Le corps du droit canonique est un recueil très-imparfait ; on pourroit plutôt l'appeler le Corps de Droit du Pape que le Corps de Droit de l'Eglise ; tom. XV, *pag.* 27.

3.° Lois principales qui regardent les matières ecclésiastiques, et force de ces lois en France ; tom. XV, *pag.* 140. — Principaux ouvrages sur le Droit canonique, *pag.* 143 *à* 156.

DROIT FRANÇAIS. — Manière d'étudier le droit français. Auteurs à lire ; tom. XV, *pag.* 107 *à* 111.

DROIT DES GENS. — 1.° Fondemens de ce droit. La définition qu'en donnent les jurisconsultes romains, ne paroît point exacte ; tom. XIV, *pag.* 598 *et suiv.* — En considérant les nations comme des individus, le droit des gens n'est autre chose que le droit naturel, *pag.* 603. — On peut distinguer le droit entre les nations du droit des nations, *pag.* 606. — Différences entre ces deux espèces de droits, *pag.* 607 *à* 615.

2.° L'étude des auteurs qui ont traité des fondemens de la société civile et du droit des gens, doit être un préliminaire à l'étude de l'histoire ; tom. XV, *pag.* 42. — Ce qu'il est important de remarquer dans la lecture de l'histoire par rapport au droit des gens, *pag.* 69 *et suiv.*

3.° Idées et principes sur le droit des gens proprement dit, c'est-à-dire, qui a lieu de nation à nation ; tom. XV, *pag.* 268 *à* 272.

DROIT NATUREL. — 1.° Définition de ce droit. La définition du droit romain vicieuse ; tom. XIV, *pag.* 596.

2.° Notions générales sur le droit naturel ; tom. XV, *pag.* 167. — Devoirs naturels de l'homme envers Dieu, *pag.* 170. — Devoirs naturels de l'homme envers lui-même, *pag.* 179. — Devoirs naturels de l'homme envers ses semblables, *pag.* 190.

3.° Peut-on appeler *lois*, les règles qu'une raison éclairée inspire à l'homme sur ses devoirs naturels. En d'autres termes, y a-t-il un *droit naturel?* tom. XV, *pag.* 201 *et* 202. — Quelle est la sanction du droit naturel, *pag.* 203.

— C'est d'abord la crainte de Dieu, *pag.* 204 *à* 219. — Ensuite la crainte que l'homme a de lui-même, *pag.* 220. — Tous les peuples et tous les philosophes ont reconnu cette crainte qui naît du remords, *pag.* 225. — Enfin la crainte des autres hommes est une dernière sanction des lois naturelles, *pag.* 229. — Qu'il existe réellement un droit naturel, *pag.* 234. — La nécessité des lois civiles et des gouvernemens, pour faire observer la justice, ne prouve rien contre l'existence des lois naturelles, *pag.* 236 *à* 240.

Voy. FRAUDE, JUSTICE, VIOLENCE.

DROIT POLITIQUE. — Lettres sur diverses matières de droit politique; tom. X, *pag.* 54 *à* 69. (Non susceptible d'analyse).

DROIT PRIVÉ. — Dans l'étude de l'histoire, ce seroit un travail inutile d'entrer dans le détail des lois de chaque peuple qui ne regardent que le droit privé. Il faut se contenter de regarder leur droit public; tom. XV, *pag.* 73 *et suiv.*

DROIT PUBLIC. — 1.° Ce qu'on doit comprendre dans le droit public, en lisant l'histoire; tom. XV, *pag.* 73 *et suiv.*

2.° On peut distinguer deux parties principales dans le droit public; l'une qui regarde l'intérieur de chaque nation; l'autre qui a pour objet l'extérieur. La première partie devroit être nommée *jus gentis publicum;* la seconde *jus gentium* ou *jus inter gentes;* tom. XV, *pag.* 240. — Examen de la première partie. Axiomes qu'il faut d'abord reconnoître, *pag.* 242. Voy. *Gouvernement.*

DROIT ROMAIN. — Instruction de d'Aguesseau à son fils, sur la marche à suivre dans l'étude du droit romain; tom. XV, *pag.* 20 *à* 25. — Et encore, *pag.* 100 *à* 105. Voy. *Lois*, 1.°; *Instituts.*

DROITS SEIGNEURIAUX. — La prescription des droits seigneuriaux est plus favorable en pays de droit écrit, qu'en pays coutumier; tom. II, *pag.* 22 *à* 26. Voy. *Fief*, *Mouvance*, *Prescription*, *Sens.*

DUAREN. — Eloge de son livre *de sacris Ecclesiæ ministeriis;* tom. XV, *pag.* 147.

DUCS. — 1.° Sous la première et la seconde race, les dignités de ducs n'étaient que des offices personnels. Ils devinrent héréditaires par l'usurpation de la puissance féodale; tom. VI, *pag.* 4 *et* 5. Voy. *Pairies*, 2.°

2.° Le Roi peut autoriser un duc à disposer de son duché, en faveur de son puîné; tom. VIII, *pag.* 147. — Preuves de cette vérité, *pag.* 142 *à* 157.

DUEL. — 1.° Le duel est regardé par toutes les ordonnances comme un crime de Lèse-Majesté; tom. VII, *pag.* 169.

2.° La connoissance du crime de duel est attribuée exclusivement aux parlemens, tom. VIII, *pag.* 179. — Ordonnances qui le déclarent expressément, *pag.* 180 *à* 186. — Ainsi le grand-conseil ne peut jamais en connoître par évocation, *pag.* 187 *et* 188.

3.° L'accusation de duel doit être poursuivie contre les deux parties, et si l'une est morte contre son cadavre; tom. XI, *pag.* 314.

4.° La déclaration de 1679 donne aux parlemens le droit de connoître directement des duels, ou de renvoyer l'accusation à tel juge royal qu'il leur plaît; tom. XI, *pag.* 539 *et encore* 553.

5.° L'esprit des ordonnances contre les duels est de faire poursuivre non-seulement les combattans, mais encore tous ceux qui ont facilité le crime; tom. XI, *pag.* 658.

6.° Dans les accusations de duel, on prononce le bannissement contre l'accusé pour le seul fait de contumace; tom. XI, *pag.* 478.

DU FRESNOY. — *Voy.* Odoard du Hazey.

DUMOULIN (Charles). — 1.° Il dit que l'ordonnance de Charles VII, sur la rédaction des coutumes, avoit pour but de les réunir en une seule loi uniforme; tom. I, *pag.* XLIII.

2.° Éloge de Dumoulin. Examen de son Commentaire et de ses Apostilles sur les coutumes; tom. XV, *pag.* 110.

DUPIN. — Circonstances de l'exil du docteur Dupin à l'occasion *du Cas de Conscience;* tom. VIII, *pag.* 232.

DUPLESSIS. — Jugement sur le Commentaire de la coutume de Paris, par cet auteur; tom. XV, *pag.* 107.

DU TILLET. — S'est trompé sur l'origine du droit de joyeux avénement; tom. IX, *pag.* 157.

E.

EAUX ET FORÊTS. — 1.° Examen d'un projet d'édit sur les amendes et les délits en matière d'eaux et forêts; tom. IX, *pag.* 341. — Ce projet introduit des peines qui ne sont pas proportionnées au délit, *pag.* 342 *à* 361.

2.° Les juges des eaux et forêts forment une commission extraordinaire de police. Les lettres-patentes portant exception aux règles générales sur les forêts ne doivent pas être enregistrées à leur tribunal, mais au parlement; tom. X, *pag.* 535 *à* 539.

3.° Le maître particulier des eaux et forêts, quoique non-gradué, peut faire les instructions en l'absence du lieutenant, que le procureur du Roi ne peut remplacer; tom. X, *pag.* 541 *et* 542.

4.° Les juges des eaux et forêts peuvent relever d'office les contraventions à l'ordonnance, lorsque les parties n'en parlent pas; tom. X, *pag.* 555 *et* 556.

5.° Les juges de réformation pour les eaux et forêts ne connoissent point sur l'appel d'un meurtre commis à l'occasion de la pêche. Une déclaration du 13 septembre 1711 leur donne ce droit pour les crimes commis à la chasse. Cette déclaration, hors du droit commun, ne peut recevoir d'extension; tom. XI, *pag.* 57 *à* 60.

Voy. GRANDS-MAÎTRES, JUGES GRUYERS, TABLE DE MARBRE, VAGABONDS.

ÉCRITURE. — Avantages qui résultent de l'écriture dans l'état de société; tom. XIV, *pag.* 436 *et suiv.* — Inconvéniens qui en dérivent, *pag.* 444.

ÉCRITURE SAINTE. — D'Aguesseau conseille à son fils d'en extraire tous les endroits relatifs aux devoirs de la vie civile et chrétienne. Utilité de ce travail; tom. XV, *pag.* 11.

ECCLÉSIASTIQUES. — 1.° Les ecclésiastiques en général ne sont point exempts de la juridiction royale en matière criminelle; tom. IX, *pag.* 2. — Pour être consacrés à Dieu, ils ne cessent point d'être citoyens, *pag.* 3 *et* 4. — La nature de la puissance temporelle l'exige, *pag.* 5 *à* 8. — Ni l'ancienne loi ni la nouvelle ne dérogent à ces principes, *pag.* 9 *et* 10. — Dans les premiers siècles de l'église, on ne doutoit point qu'ils ne fussent soumis à la puissance temporelle. Preuves historiques, *pag.* 11 *à* 24. — Législation des Empereurs romains sur l'exemption donnée aux ecclésiastiques, *pag.* 25 *à* 30. — Ces lois approuvées par l'église, suivies en France, *p.* 31 *à* 35. — Insensiblement l'exemption fut étendue à toutes sortes de crimes, *pag.* 36. — Causes de cette extension abusive, *pag.* 37 *à* 42. — Dangers de la doctrine qui exempte les ecclésiastiques de la puissance séculière, *pag.* 43 *et* 44. — L'église elle-même restreint le droit d'exemption cléricale, abusivement étendue, *pag.* 45 *et* 46. — Faits historiques qui prouvent que tous les crimes graves, et notamment celui de lèse-majesté, faisoient perdre en France le privilége clérical, *pag.* 47 *à* 57. — Les évêques et les cardinaux n'ont pas plus de privilége sur ce point que les autres ecclésiastiques, *pag.* 58 *à* 99. Voy. *Cardinal*, *Évêque*, 2.°; *Retz (de)*, précis des observations ci-dessus, *pag.* 148 *à* 155.

2.° C'est une maxime incontestable, qu'un ecclésiastique qui commet un délit dans les fonctions d'un office séculier ne peut invoquer le privilége clérical; tom. IX, *pag.* 231. — Ordonnances sur ce point, *pag.* 232 *et* 233. — Exemples célèbres de l'application de cette maxime, devenue une des libertés de l'église gallicane, *pag.* 234 *à* 239.

Voy. CRIMES.

ÉCROU. — Un défaut d'expression dans un écrou n'est point un vice radical qui rende la procédure nulle; c'est le décret et non l'écrou qui est la base de l'instruction criminelle; tom. XI, *pag.* 310.

ÉDUCATION. — Système général de l'éducation des enfans, principale partie de la législation de Lycurgue; tom. XVI, *pag.* 229 *à* 240.

EFFRACTION. — Tous les tribunaux ont la coutume de condamner, pour le crime de vol avec effraction, à être pendu ou aux galères perpétuelles, quoique l'édit de janvier (1734) prononce la peine de la roue; tom. XI, *pag.* 159.

ÉGLISE. — 1.° Mémoires historiques sur les affaires de l'église de France, depuis 1697 jusqu'en 1710; tom. VIII, *pag.* 189 *à* 358.

2.° L'église est assimilée aux mineurs. Voy. *Bénéficiers*.

3.° Lorsqu'un évêque acquiert en faveur de son église, cette simple indication donne à l'église la propriété de la chose acquise. Arrêt qui le juge ainsi; tom. II, *pag.* 369.

4.° Lettres sur divers points de police ecclésiastique; tom. X, *pag.* 140 *à* 150.

5.° Fragment sur l'église et les deux puissances; tom. XV, *pag.* 156 *à* 164.

Voy. ACCEPTATION, BULLE, CAS DE CONSCIENCE, ÉVÊQUE, HYPOTHÈQUE, INDEX, INSINUATION, PAPE, PRESCRIPTION, 2.°, 4.°, 5.°

ÉGYPTIENS. — Il y a une grande apparence de vérité dans

ce que Simplicius et d'autres auteurs rapportent des traditions égyptiennes; tom. XVI, *pag.* 41 *et* 42. — Les égyptiens croyoient à une divinité incorporelle qui avoit créé le monde. Cela résulte des incriptions anciennes, *pag.* 43 *à* 45.

ÉLOQUENCE. — N'est point indispensable à l'avocat; tom. I, *pag.* 6. — Décadence de l'éloquence du barreau, *pag.* 31 *à* 33. — Causes de cette décadence, *pag.* 34 *et* 35, et encore *pag.* 37 *à* 46.

Voy. IMAGINATION, ORATEUR.

ENDOSSEMENS. — Les endossemens en blanc ne sont point textuellement réprouvés par l'ordonnance de 1673. Leur utilité et motifs qui doivent porter à les juger valables; tom. XIII, *pag.* 16 *à* 24.

ENFANT. — 1.° L'enfant conçu est réputé né toutes les fois qu'il s'agit de son intérêt; tom. IX, *pag.* 602. — Conséquences de ce principe, *pag.* 603 *et* 604.

2.° Dans la rigueur des principes, le fisc, pour succéder, doit être préféré au petit-fils non conçu lors de l'ouverture de la succession de son aïeul; néanmoins, dans certaines circonstances, le petit-fils pourroit être admis à la succession; tom. II, *pag.* 124.

Voy. ADULTÉRIN, BATARD.

ENGAGISTES. — Ne peuvent exiger les hommages des vassaux dont les fiefs sont mouvans du domaine qui leur est engagé; tom. VII, *pag.* 376 *et* 377. — Preuves de cette vérité, tirées de la nature du contrat d'engagement, *pag.* 427 *à* 430. Voy. *Domaine.*

ENQUÊTES. *Voy.* ADJOINTS AUX ENQUÊTES.

ENTENDEMENT. — Les philosophes distinguent quatre opérations de l'entendement; tom. XIV, *pag.* 86. Voy. *Esprit* (*entendement*).

ENTREPRISE. — Effet de l'affoiblissement des monnoies sur les entreprises et les marchés; tom. XIII, *pag.* 391.

ÉPICES. — 1.° Ne peuvent jamais être comprises dans les exécutoires décernés contre la partie civile, pour le paiement des frais des procès criminels; tom. XI, *pag.* 110.

2.° L'usage de faire consigner les épices avant le jugement est un abus réprouvé indirectement par l'article 4 de l'édit de 1673; tom. XII, *pag.* 180.

3.° Les épices doivent être réglées *pro modo laboris*; ainsi le juge absent ne peut en avoir; tom. XII, *pag.* 183.

4.° Le parlement peut réduire les épices excessives, d'après l'article 16 de l'édit de 1673; tom. XII, *pag.* 184.

5.° Dans quels cas ne peuvent avoir lieu; qui doit les taxer; comment se partagent, d'après les ordonnances de Roussillon et de Blois; tom. XIII, *pag.* 313 *et* 314.

Voy. DÉPENS, MINUTES.

ÉPICURE. — Réponse à son fameux dilemme sur la douleur; tom. XIV, *pag.* 349.

Voy. ANTI-LUCRÈCE, LUCRÈCE.

ÉPILEPSIE. — Ceux qui sont atteints de cette maladie ne peuvent être reçus dans la profession religieuse; mais on ne peut leur enlever les dignités qu'ils ont quand la maladie survient après; tom. IV, *pag.* 218 *et* 219. — Si le mal a été caché pendant le noviciat, on peut aussi exclure celui qui y est sujet, *pag.* 219.

ÉPITAPHE. — Épitaphe de madame d'Aguesseau, épouse du Chancelier; tom. XVI, *pag.* 343. — Épitaphe du Chancelier, *pag.* 344.

ÉRARD. — Caractère des plaidoyers de cet avocat; tom. XV, *pag.* 122.

ERREUR. — Pourquoi l'erreur ou l'ignorance du droit public doit toujours être punie; tom. IX, *pag.* 629 *à* 631. — Dans quel cas l'erreur du droit privé peut être préjudiciable, *pag.* 632. — Distinctions établies sur ce point par les jurisconsultes, *pag.* 633 *à* 650. Véritables principes sur la matière, *pag.* 651 *à* 662.

ESPACE. — Manière dont Épicure et Lucrèce ont considéré l'espace. Comment leur système sur ce point peut être réfuté, tom. XVI, *pag.* 90 *à* 102.

ESPAGNOLS. — Les espagnols ont mieux écrit l'histoire que nous; pourquoi. Sous ce rapport, la langue espagnole est très-nécessaire pour cultiver les belles-lettres; tom. XV, *pag.* 97.

ESPÈCES. — Les lois qui défendent de sortir les espèces du royaume sont toujours funestes. Effets de ces lois lorsque la monnoie a été affoiblie; tom. XIII, *pag.* 463 *et suiv.*

ESPRIT — Ce que c'est; tom. I, *pag.* 38. — Le meilleur a

besoin de culture, *pag.* 39. — Dangereux au magistrat, sans la science, *pag.* 119.

ESPRIT (entendement). — Tous les philosophes distinguent quatre opérations de l'esprit : l'idée ou le sentiment simple, le jugement, le raisonnement et la méthode ; tom. XIV, *pag.* 86. — Par rapport à l'ordre des connoissances, l'idée ou le sentiment simple ne présentent ni vérité ni fausseté, *pag.* 87. — Dans quel cas le jugement apporte une connoissance nécessairement vraie, *pag.* 90. — Le raisonnement, la méthode et le jugement se réduisent en définitif à une vue claire de ce qui est ou de ce qui n'est pas. Ce que Dieu aperçoit immédiatement, *pag.* 92.

ESCUREY. — Le Roi a droit de nommer à l'abbaye d'Escurey, située en Barrois ; tom. IX, *pag.* 403 *à* 436.

ÉTAT (profession). — L'amour de son état est le plus précieux et le plus rare de tous les biens ; tom. I, *pag.* 47. — Plusieurs magistrats méprisent leur état, *pag.* 48. — Causes et effets de ce mépris, *pag.* 49 *et* 50. — Portrait du magistrat attaché à son état, *pag.* 51 *et* 52. Voy. *Magistrat.*

ÉTAT (nation). — Le salut d'un état n'exige jamais une action criminelle ; tom. XIII, *pag.* 613. — Dans quels cas on peut dire qu'il s'agit du salut de l'état, *pag.* 615. — La libération de la dette publique n'est point un de ces cas, *pag.* 616.

Voy. PEUPLE, 2.°

ÉTAT CIVIL. — 1.° En matière d'*état*, la preuve testimoniale doit être difficilement admise ; tom. I, *pag.* 329. — Les lois romaines l'admettoient quand il existoit des actes ou des présomptions favorables, *pag.* 329 *et* 330. — L'ordonnance de Blois, et celle de 1667, n'ont pas dérogé aux lois romaines, *pag.* 331. — Mais les présomptions doivent être graves, *pag.* 332 *à* 337. — Arrêt du 19 mars 1691, conforme à ces principes, *pag.* 337 *et* 338.

2.° Un créancier est partie capable pour faire juger l'état de sa débitrice décédée ; tom. I, *pag.* 407.

3.° Le désaveu qu'une mère fait de sa fille n'est qu'une présomption contre l'état de celle-ci ; tom. II, *pag.* 321. — Dans ce cas, la fille doit être reconnue, lorsqu'elle joint à la preuve résultant de son acte de naissance la déposition favorable des témoins, *pag.* 322. — Arrêt dans ce sens, *pag.* 333. Voy. *Juge*, 4.° *et* 5.°

4.° L'état et la naissance des hommes se décident par la vraisemblance ; tom. III, *pag.* 38. — Lorsque cette vraisemblanche est appuyée sur la loi, elle acquiert la force de présomption légitime, *pag.* 39. — La plus forte de ces présomptions est celle du mariage fondée sur la cohabitation publique, *pag.* 40. — La cohabitation ou la fréquentation hors du mariage sert également à prouver la filiation, *pag.* 41. — Si donc il y a eu fréquentation antérieure, l'enfant né peu de temps après le mariage doit être réputé du mari, *pag.* 42. — Surtout s'il a connu la grossesse, *pag.* 43. — Arrêt conforme, *pag.* 64.

5.° Chez les Grecs, la déclaration de la mère, et même du père, décidoit souverainement de l'état des enfans; tom. III, *pag.* 44. — Les Romains, plus sages, établirent une maxime contraire, *ibid.* — En France, la jurisprudence est conforme aux lois romaines, *pag.* 45 *et* 46.

6.° Quand les déclarations du père sont contraires les unes aux autres, on doit admettre de préférence les déclarations favorables à l'état de l'enfant; tom. IV, *pag.* 421 *et* 422.

7.° La loi romaine, qui défendoit, après cinq ans, de troubler l'état des morts, n'est peut-être pas adoptée dans nos mœurs; tom. V, *pag.* 403. — Conditions exigées par la loi même pour son application, *ibid.*

8.° L'observation de l'ordonnance de 1667, à l'égard des actes de l'état civil, étoit si négligée, que le roi a donné une nouvelle déclaration sur ce sujet le 9 avril 1736; tom. XII, *pag.* 194.

Voy. EXTRAIT BAPTISTAIRE.

ÉTATS. — Lettres portant témoignage de satisfaction aux présidens des états de quelques provinces; tom. X, *pag.* 275 *à* 278.

ÉTRANGERS. — 1.° En leur permettant de posséder des rentes sur l'hôtel-de-ville de Paris, les édits n'ont pu les assujettir dans la disposition de ces rentes aux règles de la coutume de Paris; tom. IX, *pag.* 299 *à* 303.

2.° Examen de la question de savoir si le Roi pourroit assujettir les étrangers à rembourser en monnoie forte des sommes empruntées par l'étranger au Français avant l'affoiblissement de la monnoie; tom. XIII, *pag.* 395.

Voy. AUBAIN.

ÊTRE. — L'être a deux degrés. L'idée que Dieu en a, qui établit sa possibilité; et l'existence actuelle ou la possibilité réduite en acte. Par la raison contraire, il y a deux degrés dans le néant ; néant d'essence et néant d'existence ; tom. XIV, *pag.* 83.

ÉTUDES. — Études propres à former un magistrat ; tom. XV, *pag.* 1. Voy. *Magistrats*, 3.°

Voy. BELLES-LETTRES, DROIT, HISTOIRE, JURISPRUDENCE, RELIGION.

EUCHARISTIE. — Miracle perpétuel que la Divinité peut seule opérer ; est figuré par le sacrifice de Melchisédech ; tom. XV, *pag.* 568. — Par son institution, Jésus-Christ accomplit tout ce qui étoit figuré dans la loi ancienne. Réponse à ceux qui s'élèvent contre la vérité de ce dogme, *pag.* 608.

ÉVANGILE. — Les progrès de l'Évangile sont dignes d'admiration ; tom. XV, *pag.* 502. — Diverses images qu'il nous offre de la bonté de Dieu envers les pécheurs, *pag.* 507. — Principales maximes de l'Évangile, *pag.* 512 *à* 514. — Ce n'est que par la pratique qu'on connoît l'excellence de la doctrine évangélique, *pag.* 516. — Cette doctrine seule donne de justes idées des biens et des maux de la vie, *pag.* 527. — Simplicité et fécondité qui la caractérisent, *pag.* 575.

ÉVASION. — 1.° Observation sur un projet de déclaration par laquelle l'intendant des galères de Marseille seroit chargé de juger en dernier ressort ceux qui facilitent l'évasion des forçats ; tom. X, *pag.* 51 *à* 53.

2.° En général, le juge saisi de l'accusation principale est le seul qui soit compétent pour faire justice de l'évasion des prisonniers. Objet de l'accusation ; tom. XI, *pag.* 204.

ÉVÊQUES. — D'Avranche. *Voy.* ROBERT-PORTE.
— De Constance. *Voy.* GEOFFROY-HÉBERT.
— De Cyr. *Voy.* SERGIUS.
— De Laon. *Voy.* HINCMAR.
— De Limoges. *Voy.* COMMITTIMUS, 2.°
— De Meaux. *Voy.* BOSSUET.
— De Nantes. *Voy.* DELBIEST.
— D'Orléans. *Voy.* RÉMISSION, 4.°
— De Paris. *Voy.* PONCHER.
— De Périgueux. *Voy.* GEOFFROY DE POMPADOUR.
— De Soissons. *Voy.* SAINT-PRINCIPE.
— De Saint-Pons. *Voy.* SAINT-PONS.

ÉVÊQUES. — 1.° Suivant les canons des premiers conciles généraux, bases des libertés gallicanes, le jugement des évêques en première instance est réservé aux évêques de leur province ; tom. VIII, *pag.* 418. — Cette forme de jugement toujours observée en France, *pag.* 419. — Exemples célèbres, *pag.* 420. — Ce n'est que par abus qu'on a reçu en France des commissaires du Pape, pour juger les évêques en première instance, *pag.* 421 *à* 427. — Il doit y avoir au moins douze évêques pour juger en première instance. Si l'évêque condamné appelle, le Pape doit prendre les commissaires parmi les évêques de France, *pag.* 447 *et* 448.

2.° Les évêques ne sont pas moins assujettis que les autres ecclésiastiques à la puissance temporelle; tom. IX, *pag.* 58. — Nulle exception en leur faveur ni dans l'ancienne loi ni dans la nouvelle, *pag.* 59. — Faits historiques qui prouvent qu'on les a toujours assimilés sur ce point aux autres ecclésiastiques, *pag.* 60 *à* 92. — La disposition du concile de Trente, qui réserve au Pape la connoissance des crimes graves commis par les évêques est un obstacle éternel à la réception de ce concile dans le royaume, *pag.* 92 *et* 93. — Si parfois les procédures contre les évêques ont été suspendues, quelle en étoit la raison; *pag.* 94 *à* 98. Voy. *Ecclésiastiques, Retz (de).*

Voy. Committimus.

ÉVIDENCE. — 1.° Il y en a de trois sortes: évidence de sentiment, évidence de raison, évidence d'autorité ou de témoignages; tom. XIV, *pag.* 121.

2.° Réfutation de cette première objection des pyrrhoniens, que l'évidence nous trompe souvent; tom. XIV, *pag.* 133 *à* 141. — De cette autre, que l'évidence ne sauroit se prouver que par l'évidence même, c'est-à-dire, par un cercle vicieux et frivole, *pag.* 142 *à* 158. — Enfin, de cette troisième, que Dieu ne trompe pas l'homme, que l'homme se trompe lui-même, et qu'il ne devroit jamais rien reconnoître d'évident, *pag.* 159 *à* 162.

3.° L'évidence d'autorité affecte plus le commun des hommes que celle de raisonnement. Par ce motif, Pascal vouloit réduire toute la certitude de la religion chrétienne à des preuves de fait; tom. XVI, *pag.* 107.

4.° De ce que presque tous les hommes sont trompés par l'apparence du vrai, on ne peut conclure qu'il n'existe point d'évidence véritable; tom. XVI, *pag.* 306 *et* 307.

ÉVOCATION. — 1.° Quelque générales que soient les lettres d'évocation, elles ne comprennent que les procès civils et les procès criminels incidens aux contestations civiles; tom. VIII, *pag.* 175 *à* 178. — Le crime de duel ne peut jamais y être compris, 179 *à* 183. Voy. *Duel.* — En général, les causes où le procureur-général est partie principale ne sont point sujettes aux évocations, *pag.* 187.

2.° On ne peut évoquer des premiers juges; tom. IX, *pag.* 327. — Si le parlement renvoie pour cause de suspicion d'un bailliage à un autre, ce n'est pas là une évocation, *pag.* 325 *à* 330.

3.° La parenté d'une des parties avec le seigneur dans la justice duquel s'instruit un procès criminel, n'est point une cause d'évocation. La déclaration du 31 mars 1710, qui ne permet pas d'évoquer du chef des parens des procureurs-généraux doit s'appliquer aux seigneurs; tom. XI, *pag.* 67 *à* 69.

4.° C'est une question difficile de savoir si les procès évoqués d'un parlement à un autre doivent toujours être jugés à la grand'chambre, sans distinction des affaires civiles ou criminelles. La déclaration du 5 juillet 1724 ne décide point cette question; tom. XI, *pag.* 85.

5.° L'évocation n'est permise qu'à ceux qui sont parties dans le procès; tom. XII, *pag.* 20.

6.° L'ordonnance de 1737, sur les évocations et réglemens de juges, renferme toutes les dispositions et les déclarations postérieures à l'ordonnance d'août 1669; tom. XII, *pag.* 176.

EXÉCUTION. — 1.° L'exécution provisoire, nonobstant appel, doit être difficilement accordée; tom. IX, *pag.* 272 *et* 273.

2.° Sur quel principe repose la disposition de l'ordonnance de 1629, qui veut que les jugemens rendus, et les contrats passés en pays étranger, ne puissent avoir exécution en France; comment cette ordonnance a été enregistrée par le parlement; tom. IX, *pag.* 295 *et* 296. — Le souverain peut déroger à cette disposition. Exemples en faveur du duc de Lorraine, *pag.* 297 *et* 298.

EXÉCUTION *des Jugemens criminels.* — N'avoit lieu, d'après la loi 20 du titre *de pœnis* au Cod. Just., qu'après les trente jours de la condamnation. Motifs de cette loi. Pourquoi elle n'a pas été admise en France; tom. XI, *pag.* 470.

EXEMPTIONS. — Les moins favorables de toutes les exemptions sont celles des chapitres; tom. IX, *pag.* 378. Voy. *Chapitres.*

EXHÉRÉDATION. — 1.° Ce que c'est; tom. I, *pag.* 368. — Il y en a de deux sortes, *ibid.* Voy. *Exhérédation officieuse.* — Un simple acte devant notaire suffit pour la validité de l'exhérédation, *pag.* 366.

2.° Il n'y a pas exhérédation quand l'enfant a reçu quelque chose à titre de légitime; tom. II, *pag.* 39 *et* 40. Voy. *Légitime.*

3.° Le mariage sans le consentement des parens est une juste cause d'exhérédation, sans distinction si le fils avoit plus ou moins de vingt-cinq ans, s'il a épousé une femme d'une condition vile ou d'un état plus élevé; t. III, *pag.* 72. — L'exhérédation, pour cette cause, préjudicie aux petits enfans. *pag.* 73. — Le père peut remettre l'injure et la peine, *pag.* 73 *et* 74. — La simple bénédiction du père, en mourant, ne suffiroit pas pour éteindre l'exhérédation, *pag.* 75. — Il faut, pour cela, qu'il lui ait donné d'autres preuves de tendresse paternelle, *ibid.*

EXHÉRÉDATION OFFICIEUSE. — Acte par lequel un père ou une mère déshérite son fils, en instituant ses petits-enfans; tom. I, *pag.* 369. — Conditions de rigueur auxquelles cet acte est soumis, 370. — Les créanciers du fils antérieur à l'exhérédation, et non suspects, peuvent demander la distraction de la légitime en leur faveur, surtout quand la cause de l'exhérédation n'est point exprimée. Arrêt du 3 avril 1691, qui, sans tirer à conséquence, ordonne cette distraction en faveur des créanciers *Mirlavaud*, *pag.* 375.

EXPÉDITIONS DE SENTENCES. — Les expéditions de sentences portent seules en tête le nom du Roi ou du juge. Cette règle, rappelée dans l'article 4 de la déclaration du 28 mars 1720, est inapplicable aux minutes des jugemens et aux expéditions par extrait; tom. XI, *pag.* 15.

EXPLOITS. — Doivent être contrôlés dans les affaires criminelles comme dans les affaires civiles; tom. XI, *pag.* 316.

EXTRAIT BAPTISTAIRE. — C'est la grande, et presque l'unique preuve qu'on puisse avoir de l'état des hommes; tom. IV, *pag.* 420. Voy. *État civil.*

F.

FABRIQUE (d'église). — C'est le bailli et non le curé, qui préside l'assemblée de la Fabrique; tom. X, *pag.* 140 *et suiv.*

FABRONI. — Nonce du pape en France. Sa conduite dans les affaires de l'église de France, et notamment dans l'affaire du bref, contre l'acceptation de la constitution de 1705; tom. VIII, *pag.* 295 *à* 300.

FAC SIMILE. — *Fac simile* du chancelier d'Aguesseau;

tom. XVI, *in fine*. — *Fac simile* du père de d'Aguesseau; *ibid*.

FACULTÉ DE THÉOLOGIE. — Cette faculté exile deux de ses membres, qui avoient souscrit au *Cas de Conscience*; tom. VIII, *pag.* 253. — Elle accepte la constitution du pape de 1705, *pag.* 278. — Anecdotes sur la visite faite à cette occasion au Roi, par le doyen et six docteurs, *pag.* 279.

FAILLE (de la). Lettre à M. de la Faille, contenant l'éloge de son livre intitulé: *Annales de Toulouse*; tom. XVI, *pag.* 240 *à* 242.

FAILLITE. — La déclaration du 18 novembre 1702, qui déclare nuls les actes passés dans les dix jours avant la faillite, n'étant qu'une explication de l'article 4 titre 11 de l'ordonnance de 1673, doit être observée dans le ressort de Besançon, quoique ce parlement ne l'ait point enregistrée; tom. XIII, *pag.* 10.

Voy. REVENDICATION.

FAITS JUSTIFICATIFS. — L'édit de 1539, défend d'admettre la preuve des faits justificatifs en matière criminelle, avant que la question principale soit jugée; tom. IV, *pag.* 38. — Il n'en étoit pas ainsi chez les grecs et chez les romains, *pag.* 40 *et* 41. — Qu'est-ce qu'un fait justificatif, *pag.* 42 *et* 43. — La preuve de l'existence de l'individu, que l'on croyoit assassiné peut être faite avant la fin de l'instruction. Ce n'est point là un fait justificatif dans le sens de l'édit, *pag.* 44 *à* 53. — Application de ces principes dans l'affaire de la Pivardière, *pag.* 80 *à* 100.

FALCIDIE. *Voy.* QUARTES.

FAMILLE. — Il est probable que la famille a été la première image des gouvernemens. De là peut-être l'étendue de la puissance paternelle chez les romains; tom. XV, *pag.* 243.

FAUX. — 1.° La disposition de l'ordonnance, qui prive de la possession des bénéfices, ceux qui pour les obtenir se sont servis de pièces fausses, s'applique à tous les offices en général; tom. IV, *pag.* 323 *et suiv.*

2.° Il y a crime quand même le faux ait été fait pour prouver une chose vraie; tom. IV, *pag.* 329 *et suiv.*

3.° Toute énonciation fausse qui tombe sur la forme essentielle de l'acte, comme la présence des témoins instrumentaires suffit pour faire condamner l'acte comme faux, tom. XI, *pag.* 228 *à* 236.

4.° Le peu d'exactitude dans la rédaction des deux titres sur le faux de l'ordonnance de 1670, a forcé à commencer par ces titres la révision de l'ordonnance; tom. XI, *pag.* 491. — Pourquoi dans le nouveau projet d'ordonnance (1) sur le faux, a t'on fait deux titres différens du faux principal et du faux incident, *pag.* 493.

5.° Différence principale qui se trouve dans l'ordonnance de 1737, entre l'instruction du faux principal et l'instruction du faux incident, relativement à l'admission des pièces de comparaison; tom. XI, *pag.* 509.

6.° Quel juge est compétent d'après la même ordonnance, pour connoître les deux espèces de faux; tom. XI, *pag.* 513.

7.° La partie publique et la partie civile, sont également en droit de demander l'exécution de l'article 59 de l'ordonnance de 1737 sur le faux; tom. XI, *pag.* 528 *à* 531.

8.° D'après l'article 49, de l'ordonnance de 1737, l'amende dépend uniquement de la qualité de la juridiction où le faux a été jugé; tom. XI, *pag.* 540.

9.° Avantages qui seront le fruit de la nouvelle loi sur le faux (c'est l'ordonnance de 1737). tom. XII, *pag.* 175.

Voy. Aveu.

FÉLONIE. — 1.° La félonie du vassal, réunit le fief au domaine du seigneur sans charge de dettes, tom. VIII, *pag.* 74. Voy. *Commise.*

2.° Le crime de lèse-majesté, renferme une double félonie; tom. VIII, *pag.* 86. Voy. *Lèse-Majesté.*

FEMMES. — 1.° C'est un usage observé par toutes les nations, de différer le supplice d'une femme grosse jusqu'après sa délivrance; tom. IX, *pag.* 603. — La loi *Regia* défendoit aussi d'enterrer une femme grosse, sans lui ouvrir le côté, *pag.* 604. — Evénement singulier à ce sujet rapporté par Valère Maxime; tom. IX, *pag.* 603. Voy. *Grossesse.*

2.° Les femmes des officiers au parlement ne doivent point jouir du privilége qu'ont leurs maris d'être jugés par la Grand'Chambre, en matière criminelle. Il en est de même des femmes des ducs et pairs; tom. XI, *pag.* 161 *et* 162.

3.° Motifs de l'article 9 de l'ordonnance de 1731, qui

(1) C'est l'ordonnance de juillet 1737.

défend aux femmes d'accepter une donation sans l'autorisation de leur mari; tom. XII, *pag.* 327. Voy. *Autorisation.*

4.° La vengeance est la passion favorite des femmes; tom. XIV, *pag.* 409.

Voy. Dénonciateur, Pairies.

FÉNÉLON. — Son portrait; tom. VIII, *pag.* 195. — Devient l'oracle du Quiétisme, *pag.* 196. — Quel étoit son but, *pag.* 197. — Il est dénoncé au Roi, qui ne l'aimoit pas, *pag.* 198. — Se justifie par les fameux articles d'Issy, et devient archevêque de Cambrai, *pag.* 199. — Fait paroître son livre des *Maximes des Saints*, *pag.* 200. — Ses discussions théologiques avec Bossuet, *pag.* 205. — Innocent XII, condamne les *maximes des saints*, *pag.* 207. — Fénélon se rétracte, *pag.* 209. — Anecdotes sur l'enregistrement de la bulle qui condamne *les maximes des saints*, *pag.* 211 *à* 218. — Voyez encore; tom. XV, *pag.* 349.

Voy. Maximes des Saints, Télémaque.

FÉODALITÉ. — Lettres de d'Aguesseau sur des matières féodales (non susceptibles d'analyse); tom. XIII, *pag.* 27 *à* 30.

Voy. Inféodation.

FERMES. — Effets de l'affoiblissement des monnoies, par rapport aux fermes des terres; tom. XIII, *pag.* 390.

FERMETÉ. — Vertu indispensable au magistrat; tome I, *pag.* 188 *à* 193. — La dureté de tempérament en impose quelquefois sous le nom de fermeté., *pag.* 194 *et* 195.

FERVAQUES. *Voy.* Ventadour.

FIDÉICOMMIS. — Le fidéicommis contractuel, est-il révocable lorsqu'il a été accepté par le premier substitut? Faut-il distinguer à cet égard, entre le fidéicommis opposé à une donation, et celui opposé à une institution contractuelle? Faut-il distinguer entre les nobles et les roturiers? En admettant le principe de l'irrévocabilité, faut-il y mettre cette exception générale si ce n'est que le donateur et le donataire anéantissent la donation d'un commun consentement? Examen de ces questions et avis des parlemens, consultés sur ces divers points avant la rédaction de l'ordonnance de 1747; tom. XII, *pag.* 523 *à* 538 (1).

Voy. Substitution.

(1) Ces Questions ont été décidées par les articles 11 et 12 de l'ordonnance de 1747. Voy. cet article tom. XII, *pag.* 481.

FIEF. — 1.° La loi de l'investiture du fief déroge à toutes les coutumes; tom. IV, *pag.* 525. — Il peut y avoir en France des fiefs de famille, autrement appelés fiefs substitutionnels, *pag.* 526. — Ces sortes de fiefs ne sont point chargés des dettes des possesseurs, *pag.* 527. — Progrès du droit sur les fiefs. Dans le principe, ils étoient inaliénables, *pag.* 528. — Voy. encore tom. VII, *pag.* 278 *à* 280.

2.° Les feudistes ont distingué les fiefs propres des fiefs impropres ou offerts. Différences entre ces deux espèces de fiefs; tom. VI, *pag.* 576 *et* 577.

3.° Qu'entend-on par fief de dévotion? tom. VI, *pag.* 571 *à* 573. — De droit commun, ces fiefs ne sont assujettis qu'à l'hommage, sans autres prestations; tom. VII, *pag.* 94. — C'est par usurpation que, dans les temps d'ignorance, l'église en a voulu prendre la mouvance, et les autres droits féodaux; tom. VII, *pag.* 100 *à* 107.

4.° La maxime ordinaire : *fief et justice n'ont rien de commun*, n'a pas lieu dans la coutume de Poitou, si ce n'est pour les fiefs de *dévotion*; tom. VII, *pag.* 96.

5.° Il est incontestable que la division et le démembrement des fiefs sont contraires au droit commun; tom. VII, *pag.* 154. — La coutume d'Artois n'établit rien de contraire au droit commun sur ce point, *pag.* 155. — Toutes ses dispositions sur les fiefs s'opposent au démembrement, *pag.* 156 *à* 167.

6.° Il peut se faire que, par convention ou par la constitution même du fief, les portions indivises d'un seul fief relèvent de deux seigneurs différens. Exemple; tom. VII, *pag.* 215 *à* 219. — La foi est indivisible, quand il s'agit d'un seul fief, et non pas lorsqu'il s'agit de deux fiefs différens, *pag.* 220 *à* 222. — La division de la foi d'un seul fief s'opère aussi par prescription, *pag.* 223 *à* 226.

7.° Les fiefs aliénés par l'église, pour rentrer dans le commerce, retombent de plein droit dans la mouvance du Roi; tom. VII, *pag.* 239.

8.° Suivant l'ancien usage de la France, l'arrière-fief acquis par celui qui tient le fief perd sa qualité d'arrière-fief; tom. VII, *pag.* 250 *et* 251, et encore 268 *et* 269.

9.° Ce qu'on entend par *fiefs jurables et rendables, à grande et petite force*; tom. VII, *pag.* 278 *à* 280.

Voy. ARRIÈRE-FIEF, COMMISE, COMMUNAUTÉS RELIGIEUSES, 2.°; ENGAGISTE, FÉLONIE, FRANCHE-AUMÔNE, GARDE, HOMMAGE, JEU DE FIEF, PAIRIES, PARAGE, PRESCRIPTION, 3.°

FIÉ-FERME. — Dans la coutume de Normandie, c'étoit un héritage affermé à longues années; tom. VII, *pag.* 360 *et* 361, et encore 392 *à* 397.

FIENNES. *Voy.* Chaumont.

FIORELLI. — Cause de Jean Clermont et Anne Fiorelli, sa femme, contre Tibério Fiorelli; tom. IV. Faits, *pag.* 409. — Discussion, *pag.* 420. — Arrêt, *pag.* 435. Voy. *Adultérin, Légitimation.*

FISC. — Dans la rigueur des principes, le fisc, pour succéder, doit être préféré au petit-fils non conçu lors de l'ouverture de la succession de son aïeul; néanmoins, dans certaines circonstances, le petit-fils pourroit être admis à la succession; tom. II, *pag.* 124.

FLABEMENT. — D'après le concordat de François I.er, le Roi a droit de nommer à l'abbaye de Flabement, située en Barrois, tom. IX, *pag.* 403 *à* 436.

FLÉTRISSURE. — 1.° La flétrissure, qui, d'après la déclaration du 24 mars 1724, accompagne la condamnation aux galères, n'a pas lieu quand le coupable est condamné aux galères par commutation faite par le Roi de peines plus fortes; tom. XI, *pag.* 475.

2.° Cette même déclaration ne fixant pas le temps dans lequel la flétrissure doit être imprimée, elle ne doit précéder que de peu de temps l'envoi aux galères, tom. XI, *pag.* 480 *et* 632.

FLEURY (Melchior). — Cause de Melchior Fleury et son fils, la dame de Razac et la demoiselle sa fille; tom. II. Faits, *pag.* 547. — Discussion, *pag.* 557. — Arrêt, *pag.* 575.

FONTENAY. — Neveux de la dame de Fontenay. Voy. *Adam.*

FONTENELLE. — Jugement de Fontenelle sur Leibnitz, appliqué à d'Aguesseau; tom. I, *pag.* xlix.

FORÇATS. — Observations sur un projet de déclaration tendant à charger l'intendant des galères de Marseille de juger en dernier ressort ceux qui facilitent l'évasion d'un forçat; tom. X, *pag.* 51 *à* 53.

FORBI. — Cause de Louis et Nicolas Forbi, contre Barbe Briet; tom. III. Faits, *pag.* 77. — Discussion, *pag.* 94. — Arrêt, *pag.* 105. Voy. *Abus, Curé, Mariage.*

FORCEVILLE (Jean de). *Voy.* LE RICHE.

FOUCAUDIÈRES. — Les Religieux de la commanderie de Saint-Antoine de la Foucaudières, en Poitou, doivent fournir un homme vivant et mourant au Roi, pour rendre hommage des fiefs qu'ils possèdent dans sa mouvance; tom. VII, *pag.* 351 *à* 355. — C'est le droit commun de la France, *ibid.*

FRAIS FUNÉRAIRES. — Dans la coutume de Paris, le donataire mutuel est tenu d'avancer les frais funéraires, à la décharge même de l'héritier des propres; tom. II, *pag.* 591.

FRANCE. — Nature de son gouvernement. C'est le plus absolu et le plus raisonnable; tom. X, *pag.* 23 *et* 24. Voy. *Gouvernement.*

FRANCHE AUMONE. — Il ne faut pas confondre la teneur par franche aumône, dont parle la coutume de Normandie, avec celle de l'article 108 de la coutume de Poitou; tom. VII, *pag.* 95.

FRANÇOIS I.er — Son mot sur Jules II; tom. VIII, *pag.* 530. — Concordat de François I.er et de Léon X. Voy. *Concordat.*

FRA-PAOLO. — Éloge de son *Traité des Bénéfices;* tom. XV, *pag.* 148.

FRAUDE. — 1.° Dans le cas de fraude, tous les commentateurs de l'ordonnance de 1667 admettent la preuve par témoins; leurs motifs; tom. IV, *pag.* 144. — La solennité de l'acte ne change rien à ces principes. Ainsi, la preuve testimoniale peut être admise lorsqu'il s'agit d'une adjudication faite en justice, *pag.* 145.

2.° Peut-on, d'après le droit naturel, opposer la fraude à la fraude, comme la force à la force? tom. XV, *pag.* 198 *à* 200.

FURGOLE. — D'Aguesseau remercie Furgole de lui avoir envoyé un de ses ouvrages; tom. XVI, *pag.* 314.

FURIEUX. — Le furieux non interdit ne fait pas un testament valide; tom. III, *pag.* 226. — Les jurisconsultes ne reconnoissent de momens lucides qu'à l'égard des furieux, *pag.* 507 *et* 508.

Voy. DÉMENCE, TESTAMENT.

G.

GALÈRES. — Les condamnés aux galères étant censés payer le Roi de leur personne, ne sont condamnés à aucune amende envers le Roi; tom. XI, *pag.* 156.

GALTERUS. — Chargé par Philippe Auguste de recueillir les actes qui pouvoient établir les droits du Roi; tom. VI, *pag.* 49.

GALYOT. *Voy.* CHEVREUSE.

GANTHERON. — Cause des sieurs Gantheron et Thomassin, contre un ancien vicaire de la paroisse de Champigny, pourvu par dévolu de la chapelle de Notre-Dame, dans cette paroisse; tom. I. Faits, *pag.* 377 *à* 383. — Discussion, *pag.* 383 *à* 395. — Arrêt, *pag.* 396 *et* 397. *Voy.* *Bénéfice*, *Date*, *sceau*.

GARDE. — Dans le onzième siècle, il étoit de droit commun que les filles héritières des fiefs, fussent commises à la garde du Roi comme Seigneur; motifs de ce droit; tom. VI, *pag.* 29 *et* 30. — Plus tard la garde des mineurs fut confiée à leurs parens en donnant caution au Seigneur, *pag.* 31.

GÉNÉALOGIES. — L'étude des généalogies des Princes et des maisons distinguées peut être un utile secours pour l'histoire; tom. XV, *pag.* 58.

GEOIFFROY HEBERT, *Évêque de Constance*. — Forme suivie dans l'accusation de magie dirigée contre lui; tom. IX, *pag.* 81 *et* 82.

GEOIFFROY DE POMPADOUR, *Evêque de Périgueux*. — Détail de la procédure dirigée contre lui; tom. IX, *pag.* 82 *et suiv.*

GÉOGRAPHIE. — La lecture des voyages est le moyen le plus agréable et le plus sûr d'apprendre la Géographie; tom. XV, *pag.* 39 *à* 41.

GEOLIER. — Le geôlier qui laisse évader un accusé ne doit être jugé qu'à l'ordinaire, quoique l'accusé fût coupable d'un cas prévôtal; tom. XI, *pag.* 485.
Voy. SERMENT.

GEX. (pays de) — Deux déclarations de 1702, font défenses à tous créanciers de faire vendre autrement que par subhastation les biens situés dans le pays de Gex; tom. XIII, *pag.* 129.

GIRARD (Jacqueline). — Cause de Jacqueline Girard, veuve d'Honoré Chamois, Marie-Claude Chamois, femme du sieur Frigon, et ledit sieur Frigon; tom. II. Faits, *pag.* 314. — Discussion, *pag.* 321. — Arrêt, *pag.* 333.

GOUVERNEMENT. — 1.° Nature du gouvernement Français; tom. X, *pag.* 23. — C'est le gouvernement le plus absolu et le plus raisonnable qui fut jamais; *pag.* 24.

2.° Il n'y a plus de nation sans gouvernement. S'il en a existé dans le premier état du genre humain, elles n'ont pu subsister long-temps. Origine des gouvernemens; tom. XV, *pag.* 242. — Dans tout genre de gouvernement, ceux qui en tiennent les rênes, doivent pour leur propre intérêt tendre à faire le bonheur des sujets, et réciproquement chacun des citoyens doit pour son propre intérêt concourir au bien commun, *pag.* 245. — Deux moyens pour rendre la société heureuse: la raison et l'autorité, *pag.* 246. — Le premier est insuffisant; il a été nécessaire de donner au pouvoir la faculté de faire naître l'espérance et la crainte, pour qu'il régnât par les passions et sur les passions mêmes, *pag.* 250. — C'est Dieu qui doit être regardé comme le fondateur de toute puissance, *pag* 251. — Conséquence de cette vérité, *pag.* 252 *à* 267.

Voy. Démagogues, Démocratie, Monarchie.

GRACE (lettre de). — 1.° Les juges ne peuvent accorder des lettres de grâces. Ce droit est réservé au Roi; tom. XI, *pag.* 457.

2.° Aucune loi ne met de bornes à la clémence du Roi. Si l'article 21 du titre 25 de l'ordonnance 1670 porte que les jugemens seront exécutés le même jour, on doit l'entendre sous la condition tacite qu'il ne survienne aucun ordre du Roi d'en suspendre l'exécution; tom. XI, *pag.* 469 *à* 471.

Voy. Abolition, Rémission.

GRADUÉ. — En général pour être capable de faire des instructions civiles et criminelles il n'est pas nécessaire d'être gradué; tom. X, *pag.* 541. Voy. *Eaux et Forêts*, 3.°

GRANDEUR D'AME. — Vertu rare dans notre siècle, pourquoi; tom. I, *pag.* 68 *et* 69. — N'est point l'apanage exclusif du guerrier; elle est essentielle au magistrat, *pag.* 70 *à* 73.

— Ecueils principaux contre lesquels elle vient échouer, *pag.* 74 *à* 79. — Portrait du magistrat qui la possède, *pag.* 80 *et* 81.

GRANDS JOURS. — Fin et but des grands jours ; leur compétence ; exécution de leurs arrêts ; tom. XIII, *pag.* 322.

GRANDS-MAITRES. — Les grands-maîtres des eaux et forêts ne peuvent informer contre les officiers en faute que lorsqu'ils ont relevé le délit dans le cours de leur visite ; tom. X, *pag.* 558 *et* 559.
Voy. EAUX ET FORÊTS.

GRATIEN. — Il a tronqué dans son décret une loi faussement attribuée aux empereurs Romains ; tom. IX, *pag.* 42.

GREFFIER. — 1.° Lettres sur la nomination et les demandes de quelques greffiers ; tom. X, *pag.* 494 *à* 501.

2.° Rien ne peut suppléer au défaut de prestation des sermens de greffier ; tom. XI, *pag.* 300 *à* 302.

3.° La note que le greffier fait sur son plumitif du nom des juges qui assistent à l'audience, n'a pas une autorité capable de balancer le témoignage des juges, lorsque le président n'a pas visé la note au sortir de l'audience ; tom. XIII, *pag.* 114.

4.° Création de différentes espèces de greffiers et commis de greffe, leurs sermens, leur salaire, leur devoir ; tom. XIII, *pag.* 326.
Voy. MINUTES, 1.°

GRÉGOIRE (St.), *Pape.* — Recevoit comme les évangiles les premiers conciles généraux ; tom. VIII, *pag.* 418. — Regardoit comme une offense le titre d'évêque universel qu'on lui donnoit, *pag.* 436.

GRÉGOIRE XIV. — Conduite de ce pape du temps de la ligue ; tom. VIII, *pag.* 542 *et* 543.

GROSSESSE. — 1.° Précis des lois romaines sur la déclaration ou la dénonciation de grossesse ; tom. IX, *pag.* 590 *à* 594. — Formes suivies dans de semblables dénonciations, *pag.* 595 *et* 596. — Leurs effets, *pag.* 597 *à* 602 ; Voy. *Avortement*, *Enfant*, *Femme.*

2.° Le recel de grossesse n'est point un cas royal d'après l'ordonnance de 1670 ; tom. XI, *pag.* 24.

GROTIUS. — 1.° Son ouvrage sur la vérité de la religion présente une grande profondeur de raison. Il manque peut-être d'ordre. Comparaison de cet ouvrage avec celui d'Abbadie sur le même sujet; tom. XV, *pag.* 9.

2.° Les prolégomènes du livre de Grotius *de jure belli et pacis* méritent d'être médités attentivement; tom. XV, *pag.* 18. — Eloge de ce traité. Comparaison de cet ouvrage avec le livre de Puffendorf; tom. XV, *pag.* 43.

3.° Jugement sur l'ouvrage de Grotius *de imperio summarum potestatum circa sacra*, tom. XV. *pag.* 144.

GRUIERS. *Voy.* JUGES-GRUIERS.

GUALTERIO. — Nonce du pape en France depuis cardinal, sa conduite dans l'affaire des cas de conscience et de la bulle de 1705; tom. VIII, *pag.* 230 *à* 235.

GUÉRIN. *Voy.* ROCHER.

GUESLE (de la), procureur général. — Son éloge; tom. VI, *pag.* 2.

GUIGNARD (le père). — Papiers trouvés chez lui lors de l'attentat commis par Chatel sur Henri IV; tom. VIII, *pag.* 551. — Dépeint par Jouvenci comme un saint persécuté; *pag.* 552. — Son supplice comparé par Jouvenci à la passion de Jésus-Christ, *pag.* 553 *à* 556. Voy. *Chiverny, Scribanius.*

GUILLARD (Paul de). — Contestation sur des lettres de rescision et de requête civile, entre Paul de Guillard, marquis d'Arcy, Judith de la Taille, le sieur Perachon, et le prévôt des marchands et échevins de la ville de Lyon, au sujet de la vente du fief de Bellecourt; tom. II. Faits, *pag.* 135. — Discussion, *pag.* 152. — Arrêt, *pag.* 176.

GUILLAUME DURAND. — Auteur du livre intitulé : *Speculum juris*; tom. V, *pag.* 407.

GUISE. (duc de) *Voy.* BOSSU.

GUISE (Henri de Loraine, duc de). — Questions sur l'effet de sa mort civile élevées à l'occasion de son mariage dans les Pays-Bas avec la comtesse de Bossu; tom. XV, *pag.* 328 *à* 489. Voy. *Abolition.*

GUISE (cardinal). — Principes établis par les cardinaux de Joyeuse, d'Ossat et d'Angennes, à l'occasion de l'assassinat du cardinal de Guise; tom. IX, *pag.* 134 *à* 137.

GUYON (madame) — Engage Fénélon à devenir l'oracle du

quiétisme; tom. VIII, *pag.* 196. — Elle est surnommée la nouvelle *priscille*; *pag.* 200.

Voy. Fénélon.

GYGÈS. — Fiction célèbre dans l'antiquité d'un anneau trouvé par Gygès, fameux problème de morale que cet anneau a donné lieu d'examiner à Platon et à Cicéron; tom. XV, *pag.*, 224.

H.

HAINE. — Les hommes peuvent seuls être l'objet de leur haine respective; tom. XIV, *pag.* 380. — Comment les hommes peuvent devenir l'objet de notre haine, *pag.* 383. — Toute haine produit une impression triste et une impression consolante, pourquoi, *pag.* 393. — Sentimens principaux et accessoires de la haine, *pag.* 395. — Comparaison de l'état de l'amour avec celui de la haine, 401. — La haine porte un dérangement même dans le corps, *pag.* 414.

HARLAY (de), *premier Président.* — 1.° Son caractère; tom. VIII, *pag.* 214 *à* 215. — On a dit que le Roi lui avoit promis de le nommer chancelier, après la mort du chancelier Boucherat; tom. VIII, *pag.* 221. Voy. *Pontchartrain.*

2.° Mot qu'on attribue à M. de Harlay, sur les papes, *pag.* 249. — Se démet de ses fonctions en 1707. Il est remplacé par M. Pelletier; anecdotes sur ce remplacement, *pag.* 284 *et* 285.

HARLAY (François de) archevêque de Paris. — Prélat d'un génie élevé, sait donner la paix à l'église de France, son portrait; tom. VIII, *pag.* 189 *et* 190. — Meurt en 1695; M. de Noailles lui succède, *pag.* 191. Voy. *Noailles.*

HASARD. — 1.° Il est peut-être mieux pour réfuter les Epicuriens, de démontrer directement la nécessité d'une cause, que d'argumenter des chances du hasard, pour prouver que la disposition régulière ne se présentera jamais. Le hasard étant admis, cette chance de régularité n'est point absolument impossible; tom. XVI, *pag.* 145 *à* 147.

2.° Le hasard n'est point une cause; c'est la négation de toute cause connue; c'est par une suite réelle de causes, que les dés jetés tombent plutôt sur une face que sur l'autre; ce n'est point le hasard qui produit le nombre; tom. XVI, *pag.* 151.

HÉBREU. — La connaissance de la langue hébraïque, très-utile pour l'intelligence de l'écriture sainte, n'est pas indispensable à un magistrat; tom. XV, *pag.* 96.

HÉMERY (Marguerite d'), dame d'Espainville. — Cause de cette dame contre M. Bazin, seigneur de Bandeville; tom. I, Faits, *pag.* 339 *à* 344. — Discussion, *pag.* 344 *à* 354. Arrêt, *pag.* 355 *et* 356.

Voy. Relief, Saisie féodale.

HENRI III. — Essaie de refondre toutes les coutumes en une loi uniforme, tentée sous ce roi, tom. I, *pag.* xliij.

HÉRISSON. — La Chatellenie d'Hérisson dépend du domaine de Bourbonnais; tom. VII, *pag.* 341 *à* 350.

HÉRITIER. — 1.° Un petit-fils, conçu après la mort de son aïeul, ne peut demander sa succession; tom. II, *pag.* 117 *et suiv.* — Pour hériter il faut être conçu au moment de l'ouverture de la succession; les lois romaines et les coutumes sont d'accord sur ce point, *pag.* 118 *à* 120. — Peu importe que la succession soit vacante, *pag.* 122 *et* 123. — Dans ce cas, le fisc même serait préféré au petit-fils non conçu, *pag.* 124. — On ne peut exciper en faveur du petit-fils, des lois relatives à la succession des affranchis et au retrait lignager, *pag.* 126. — Deux arrêts conformes à ces principes, *pag.* 130 *à* 132. Voy. *Créanciers, Fisc.*

2.° L'héritier décédé plusieurs années après l'ouverture de la succession, sans avoir pris qualité, est réputé avoir renoncé à cette succession; tom. II, *pag.* 161. — Surtout s'il a été nommé un curateur à la succession vacante, *pag.* 163.

3.° Dans les successions *ab intestat*, l'héritier doit être capable au moment du décès; tom. IV, *pag.* 184 *et* 185. — A l'égard des successions testamentaires, on distingue; ou la disposition du testateur est pure et simple, ou elle est conditionnelle. Dans le premier cas, même règle que pour les successions *ab intestat*; dans le deuxième, l'héritier doit être capable au moment de l'existence de la condition, *pag.* 186 *et* 187.

4.° D'après la jurisprudence du parlement de Bretagne, l'héritier bénéficiaire qui n'a pas fait entériner ses lettres dans le délai de coutume, devient-il héritier pur et simple tom. XIII, *pag.* 160.

Voy. Artois, 1.°; Institutions d'héritier, 1.°

HEVIN. — Ce jurisconsulte s'est fait un honneur de combattre les opinions de d'Argentré; tom. IX, *pag.* 530.

HINCMAR, *Evêque de Laon*. — Forme suivie dans l'accusation dirigée contre lui; tom. IX, *pag.* 72 *à* 75.

HISTOIRE. — Utilité de l'histoire; tom. XV, *pag.* 30 *à* 36. — D'Aguesseau se repent de ne l'avoir pas assez étudiée, *pag.* 31. — Mallebranche pensait autrement. Voy. *Mallebranche*. — Manière d'étudier l'histoire. Préliminaires qu'il faut connaître, *pag.* 36 *à* 44. — Ce qu'il faut lire, *pag.* 45 *à* 48. — Ordre dans lequel il faut lire l'histoire, *pag.* 49 *à* 55. — Secours et accompagnemens de l'histoire, *pag.* 57. — Ce sont les voyages, les médailles, les généalogies, et les dissertations sur les différens peuples, *pag.* 58 *à* 61. Voy. *Ces mots*. — Ce qu'il est important de remarquer en lisant l'histoire, *pag.* 62. — Manière de faire des extraits des historiens, *pag.* 88 *à* 92.

2.° Le génie des Italiens et des Espagnols est plus propre que le nôtre à écrire l'histoire, pourquoi; tom. XV, *pag.* 97.

Voy. CHRONOLOGIE, DROITS DES GENS, GÉOGRAPHIE.

HOBBES. — 1.° Réfutation du système de Hobbes, qui prétend que l'homme hait naturellement ses semblables; tom. XIV, *pag.* 547 *et suiv.*

2.° Passage de Plutarque sur lequel Hobbes paroît avoir bâti son système; tom. XVI, *pag.* 218.

HOMMAGE. — 1.° Les Empereurs et les Rois ne portoient hommage à personne pour les fiefs qu'ils acquièrent; tom. VI, *pag.* 529. — Anciennement, les rois de France commettoient un sujet pour rendre hommage au seigneur de qui relevoit le fief; plus tard ils se contentèrent d'accorder une indemnité à ce seigneur; *pag.* 530 *et* 531; et encore, tom. VII, *pag.* 18 *à* 29.

2.° Deux hommages joints à la prescription de 30 ans, acquièrent à un seigneur la mouvance d'un fief contre un autre seigneur; tom. VI, *pag.* 547.

3.° Ce que c'était que l'hommage de dévotion; exemples célèbres d'un pareil hommage; tom. VI, *pag.* 571 *et* 572; et tom. VII, *pag.* 99. — L'hommage de dévotion, fait à un saint au préjudice du seigneur Suzerain, est nul, *pag.* 573. *Voy. Fiefs*, 3.° *et* 4.°

HOMME. — 1.° Connoissance de l'homme indispensable à l'orateur; tom. I, *pag.* 14 *à* 16.

2.° Est-il naturel d'aimer ou de haïr ses semblables? problème célèbre. Des philosophes décident hardiment que l'homme déteste naturellement ses semblables; tom. XIV, *pag.* 375. — La conduite d'une grande partie des hommes, ne donne que trop de couleur à cette opinion, *pag.*, 377. — Pour être en état de juger ce grand problème; il est d'abord nécessaire d'examiner les sentimens d'amour et de haine. Voy. *Amour*, *Haine*. — Il faut aussi examiner si l'indifférence n'est pas la disposition naturelle de l'homme, à l'égard de ses semblables, *pag.* 422. Voy. *Indifférence*. — Enfin, il faut étudier le véritable état de l'homme, considéré en lui-même et dans ses relations sociales, *pag.* 426. — Examen de l'homme en lui-même, *pag.* 426. — De l'homme en société. Voy. *Société*. — Dieu veut que l'homme lui ressemble, et il est certain que Dieu aime les hommes, *pag.* 491. Aimer les hommes, c'est donc obéir à la nature qui dans ce sens n'est que la volonté de Dieu, *pag.* 500. Voy. *Nature*. — Abstraction faite de la volonté de Dieu, il est encore naturel à l'homme d'aimer ses semblables. Démonstration de cette vérité, et réponse aux objections, *pag.* 502 *à* 570.

3.° Le grand objet de l'histoire, c'est l'homme considéré comme citoyen ou comme homme public; tom. XV, *pag.* 68. D'après cette idée, quelles sont les choses importantes à remarquer dans la lecture de l'histoire, *pag.* 69 *à* 88.

4.° Réflexions sur l'état naturel de l'homme ou du genre humain; tom. XV, *pag.* 187 *à* 190.

Voy. Biens, Naturel.

HOPITAL (le chancelier de l'). — Son éloge; tom. I, *pag.* xix.

HOPITAUX. — Aucune loi ne rend les hopitaux incapables de recevoir des legs universels; néanmoins la jurisprudence les empêche de profiter de tout le legs, lorsqu'il est fait pour dépouiller les héritiers légitimes, même collatéraux; tom. II, *pag.* 543 *et* 544. Voy. *Communautés*, 1.°

HORACE. — Examen et éloge de ses ouvrages; tom. XV, *pag.* 119 *et* 120.

HORS DE COUR ET DE PROCÈS. — Cette formule emporte une compensation des dépens; tom. XI, *pag.* 416.

HOSPICES. — Lettres sur le lieu où doit se tenir le bureau d'administration des hospices de Bordeaux; tom. X, *pag.* 175 *à* 185. — Sur une prestation de bleds dus par l'archevêque d'Aix, à l'hôpital de cette ville, *pag.* 187 *à* 190. — Sur le point de savoir si les enfans exposés à Pau, doivent être nourris par la communauté de la ville, ou par l'hôpital général, *pag.* 191 *à* 195. — Sur le choix des administrateurs de l'hôpital de Pau, *pag.* 196 *et* 197.

HOTEL-DIEU. Voy. *Villayer*.

HOUDIART (frère). — Cause du frère Houdiart, cordelier, qui s'étoit fait transférer dans l'ordre de Saint-Benoît, et de Charles du Sault; tom. II. Faits, *pag.* 413. — Discussion, *pag.* 418. — Arrêt, *pag.* 434.

HUGUENOTS. *Voy.* PROTESTANS.

HUISSIERS. — Qualités requises pour les huissiers des parlemens. Leur réception; leurs prérogatives; tom. XIII, *pag.* 332.

HYPERBOLES. — Il y a deux sortes d'hyperboles: l'une, qui vient de l'esprit; l'autre, qui vient du cœur. La dernière est souvent excusable; tom. XVI, *pag.* 302.

HYPOCRATE. — Paroît avoir adopté la distinction d'Aristote, relative à l'avortement; tom. IX, *pag.* 611.

HYPOTHÈQUE. — 1.° L'Église a une hypothèque tacite sur les biens de ses administrateurs, qui date du jour de leur entrée en possession; tom. II, *pag.* 24. — Arrêt dans ce sens, *pag.* 26.

2.° Raisons qui firent révoquer, en 1674, l'édit de 1673, qui établissoit les greffiers pour l'enregistrement des hypothèques. Les mêmes raisons doivent faire rejeter le nouveau projet d'établir des *conservateurs* d'hypothèques. Du moins le nouvel édit devroit rappeler plusieurs sages dispositions de l'édit de 1673; tom. IX, *pag.* 279 *à* 294.

Voy. PRESCRIPTION.

I.

IDÉES. — 1.° Différentes impressions que les idées produisent sur notre entendement; tom. XIV, *pag.* 64 *et suiv.*

2.° Ce qu'on doit entendre par idées innées; tom. XIV, *p.* 166 *à* 184. — Il n'est pas nécessaire, pour qu'une idée soit véritablement innée, qu'elle doive toujours être présente à notre ame. Réfutation de cette objection de Loke, *pag.* 202 *à* 217. — Réfutation de cette autre objection, du même auteur, que tous les hommes devroient également connoître sans discussion les idées qu'on dit innées, *pag.* 218 *à* 227. — Et de celle qu'il n'y a point de vérité également sentie de tous les hommes, puisqu'il faut toujours excepter les enfans et les imbécilles, *pag.* 228 *à* 238. — Preuves de l'existence des idées innées, *pag.* 239 *à* 253.

IMAGINATION. — L'imagination a élevé l'empire de l'éloquence ; tom. I, *pag.* 21.

IMITATION. — Aristote a tort de réduire au seul plaisir qui naît de l'imitation le plaisir que procure une tragédie ; tom. XVI, *pag.* 243 *et suiv.* — Réflexions générales sur l'imitation, *pag.* 266 *à* 273. — Causes générales du plaisir qu'on a à imiter ou à juger d'une imitation, *pag.* 273 *à* 282.

IMPOSITIONS. — Examen du point de savoir si l'affoiblissement de la monnoie facilite le recouvrement des impositions établies, et permet d'en établir de nouvelles ; tom. XIII, *pag.* 471.

IMPOSTEURS. — Caractère auquel on peut les reconnoître. Exemples de fameux imposteurs ; tom. IV, *pag.* 140 *et* 141. — Application à l'affaire de la Pivardière, *pag.* 142 *et* 143, *et suiv.*

IMPRESSION. — L'impression (la sensation) détermine-t-elle nécessairement la volonté ? Examen de cette grande question ; tom. XIV, *pag.* 35. Voy. *Idées*, 1.° ; *Volonté.*

INALIÉNABILITÉ. — Règle générale. Pour qu'un bien soit inaliénable, il faut que la prohibition de l'aliéner soit connue par les lois et les titres publics ; tom. IV, *pag.* 530 *et* 531. — Application de cette règle, *pag.* 532 *à* 534. Voy. *Insinuation.*

Voy. Domaine du Roi.

INCESTE. — Les ordonnances n'ont point expressément décidé si l'inceste est un cas royal ; tom. XI, *pag.* 24.

INCOMPÉTENCE. — D'après les règles strictes du droit public, l'incompétence du tribunal ne devroit jamais se couvrir ; tom. VI, *pag.* 432. — Cas où elle est couverte par exception à la règle, *ibid.* — Le Roi ne peut se trouver dans aucun de ces cas, *pag.* 433 *et* 434.

Voy. Table de Marbre, 2.°

INDEMNITÉ. — Anciennement les Rois de France commettoient un sujet pour rendre hommage au seigneur de qui relevoit le fief ; plus tard ils se contentèrent d'accorder une indemnité à ce seigneur ; tom. VI, *pag.* 530 *et* 531, et encore tom. VII, *pag.* 18 *à* 29. Voy. *Hommage.*

INDÉPENDANCE. — But de tous les hommes, tom. I, *pag.* 1. — Apanage de l'avocat, *pag.* 3.

INDES (Compagnie des). *Voy.* ACTIONS DE BANQUE.

INDEX. — Arrêt du parlement, mis à l'index; tom. VIII, *pag.* 345. — C'étoit l'ancienne maxime de la France, d'ignorer les décisions de cette congrégation, *ibid.* — L'index n'a aucune autorité en France, et son autorité s'est avilie chez les autres nations; pourquoi, *pag.* 445.

INDIFFÉRENCE. — L'indifférence n'est-elle pas la disposition naturelle de l'homme envers ses semblables? Il paroît que non. Cet état d'indifférence seroit-il naturel, ne pourroit durer long-temps; tom. XIV, *pag.* 423. Voy. *Homme*, 2.°

INFAILLIBILITÉ. — Mémoire qui prouve la nécessité où est le Roi, 1.° de faire examiner avec soin les thèses de théologie, qui établissent indirectement des maximes contraires à celles de la France, sur l'infaillibilité du Pape; 2.° de défendre toute discussion sur la question de l'infaillibilité de l'église dans les faits non révélés; tom. VIII, *pag.* 502 *à* 512.

INFANTICIDE. — N'est point un cas royal. Il ne se trouve point dans l'énumération des cas royaux, faite par l'art. 11, titre 1.er de l'ordonnance de 1670; tom. XI, *pag.* 24.

INFÉODATION. — Ce qui distingue l'inféodation de la donation pure et simple; tom. IV, *pag.* 515 *et* 516.

INFINI. — Si le *Traité de l'Infini créé* est un ouvrage sérieux, c'est un traité extravagant; tom. XVI, *pag.* 139.

INFORMATION. — Après le jugement de compétence, le prévôt ne peut faire une information sans le concours de l'assesseur ou d'un conseiller du siége, et ce à peine de nullité; tom. XI, *pag.* 17 *et* 18, et encore *pag.* 62. — *Secùs* pour les informations avant le jugement de compétence, *pag.* 150.

INNOCENT XII. — Son éloge; tom. I, *pag.* 259 *et* 260.

INOFFICIOSITÉ. — 1.° L'action contre un testament inofficieux se prescrit par cinq ans; tom. II, *pag.* 42.

2.° Un testament dans lequel la légitime est réservée ne peut pas être appelé *inofficieux;* tom. II, *pag.* 521. Voy. *Légitime*, 2.°

INSENSÉ. — Il n'y a pas d'exemple qu'un insensé ait obtenu des lettres de rémission; il ne peut être coupable; tom. XI, *pag.* 191.

Voy. DÉMENCE.

INSINUATION. — 1.° Différence entre l'insinuation et le défaut de publication d'une donation substitutionnelle; tom. IV, *pag.* 536.

2.° La déclaration du 19 juillet 1704, sur les insinuations, contient des dispositions qu'il seroit à souhaiter que l'on révoquât; tom. IX, *pag.* 261. — Examen de ces dispositions, *pag.* 262 *à* 266.

3.° Motifs de l'article 27 de l'ordonnance de 1731, qui permet aux héritiers du donateur d'opposer le défaut d'insinuation; tom. XII, *pag.* 318.

INSTANCIUS, *Évêque d'Espagne.* — Est condamné, avec Priscillien, par les ordres de l'empereur Maxime; tom. IX, *pag.* 63 *et suiv.*

INSTITUTES. — Quoique l'ordre des institutes de Justinien ne soit pas vicieux, plus d'une fois on souhaiteroit que cet ordre eût été tracé par Domat, au lieu de l'être par Tribonien; tom. XV, *pag.* 21. — Manière dont on doit étudier les institutes. Commentaire à suivre, *pag.* 22 *et* 23.

INSTITUTION D'HÉRITIER. — 1.° L'article 50 de l'ordonnance de 1735, qui exige l'institution d'héritier pour tous ceux qui ont droit à la légitime, décide une question controversée. Comment cet article se combine avec les articles 53 et 70 de la même ordonnance; tom. XII, *pag.* 385, 422 *et* 437.

2.° Pourquoi l'ordonnance sur les testamens déclare nulle l'institution d'un héritier ni né ni conçu au décès du testateur; tom. XII, *pag.* 407 *et* 433.

3.° Explication des articles 71 et 72 de l'ordonnance sur les testamens, contenant institution d'héritier; tom. XII, *pag.* 438.

INSURRECTION. — Dans quel cas le salut du peuple peut justifier l'insurrection; tom. XIV, *pag.* 617 *et suiv.* Voy. *Peuple*, 2.°

INTELLIGENCE. — On entend, par ce mot, l'ame en tant qu'elle conçoit et arrange des idées. En quoi consiste la perfection de cette faculté de l'ame; tom. XIV, *pag.* 271.

INTÉRÊTS. — 1.° L'édit de 1679, qui prononce la nullité des promesses avec intérêt, n'a point été suivi dans le Béarn, ni l'édit de mars 1720, qui réduit les rentes au denier cinquante; pourquoi; tom. XIII, *pag.* 149.

2.° Une véritable multiplication d'espèces fait baisser le

taux des intérêts et des rentes; et c'est par cette raison que, depuis la découverte des Indes occidentales, l'intérêt de l'argent a diminué de la moitié; tom. XIII, *pag.* 381.

INTERLOCUTOIRE. — Rien de moins vrai que ce proverbe des praticiens : *Un interlocutoire ne fait tort à personne;* tom. IX, *pag.* 275. — Cas où l'interlocutoire préjuge le fond, 276 *et* 277.

INTERPRÈTE. — Le juge ne peut faire les fonctions d'interprète. Quoique l'ordonnance de 1670 ne s'explique qu'à l'égard des accusés, le ministère d'un interprète est nécessaire à l'égard des témoins; tom. XI, *pag.* 312.

INVASION. — Mesures à prendre à l'occasion de l'invasion de l'ennemi en Provence; tom. X, *pag.* 122 *à* 140.

INVENTAIRE. — Motifs de la loi qui établit la continuation de communauté faute d'inventaire; tom. IV, *pag.* 550. — De quelle manière cet inventaire doit être fait. Voy. *Communauté.*

ITALIENS. — Pourquoi les Italiens écrivent-ils mieux l'histoire que nous? tom. XV, *pag.* 96. — Parmi les langues modernes, l'italien doit être cultivé de préférence, *pag.* 97. — En fait de poésie, il n'y a que la France qui puisse disputer le prix aux Italiens, *pag.* 98.

IVOIX. — La prévôté d'Ivoix fait partie du comté de Chiny; tom. IV, *pag.* 314 *à* 316.

J.

JEAN II, *Duc de Bretagne.* — A-t-il réellement fait une constitution pour réformer l'assise? tom. IX, *pag.* 546 *et suiv.*

JENDURE. — Le Roi a droit de nommer à l'abbaye de Jendure, située en Barrois; tom. IX, *pag.* 403 *à* 436.

JÉSUITES. — Leur exil après l'attentat de Jean Chatel, justifié; tom. VIII, *pag.* 557 *à* 562. — Jouvenci déclame injurieusement contre cet exil, 563 *et* 564.

JÉSUS-CHRIST — Caractères divins de Jésus-Christ dans sa doctrine et dans ses œuvres; tom. XV, *pag.* 438. — Prodiges qui précèdent, accompagnent et suivent la naissance de Jésus-Christ, *pag.* 440. — Miracles de Jésus-Christ, *pag.* 445. — Excellence de sa doctrine, *pag.* 450. — Pourquoi Jésus-Christ a souvent recours aux paraboles, *pag.* 462. — Caractère de divinité dans les instructions que Jésus-Christ donne à ses apôtres, *pag.* 466. — Prophéties de Jésus-Christ sur la perpétuité de l'église, 477. — Nécessité de la révélation pour distinguer le juste de l'injuste, *pag.* 500. — Bonté de Jésus-Christ pour les plus grands pécheurs; sa conduite envers les humbles et les superbes, *pag.* 504. — Preuves de la divinité de Jésus-Christ, *pag.* 517. — Sa doctrine prouve qu'il est Dieu et homme tout ensemble, *pag.* 520. — La perfection de l'homme consiste à entendre la voix de Jésus-Christ et à la suivre, *pag.* 536. — Jésus-Christ prédit jusqu'aux moindres circonstances de sa passion et de sa mort, 546. — Il fait connoître toute l'étendue des devoirs des Rois, *pag.* 548. — Détails et réflexions sur la passion et la mort de Jésus-Christ, *pag.* 584. — Sur sa résurrection, *pag.* 603. — L'ascension de Jésus-Christ attestée et prouvée, *pag.* 613.

JEU DE FIEF. — Deux conditions essentielles à la validité du jeu de fief, 1.° que le Seigneur s'en réserve le tiers; 2.° qu'il se réserve quelque droit seigneurial sur la portion aliénée; tom. VI, *pag.* 476. — Coutume de Poitou sur ce point, *pag.* 477.

JEUX. — 1.° Lettres sur les mesures à prendre pour réprimer la passion des jeux défendus, portée à l'excès dans quelques villes; tom. X, *pag.* 283 *à* 290.

2.° Dans quels cas le jeu peut-être regardé comme le principe d'un gain légitime, le jeu est un véritable commerce; tom. XIII, *pag.* 523 *à* 526.

JOLY DE FLEURY, *Conseiller de Grand'Chambre.* — Son éloge, tom. I, *pag.* 114 *et* 435.

JOUVENCI (le père). — Sa continuation de l'histoire de la compagnie des Jésuites, renferme plusieurs passages contraires aux droits du Roi et aux libertés de l'église Gallicane; examen de ces passages; tom. VIII, *pag.* 542 *à* 572. Voy. *Chiverny*, *Du Perron*, *Guignard*, *Jésuites*, *Mariana*, *Scribanius*, *Sourdis*, *Suarez.*

JOVILLIERS. — D'après le concordat de François Ier le Roi a droit de nommer à l'abbaye de Jovilliers, située en Barrois; tom. IX, *pag.* 403 *à* 436.

JOYEUX AVÉNEMENT. — Origine du droit de joyeux avénement; tom. IX, *pag.* 157 *à* 161. — La plus ancienne preuve de ce droit résulte d'un arrêt de 1274, observation sur cet arrêt, *pag.* 162 *à* 165. — Autres preuves de l'exercice de ce droit, *pag.* 166 *à* 171. — Ce droit d'abord pour des monastères s'étend aux évêchés, *pag.* 172 *à* 176. — Auteurs qui portent témoignage de ce droit, 177 *à* 179. — Ordonnance de nos Rois sur ce point 180 *à* 184. — Ce droit peut être étendu aux provinces réunies ou unies à la couronne, et notamment aux diocèses de Cambrai, Arras et St.-Omer, *pag.* 185 *à* 214. — L'empereur exerçoit ce droit sur ces diocèses, *pag.* 215 *à* 223. — Décision du conseil de régence en faveur de ce droit sur les églises des Pays-Bas, *pag.* 224 *à* 230.

JUGEMENS. *Voy.* SENTENCES.

JUGES. — 1.° Pour récuser leurs juges, les plaideurs se font céder des créances contr'eux. Il seroit nécessaire de remédier à cet abus par une loi qui, à l'exemple de l'ordonnance de 1669, au titre des *committimus*, déclareroit nuls les transports, contre les juges, faits pendant le procès; tom. IX, *pag.* 267 *à* 270.

2.° Les juges inférieurs qui errent en droit ou en fait peuvent être condamnés à un amende sur l'appel; tom. XIII, *pag.* 301.

Voy. DÉPORT, MAGISTRAT, MINUTES, PARENTÉ, SUFFRAGES, VOIX.

JUGES CONSULS. *Voy.* MARCHANDS (juge et consuls des).

JUGES GRUYERS. — Les juges gruyers, en même temps juges ordinaires des seigneurs, ne sont pas tenus de prêter un serment particulier à la maîtrise, quoiqu'ils aient conconnoissance en certains cas des matières des eaux et forêts; tom. X, *pag.* 546. — Mais le juge gruyer, qui ne connoît que des matières des eaux et forêts doit se faire recevoir à la maîtrise, *pag.* 547 et encore 551.

JUGES DE RÉFORMATION. — Les juges de réformation pour les eaux et forêts, ne connoissent point sur l'appel d'un meurtre commis à la pêche. Une déclaration du 13 septembre 1711, leur donne ce droit pour les crimes commis à la chasse, mais elle ne peut recevoir d'extension; tom. XI, *pag.* 57 *à* 60.

JUIFS. — Mesures à prendre à l'égard des juifs de Bordeaux qui abusoient de la tolérance accordée à leur culte; tom. X, *pag.* 151 *à* 155.

JULES II. — Mot de François I.er sur ce pape; tom. VIII, *pag.* 530.

JURIEU. ministre protestant — Son jugement sur le discours

de d'Aguesseau prononcé à l'occasion de l'enregistrement de la bulle contre Fénélon ; tom. VIII, *pag.* 219.

JURIDICTION ROYALE. — Tous les ecclésiastiques y sont soumis en matière criminelle ; tom. IX, *pag.* 2 *et suiv.* Voy. *Ecclésiastiques.*

Voy. Justices (tribunaux).

JURISPRUDENCE. — 1.° Plan d'un travail proposé par d'Aguesseau, pour faire cesser la diversité de jurisprudence ; tom. XIII, *pag.* 230 *et suiv.*

2.° Instructions données par d'Aguesseau à son fils sur la marche à suivre dans l'étude de la jurisprudence ; tom. XV, *pag.* 10. — Il faut d'abord connoître les principes desquels découlent les lois. Ouvrages à lire sur cette matière, *pag.* 16 *à* 19. — Ensuite apprendre l'histoire du droit romain. Indication d'ouvrages sur ce point, *pag.* 20. — On peut ensuite commencer les institutes. Voy. *Droit Romain.*

JUSTICE (vertu). — 1.° Le magistrat doit la suivre dans la vie privée ; tom. I, *pag.* 146 *à* 152. — De la vraie et de la fausse justice, *pag.* 153 *à* 160.

2.° L'homme a-t-il dans lui des idées naturelles du juste et de l'injuste, ou bien juge-t-il de la justice des actions par leur conformité avec la volonté d'un supérieur, ou avec le désir naturel de sa propre conservation ? Question importante ; tom. XIV, *pag.* 2. — Un grand nombre de sages, tous les législateurs, toutes les nations policées reconnoissent une justice naturelle, *pag.* 5. — Une classe de philosophes s'efforce de prouver qu'il n'y a pas, à proprement parler, de justice naturelle ; que la justice est une soumission à la loi de Dieu quand Dieu a parlé, et dans les autres cas que la justice est un amour-propre bien entendu qui nous porte à conserver notre bien-être compromis si l'on fait une action injuste, *pag.* 6 *à* 14. — Réfutation de ce système, *pag.* 15 *à* 30. — La conduite injuste du commun des hommes ne prouve rien contre l'existence d'une justice naturelle, par la même raison que les erreurs fréquentes des hommes ne pourroient faire nier l'existence de la vérité, *pag.* 33 *à* 71. — Tous les hommes sont capables d'avoir une idée claire de la justice, *pag.* 72. — Causes qui les empêchent quelquefois de la reconnoître, *pag.* 76.

Voy. Droit Naturel.

JUSTICES (tribunaux). — Lorsque le Roi cède des terres par échange, les siéges subalternes deviennent des justices purement seigneuriales auxquelles ils est pourvu par le nouveau seigneur. Les bailliages qui ressortent directement du parlement restent justices royales; application de ces principes au siége d'Andely; tom. IX, *pag.* 294 à 296.

Voy. Réformation.

JUSTINIEN. *Voy.* Institutes.

L.

LA FERTÉ BLIARD. Voy. *Murci.*

LA HOUSSAYE (de) *Maître des requêtes.* — Fait faire le mariage de M. d'Aguesseau, père du chancelier; tom. XV, *pag.* 282.

LAMOIGNON. (Chrétien-François de). — Avocat-général et ensuite président du parlement; son éloge, tom. I, *pag.* 174.

LAMOIGNON DE BLANC-MÉNIL (de), *chancelier.* — Père de Lamoignon de Malesherbes, premier président de la cour des aides. Son éloge; tom. I, *pag.* 175.

LA MOTTE. — D'Aguesseau dit qu'il ne connaît guère de poésie moins nombreuse, et qui sente moins les vers que la sienne; tom. XVI, *pag.* 292.

LANGLOIS. Voy. *Odoard du Hazey.*

LANGLOIS (Michel). — Dut sa grandeur au retardement de son élévation; tom. I, *pag.* 41.

LANGUEDOC. — Quels juges sont compétens pour connaître des contestations élevées à l'occasion des compoix de Languedoc; tom. X, *pag.* 587 *à* 591.

LANGUES. — Quelles sont les langues anciennes et modernes qu'il importe le plus de cultiver pour l'étude des belles-lettres; tom. XV, *pag.* 95. — L'hébreu très-utile pour l'intelligence de l'écriture-sainte, n'est pas indispensable à un magistrat, *pag.* 96. — Parmi les langues modernes, l'Italien et l'Espagnol doivent être cultivées de préférence; pourquoi, *pag.* 97.

LASTRE (Alexandre de). — Cause d'Alexandre de Lastre, de sa femme et de son fils, contre Marguerite Veret et

Alexandre de la Marre; tom. III. Faits, *pag.* 18. — Discussion, *pag.* 36. — Arrêt, *pag.* 50. Voy. *Enfant, Mariage.*

LAURENT (Saint-) de la Prée. — Contestation sur le parage de cette terre. Voy. *Aunis.*

LAURIÈRE. — Le commentaire de Laurière sur la coutume de Paris est celui qui facilite le plus l'intelligence de cette coutume; tom. XV, *pag.* 107.

LAUZUN. — Cause de divers créanciers de la maison de Lauzun; tom. IV. Faits, *pag.* 471. — Discussion, *pag.* 484. — Arrêt, *pag.* 544. Voy. *Inféodation.*

LAW. — Son système combattu par d'Aguesseau, cause l'exil du chancelier; tom. I, *pag.* lxxiij.

LE BRETON (Guillaume). — Passage de son histoire en vers latins de Philippe-Auguste; tom. VI, *pag.* 48.

LE CAMUS. — Cause de la dame le Camus contre madame de Mauléon, femme de M. Jean, maître des requêtes; tom. IV. Faits, *pag.* 340. — Discussion, *pag.* 346. — Arrêt, *pag.* 408. Voy. *Codicille, Révocation.*

LÉGISLATION. — 1.° État de la législation française au moment où d'Aguesseau veut la réformer; tom. I, *pag.* xiij. — L'uniformité de législation tentée par plusieurs rois de France, établie en partie par d'Aguesseau, *pag.* lxxj.

2.° Vues générales sur la réformation de la législation; tom. XIII, *pag.* 194 *à* 200. Voy. *Réformation.*

3.° Pourquoi il n'y a point de royaume où l'on voie une véritable et parfaite législation; tom. XVI, *pag.* 228 *et* 229.

Voy. JURISPRUDENCE.

LÉGITIMATION. — 1.° Pour que les enfans soient légitimés par le mariage subséquent, il faut qu'ils soient nés ex *soluto* et *solutâ*; tom. IV, *pag.* 422 *et* 423. — L'ignorance où se trouvoit une fille que l'homme dont elle était concubine était marié, ne suffit point pour rendre légitimes par mariage subséquent les enfans nés de ce commerce adultérin, *pag.* 424. Motifs de cette opinion qui est celle de tous les auteurs, *pag.* 425 *à* 432. — Arrêt qui le juge ainsi, *pag.* 436. — Extrait des textes du droit et des interprètes sur cette question, d'où il résulte qu'il n'y a pas de bonne foi pour le concubinage, et que la femme doit être punie, *secundùm quod est in veritate non secundùm id quod putabat*, *pag.* 437 *à* 454.

2.° Précis des lois romaines sur la légitimation par mariage subséquent; tom. VII, *pag.* 547 *à* 550. — Sur celle *per Oblationem Curicæ*, *pag.* 551. — Sur la légitimation par testament, *ibid.* — Sur la légitimation par rescrit du prince, *pag.* 552. — Sur la légitimation par reconnoissance du père, *ibid.*—Effets de la légitimation dans le droit romain, *pag.* 553 *et* 554.

3.° Dans le droit français, effets de la légitimation par mariage subséquent; tom. VII, *pag.* 596. — Effets de celle par lettres du prince, *pag.* 597 *et* 598. — Dispositions des coutumes sur la légitimation en général, *pag.* 599 *à* 604.

4.° De la succession des bâtards légitimés; tom. VII, *pag.* 623 *à* 631.

LÉGITIME. — 1.° Sa nature; tom. I, *pag.* 366. — Variations de la jurisprudence romaine sur la légitime, et son dernier état sous Justinien, *pag.* 367.

2.° Lorsque l'enfant a reçu quelque chose à titre de légitime, il ne peut attaquer le testament par la *querelle d'inofficiosité;* il n'a qu'une action en supplément de légitime, tom. II, *pag.* 38. Voy. *Inofficiosité.*—Un père dont le fils est vivant, n'est point tenu de laisser de légitime à ses petits-enfans, *pag.* 42.

Voy. EXPÉDITION, INOFFICIOSITÉ, TESTAMENT.

LEGS. — 1.° Dans quel cas un legs est-il fait par forme d'Assignat limitatif ou d'assignat démonstratif? Voy. *Assignat.*

2.° Le legs de la chose d'autrui est valable sans distinction. 1.° Quand le légataire est proche parent du testateur. 2.° Quand l'héritier est propriétaire du bien légué; dans les autres cas on distingue : si le testateur savoit que la chose léguée ne lui appartenoit pas, le legs est valable; s'il l'ignoroit, le legs est nul; tom. V, *pag.* 269 *et* 270.

Voy. COMMUNAUTÉS, 1.°; HOPITAUX, 1.°

LEIBNITZ. — Se délassoit par la poésie; tom. I, *pag.* lxxvj. Voy. *Fontenelle.*

LEMAITRE. — Son éloge; tom. I, *pag.* xix, et encore tom. XV, *pag.* 121.

LEMERRE. — Auteur de *la Justification des usages de France, sur les mariages des enfans de Famille;* tom. II, *pag.* 559. — Éloge de son *Traité* (manuscrit) *de la Discipline de l'Église de France;* tom. XV, *pag.* 146.

LE NAIN, *Maître des Requêtes.* — Son éloge; tom. I, *pag.* 177.

LE NAIN, *Doyen du Parlement.* — Son éloge; tom. I, *pag.* 177.

LE NAIN, *Avocat-Général au Parlement.* — Son éloge; tom. I, *pag.* 175.

LE RICHE (Jacques). — Sa cause contre Jean de Forceville; tom. V. Faits, *pag.* 285. — Discussion, *pag.* 288. — Arrêt, *pag.* 293. Voy. *Bénéfice.*

LESBERON (comte de). — Cause du comte de Lesberon et du marquis de Créqui, contre la maréchale de Créqui; tom. V. Faits, *pag.* 169. — Discussion, *pag.* 173. — Arrêt, *pag.* 218. Voy. *Substitution,* 5.°

L'ESCUYER (Pierre). — Cause de l'Escuyer, de sa première femme et de sa fille, contre ses deux autres femmes; tom. I. Faits, *pag.* 425. — Discussion, *pag.* 446. — Arrêt, *pag.* 478. Voy. *Bigamie, Mariage.*

LÉSION. — C'est une règle du droit français conforme au droit romain, qu'on ne peut être restitué sous prétexte de lésion, contre la vente d'une succession; tom. II, *pag.* 71. — La jurisprudence fait exception quelquefois à cette règle, *pag.* 73 *et suiv.*

LETTRES. — Discours sur la présentation des lettres du chancelier de Pontchartrain; tom. I, *pag.* 272 *à* 280. — Conclusions sur l'enregistrement des lettres du chancelier Voisin, *pag.* 281.

LETTRES DE RÉPIT. — Depuis très-long-temps on n'est plus dans l'usage d'accorder des lettres de répit aux débiteurs incarcérés; tom. XIII, *pag.* 8.

LE VASSEUR (demoiselles). — Cause des demoiselles Le Vasseur, contre Levert; tom. II. Faits, *pag.* 59. — Discussion, *pag.* 73. — Arrêt, *pag.* 81.

LE VAYER. — Éloge du traité de cet auteur, sur *l'Autorité des Rois dans l'administration de l'Église;* tom. XV, *pag.* 26, et encore *pag.* 144.

LEVERT. *Voy.* LE VASSEUR.

LÈSE-MAJESTÉ. — 1.° Le crime de lèse-majesté renfermant une double félonie, la réunion des fiefs du vassal s'opère sans charge de dettes ; tom. VIII, *pag.* 86. — C'est l'avis même des auteurs qui pensent le contraire pour le cas de simple commise, *pag.* 87. Voy. *Commise* et *Félonie.* — Déclaration de François I.er, positive à cet égard, *pag.* 88. — Réponse aux objections contre cette déclaration, tirée de l'ordonnance de Philippe-le-Bel et du témoignage de M. Dumesnil, avocat-général, *pag.* 91. — Autorité sur cette question, *pag.* 95 *à* 100.

2.° La réunion du fief a lieu de plein droit pour le crime de lèse-majesté, sans attendre le jugement; tom. VIII, *pag.* 87.

3.° Les charges et offices du condamné pour crime de lèse-majesté se réunissent ; à plus forte raison, sans charge de dettes ; tom. VIII, *pag.* 93 *à* 95. Voy. *Charges.*

4.° Ce crime rend le coupable mort civilement, même avant la condamnation; tom. V, *pag.* 476. — Pour ce crime, il n'y a point de différence entre la condamnation par contumace et la condamnation contradictoire, *pag.* 479. — Lois romaines précises sur ce point, *pag.* 480. — Les lettres d'abolition de ce crime ont-elles un effet rétroactif? Voy. *Abolition.*

5.° Pour les crimes de lèse-majesté, les ecclésiastiques sont soumis à la juridiction royale ; tom. IX, *pag.* 2 *et suiv.* Voy. *Cardinaux, Ecclésiastiques, Évêques.*

LEZET, *Avocat du Roi.* — Conclusions extraordinaires qu'il prit dans le procès d'Antoine de Chabannes, évêque du Puy, accusé de conspiration ; tom. IX, *pag.* 84 *et* 85.

LIBERTÉ DE L'HOMME (libre arbitre). — Il en est de la liberté humaine comparée avec les attributs divins, comme de l'idée même de Dieu. Nous en savons assez pour concevoir cette idée, pas assez pour la comprendre entièrement ; tom. XVI, *pag.* 67. — Manière de concilier ces deux vérités incontestables : d'un côté, le libre arbitre de l'homme ; de l'autre, la prescience et la toute-puissance de Dieu ; *pag.* 68 *à* 73.

Voy. VOLONTÉ.

LIBERTÉS DE L'ÉGLISE GALLICANE. — Ce qu'on entend par là ; tom. VIII, *pag.* 326.

Voy. PITHOU.

LIEUTENANS-CRIMINELS. — 1.° Ne peuvent s'assembler pour prendre des résolutions sans la permission du Roi ; tom. XI, *pag.* 23, et encore *pag.* 264.

2.° La déclaration de 1680, qui enjoint aux prévôts des maréchaux de faire juger leur compétence à l'égard d'un accusé absent, et de la faire juger de nouveau lorsqu'il se représente, doit s'exécuter de la même manière à l'égard des jugemens criminels; tom. XI, *pag.* 67.

Voy. Lieutenans-Généraux civils.

LIEUTENANT-GÉNÉRAL DE POLICE. — 1.° Inconvénient de réunir cette charge au corps du parlement. Lettres au parlement de Grenoble à ce sujet; tom. X, *pag.* 410.

2.° Il a droit de connoître en dernier ressort de ce qui regarde les vagabonds et gens sans aveu. Le parlement a l'inspection sur la manière dont il exerce ce droit; tom. XI, *pag.* 240.

LIEUTENANS-GÉNÉRAUX. — Les ordonnances exigent l'âge de trente ans pour remplir les charges de lieutenans-généraux civils et criminels dans les bailliages relevant nûment du parlement; tom. IX, *pag.* 474. — L'édit de 1679 ne fixe l'âge de vingt-sept ans que pour celles qui ne relèvent pas nûment du parlement, *pag.* 478 *à* 483.

Voy. Prisons.

LIEUTENANS-GÉNÉRAUX CIVILS. — Ne peuvent faire le procès aux protestans relaps ou à ceux qui ont voulu mourir dans la religion prétendue réformée; tom. X, *pag.* 146. — La connoissance de ces crimes appartient aux lieutenans-criminels, *pag.* 147.

LIEUTENANT-PARTICULIER. *Voy.* Aix.

LIEUX. — L'ordonnance de 1667 défend de commettre, pour faire une descente sur les lieux, le conseiller, au rapport duquel la descente a été ordonnée; tom. XII, *pag.* 76.

LIGNE. *Voy.* Anjou.

LIGUE. — La ligue a produit une foule d'ouvrages contraires à la sûreté des Rois; tom. VIII, *pag.* 544. Voy. *Grégoire XIV.*

LISLE. — Le Roi a droit de nommer à l'abbaye de Lisle, située en Barrois; tom. 9, *pag.* 403 *à* 436.

Voy. Bien.

LOGIQUE. — La logique ne sauroit se passer du secours de la métaphysique; tom. XVI, *pag.* 153 *et* 154.

LOI. — 1.° Le magistrat doit être soumis à son autorité; tom. I, *pag.* 135. — Écueils à éviter dans l'interprétation de la loi, *pag.* 136 *à* 139. — Éloge des lois romaines, *pag.* 170 *et* 171.

2.° La loi civile ne sauroit déroger à la loi naturelle, en établissant des choses injustes. Développement de cette idée; tom. XIII, *pag.* 528. Voy. §. *suivant.*

3.° Doit-on obéir au souverain qui fait des lois contraires au droit naturel et au droit des gens? Examen de cette dangereuse question; tom. XIV, *pag.* 617 *et suiv.* Voy. *Peuple*, 2.°

LOKE. — Réfutation de diverses objections de Loke, contre l'existence des idées innées; tom. XIV, *pag.* 202 *et suiv.* Voy. *Idées*, 2.°

LONDES. — Le fief des Londes relève immédiatement du Roi, à cause de la vicomté de Bayeux, et non du fief de Ruberey; tom. VII, *pag.* 357 *et* 358. — Preuves de cette vérité, *pag.* 358 *à* 450, et encore *pag.* 397 *à* 450.

LONGUEIL DE MAISONS, *Président.* — Son éloge; tom. I, *pag.* 227.

LONGVILLIERS. — Les droits de justice et de censive du village de Longvilliers sont mouvans du Roi comme le reste de la terre de Beaumets, à cause du bailliage d'Amiens; tom. VII, *pag.* 171 *et suiv.* — Le Roi, qui n'a pas besoin de titres, en a de certains pour établir cette mouvance, *pag.* 173. — Exposition de ces titres, *pag.* 174 *à* 205. — Les seigneurs de Dommart, qui réclament cette mouvance, ne l'appuient sur aucun titre, *pag.* 206 *à* 227. — Réponse à quelques objections des seigneurs de Dommart, *pag.* 229 *à* 247.

LOUIS XI. — Conçut le projet de convertir toutes les coutumes en une loi uniforme; tom. I, *pag.* lxix.

LOUIS XIV. — Son estime pour d'Aguesseau; tom. I, *pag.* lxij. — Son éloge, *pag.* 228.

LOUIS (SAINT-). — Institution de l'ordre de Saint-Louis. Elle est due au père du chancelier d'Aguesseau; tom. XV, *pag.* 342.

LOYERS. — Effets de l'affoiblissement des monnoies, relativement aux loyers des maisons; tom. XIII, *pag.* 391.

LUCRÈCE. — Il a considéré l'espace d'après Épicure, comme une négation totale de matière. C'est ce que reconnoissent ses partisans, et ce que l'auteur de l'Anti-Lucrèce ne paroît pas avoir saisi; tom. XVI, *pag.* 92. — Comment on pouvoit réfuter Lucrèce sur ce point et sur plusieurs autres. Voy. *Anti-Lucrèce.*

LUXEMBOURG. — Cause de M. le duc de Luxembourg et des autres ducs et pairs laïcs; tom. IV. Faits, *pag.* 1. — Discussion, *pag.* 50. — Arrêt, *pag.* 130. Voy. *Pairie*, 1.°, 2.° *et* 3.°

LYCURGUE. — Parallèle de Lycurgue et de Numa, d'après Plutarque; tom. XVI, *pag.* 208 *à* 214. — Réflexions sur la vie de Lycurgue dans Plutarque, *pag.* 217 *à* 240.

M.

MAGISTRAT. — 1.° L'ambition inconnue aux anciens magistrats rend les nouveaux méprisables; tom. I, *pag.* 53 *à* 57. — Occupations du sage magistrat dans sa retraite, *pag.* 58. — Le magistrat doit soigner sa réputation, *pag.* 64. — Portrait du magistrat vertueux, *pag.* 65 *à* 67. — Le magistrat est consacré tout entier au bien public, *pag.* 129 *et* 130. — Ses devoirs comme homme public même dans sa vie privée, *pag.* 131 *à* 134. — Censure des magistrats qui ne s'opposent pas à l'injustice, et de ceux qui profanent le mistère des jugemens, *pag.* 140 *à* 142.

2.° Obligations imposées aux magistrats par les anciennes ordonnances et peines encourues en cas d'infraction; tom. XIII, *pag.* 282 *et suiv.* — Ne peuvent recevoir de présens. Ordonnance de 1446, *pag.* 285. — Ne doivent s'entremettre des affaires d'autres personnes que du Roi, royne et autres royales. Ordonnance de 1302, d'Orléans et de Blois.

3.° Instruction sur les études propres à former un magistrat; tom. XV, *pag.* 1 *et suiv.* — Quatre points principaux dans ces études, la religion, la jurisprudence, l'histoire, les belles-lettres, *pag.* 3. Voy. *ces mots.*

Pour les vertus et devoirs du magistrat,

Voy. ATTENTION, AUTORITÉ, CENSURE, DIGNITÉ, DISCIPLINE, FERMETÉ, GRANDEUR, JUSTICE, LOIS, PATRIE, PRÉVENTION, TEMPS.

MAGISTRATURE. — Honorée par les peuples sages, fut autrefois méprisée en France; tom. I, *pag.* 59.

MAIGRIN (Châtellenie de St.). — Son état avant l'usurpation que les seigneurs d'Orchiac ont voulu en faire sur le Roi; tom. V, *pag.* 326. — Son état pendant cette usurpation, *pag.* 329. — Depuis cette usurpation, *pag.* 333. — L'explication de ces états suffit pour convaincre que cette Châtellenie est dans la mouvance du Roi, *pag.* 337. — Contestations élevées à l'égard de cette mouvance, *pag.* 338 *à* 341. — Preuves des droits du Roi sur cette Châtellennie, *pag.* 342 *à* 397. — Réponses aux préjugés que l'on vouloit tirer contre la mouvance du Roi de plusieurs arrêts du grand conseil, *pag.* 398 *à* 419. — Cette Châtellenie a toujours relevé immédiatement du Roi; elle est absolument distincte de celle d'Orchiac, *pag.* 446 *à* 498.

MAIN-MORTE. — 1.° Edit concernant les établissemens et acquisitions des gens de main-morte du mois d'août 1749. Texte; tom. XIII, *pag.* 62. — Observations sur cet édit, *pag.* 75 *et suiv.* — Manière d'assurer l'effet de la disposition de l'article 13 sur les établissemens faits antérieurement, *pag.* 76. — Par quelles personnes doivent être acceptés les dons permis par l'article 3 du même édit, *pag.* 77. — A qui doivent être adressées les demandes d'établissemens nouveaux. — Réclamations élevées contre l'article 19 qui veut que les gens de main-morte ne puissent acquérir qu'en vertu de lettres-patentes, *pag.* 80. — Motifs de la disposition du même article qui leur défend d'acquérir des rentes constituées sur des particuliers, *pag.* 81. Voy. encore même tom., *pag.* 104 *à* 114.

2.° La déclaration du 18 mai 1731 enjoint aux gens de main-morte de vider leurs mains des biens qu'ils avaient acquis depuis 1686; tom. XIII, *pag.* 83.

3.° Motifs de la déclaration du 9 juillet 1738, qui exige que pour acquérir des rentes sur particuliers, les gens de main-morte obtiennent des lettres du Roi; tom. XIII, *pag.* 84. — Cette déclaration doit être exécutée dans le Cambresis, *pag.* 87. — *Quid* pour les Pays-Bas? *pag.* 99.

4.° Lorsqu'il y a eu demande à fin de nullité d'une donation faite à des gens de main-morte, et que cette demande est antérieure à la déclaration de 1738 les parlemens doivent statuer sur la demande; l'article 9 de cette déclaration n'est point applicable à ce cas; tom. XIII, *pag.* 9.

Voy. COMMUNAUTÉS.

MAITRES DES REQUÊTES. — Quoiqu'ils aient séance dans tous les parlemens du royaume leur réception se fait au parlement de Paris, qui seul est leur juge en matière criminelle, tom. IX, *pag.* 462.

MAL. — Le mal afflige bien plus les hommes que le bien ne leur fait de plaisir ; tom. XIV, *pag.* 384 *et suiv.*

MALESPINE (Orsin). *Voy.* BERNARD.

MALLEBRANCHE. — 1.° Ce métaphisicien perd la bonne opinion qu'il avoit du chancelier d'Aguesseau en le trouvant un Thucidide dans les mains ; tom. XV, *pag.* 31.

2.° Jugement sur les ouvrages du père Mallebranche ; tom. XV, *pag.* 114.

MALTE. — Observations sur des lettres-patentes qui accordent aux chevaliers de Malte l'autorisation de couper du bois de haute futaie, même dans le quart de réserve ; tom. IX, *pag.* 467 *à* 473.

MANSFELD (Charles de). — Vicaire-général dans les armées des Pays-Bas, est auteur de deux traités sur le pouvoir des vicaires-généraux dans les armées ; tom. V, *pag.* 454.

MARCA (de). — Son éloge. Il est auteur du *traité de l'Autorité Ecclésiastique et Séculière sur les mariages* ; tom. II, *pag.* 564.

MARCHANDS (juge et consuls des). — 1.° Les juges ordinaires ne peuvent annuller les assignations données devant les juge et consuls, ni suspendre l'exécution de leurs jugemens. Réquisitoire et arrêt de réglement à cet égard ; tom. I, *pag.* 237 *à* 245.

2.° Tous les juge et consuls ne sont compétens que lorsque le débiteur a son domicile dans le lieu de leur établissment, ou lorsque la marchandise y a été vendue, livrée ou y doit être payée. Tel est l'esprit des ordonnances et la jurisprudence établie ; tom. IX, *pag.* 511 *à* 517. — Il seroit contraire au bien du commerce d'établir dans toutes les villes des juges-consuls, *pag.* 518. — Ou d'ordonner que les parties se pourvoiroient par-devant les juges-consuls les plus voisins, quand il n'y en a d'établis ni au domicile du débiteur, ni au lieu de la livraison des marchandises, *pag.* 519 *à* 523. — Il seroit plus sage de charger les officiers du bailliage du ressort de statuer dans ce cas sommairement et sans frais, comme dans les juridictions consulaires, *pag.* 524.

3.° Les juges-consuls ne peuvent procéder à l'adjudication par décret des immeubles, mais ils peuvent ordonner la vente des effets mobiliers et colloquer sur le prix de ces effets, les créanciers du failli ; tom. X, *pag.* 563 *à* 565.

4.° La modification que le parlement de Rouen a mise à l'édit de 1563, qui donne aux consuls le droit de juger en dernier ressort, jusqu'à la somme de 500 livres, est détruite par l'enregistrement fait à ce parlement de l'ordonnance de 1673, et de l'édit de mai 1710; tom. XIII, *pag.* 1.

MARCHE (Collége de la). — Fondation de ce collége; tom. IV, *pag.* 268. Qualités nécessaires pour en être principal, *pag.* 270 *et suiv.*

MARCHÉS. — Effets de l'affoiblissement des monnoies sur les marchés et entreprises; tom. XIII, *pag.* 391.

MARÉCHAUSSÉE. — 1.° Le procureur du Roi en la maréchaussée ne peut paroître au présidial avec l'épée, peut envoyer ses conclusions par écrit, doit faire enregistrer sa commission au siége du présidial; tom. XI, *pag.* 40.

2.° La maréchaussée ne doit point (lorsqu'il y a conflit) défendre un tribunal contre l'autre; elle doit attendre que le conflit soit jugé, et donner ensuite main-forte à l'autorité compétente; tom. XI, *pag.* 53 *à* 55.

3.° Motifs du privilége accordé aux officiers de maréchaussée par la déclaration de 1692, d'après laquelle ces officiers, dans leurs causes personnelles, ne sont point soumis à la juridiction du présidial du lieu; ce privilége existe avant même le paiement de la finance; tom. XI, *pag.* 72.

4.° Les cavaliers de maréchaussée doivent obéir aux ordres donnés directement par les procureurs-généraux; mais non à un simple huissier, porteur de décrets; tom. XI, *pag.* 78.

5.° D'après la déclaration du 6 mai 1692, les officiers de maréchaussée n'ont aucun rang parmi les officiers des prédiaux réunis en corps; tom. XI, *pag.* 148.

6.° Les procédures faites par le lieutenant de la maréchaussée, avant que de faire juger la compétence, sont nulles, quoique l'art. 12 du tit. 2 de l'ordonnance de 1670 ne prononce pas expressément la nullité. L'amende portée par le même article doit être réputée comminatoire; tom. XI, *pag.* 171.

Voy. Connétablie.

MARIAGE. — 1.° Quelles sont les preuves de l'existence d'un mariage? tom. I, *pag.* 398 *et suiv.* — Droit romain et droit canonique sur ce point, *pag.* 408. — Les ordonnances de Blois, celle de Moulins, et celle de 1639 font résulter des registres la véritable preuve des mariages, *pag.* 409. — L'ordonnance de 1667 admet la preuve testimoniale quand les registres ont été perdus, *pag.* 409. — La cohabitation publique n'est point une présomption du mariage, *pag.* 410. — Le contrat de mariage ne prouve point la célébration, *pag.* 413. — Arrêt qui applique ces principes, *pag.* 424.

2.° Le défaut de consentement des père et mère étoit une cause de nullité du mariage, d'après les anciennes lois civiles et canoniques; tom. I, *pag.* 451 *et* 452. — Si le concile de Trente laisse des doutes sur la nullité, du moins le défaut de consentement des père et mère forme une présomption violente de rapt et de séduction, *pag.* 454. — Ce que le concile entend par mariage clandestin, *pag.* 457, 458 et 459. Voy. *Infrà*, 6.°. — Il est pour le mariage des conditions dont le défaut ne peut jamais être réparé; d'autres dont le défaut est réparable. Le consentement des pères est dans cette dernière classe, *pag.* 461, 462 et 463. — Son défaut ne peut d'ailleurs être opposé par toute sorte de personnes, *pag.* 467. Voy. *Infrà*, 7.°

3.° Difficilement on doit confirmer un mariage contracté au mépris d'un premier engagement; tom. I, *pag.* 474.

4.° Un collatéral ne peut appeler, comme d'abus, d'un mariage après le décès des prétendus époux, pour enlever à leur enfant la qualité d'enfant légitime dont il est en possession, tom. II, *pag.* 86 *et suiv.* Arrêt qui le juge ainsi, *pag.* 98. — En général les collatéraux ne peuvent attaquer un mariage que pour une nullité absolue, et lorsqu'ils ont un intérêt né et actuel; encore leur demande est rejetée s'il y a eu une longue possession paisible, tom. V, *pag.* 397 à 401. — Dans l'ancien droit romain, la captivité du mari autorisoit la femme à contracter un second mariage, tom. II, *pag.* 488. — Le retour du mari ne suffisoit pas pour faire revivre le mariage malgré le *jus post-liminii*, *pag.* 489. — L'absence du mari pendant trois ans autorisait aussi le nouveau mariage de la femme. D'après les novelles auxquelles les lois canoniques se sont conformées, une femme ne peut plus se remarier sans être parfaitement assurée du décès de son premier mari, *pag.* 490. — Mais on ne doit pas prononcer la nullité du deuxième engagement jusqu'à ce qu'il soit absolument certain que le premier mari vivoit lors du second mariage, *pag.* 471.

6.° Le défaut du consentement du père joint au défaut de publication de bans entraîne la nullité du mariage, tom. II, *pag.* 563. Ces deux défauts sont inséparablement unis dans l'ordonnance de Blois, et plus encore dans la déclaration de 1639, *ibid.* — Ces lois qui prononcent la nullité du mariage pour défaut de bans, la prononcent donc aussi pour défaut du consentement du père, *pag.* 564 à 566.

— Et ce, quand même il n'y auroit aucune présomption de rapt, *pag.* 569. — Telle a été la jurisprudence et l'avis des docteurs *pag.* 561. Voy. *Bans*, n.° 1. — Ceci n'est point applicable au majeur de 25 ans qui, dans ce cas, encourt seulement l'exhérédation, tom. V, *pag.* 424.

7.° Distinction entre les nullités absolues et les nullités relatives en fait de mariage, tom. III, *pag.* 11. — Les nullités relatives se couvrent par une approbation tacite, *ibid.* et tom. IV, *pag.* 240 *et suiv.* — On doit plus difficilement admettre les nullités contre un mariage dissous par le décès d'un des conjoints que contre un mariage existant, *pag.* 12. — D'après ces principes, une mère qui n'a pas consenti au mariage de son fils, et qui en a connu l'existence pendant plusieurs années sans réclamer, est non recevable à demander après la mort de son fils la nullité, *pag.* 13 et 14. — Arrêt conforme, *pag.* 15.

8.° Lorsqu'il s'agit du sacrement dans le mariage entre les époux, le juge d'église est compétent, mais la demande des héritiers d'un conjoint décédé, sur la validité des conventions matrimoniales, doit être portée devant le juge ordinaire; tom. V, *pag.* 413 à 416.

9.° Le mariage des princes du sang et même des grands seigneurs, sans l'autorisation du Roi, est nul même *quoad fœdus*; exemples et application de cette vérité; tom. V, *pag.* 486 *et suiv.*

10.° Un fils majeur de 25 ans dont le père est sorti du royaume pour cause de religion, peut-il se marier sans observer aucune formalité qui supplée à l'absence de son père? tom. X, *pag.* 158. — Motifs pour l'affirmative de cette question; raison de décider que le fils doit demander au magistrat la permission de contracter mariage, *pag.* 159 *et* 160.

11.° C'est le juge d'église qui connoît des oppositions aux mariages, lorsqu'elles sont fondées sur des promesses. Le juge séculier connoît de celles qui ne regardent que l'autorité des pères, mères, tuteurs ou curateurs; tom. XII, *pag.* 197.

12.° Lorsqu'il y a dissentiment dans la famille sur le mariage d'un mineur, le tuteur doit prendre un avis de parens, d'après l'édit de 1732; tom. XII, *pag.* 199. — Cependant les juges peuvent autoriser le mariage contre cet avis, *pag.* 202.

13.° Les mariages contractés *in extremis* n'ont pas d'effet; tom. XII, *pag.* 206.

14.° Les juges ne doivent point recevoir les offres de mariages faites par un accusé de rapt qui ne peut être condamné qu'à des réparations civiles. Motifs de cette décision qui est une conséquence de l'esprit général de la déclaration du 22 novembre 1730 ; tom. XII, *pag.* 223.

Voy. ABUS, BANS, BÉNÉDICTION NUPTIALE, BIGAMIE, CURÉ, VAGABONS, VICAIRE-GÉNÉRAL DES ARMÉES.

MARIANA, *Jésuite.* — Son livre condamné par la Sorbonne et le parlement, paroît approuvé dans l'histoire des Jésuites de Jouvenci, qui donne à cette condamnation un motif calomnieux; tom. VIII, *pag.* 545.

MARILLAC. — La disgrâce de ce garde des sceaux, auteur de l'ordonnance de 1629, a nui à l'exécution de cette ordonnance; tom. XIII, *pag.* 296. Voy. *Exécution*, 2.° ; *Substitution*, 8.° *et* 9.°

MARLE. — Le fief de Murci est dans la mouvance immédiate du Roi, à cause du comté de Marle; tom. VII, *pag.* 308. Voy. *Murci.*

LA MARRE (Alexandre). *Voy.* DE LASTRE.

MARSEILLE. — Mesures à prendre relativement à la peste de cette ville; tom. X, *pag.* 107 *à* 122.

MARTIGUES. — La vicomté du Martigues relevoit en plein fief du comté de Provence. Ce comté ayant été réuni à la couronne par le testament de Charles III en faveur de Louis XI, la terre du Martigues n'a pu même, par ce testament, être démembré du domaine de la couronne. Elle est devenue inaliénable. Application de ces principes à la donation de cette terre faite au duc de Vendôme; tom. VIII, *pag.* 33 *à* 53.

MARTIGNY (dame de). — Cause de la dame de Martigny et de ses enfans; tom. II. Faits, *pag.* 29. — Discussion, *pag.* 37. Voy. *Ab irato*, *Testament.*

MARTINEAU. *Voy.* BOURNONVILLE.

MARTINET. — Cause de Martinet et Jeanne Billon, sa femme, contre Claude Belier, appelant, comme d'abus, du mariage des père et mère de ladite Jeanne Billon; tom. II. Faits, *pag.* 83. — Discussion, *pag.* 89. — Arrêt, *pag.* 97.

MATIÈRE. — Réfutation des philosophes qui soutiennent l'éternité de la matière; tom. XVI, *pag.* 73 *à* 78. Voy. *Anti-Lucrèce*, *Création.*

MAULÉON (dame de). *Voy.* LE CAMUS.

MAXIMES DES SAINTS *sur la vie intérieure.* — 1.° Réquisitoire pour l'enregistrement de la bulle contre cet ouvrage; tom. I, *pag.* 258. — Arrêt sur ce réquisitoire, *pag.* 269. — Récit sur la présentation de cet arrêt à Louis XIV, *pag.* 270.

2.° Observations de Louis XIV sur le réquisitoire fait par d'Aguesseau, à l'occasion de l'enregistrement de la bulle contre les *Maximes;* tom. VIII, *pag.* 217 *et* 218. — Comment ce discours fut jugé par les protestans et par les ultramontains, *pag.* 219 *et* 220. — Le Roi et M.me de Maintenon en font l'éloge, *ibid.*

MÉDAILLES. — L'étude des médailles doit être considérée plutôt comme un délassement que comme une occupation principale; tom. XV, *pag.* 57.

MÉDITATIONS MÉTAPHYSIQUES *sur les vraies ou fausses Idées de la Justice.* — Cet ouvrage fait connoître la profondeur de d'Aguesseau; tom. I, *pag.* lj. — Analyse de cet ouvrage, *pag.* lij *à* lvj.

Voy. AME, AMOUR-PROPRE, AMOUR DE SES SEMBLABLES, BIENS, CONNOISSANCES, DIEU, ESPRIT. ÊTRE, HAINE, HOMME, JUSTICE, LOI, PEUPLE, VÉRITÉ, VOLONTÉ.

MELCHIOR PASTOR. — Son livre *sur les Bénéfices* est un bon livre élémentaire; tom. XV, *pag.* 147.

MELCHISÉDEC. — Il a figuré la Passion de Jésus-Christ; tom. XV, *pag.* 546.

MERCURIALES. — Des assemblées des cours de parlement, dites *mercuriales ;* lieux et temps où il faut les tenir, et ceux qui doivent y assister; d'après les ordonnances de 1539, de Moulins et de Blois; tom. XIII, *pag.* 293 *à* 310.

Voy. DUEL, 2.° et 4.°; EVOCATION; 4.°, GRAND'CHAMBRE, LIEUTENANT-GÉNÉRAL DE POLICE, RÉCEPTION, REMONTRANCES.

MÉTAPHYSIQUE. — Il y en a une bonne et une mauvaise; tom. XVI, *pag.* 153. — La logique ne peut s'en passer. — *pag.* 154. — Utilité de la métaphysique, *pag.* 158 *à* 161.

MEZERAI. — Jugement sur cet historien. Parallèle de Mezerai et du père Daniel; tom. XV, *pag.* 52 *et* 53.

MEUBLES. — Dans l'ordonnance d'août 1747, sur les substitutions, doit-on admettre la disposition de l'article 125 de celle de 1629, qui défendoit de substituer des choses mobilières, excepté les meubles précieux? Raisons pour et contre; tom. XII, *pag.* 513 *à* 519. — Ces questions sont décidées par les articles 2, 3, 4, 5, 6, 7 et 8 de l'ordonnance de 1747. Voy. ces articles, *pag.* 470.

Voy. ASSIGNAT, MARCHE.

MINEUR. — 1.° Peut se faire restituer contre l'aliénation même de ses *meubles*, s'il y a lésion; tom. II, *pag.* 166 *et* 167. — Si l'aliénation de ses immeubles a été faite sans formalités, elle est nulle. Si les formalités ont été observées, le mineur peut encore être restitué pour lésion, *pag.* 168. — Le mineur est difficilement restitué contre la vente de droits incertains, *pag.* 175.

2.° Le mineur, devenu majeur, peut-il appeler comme d'abus de son propre mariage? tom. II, *pag.* 270 *à* 279. Voy. *abus*, 2.°

3.° On ne peut répéter contre un mineur les sommes qu'il a déclaré recevoir, s'il n'est justifié que ces sommes lui ont profité; tom. II, *pag.* 574.

4.° Les donations faites aux mineurs ne sont point dispensées d'acceptation; tom. II, *pag.* 370. — Mais le tuteur ne peut lui-même exciper du défaut d'acceptation, *pag.* 371.

5.° En règle générale la confusion se fait dans la personne du mineur; exceptions à la règle; tom. II, *pag.* 162.

Voy. MARIAGE, 12.°

MINISTÈRE PUBLIC. — 1.° Différence de ses conclusions avec les plaidoyers des avocats; tom. I, *pag.* xxv *à* xvij. — Nécessité d'un pareil ministère dans une monarchie, *pag.* lxiij. — D'Aguesseau, quoique jeune, le remplit avec éclat, *pag.* lxiv.

2.° Les procureurs du Roi n'ont voix délibérative, dans le siége où ils sont établis, que dans le cas très-rare où ils sont en même temps conseillers; tom. X, *pag.* 436.

3.° Toute affaire dans laquelle un mineur est intéressé n'a pas besoin d'être communiquée au ministère public. Distinctions à cet égard; tom. X, *pag.* 439 *et* 440.

4.° Un conseiller au parlement ne peut quitter de lui-même la fonction de juge pour faire une réquisition en qualité de procureur-général, tom. X, *pag.* 442.

5.° Lettres sur quelques points de discipline, à l'égard du ministère public, dans quelques parlemens, tom. X, *pag.* 436 *à* 494.

6.° Quand les juges font retirer l'audience pour délibérer

en particulier, à haute voix, le procureur-général et les avocats généraux doivent se retirer. C'est un usage constant au parlement de Paris, tom. X, *pag*. 578.

7.° La cour ne peut mettre *néant* sur les conclusions prises par le ministère public en matière criminelle, elle doit toujours déclarer qu'on aura tel égard que de raison à ses conclusions; tom. XI, *pag*. 223.

Voy. Dénombrement.

MINOS. — Pourquoi ce Roi, appelé par *Homère* le confident de Jupiter, a été injurié par les poëtes tragiques d'Athènes; tom. XVI, *pag*. 218 *et* 219.

MINUTES. — 1.° C'est un mauvais usage condamné par une déclaration de 1683, de faire apporter les minutes des procès criminels au greffe du parlement, par les greffiers de la ville; tom. XI, *pag*. 560.

2.° Les juges ne peuvent retenir les minutes des jugemens qui doivent être déposées au greffe, et dont communication doit être donnée aux parties, encore que les épices n'aient été payées; c'est la disposition de l'article 6 de l'édit de 1673; tom. XII, *pag*. 147.

Voy. Donation, 3.°

MIRACLES. — Réflexions sur les divers miracles de Jésus-Christ; tom. XV, *pag*. 570 *et suiv*. — Résister à la voix des miracles, c'est résister à la voix de Dieu même, 577.

MIREBEL. — Difficulté élevée à l'occasion de la translation de l'officialité de Mirebel; tom. IX, *pag*. 400. Voy. *Official*, 2.°

MIRLAVAUD. — Cause de Mirlavaud et de ses créanciers; tom. I. Faits, *pag*. 357 *à* 360. Discussion, 360 *à* 375. Arrêt, 375 *à* 376.

Voy. Exhérédation officieuse.

MISANTROPES. — Origine de la misantropie; tom. XVI, *pag*. 156.

MISOLOGUES. — Socrate appelle ainsi ceux qui condamnent toutes les sciences en général, comme on nomme misantropes ceux qui condamnent tous les hommes. Ces deux travers ont une origine presque semblable; tom. XVI, *pag*. 156 *à* 158.

MOEURS. — Quelles doivent être les mœurs du magistrat; tom. I, *pag*. 107 *à* 109. Contraste des mœurs des nouveaux magistrats avec celles des anciens sénateurs, *pag.* 110 *à* 116. La corruption des mœurs fait retirer le sage magistrat dans la solitude, où il exerce toutes les vertus, *pag.* 117 *et* 118.

MOINE (le). *Voy.* COLLIQUET.

MOLÉ (Louis), *Président à mortier.* — Son éloge; tom. I, *pag.* 167.

MOLÉ (Mathieu), *Premier président et garde des sceaux;* tom. I, *pag.* xlviij. — Sa fermeté, *pag.* 166.

MONADE. — La *Monade* ou l'unité, seul principe de toutes choses, est, selon Hermias, une des principales énigmes de Pythagore. Explication de cette énigme; tom. XVI, *pag.* 28 *à* 40.

MONARCHIE. — La monarchie tempérée du gouvernement populaire est un état difficile à soutenir; Bientôt la monarchie accable l'état populaire, ou l'état populaire engloutit la monarchie; tom. XVI, *pag.* 224.

MONGUS (Pierre). — Élu patriarche d'Alexandrie et condamné par l'empereur Zénon; tom. IX, *pag.* 70.

MONNOIES. — 1.° Les *considérations sur les monnoies* par d'Aguesseau offrent des principes de justice universelle; tom. I, *pag.* lj.

2.° Le crime de fausse monnoie est un cas prévôtal, tom. XI, *pag.* 144.

3.° Le crime de fausse monnoie n'est point de ceux pour lesquels on instruit le procès aux morts; tom. XI, *pag.* 312.

4.° Considérations sur les monnoies; tom. XIII, *pag.* 340 *et suiv.* — Origine et progrès de la monnoie, *pag.* 345. — La véritable valeur de la monnoie dépend comme la valeur de toute autre chose de la proportion entre la quantité de la matière dont elle est faite et la demande de cette matière. L'empreinte du souverain ne peut changer sa véritable valeur. Démonstration de ces vérités, *pag.* 350 *et suiv.* — D'après ces principes quel droit de *brassage* le souverain peut-il prendre sur la monnoie qu'il fait battre et de quelle manière ce droit doit être pris, *pag.* 360. — Autrefois la livre d'or ou d'argent était réellement une livre de poids. Ordonnance de Charlemagne à cet égard, *pag.* 367. — Philippe-le-Bel, altère le premier la monnoie; dès-lors on distingua la livre fictive ou de compte de la livre réelle ou de poids, *pag.* 368. — Philippe de Valois défendit de stipuler par livre de poids. Pourquoi, *pag.* 370. — Différentes manières dont les monnoies peuvent être affoiblies; effets généraux de ces affoiblissemens, *pag.* 372. — L'étranger n'en souffre point. Une partie des citoyens s'en dédommagent. Le Roi est celui qui y perd le plus, *pag.* 373 *à* 383. — Injustice qui s'effectue au moment même de l'affoiblissement des monnoies, *pag.* 384. — Effet de cet affoiblissement par rapport aux engagemens antérieurs. Examen de l'ordonnance de Charles VI et des lois subséquentes sur cette matière. Il est impossible de remédier par des lois à l'injustice qu'éprouvent le créancier ou le débiteur par engagemens antérieurs, *pag.* 389 *à* 407. — Effets de l'affoiblissement sur les engagemens antérieurement contractés par l'État ou par le Roi, *pag.* 408 *à* 412. — Effets de l'affoiblissement sur les engagemens contractés pendant sa durée par rapport aux particuliers, *pag.* 413 *à* 462. — Par rapport à l'État, *pag.* 463. — Par rapport au Roi et à l'égard des impositions, *pag.* 468. — De l'effet de l'affoiblissement des monnoies dans sa fin, lorsque le prince revient de la monnoie foible à la monnoie forte, *pag.* 484. — Résultat des considérations ci-dessus, *pag.* 490.

Voy. CHANGE; ÉTRANGER, n.° 2; INTÉRÊT, n.° 2.

MONOPOLE. — Ce que c'est; comment il est puni; tom. XIII, *pag.* 533.

MORALE. — Aucun philosophe, ni même aucun peuple, ne s'est formé un corps de morale parfait. Pour en faire un corps, il faut en rassembler les membres épars qu'on trouve dans chaque nation; tom. XVI, *pag.* 185.

MORT CIVILE. — On ne doit avoir aucun égard à la déposition d'un témoin mort civilement; tom. XI, *pag.* 245.

MOUVANCE DE LA COURONNE. — 1.° La prescription de la mouvance, odieuse lorsqu'un seigneur l'invoque contre un autre seigneur, est favorable quand elle est invoquée par le Roi; tom. VI, *pag.* 534.

2.° Deux hommages, joints à la prescription de trente ans, acquièrent la mouvance d'un fief à un seigneur contre un autre seigneur; tom. VI, *pag.* 547.

3.° En matière de mouvance, la présomption est toujours pour le Roi; tom. VI, *pag.* 577.

Voy. COMTÉ, 1.°; DOMAINE DU ROI, 1.°; PAIRIES, 3.°, 4.°, 5.°, 7.°

MURCI. — Le fief de Murci est dans la mouvance immédiate du Roi, à cause du comté de Marle; d'abord le comté de Marle, et la seigneurie de la Ferté-Bliard, étoient possédés par différens seigneurs. Depuis 1519 jusqu'à 1603, ils ont été réunis dans la même main, et depuis ce dernier temps, encore divisés; preuves que, dans ces trois temps, la mouvance de Murci appartenoit au comté de Marle, et non à la seigneurie de la Ferté-Bliard; tom. VII, *pag.* 308 *à* 333.

MUSIQUE. — La musique excite notre attention, comme la poésie, par une espèce de langue qui lui est particulière. Ses différens effets sur l'ame; tom. XVI, *pag.* 265.

MYSTÈRES. — La raison a ses mystères comme la religion. Contradictions dont on ne peut avoir l'explication dans la vie présente. Pour les mystères de la religion, tout se réduit au point de fait, si Dieu les a révélés; tom. XVI, *pag.* 185 *à* 193. — Le mystère de la trinité semble avoir été deviné par Platon, *pag.* 194.

N.

NATURALITÉ (Lettres de). — Différence entre les lettres de naturalité et les lettres de déclaration; les premières n'ont jamais d'effet rétroactif; les secondes l'ont toujours; c'est la jurisprudence constante; tom. II, *pag.* 612. — L'enfant d'un François qui a perdu cette qualité n'a besoin que de lettres de déclaration, *pag.* 613. — Arrêt fameux de 1576 qui le juge ainsi, *pag.* 616. — Autre arrêt dans le même sens, *pag.* 620.

NATURE. — Ce terme a deux significations principales. La nature considérée comme cause intelligente et universelle n'est autre chose que Dieu; tom. XIV, *pag.* 470. — Ce que c'est que la nature d'un être, *pag.* 471. Voy. *Naturel.*

NATUREL. — Signifie non-seulement ce qui appartient nécessairement à l'essence de chaque être, mais encore ce qui en est une suite immédiate. Développement de cette proposition; tom. XIV, *pag.* 463. — Ce qui est le plus commun n'est pas toujours pour cela naturel, *pag.* 469. — Le naturel n'est autre chose que *vivre selon sa nature*, *pag.* 470. Voy. *Nature.*

NAVARRE (le docteur). — Casuiste célèbre: soutient qu'un peuple peut déposer son Roi; tom. VIII, *pag.* 531.

NÉANT. — Il y a deux espèces de néant, le néant d'essence et le néant d'existence; tom. XIV, *pag.* 83.

NÉGOCIATEUR. — Le grand art du négociateur est de persuader aux autres qu'ils ont plus d'esprit que lui ; tom. XVI, *pag*. 317.

NEMOURS (duchesse de). *Voy*. CONTI.

NEWTON. — Réfutation de ce qu'il établit à l'égard du vide et de la force centripète. L'auteur de l'Anti-Lucrèce ne lui a pas répondu d'une manière satisfaisante ; tom. XVI, *pag*. 78 *et* 103 *à* 129. — Newton en déclarant que les rayons de lumière sont composés de petits corpuscules a renversé son système sur le vide dans lequel d'après lui, circulent les planètes, *pag*. 130 *à* 135.

NICOLE. — Les ouvrages de Nicole présentent un accord parfait de la philosophie et de la religion ; tom. XV, *pag*. 10 voyez encore *pag*. 116.

NIVET. — Cause de Nivet contre sa fille du premier lit ; tom. IV. Faits, *pag*. 545. — Discussion, *pag*. 550. — Arrêt, *pag*. 556. Voy. *Communauté, Inventaire.*

NOAILLES (Louis-Antoine de). — Élevé à l'archevêché de Paris ne peut, malgré ses vertus, conserver la paix de l'église ; tom. VIII ; *pag*. 191 *à* 195. — S'oppose au quiétisme, *pag*. 196.

NOBLESSE. — Dans le dernier état de la jurisprudence, le bâtard d'un noble n'est pas noble, sauf exception pour les personnes illustres ; tom. VII, *pag*. 571 *à* 573.

NOCES (secondes). — Progrès des lois romaines sur les secondes noces ; tom. IV, *pag*. 166 *à* 168. — Dispositions de l'édit des secondes noces calqué sur les lois romaines, *pag*. 170. — On a douté long-temps si les conquêts de communauté étoient un avantage sujet à la disposition de l'édit, *pag*. 171. — La coutume de Paris, article 279, décide affirmativement cette question, *pag*. 172. — Cet article et les dispositions de l'édit s'appliquent aux hommes comme aux femmes, *pag*. 173 *à* 175. — Les meubles sont compris dans le terme de *conquêts* employé dans cet article 279 de la coutume. Arrêt qui le juge ainsi, *pag*. 176 *à* 187.

NOTAIRES. — 1.° Lettres sur des demandes particulières faites par des notaires ; tom. X, *pag*. 530 *à* 534.

2.° L'incompatibilité des offices de notaire avec ceux de procureur est fondée sur de très-grandes raisons ; tom. X, *pag*. 533.

3.° Motifs des articles 5, 9 *et* 23 de l'ordonnance de 1735 qui exigent que les notaires écrivent eux-mêmes le testament; tom. XII, *pag.* 420 *à* 430. — Des lettres-patentes ont été expédiées en 1745 à ce sujet. Effets de ces lettres, *pag.* 450 *à* 453, et encore *pag.* 458.

NOUET, *avocat.* — Son éloge; tom. I, *pag.* 44.

NOVALES. *Voy.* DÎMES.

NOVICIAT. — Il doit être d'un an sans interruption, à peine de nullité des vœux; tom. IV, *pag.* 259 *et* 260.

NULLITÉS. — En matière criminelle ne se couvrent point; tom. XI, *pag.* 309.

NUMA. — Parallèle de Numa et de Lycurgue, d'après Plutarque; tom. XVI, *pag.* 208 *à* 214.

O.

ODE. — Ode grecque en l'honneur de d'Aguesseau, par Coray, avec traduction en regard; tom. I, *pag.* xcvij.

ODOARD DU HAZEY. — Sa cause avec la dame Dufresnoy et le sieur Langlois; tom. IV. Faits, *pag.* 136. — Discussion, *pag.* 142. — Arrêt, *pag.* 150. Voy. *Adjudication, Fraude.*

OFFICES. — 1.° L'édit d'avril 1633, supprime les offices des condamnés par coutumace, pour crime de lèse-majesté; tom. VIII, *pag.* 94 *et* 95, et de 101 *à* 105. Voy. *Charges.*

2.° Dispositions des ordonnances relatives à l'admission et réception de ceux qui peuvent être pourvus d'offices ès cours des parlemens; tom. XIII, *pag.* 276. — Toutes les ordonnances, celle de Blois inclusivement déclarent que nul office ne peut être vendu, *pag.* 277. *Voy. Parlement.*

OFFICIAL. — 1.° L'official peut connoître d'une question de fait; tom. II, *pag.* 486. — Il a même le droit d'ordonner une vérification d'écriture dans les causes de sa compétence, *pag.* 486 *et* 487. — Mais il ne peut appliquer de peines par suite du fait, *pag.* 487. — Quand le juge séculier a ordonné la vérification des mêmes écritures, l'official ne peut plus l'ordonner, *pag.* 487.

2.° Quoique l'évêque ait le droit de choisir le siége d'un official forain, le parlement peut réclamer, s'il ne juge pas le lieu du siége convenable; tom. IX, *pag.* 396 *à* 400. — Application de ces principes à la translation projetée de l'officialité foraine de Mirebel, *pag.* 401 *et* 402.

OFFICIER. — La dispense d'examen pour la réception d'un officier subalterne au conseil d'Alsace, doit être accordée par la grand'chambre de ce conseil. C'est l'usage des autres parlemens; tom. X, *pag.* 297 *à* 300.

Voy. PROVISIONS.

OPPOSITION. — 1.° Dans l'usage on admet l'opposition à un jugement par défaut faite dans la huitaine, nonobstant la disposition de l'ordonnance de 1667, qui veut que l'opposition soit faite à l'audience; tom. XIII, *pag.* 13 *et* 14.

2.° Pour les charges, deux espèces d'oppositions; tom. X, *pag.* 308 *à* 312. Voy. *Charges*, 2.°

3.° Opposition à mariage. Voy. *Mariage*, 11.°

OR. — Quelles raisons ont fait employer de préférence l'or et l'argent pour la monnoie; tom. XIII, *pag.* 346.

ORATEUR. — Doit connoître les hommes; tom. I, *pag.* 17 *à* 19. — Se nourrir de la substance des choses sans négliger la science de plaire, *pag.* 20 *à* 22. — Autres conseils à l'orateur, *pag.* 23 *à* 30.

ORCHIAC (seigneurie d'). Voy. *Maigrin (saint)*.

ORDONNANCES. — 1.° Manière d'exécuter le dessein de reviser les ordonnances de Louis XIV; tom. XIII, *pag.* 232.

2.° Les ordonnances doivent être exécutées du jour de leur publication; tom. XIII, *pag.* 272. — Doivent être lues et publiées tous les six mois, dans les cours souveraines, et tous les trois mois dans les siéges inférieurs, *pag.* 273.

Voy. Roi, 4.°

Pour les Ordonnances, Édits, etc., dont il est parlé dans d'Aguesseau, voyez le Tableau à la fin de la Table des Matières.

ORDRE. — Institution de l'ordre de Saint-Louis, due au père du chancelier d'Aguesseau; tom. XV, *pag.* 342. Voy. *Louis (Saint-)*.

ORLÉANS (le duc d'), *Régent.* — Son éloge; tom. I, *pag.* 235.

ORPHÉE. — C'est le premier des Grecs qui ait voyagé en Egypte. A quelle époque il vivoit. Vers orphiques sur la toute-puissance de Dieu; tom. XVI, *pag.* 20 *et* 23 *et* 29.

OSSAT (le cardinal d'). — Son jugement sur le chancelier Chiverny; tom. VIII, *pag.* 568 *et* 569.

P.

PAIR. — 1.° Ce que c'est qu'un pair de France dans l'origine, et les véritables idées de cette qualité; tom. VI, *pag.* 138 *et* 139. — Le mot de *pair* a deux significations : dans la première, il signifie *égal;* dans la seconde, il indique la qualité de *juge*, *pag.* 140 *et* 141. — Les *pairs* de France sont tous vassaux immédiats de la couronne. Ce qui les rend égaux et juges les uns des autres, *pag.* 142. — Les pairs étoient autrefois nommés *barons du Roi*, et les pairies confondues souvent avec les apanages, *pag.* 143 *à* 146. Voy. *Barons du Roi*, 1.° — Ce qui a lieu à l'égard du fief de la couronne se retrouve dans les fiefs inférieurs. Ainsi, pairs, compagnons, vassaux d'un même seigneur sont trois mots synonymes, *pag.* 147.

2.° Le pair non reçu ne jouit point des priviléges de la pairie, et notamment de celui d'être jugé par les pairs; tom. VIII, *pag.* 157. — Arrêts célèbres qui l'ont ainsi décidé, *pag.* 158 *à* 174.

3.° Quoique les pairs aient droit d'entrer dans tous les parlemens du royaume, ils ne prêtent serment qu'au parlement de Paris, et ne sont justiciables que de cette cour; tom. IX, *pag.* 460.

PAIRIE. — 1.° Une pairie est un seul tout composé de droits réels et de droits personnels d'un fief et d'un office; tom. IV, *pag.* 56. — Fonctions des pairs de France, *pag.* 57.

2.° Il est probable que la dignité des pairs a pris son origine dans l'office des ducs et des comtes. Dans le principe, ces offices étoient temporels, et le bénéfice n'en étoit que l'accessoire; tom. IV, *pag.* 59 *et* 60. — Sous la seconde race, ils devinrent héréditaires, et le bénéfice avec eux, *pag.* 60 *et* 61. — Alors le bénéfice, qui fut nommé fief, devint le principal, et l'office l'accessoire, *pag.* 63 *et* 64. Voy. en outre, sur l'origine des pairies et sur les causes qui en firent des fiefs héréditaires; tom. VI, *pag.* 138, et les mots *Apanage* et *Pair.*

3.° Les fiefs devenus héréditaires, les femmes mêmes possédèrent les offices de comte et la pairie; tom. IV, *pag.* 65. — Exemples célèbres à ce sujet, *pag.* 66. — A plus forte raison les femmes purent communiquer la pairie à leurs maris, *pag.* 67. — Exemples à ce sujet, *pag.* 68 *et* 69. — La pairie se transmit même à titre de vente; exemple, *pag.* 69 *et* 70. — Sous François Ier, on distingua dans la pairie l'office du fief, *pag.* 70. — L'office fut affecté aux mâles. Édits et ordonnances confirmatifs de ce droit, *pag.* 71. — Causes de ce changement, *pag.* 72 *à* 76. — Dans ce dernier état de la jurisprudence, la femme à qui appartient le fief de pairie ne transmet point la qualité de pair à son mari. Il faut que celui-ci prenne des lettres de continuation, *pag.* 78 *à* 80. — Exemples, *pag.* 81 *à* 98. — Application de ces principes au duché-pairie de Piney, transmis par mariage à M. de Luxembourg, *pag.* 99 *à* 136.

4.° La mouvance immédiate de la couronne est la base et le fondement de la pairie; tom. VI, *pag.* 151. — Exemple tiré des douze anciennes pairies, *ibid.* — Il paroît que lors de la réduction du nombre des pairs, les six anciens pairs laïcs furent préférés aux autres barons du Roi, parce qu'ils possédoient les grands fiefs mouvans du Roi, *pag.* 152. — Les nouvelles pairies toutes composées de terres, dans la mouvance de la couronne, jusqu'en l'an 1551. A cette époque, on distingua la pairie réelle de la pairie personnelle, *pag.* 153. — Changement de la jurisprudence. Exemple de pairies dans lesquelles se trouvent comprises des terres non mouvantes directement du Roi. Dans ce cas, on accorde indemnité au seigneur des terres qui perdent les droits de mouvance, *pag.* 156 *et* 157. — Mais il n'y a pas d'exemple de pairies toutes composées de terres non mouvantes du Roi, *pag.* 160 *à* 161.

5.° Quand une terre a été érigée en pairie, elle ne peut plus dépendre que du Roi, et n'a plus d'autre mouvance que la couronne; tom. VI, *pag.* 166. — Cela résulte, 1.° des termes des lettres d'érection, qui portent que la terre sera tenue du Roi à foi et hommage, *pag.* 167. — 2.° De la clause des mêmes lettres, qui portent que la terre érigée en pairie sera tenue du Roi, à cause *de sa couronne*, *pag.* 168 *à* 170. — 3.° De la clause conforme à l'édit de 1566, que la pairie demeurera réunie à la couronne par défaut de descendans mâles, *pag.* 171. — Origine du droit de réunion des pairies à la couronne, *pag.* 172 *à* 174. — Si des comtés ou des marquisats relèvent d'un autre seigneur que du Roi, cet abus n'a jamais été étendu et toléré pour la pairie, *pag.* 182, 183 *et* 186. — Peu importe que la clause de foi et hommage au Roi ne soit pas exprimée dans les lettres d'érection de pairie, la mouvance à la couronne est la suite nécessaire de l'érection, *pag.* 190 *à* 194.

6.° Le droit de ressort au parlement n'est qu'un privilége accidentel à la pairie; tom. VI, *p.* 199. — Exemple de pairies qui ne jouissent pas de ce droit, *pag.* 100. — Ce privilége ne prend naissance qu'après l'indemnité payée aux juges saisis de l'appel, *ibid.* — Le droit de mouvance à la couronne, au contraire, existe au moment de l'érection de la terre en pairie; pourquoi, *pag.* 201 *à* 203.

7.° Lorsque, par les lettres d'érection d'une pairie, il a été dérogé au droit de réversion au Roi, pour le cas de défaut de descendance mâle, le Roi n'a point renoncé pour cela à la mouvance sur la terre; pourquoi; tom. VI, *pag.* 206 *à* 213. — Exemples, *pag.* 213, 214, 217, 222. — Dans ce cas, le droit de ressort au parlement survit à la pairie; à plus forte raison, la mouvance à la couronne, *pag.* 224. — Ainsi jugé pour la terre de Beaufort et celle de Damville, *ibid.*

8.° Il est contraire au principe fondamental sur la transmission des pairies de conserver le rang de la première érection d'une pairie femelle au mari et aux descendans de la fille du dernier possesseur mâle; tom. VIII, *pag.* 137. — Preuves de cette vérité, *pag.* 138 *à* 145. — Le meilleur parti, dans une loi nouvelle, seroit d'attribuer le droit de *renouveler* la pairie femelle en faveur de celui qui épouseroit avec l'autorisation du Roi, la fille du dernier descendant mâle de la pairie, *pag.* 146.

PAPE. — 1.° Ne peut, de son propre mouvement, censurer un livre publié en France; tom. VIII, *pag.* 436. — Réfutation des prétentions des Papes, de juger, dans ce cas, en première instance, *pag.* 437 *et* 438. — Ils ne peuvent condamner sans entendre l'accusé. Discipline de l'église constante sur ce point, *pag.* 439. — Application de ces principes au bref de 1703 contre le mandement de l'évêque de Saint-Pons, *pag.* 440 *à* 452.

2.° Difficultés élevées par les Papes à l'occasion de la déclaration du clergé de France, de 1682, et de l'édit du Roi sur cette déclaration; tom. VIII, *pag.* 464 *à* 474.

3.° Le Pape peut-il obliger ceux qui demandent à être pourvus sur des résignations en faveur de bénéfices, à rapporter des attestations de vie et mœurs donnés par les ordinaires? tom. VIII, *pag.* 475. — Raisons pour l'affirmative, *pag.* 476 *à* 485. — Réfutation de ces raisons, *pag.* 486 *à* 501. Voy. *Pierre (Saint), Résignation.*

PAPIERS. — Tout papier, billet de change, ou action de commerce n'est qu'une espérance plus ou moins certaine, qu'on peut vendre. Avantages du papier sur l'argent; tom. XIII, *pag.* 450. — Le gain qui résulte du change de papier contre l'argent *et vice versâ* n'a rien d'injuste, *pag.* 541. — Comment il s'opère, *ibid.* — Le commerce du papier est soumis aux mêmes principes d'équité naturelle que le commerce des autres objets, *pag.* 543.

PARAGE. — 1.° Ce que c'est que *fiefs tenus en parage*; tom. VI, *pag.* 342. — Le parage, autrefois très-commun, a été ensuite renfermé dans un petit nombre de coutumes, *pag.* 343. — Quelles conditions sont nécessaires pour qu'il y ait parage, *pag.* 344 *et* 345. — Considérations sur ce droit, *pag.* 346 *à* 354. — Il y a le parage légal ou successif et le parage conventionnel, *pag.* 355. — Leurs différences, *pag.* 373. — Le parage condamné par les lois lombardes, aboli par l'ordonnance de 1209, fut néanmoins admis dans plusieurs coutumes, *pag.* 357 *et* 358. — On ne peut l'invoquer lorsqu'il n'existe qu'un *usage* non écrit, *pag.* 359. — Pour qu'il y ait parage, il faut nécessairement que le *chemier* ou celui qui garantit les autres sous sa foi, retienne une partie du fief, *pag.* 380

2.° Le parage, soit par rapport aux anciennes règles de fiefs, soit par rapport à l'esprit général des coutumes, soit par rapport à l'intérêt des seigneurs, est un droit odieux, contraire au droit commun; tom. VII, *pag.* 451 *à* 454, et encore *pag.* 474 *à* 484. — Différences entre le parage et le jeu de fief, qui est de droit commun, *pag.* 455 *à* 459.

3.° On n'admet point le parage dans le pays d'Aunis; tom. VII, *pag.* 462 *à* 492.

PARC-POULIN. *Voy.* BANNISSEMENT.

PARENTÉ. — Quand le beau-père et le beau-fils, juges dans le même siége, ont le même avis, leurs voix ne comptent que pour une. Il n'en est pas ainsi de l'oncle et du neveu par alliance; tom. X, *pag.* 340. Voy. *Évocation*, *Procureur-Général*, *Récusation*.

PARLEMENS. — 1.° Les parlemens règlent eux-mêmes tout ce qui tient à la discipline de leur compagnie; tom. X, *pag.* 305 *et* 306.

2.° Les parlemens ont le droit de faire le procès en première instance aux officiers qui leur sont soumis, lorsqu'ils sont accusés de malversation dans l'exercice de leurs fonctions. A Paris, l'accusation se porte, dans ce cas, à la grand'-chambre ou à la tournelle, d'après une déclaration du 26 mars 1676. Dans les autres parlemens, l'accusation doit se porter à la tournelle; tom. XI, *pag.* 20 *et* 21, et encore *pag.* 256.

3.° De la forme de nommer aux offices des cours de parlement, d'après les ordonnances de 1406, 1446, 1458 et 1493; tom. XIII, *pag.* 273. — Age et autres qualités requises pour exercer ces offices, d'après les ordonnances de 1546, et de Blois, *pag.* 276. — Examen des officiers des cours de parlement, d'après les mêmes ordonnances, *pag.* 279. — Leur serment, *pag.* 280. — Leurs rangs, séances et devoirs, d'après les ordonnances de 1453 et 1539, d'Orléans et de Blois, *pag.* 283 *à* 286.

PARLEMENS. — D'Aix. *Voy.* AIX, CONSEILLER-CLERC.
— De Besançon. *Voy.* BESANÇON, FAILLITE.
— De Grenoble. *Voy.* LIEUTENANT-GÉNÉRAL DE POLICE.
— De Paris. *Voy.* APANAGE, 2.°; COMMUNAUTÉS, CONSEILLERS, DOMAINE, MAÎTRE DES REQUÊTES, PAIRS, 3.°; PROCÈS, RÉGENCE.
— De Pau. *Voy.* PAU.
— De Rennes. *Voy.* BRETAGNE, CONSEILLERS, TUTELLE.
— De Rouen. *Voy.* JUGES-CONSULS.

PAROLE. — Avantages qui résultent de la parole dans l'état de société; tom. XIV, *pag.* 436 *et suiv.* — Inconvéniens qui en dérivent, *pag.* 444.

PART (*partus*). — Dispositions des lois romaines pour la conservation de l'enfant conçu, et pour empêcher la supposition de part; tom. IX, *pag.* 589 *à* 602. Voy. *Enfant*, *Grossesse*.

PARTAGE (de voix). — Il ne peut y avoir de partage en matière criminelle; il faut que l'avis le plus nombreux l'emporte de deux voix sur l'avis contraire pour faire arrêt, autrement l'avis le plus doux doit prévaloir; tom. XI, *pag.* 294.

Voy. VOIX.

PARTIE CIVILE. *Voy.* BANNISSEMENT.

PASCAL. — 1.° Éloge des Provinciales de Pascal; tom. XV, *pag.* 121.

2.° Pascal vouloit que les preuves de la vérité de la religion chrétienne se réduisissent à des preuves de *fait;* pourquoi; tom. XVI, *pag.* 107.

3.° Comment il faudroit s'y prendre, si l'on vouloit faire usage des pensées de Pascal, pour en former l'édifice dont elles sont les matériaux; tom. XVI, *pag.* 238 *à* 240.

PASSION. — Détails et réflexions sur la passion de Jésus-Christ ; tom. XV, *pag.* 584.

Voy. Évangile, Jésus-Christ.

PASSIONS. — Pourquoi les passions feintes plaisent dans la tragédie ; tom. XVI, *pag.* 246 *à* 251.

PATRIE. — L'amour de la patrie semble une plante étrangère dans les monarchies ; tom. I, *pag.* 229. — Causes de cette indifférence pour le bien public, *pag.* 230 *à* 236.

PATRONAGE. — 1.° La loi de Zénon et les novelles veulent qu'on suive l'intention des fondateurs ; à défaut, le droit commun ; tom. II, *pag.* 299. — Dans le droit romain, il n'y avoit point de représentation pour le droit de patronage, *pag.* 300. — En France, la représentation est admise pour le droit qui porte le même nom, *pag.* 301. — Arrêt dans ce sens, *pag.* 311.

2.° Il y a deux sortes de droits de patronage : l'un, réel ; l'autre, personnel ; tom. IV, *pag.* 160. — Le patronage réel passe à l'acheteur du fonds. Le personnel ne peut être vendu, *pag.* 161. — Peut-il être donné, *pag.* 162 *et* 163. — Examen et résolution négative de cette question, *pag.* 164 *et* 165.

PATRU. — Son éloge, ses défauts ; tom. I, *pag.* xix, et encore tom. XV, *pag.* 122.

PAU (parlement de). — Quoique l'ordonnance de 1667 n'ait pas été enregistrée à ce parlement, il doit se conformer aux articles 13 et 14 du titre des récusations, qui offrent une règle de convenance et d'honnêteté publique ; tom. XII, *pag.* 122. — D'ailleurs, par une délibération de 1717, il a admis le titre des récusations seulement avec deux restrictions, *pag.* 126 *à* 132.

Voy. Hospices.

PAUVRETÉ. — N'étoit point, à Rome, un motif de reproche contre les témoins ; mais les accusateurs devoient avoir cinquante mille sesterces ; tom. III, *pag.* 348. — En France, la mendicité forme une présomption grave de la vénalité des témoins, *pag.* 349.

PÊCHE. — Les juges de réformation pour les eaux et forêts ne connoissent point sur l'appel d'un meurtre commis à l'occasion de la pêche ; tom. XI, *pag.* 57 *à* 60.

Voy. Boutonne.

PEINE. — L'autorité des coutumes ne doit pas être appliquée

dans la punition des crimes prévus par les ordonnances; tom. XI, *pag.* 520. — Pourquoi, *pag.* 521 *à* 528.

PÉLISSIER (Michel). — Cause des héritiers de Michel Pélissier; tom. II. Faits, *pag.* 280. — Discussion, *pag.* 286. — Arrêt, *pag.* 292. Voy. *Dot*, 3.°

PELLETIER. — Il remplace M. de Harlay, premier président. Anecdote sur ce remplacement; tom. VIII, *pag.* 284 *et* 285.

PELLETIER (l'abbé le). — Cause de M. l'abbé le Pelletier, et les religieux de l'abbaye de Joui, contre les créanciers de M. de Bellièvre, ci-devant abbé de Joui; tom. II. Faits, *pag.* 1. — Discussion, *pag.* 6. — Arrêt, *pag.* 26. Voy. *Bénéfices*, *Prescription.*

PÉNITENCERIE. — Les brefs de la pénitencerie romaine n'ont, en France, aucune autorité, lorsqu'ils s'étendent au for extérieur; tom. II, *pag.* 420. — Alors même que le Pape en auroit ordonné l'exécution, *pag.* 421.

PENSIONS. — Lettres sur quelques pensions particulières demandées à d'Aguesseau; tom. X, *pag.* 346 *à* 354.

PERFECTION. — En quoi consiste la perfection de l'homme; tom. XIV, *pag.* 275. — Sa perfection est son souverain bien, et doit être l'objet de tous ses désirs, *pag.* 280 *et suiv.*, et encore *pag.* 523 *à* 525. — Sur la route de la perfection, un grand nombre de peines et de douleurs, *pag.* 349. — Le fameux dilemme d'Épicure et l'impassibilité stoïque ne sauroient rassurer contre elles, *pag.* 350. — Manière dont il faut les envisager, *pag.* 351 *et suiv.* — Réponse à l'objection de ceux qui, en reconnoissant que dans la perfection réside le souverain bien, penseroient que la foiblesse humaine ne permet pas d'avoir une volonté constante pour l'acquérir, *pag.* 362 *et suiv.*, et encore *pag.* 371 *et* 629.

Voy. Ame, Bien, Intelligence.

PERRON (du) (cardinal). — Aux états de 1614. Soutient, avec le cardinal Sourdis, que c'est une opinion problématique, si le Pape peut déposer le Roi; tom. VIII, *pag.* 550. — Jouvenci fait à tort l'éloge de cette conduite, *pag.* 551.

PERSONNES. — L'étude du droit des personnes est le principe et la fin de toute jurisprudence; tom. IX, *pag.* 572. — Différences marquées par la nature entre les hommes, *pag.* 573. — Différences établies par le droit civil, *pag.* 574. — Ce qu'on doit entendre par l'état des personnes et par questions d'état, *pag.* 575 *à* 588.

Voy. AVORTEMENT, GROSSESSE, PART.

PESTE. — Lettres sur les mesures à prendre relativement à la peste de Marseille; tom. X, *pag.* 107 *à* 122.

PÉTAU. — Le *Rationarium temporum* du père Pétau est bon en lui-même; mais il a le défaut d'être si abrégé, qu'il échappe presque à mesure qu'on le lit; tom. XV, *pag.* 50.

PETIT-PIED. — Aime mieux perdre sa chaire et abandonner sa patrie, que de se rétracter sur le *Cas de Conscience*; tom. VIII, *pag.* 253.

PEUPLE. — 1.° Auteurs célèbres non condamnés qui ont soutenu que le peuple pouvoit déposer son Roi; tom. VIII, *pag.* 531 *à* 539. — Le parlement a condamné cette dangereuse maxime dans le temps où elle faisoit impression sur le peuple, *pag.* 534 *et* 535, et encore *pag.* 540. — Aujourd'hui (sous Louis XIV) il est plus sage de tolérer les livres qui la contiennent. Application de ces principes à l'ouvrage d'Almain, *pag.* 536 *à* 541. Voy. *Almain, Azorius, Navarre, Salmeron, Suarez.*

2.° Les diverses formes de gouvernement n'ont été établies que pour le *salut du peuple.* Il faut donc que le despotisme du souverain ébranle les fondemens mêmes de toute société civile et humaine, pour que le *salut du peuple* puisse justifier l'insurrection; tom. XIV, *pag.* 617. — Dans ce cas, il vaut mieux encore souffrir une transgression nécessairement passagère du droit naturel ou du droit des gens, que de s'exposer à des révolutions funestes dont on ne peut prévoir la fin, et qui se terminent souvent à faire croître le pouvoir de ceux qui en ont le plus abusé, *pag.* 622. — Belle pensée de Tacite à ce sujet, *pag.* 623.

3.° Quand le peuple est le maître, il a ses flatteurs comme les Rois; tom. XVI, *pag.* 220. Voy. *Démagogues.*

PHILOSOPHIE. — 1.° On peut distinguer deux âges dans l'ancienne philosophie : le premier remonte jusqu'à Orphée; l'autre se rapporte au temps de Socrate. Différences entre les philosophes de ces deux âges; tom. XVI, *pag.* 19 *à* 29.

2.° C'est une fausse philosophie, que de confondre les connoissances dont la certitude dépend des observations ou des expériences, avec celles dont la vérité se découvre par la conscience que nous avons de nos sentimens; tom. XVI, *pag.* 140. Voy. *Évidence.*

PIERRE, surnommé *Mongus.* — Élu patriarche d'Alexandrie, est condamné par l'empereur Zénon; tom. IX, *pag.* 70.

PIERRE (Saint). — Devoirs que la primauté impose à saint Pierre et à ses successeurs; tom. XV, *pag.* 610.

PIROT. — Ce docteur appeloit le livre des *Maximes des Saints un livre tout d'or*; tom. VIII, *pag.* 200.

PITHOU. — Son ouvrage sur les libertés de l'église gallicane, a une autorité qui approche de celle de la loi; tom. VIII, *pag.* 497, et encore tom. XV, *pag.* 142 *à* 145.

PIVARDIÈRE (Louis de la). — Sa cause, contre les officiers de Châtillon-sur-Indre; tom. V. Faits, *pag.* 1. — Discussion, *pag.* 62. — Arrêt, *pag.* 98. — Deuxième plaidoyer, et deuxième arrêt dans la même affaire, *pag.* 102 *à* 168. Voy. *Assassinat.*

PLAIDOYERS. — Les recueils des plaidoyers doivent être consultés avec réserve; pourquoi; tom. I, *pag.* xxvj *et* xxvij.

Voy. Ministère public.

PLAINTE. — Celui qui porte une plainte au nom d'un absent doit avoir, pour cela, un pouvoir spécial; tom. XI, *pag.* 267, et encore *pag.* 576.

PLANQUE LESTREM. — Contestation au sujet du démembrement de ce fief; tom. VII, *pag.* 148 *et suiv.* — Le droit commun et la coutume d'Artois s'opposoient à ce démembrement, opéré au préjudice du Roi, *pag.* 150 *à* 161.

PLATON. — 1.° Aucun philosophe n'a eu plus de part à ce qu'on pourroit appeler la *révélation naturelle.* Son *Traité de la République* est bien supérieur à celui *des Lois.* Éloge de ce Traité de la République; tom. XV, *pag.* 17. — Il est moins utile dans la pratique que les *politiques* d'Aristote, *pag.* 42.

2.° Il semble avoir deviné le plus incompréhensible des mystères de la Religion chrétienne, la Trinité; tom. XVI, *pag.* 194.

3.° Traduction du Criton de Platon; tom. XVI, *pag.* 195 *à* 208.

4.° Lettre sur une nouvelle édition de la République de Platon, désirée par d'Aguesseau; tom. XVI, *pag.* 296.

PLUTARQUE. — 1.° Anecdote sur Thémistocle et Aristide,

rapportée par Plutarque, qui prouve que l'horreur de l'injustice est naturelle aux hommes; tom. XV, *pag.* 227.

2.° Parallèle de Numa et de Lycurgue, d'après Plutarque; tom. XVI, *pag.* 208 *à* 214. — De Romulus et de Thésée, d'après le même auteur, *pag.* 214 *à* 217. — Réflexions sur les vies de Thésée, de Romulus et de Lycurgue, dans Plutarque, *pag.* 217 *à* 240.

Voy. HOBBES.

POÉSIE. — 1.° Pour la poésie, il n'y a que la France qui puisse disputer le prix aux Italiens; tom. XV, *pag.* 97.

2.° La poésie fait encore plus d'effet par la noblesse et la hardiesse de l'expression que par le rhythme. Le style poétique plaît jusque dans la prose. Exemple pris du *Télémaque*; tom. XVI, *pag.* 262.

POÈTES. — 1.° La lecture des poètes est utile à l'orateur; tom. XV, *pag.* 118. — Térence, Virgile, Horace, sont les trois premiers poètes latins. Leurs perfections différentes. Horace est au-dessus des deux premiers, *pag.* 119. — Autres poètes latins, dont la lecture peut être utile, *pag.* 120. — Caractères des principaux poètes français, *pag.* 123.

2.° Les premiers poètes ont passé pour des hommes inspirés; tom. XVI, *pag.* 263. — Comment l'enthousiasme du poète tragique se communique au spectateur, *pag.* 264.

POITIERS. — 1.° Les institutions de théologie, pour les séminaires de Poitiers, qui établissent, 1.° l'infaillibilité du Pape; 2.° sa supériorité sur l'église universelle; 3.° l'annulation des conciles de Bâle et de Constance, doivent être supprimées, comme contraires aux libertés de l'église gallicane; tom. VIII, *pag.* 513 *à* 526.

2.° Fondation et priviléges du chapitre de Saint-Hilaire, à Poitiers; tom. II, *pag.* 394.

POLICE. — Lettres (non susceptibles d'analyse) sur divers points de haute-police; tom. X, *pag.* 63 *à* 76. — Sur divers points de police ecclésiastique, *pag.* 140 *à* 150. — Sur divers points de simple police, *pag.* 421 *à* 436.

POLIGNAC (Cardinal de). — Il n'a pas répondu d'une manière très-juste aux épicuriens, relativement à leur opinion sur le vide; tom. XVI, *pag.* 78. Voy. *Anti-Lucrèce*.

PONCHER, *Évêque de Paris*. — Fut accusé de simonie et de lèse-majesté; son procès; tom. IX, *pag.* 85 *et suiv.*

PONS (Saint-). — Affaire du mandement de l'évêque de Saint-Pons; tom. VIII, *pag.* 320 *et suiv.* — Mémoire sur la forme à suivre pour juger ce mandement, *pag.* 417 *à* 434. — Pièces relatives à cette affaire, *pag.* 453 *à* 464. Voy. *Papes*, 1.°

PONTCHARTRAIN (de), *Contrôleur-Général.* — 1.° Exerçoit les fonctions de chancelier pour le chancelier Boucherat, dont il étoit le successeur désigné dans l'esprit du Roi; tom. VIII, *pag.* 212. — Sur les observations de d'Aguesseau et de son père, il décide le Roi à faire insérer la clause *s'il appert* dans les lettres-patentes pour l'enregistrement de la bulle contre les *Maximes des Saints*, *pag.* 213 *à* 217. — Il devient chancelier. Anecdotes sur sa nomination, *pag.* 222 *et* 223, et encore tom. XV, *pag.* 354.

2.° Comparaison de M. de Pontchartrain avec M. le Pelletier, son prédécesseur; tom. XV, *pag.* 334.

Voy. Lettres.

PORTAIL, *Avocat, depuis premier Président.* — Son éloge, comme avocat, tom. II, *pag.* 482.

PORTION CONGRUE. — Quand la vente est consommée, l'objet vendu est tout au risque de l'acquéreur; tom. II, *pag.* 191. — Application de ce principe à une vente de dîmes déchargées de toute portion congrue. Cette vente ayant été consommée avant la déclaration de 1686, l'augmentation des portions congrues accordée par cette déclaration tombe à la charge de l'acquéreur, *pag.* 192 *et suiv.*

POSTHUME. — Un petit-fils, conçu après la mort de son aïeul, ne peut demander sa succession; tom. II, *pag.* 117 *et suiv.* — Les lois romaines déclarent le testament *rompu* par la naissance du posthume, qui y est oublié, *pag.* 519. Voy. *Héritier*, *Testament.*

POTHIER. — Encouragemens et conseils donnés par d'Aguesseau à Pothier, à l'occasion de son grand ouvrage (les Pandectes); tom. XVI, *pag.* 308 *à* 314.

PRAGMATIQUE SANCTION. — N'a point été entièrement abrogée par le concordat de François I.er et de Léon X; tom. XV, *pag.* 140. — Manière dont il faut étudier la pragmatique, *pag.* 149.

PRESCIENCE. — Comment on peut concilier la prescience de Dieu avec la liberté de l'homme; tom. XVI, *pag.* 68 *à* 73.

Voy. Liberté de l'homme (libre arbitre).

PRESCRIPTION. — 1.° Plusieurs coutumes ont distingué l'hypothèque de la propriété pour la prescription ; tom. I, *pag.* 489. Voy. *Anjou.*

2.° La prescription ne court point contre l'église en faveur du bénéficier qui aliène illégalement un immeuble, tant que ce bénéficier est en possession du bénéfice ; tom. II, *pag.* 22 *et* 23. — Arrêt dans ce sens, *pag.* 26.

3.° La prescription même de droits seigneuriaux est plus favorable en pays de droit écrit qu'en pays coutumier ; tom. VI, *pag.* 547 *et* tom. VII, *pag.* 34.

4.° Questions proposées aux parlemens sur la prescription des biens d'église ; tom. XIII, *pag.* 49.

5.° Mémoire sur la question de savoir si dans la Bretagne l'indemnité due par les gens d'église qui acquièrent des fonds dans la mouvance, ou dans la censive des seigneurs particuliers, est prescriptible par 40 années de possession. Lettre de d'Aguesseau à l'occasion de ce mémoire; tom. XIII, *pag.* 92.

Voy. Cens, Donation, Fief, 6.°; Inofficiosité, Mouvance.

PRÉSIDENT. — Il n'appartient qu'au président de nommer des rapporteurs ; tom. XII, *pag.* 75. — Et de convoquer extraordinairement les chambres, *pag.* 161 *et suiv.*

PRÉSIDIAUX. — 1.° Les présidiaux n'ont que la préférence sur les prévôts des maréchaux. Quand ceux-ci peuventê tre *prévenus* par les juges ordinaires, les présidiaux peuvent l'être aussi ; tom. XI, *pag.* 7. Voy. *Prévention*, 2.°

2.° La compétence des prévôts des Maréchaux doit être jugée dans le présidial du lieu où l'accusé est pris ; tom. XI, *pag.* 8, 25 *et* 62.

3.° Les sentences en dernier ressort des présidiaux doivent être signées de 7 juges, et mention doit en être faite dans l'expédition, sans quoi le parlement est fondé à connoître de l'appel de ces sentences ; tom. XI, *pag.* 14.

4.° Quand l'ordonnance a enlevé aux prévôts la connoissance des cas prévôtaux commis dans le lieu de leur résidence. Cette exclusion a été faite en faveur des présidiaux de ce lieu ; tom. XI, *pag.* 37, et encore *pag.* 61.

5.° Un conseiller ou un autre membre d'un siége présidial, n'est jugé par le parlement que lorsqu'il s'agit de malversation dans les fonctions de sa charge ; tom. XI, *pag.* 63.

6.° Le droit des présidiaux d'examiner si le prévôt des maréchaux est compétent, ne les autorise pas à examiner le fond de l'affaire ni à faire élargir provisoirement l'accusé; tom. XI, *pag.* 100.

7.° Quand le cas est prévôtal, mais que le prévôt a exercé hors des limites de son ressort, le présidial doit renvoyer l'affaire au prévôt compétent et non au juge ordinaire; tom. XI, *pag.* 119.

8.° Après vingt-quatre heures de capture, les prévôts de maréchaux ne peuvent élargir l'accusé sans l'avis du présidial du ressort; tom. XI, *pag.* 133.

Voy. APPELLATION, PRÉVÔT, PRISE A PARTIE, SERGENTERIE.

PRÊT. — Effet de l'affoiblissement des monnoies par rapport au simple prêt et aux conventions qui peuvent lui être comparées; tom. XIII, *pag.* 393.

PRÊTRES. — L'intérêt solide du clergé est d'abandonner les prêtres coupables de désordres scandaleux. C'est le crime qui cause le scandale et non la peine; tom. XI, *pag.* 469.

PREUVES. — 1.° Observations sur les preuves employées dans les questions de fait; tom. 2, *pag.* 350.

2.° Fragment sur les preuves en matière criminelle; tom. XIII, *pag.* 242 *à* 244.

3.° Dans quels cas la preuve par témoin est admise. Voy. *Acte*, 1.°; *Démence*, 3.°; *Fraude*, 1.°; *Testament*, 4.°

PRÉVENTION (préjugé). La vertu n'en est pas exempte; tom. I, *pag.* 208. — Causes de prévention pour plusieurs magistrats, *pag.* 209 *à* 216. — Moyens pour éviter la prévention, *pag.* 216 *et* 217.

PRÉVENTION. — 1.° Les anciennes ordonnances donnoient aux baillis et sénéchaux, le droit de connoître par prévention des crimes de la compétence des prévôts des maréchaux. Nécessité d'établir une pareille disposition dans la nouvelle déclaration sur la compétence des prévôts; comment la prévention sera constatée; tom. IX, *pag.* 304 *à* 324.

2.° La déclaration de 1702 (29 mai) donne aux baillis et sénéchaux, le droit de connoître par prévention sur les prévôts des cas énoncés dans l'article 12, titre 1.er de l'ordonnance de 1670; les présidiaux dans ces cas peuvent être *prévenus* comme les prévôts; tom. XI, *pag.* 5 *à* 7, et encore 102 *et* 107.

3.° C'est à l'information et au décret qu'est attachée la prévention; tom. XI, *pag.* 107.

4.° Différence entre la prévention du lieutenant criminel agissant comme juge ordinaire, ou lorsqu'il agit comme officier du présidial; tom. XI, *pag.* 175.

PRÉVENTION *de bénéfice.* — Pendant plus de 13 siècles l'église a heureusement ignoré l'usage d'acquérir les bénéfices par cette voie; tom. VIII, *pag.* 490.

PRÉVOTS. — 1.° Les prévôts des maréchaux et leurs lieutenans doivent se servir du ministère d'un greffier; tom. IX, *pag.* 248. — Cette obligation leur est imposée tant par les lois générales que par les lois propres aux prévôtés, *pag.* 249 *à* 251. — Dangers de dispenser les prévôts de cette obligation; *pag.* 252 *à* 257. — L'exemple des commissaires au Châtelet ne peut être invoqué par les prévôts, *pag.* 257 *et* 258. — Jurisprudence constante sur ce point, *pag.* 259. — Application des principes ci-dessus à la demande faite par les prévôts et lieutenans de l'Ile de France, *pag.* 260.

2.° Après le jugement de compétence le prévôt ne peut faire une information sans le concours de l'assesseur ou d'un conseiller du siége, et ce à peine de nullité. C'est l'esprit de l'article 22 titre 2 de l'ordonnance de 1670; tom. XI, *pag.* 17 *et* 18, et encore *pag.* 62, 123 *et* 150. — *Secùs* pour les informations avant le jugement de compétence.

3.° Les prévôts signent les jugemens après le président, parce qu'ils siégent après lui; tom. XI, *pag.* 62.

4.° Aucune loi n'oblige les prévôts à résider dans le lieu où le parlement est établi, ni leur défend d'en sortir sans l'autorisation du premier président; tom. XI, *pag.* 65.

5.° Les prévôts doivent faire juger leur compétence immédiatement après le procès-verbal de perquisition aux termes de l'édit de 1680; tom. XI, *pag.* 53, *et infrà*, 8.°

6.° Suivant l'article 24 de la déclaration du 5 février 1731, lorsque le prévôt n'a point déclaré à l'accusé au premier interrogatoire qu'il serait jugé en dernier ressort, le prévôt ne juge plus qu'à la charge de l'appel; tom. XI, *pag.* 79.

7.° Le véritable objet des prévôts des maréchaux est de punir non pas en général les crimes les plus noirs, mais ceux qui attaquent directement la sûreté publique. Ainsi, ce qui n'est point compris dans ce que le droit romain nommait *vis publica*, n'est point dans leur compétence; tom. XI, *pag.* 90.

8.° Les prévôts ne peuvent avoir une autre séance lors du jugement des affaires prévôtales que celle qui est réglée par la déclaration du 30 octobre 1720; ils doivent signer les seconds; tom. XI, *pag.* 168. — Formalités des jugemens prévôtaux, *pag.* 169. — Composition du tribunal prévôtal, *pag.* 182.

Voy. Conseil (Grand), Cas Prévôtaux, Présidiaux, Prévention.

PRINCE. — La fausse modération ou plutôt la foiblesse des princes qui ne sont pas assez jaloux de leur autorité, les conduit souvent à la violence ou jette leur état dans l'anarchie. Exemple à cet égard cité par Plutarque; tom. XVI, *pag.* 227. — Il est de la politique des princes d'adoucir les mœurs de leurs sujets et de faire naître chez eux l'amour des lettres, *pag.* 228.

PRINCIPE (Saint), *Évêque de Soissons.* — Dormay, auteur d'une *histoire de Soissons*, démontre la fausseté de la donation prétendue du comté de Soissons par Clovis à Saint Principe, tom. VI, *pag.* 12.

PRISCILLIEN, *évêque d'Espagne.* — Est condamné avec Instancius; tom. IX, *pag.* 63 *et suiv.*

PRISE A PARTIE. — 1.° L'action en prise à partie étant d'une valeur indéfinie le présidial ne peut en connoître; tom. XII, *pag.* 2.

2.° La règle générale que l'intimé ne peut prendre à partie un juge qui lui a fait gagner sa cause, doit cesser toutes les fois qu'il l'a gagnée inutilement, l'ayant perdue dans la suite par le seul fait du même juge; tom. XII, *pag.* 78.

3.° Dans quelle forme les demandes en prise à partie doivent être admises; tom. XII, *pag.* 79.

4.° Pour quelles causes un juge peut être pris à partie; tom. XII, *pag.* 80.

PRISONS. — 1.° La police des prisons appartient de droit commun au lieutenant-général et au procureur du Roi; tom. XI, *pag.* 485.

2.° Visites que doivent faire aux prisons les juges et conseillers; tom. XIII, *pag.* 315 *et suiv.*

PRIVILÉGES. — 1.° Les priviléges donnés par le Roi contre le droit commun doivent toujours être restreints; tom. VIII, *pag.* 175.

2.° Le Roi ne donne jamais de privilége contre lui-même ; tom. VIII, *pag.* 187.

3.° Les priviléges sont personnels, et ne s'étendent pas aux femmes des privilégiés ; Voy. *Femmes*, 2.°

4.° Priviléges qui distinguent le parlement de Paris des autres parlemens ; tom. IX, *pag.* 460 *et suiv.* et encore tom. XIII, *pag.* 274. Voy. *Apanage*, *Domaine*, *Pairs*, 3.° ; *Régence*.

PRIX. — Le prix d'une chose dépend de la proportion entre la quantité de la chose et la demande qui en est faite ; tom. XIII, *pag.* 340 *à* 345. Voy. *Valeur*, *Vente*, 3.°.

PROBABILITÉS. — Les bons jurisconsultes pensent unanimement que des indices et des probabilités ne peuvent jamais opérer la certitude ; tom. XIII, *pag.* 243.

PROBLÈME ECCLÉSIASTIQUE. — Réquisitoire contre un libelle ainsi intitulé ; tom. I, *pag.* 246 *à* 249. — Arrêt du parlement qui en ordonne le brûlement par l'exécuteur de haute justice, *pag.* 249 *et* 250. — Détails sur la condamnation de ce libelle et sur le réquisitoire ; tom. VIII, *pag.* 224 *à* 226. Voy. *Thiéry* (*Dom*).

PROCÉDURE CIVILE ET CRIMINELLE. — 1.° Il est de règle qu'il faut instruire en même temps toutes les parties d'un procès criminel ; tom. XI, *pag.* 290, et encore *pag.* 294.

2.° Lettres (non susceptibles d'analyse) sur quelques procédures criminelles ; tom. XI, *pag.* 576 *à* 590, *et pag.* 615 *à* 625.

3.° Pourquoi l'ordonnance de 1667 sur la procédure civile, et celle de 1670 sur l'instruction criminelle n'ont pas produit les avantages qu'on attendait ; tom. XIII, *pag.* 214 *et suiv.* Voy. *Absent*, 2.° ; *Appel*, *Commissaire*, *Compétence*, *Contumace*, *Décret de Prise de Corps*, *Dénonciateur*, *Dépens*, *Écrou*, *Exploit*, *Interprète*, *Jugement*, *Nullité*.

PROCÈS. — 1.° C'est dans le palais même *in loco majorum* que les procès doivent être vus aussi bien que décidés, tom. XII, *pag.* 87. — Usages différens au parlement de Paris, *ibid.*

2.° Manières dont les procès doivent être rapportés et jugés d'après les anciennes ordonnances ; tom. XIII, *pag.* 288 *à* 320.

PROCUREUR-GÉNÉRAL. — 1.° La déclaration du 31 mars 1710, établit que nul ne peut évoquer du chef des parens ou alliés des procureurs-généraux quoiqu'ils soient parties nécessaires dans tout procès criminel ; tom. XI, *pag.* 68.

2.° Devoirs des procureurs et des avocats généraux d'après les ordonnances ; tom. XIII, *pag.* 323.

Voy. MINISTÈRE PUBLIC, 4.° ; MARÉCHAUSSÉE, 4.°

PROCUREURS DU ROI. — 1.° N'agissant que comme parties publiques, ils ne sont pas régulièrement sujets à être récusés ; tom. XI, *pag.* 158.

2.° Les conclusions du procureur du Roi, en matière criminelle, ne peuvent jamais forcer les suffrages des juges ; tom. XI, *pag.* 246.

3.° Doivent interjeter appel *à minimâ* des jugemens rendus en matière criminelle ; tom. XI, *pag.* 372.

Voy. COMPÉTENCE, 4.° ; EAUX ET FORÊTS, 3.° ; MINISTÈRE PUBLIC, 2.° ; PRISON.

PROCUREUR DU ROI DE MARÉCHAUSSÉE. — Le procureur du Roi en la maréchaussée ne peut paroître au présidial avec l'épée, peut envoyer ses conclusions par écrit, doit faire enregistrer sa commission au siége du présidial ; tom. XI, *pag.* 40.

PROCUREURS. — 1.° A quoi se réduisent toutes leurs obligations ; tom. I, *pag.* 12 *et* 13. — Ne doivent point entreprendre sur les fonctions des avocats, *pag.* 46. — Doivent abréger les procédures et rétablir la discipline dans leur corps. *ibid.*

2.° Tous les procureurs au parlement de Paris le sont aussi à la cour des aides et au bureau des finances ; tom. X, *pag.* 529.

3.° Lettres sur quelques demandes faites par les procureurs à d'Aguesseau.

4.° Les procureurs, pour leur salaire des déboursés, sont égalés à ceux qui ont droit de *committimus* ; tom. XII, *pag.* 13. — C'est la disposition de l'article 26 de la déclaration du 20 août 1732.

5.° Qualités nécessaires pour être procureur aux parlemens ; tom. XIII, *pag.* 336 *et* 337. — Leurs devoirs par rapport aux juges et aux parties, *pag.* 338. — Ils ont été créés en titre d'office par édit de juillet 1572.

PRODIGUE. — Le testament fait par le prodigue avant son interdiction est valide ; tom. III, *pag.* 224 *et suiv.* Voy. *Capacité.*

PROFESSION RELIGIEUSE. — 1.° Anciennement, les professions tacites étoient réprouvées ; tom. IV, *pag.* 209 *et*

210. — Plus tard, elles furent tolérées, *pag.* 211 *à* 213. — Enfin, réprouvées de nouveau, *pag.* 214. — Les Dominicains reconnoissoient par leurs statuts des professions tacites; mais la jurisprudence contraire des parlemens est plus forte que ces statuts, *pag.* 215 *à* 218. — Arrêt conforme, *pag.* 227.

2.° En règle générale on n'est pas recevable à réclamer contre la profession expresse après 5 ans; tom. IV, *pag.* 261. — Exception à cette règle, *pag.* 262.

Voy. Epilepsie.

PROPHÉTIES. — Diverses prophéties accomplies par Jésus-Christ; tom. XV, *pag.* 566, 585, 587, 594 *à* 598, 601 *et* 602.

PROPRES. — Dans leur origine, les propres sont l'ouvrage de la loi qui ne donne cette qualité qu'aux biens qu'elle défère par succession; tom. IV, *pag.* 387. — Dans la suite les propres sont devenus l'effet de la volonté de l'homme; exemples de ces propres fictifs, *pag.* 388 *et* 389. — Dans la coutume de Paris, une donation en collatéral ne fait jamais un propre, quoique le donataire soit l'héritier de la loi, *pag.* 390. — Néanmoins, la jurisprudence a toujours étendu les propres plutôt que de les resserrer, *pag.* 391. — Ainsi, même en collatérale si la substitution ne fait que suivre l'ordre des héritiers de la loi, les biens sont réputés propres, *pag.* 392 *à* 394. — Si l'ordre des héritiers est interverti, les biens ne sont que des *acquêts*. Arrêt conforme, *pag.* 396 *et suiv.* — Pourquoi les arrêtés de Lamoignon décident le contraire, *pag.* 404 *et* 405.

PROTESTANS. — 1.° Mesures à prendre à l'égard des protestans qui se marioient d'une manière contraire aux lois; tom. X, *pag.* 155 *à* 157, 163 *et* 174. — Contre leurs assemblées, 161 *à* 164. — L'esprit des ordonnances est qu'il ne puisse être donné pour tuteur aux enfans des protestans, que ceux qui rapportent des preuves de l'exercice public de la religion catholique et romaine. Critique d'un arrêt de Bordeaux qui avoit jugé le contraire, *pag.* 165 *à* 172.

2.° Exhortation faite aux protestans par le clergé de France après l'assemblée de 1682; tom. XV, *pag.* 312. — Le Roi ordonne que cette exhortation soit lue dans les consistoires; effet de cette lecture, *pag.* 313. — Premières assemblées secrètes des protestans en 1683; leur révolte et leur défaite dans le Vivarais, *pag.* 319. — Conversion forcée des protestans du Languedoc. Réflexions à ce sujet, *pag.* 329.

Voy. Lieutenans - Généraux Civils; Mariages, 1.°; Religionnaires.

PROVENCE. — Mesures à prendre à l'occasion de l'invasion des ennemis en Provence; tom. X, *pag.* 122 *à* 140.

Voy. Martigues, 1.°; Marseille.

PROVINCIALES. — Éloge des provinciales de Pascal. La quatorzième est un chef d'œuvre, tom. XV, *pag.* 121.

PROVISIONS. — C'est au roi seul qu'il appartient de mesurer les expressions des provisions qu'il accorde à ses officiers; tom. X, *pag.* 313.

PSAUMES. — Le psaume 21.e présense l'histoire entière de la passion de Jésus-Christ; tom. XV, *pag.* 598.

PUBLICITÉ — Observations sur le projet de donner de la publicité aux contrats de vente et de prêt; tom. X, *pag.* 32. Voy. *Contrats*; *Hypothèque*.

PUFFENDORF. — Les savans du nord estiment beaucoup le traité de cet auteur *de jure naturali gentium et civili*. D'Aguesseau avoue qu'il n'a jamais pu achever la lecture de cet ouvrage; tom. XV, *pag.* 42. — Comparaison de ce traité avec le livre de Grotius *de jure belli et pacis*, *pag.* 43. Voy. *Barbeirac*.

PUISSANCE. — Comment on peut concilier la puissance de Dieu avec le libre arbitre dans l'homme; tom. XVI, *pag.* 68 *à* 73.

Voy. Liberté de l'homme (libre arbitre).

PUSSORT. — Fausse interprétation donnée par ce magistrat à l'article 7 du titre premier de l'ordonnance de 1670; tom. IX, *pag.* 313 *et* 314.

PYRRHONIENS. — Réfutation des principales objections des Pyrrhoniens; tom. XIV, *pag.* 133. Voy. *Evidence*. — Les Pyrrhoniens pour n'être point en contradiction avec eux-mêmes seroient réduits à nier l'existence de Dieu; *pag.* 162.

PYTHAGORE. — Il pensoit que Dieu étoit la source de toutes choses; tom. XVI, *pag.* 28 *à* 32. — Explication de *l'unum et omnia* des Pythagoriciens, *pag.* 33 *à* 40.

Q.

QUARTES TRÉBELLIANIQUE ET FALCIDIE. — Motifs de l'article 60 de l'ordonnance de 1735, qui permet au testateur de défendre la détraction de ces quartes, tom. XII, *pag.* 407.

QUELIER (Louis). — Cause de Louis Quelier, de sa mère et

de ses enfans, contre les enfans puînés de Louis Quelier; tom. III. — Faits, *pag.* 64. — Discussion, *pag.* 72. — Arrêt, *pag.* 76. Voy. *Exhérédation.*

QUÉNEL. — Historique de la condamnation du livre du père Quénel, tom. VIII, *pag.* 297 *et suiv.*

QUIÉTISME. — Précis de l'affaire du quiétisme; tom. VIII, *pag.* 195 *à* 219. Voy. *Fénélon.*

QUINTILIEN. — Jugement sur les ouvrages de Quintilien; tom. XV, *pag.* 112.

QUIRINI, *cardinal.* — Son estime pour d'Aguesseau; tom. I, *pag.* XCIV.

QUONDAM. — Ce mot dans les meilleurs auteurs, est employé tantôt pour marquer le passé; tantôt, pour exprimer le futur. Il indique toujours un temps éloigné; tom. VII, *pag.* 3.

R.

RACHAT. — Effets de l'affoiblissement des monnoies, sur les ventes à faculté de rachat; tom. XIII, *pag.* 392 *et suiv.* Voy. *Relief.*

RACINE. — Fut ami d'enfance de d'Aguesseau; tom. I, *pag.* XX.

RACINE (le fils). — Jugement porté par d'Aguesseau sur Racine le fils, qui étoit à Fresne; tom. XVI, *pag.* 294 *à* 296.

RAPPORTEUR. — 1.° Le droit de nommer des rapporteurs, n'appartient qu'au président véritable et non au juge qui a présidé en absence; tom. X, *pag.* 413 *et* 414.

2.° Il n'appartient qu'au président de nommer des rapporteurs; tom. XII, *pag.* 75.

3.° L'ordonnance de 1667, défend de commettre pour faire une descente sur les lieux, le conseiller au rapport duquel la descente a été ordonnée; tom. XII, *pag.* 76.

RAPT. — 1.° L'inégalité des conditions peut être une preuve de rapt de séduction; tom. I, *pag.* 456.

2.° Il n'est point de crime que les lois punissent avec plus de concert et de sévérité, tom. V, *pag.* 314 *et* 315. —

Nouveau supplice inventé par Constantin, contre les ravisseurs, *pag.* 316. — Nos rois ont renoncé au droit de faire grâce pour ce crime, *pag.* 316.

3.° Le rapt de séduction doit être puni avec plus de sévérité encore que le rapt de violence, pourquoi; tom. V, *pag.* 316 *et* 317.

4.° Le rapt, quoiqu'un cas royal, n'est pas un cas prévôtal; tom. XI, *pag.* 135.

5.° La déclaration de 1730, abolit l'alternative entre la mort et le mariage qui avoit lieu autrefois dans le cas du rapt. Motifs de ce changement; tom. XII, *pag.* 222.

RATIFICATION. — La confirmation d'un titre nul ne peut avoir d'effet rétroactif; tom. II, *pag.* 423. — Différences entre les confirmations qui se font en forme commune et celles données en connoissance de cause; *pag.* 423 *et* 424. — Dans aucun cas la confirmation d'un acte ne peut préjudicier aux tiers, *pag.* 433.

REBELLION. — Tous juges à l'exception des consuls des marchands sont compétens, pour connoître des rebellions commises incidemment à l'exécution de leurs jugemens; tom. XI, *pag.* 80 *à* 82, *et* 86.

RÉCEPTION. — Dans la concurrence du fils d'un président à mortier et du fils d'un conseiller, qui poursuivent leur réception en même temps, la préférence doit être donnée au premier; tom. X, *pag.* 303 *à* 305.

RÉCOMPENSE. — Quand le testateur a légué dans une coutume, un bien dont elle lui interdisoit la disposition en partie, le légataire a-t-il droit à une récompense sur les biens libres, dont le testateur n'a pas disposé? tom. V, *pag.* 266. Résolution affirmative; l'héritier à qui le testateur a laissé des biens qu'il pouvoit lui ôter, doit exécuter, autant que possible, le testament, *pag.* 267 *à* 274. — C'est l'opinion unanime des docteurs, *pag.* 275 *et* 276.

RECORS. — Leur présence est nécessaire dans les saisies réelles qui se font pour les tailles; tom. XIII, *pag.* 120.

RECOURS. — Ce qu'étoit autrefois le droit de recours, remplacé aujourd'hui par l'appel comme d'abus; tom. V, *pag.* 409 *et* 410.

RÉCUSATION. — 1.° La parenté ne peut être un moyen de récusation, qu'autant que le juge est parent de ceux qui sont véritablement parties. Ainsi, quand il s'agit de procès de corps ou communautés, la parenté avec un des membres du même corps n'est pas une cause valable de récusation; tom. XII, *pag.* 96, et encore 116. — C'est la disposition de l'ordonnance de 1667, art. 10 du titre des récusations.

2.° Tant que le juge n'est point récusé ou qu'il ignore les causes qui doivent le porter à s'abstenir, tous les actes par lui faits sont valides. Cela résulte de l'art. 17 de l'ordonnance de 1667; tom. XII, *pag.* 107. — On doit s'en rapporter à la déclaration du juge sur l'époque à laquelle il a eu connoissance des motifs de s'abstenir, *pag.* 108. S'il n'acquiert cette connaissance qu'après l'arrêt, cet arrêt est valide; *pag.* 157.

3.° Le juge qui paie une rente constituée à une des parties, peut-il être récusé, quand tous les intérêts échus en sont payés; tom. XII, *pag* 119.

Voy. PROCUREURS DU ROI.

RÉFORMATION. — Vues générales sur la réformation de la justice; tom. XIII, *pag.* 200. — Manière d'exécuter ce projet, par rapport au droit ecclésiastique, *pag.* 203. — Par rapport au droit civil, *pag.* 204. — Par rapport à la procédure, *pag.* 216. — Moyens pour rétablir la discipline judiciaire, *pag.* 224, et encore 232 *à* 241.

RÉGALE. — 1.° La collation sur une présentation en régale faite par ceux qui n'étoient pas les patrons est nulle. Si le roi a depuis donné d'autres provisions sans présentations, les provisions ont effet; tom. IV, *pag.* 166 *à* 168.

2.° Le parlement de Paris connoît seul de toutes les contestations relatives à la régale; tom. IX, *pag.* 461. et tom. XIII, *pag.* 50.

Voy. AUDOUL.

RÉGENS. — Qui regarde-t-on comme véritablement régens, par rapport aux droits de l'université? tom. IV, *pag.* 310 *et* 311.

RELIEF OU RACHAT. — Dans la plupart des coutumes et notamment dans celle de Montfort, le droit de relief est dû quand une femme, propriétaire d'un fief, se marie même sans communauté; tom. I, *pag.* 349. — Motifs de cette jurisprudence, *pag.* 349 *et* 350. — La coutume de Paris fait exception pour les premiers mariages, *pag.* 351. — La jurisprudence fait encore exception pour le cas où le contrat de mariage porte que la femme aura la libre disposition du fief comme auparavant, *pag.* 351 *à* 353. — Arrêt conforme à ces principes, *pag.* 355.

Voy. RACHAT.

RELIGIEUSES. — C'est le droit commun du royaume et la disposition particulière du concile de Trente, que toutes les religieuses soient cloitrées; tom. XIII, *pag.* 59. — Elles ne peuvent sortir qu'avec la permission de l'évêque, *pag.* 60.

RELIGION. — 1.° L'étude de la religion comprend deux parties. L'étude des preuves de la vérité de la religion et l'étude de la doctrine que la religion enseigne; tom. XV, *pag.* 4. — Ouvrages les plus estimés sur les preuves de la religion chrétienne, *pag.* 7 *à* 10. — Ouvrages à lire et marche à suivre dans l'étude de la doctrine de la religion, *pag.* 11. — Ce qu'il est important de remarquer dans l'histoire relativement à la religion, *pag.* 64 *à* 67.

2.° Preuves que tous les grands hommes ont regardé la religion comme le plus puissant ressort qui puisse remuer le cœur humain; tom. XVI, *pag.* 222.

RÉMISSION. — 1.° On doit toujours examiner, si les lettres de rémission sont obreptices ou subreptices; tom. XI, *pag.* 127.

2.° Il n'y a pas d'exemple de lettres de rémission accordées à un insensé; l'insensé ne peut être coupable; tom. XI, *pag.* 191.

3.° Suivant les ordonnances et la déclaration du 27 février 1703, l'adresse des lettres de rémission doit être faite aux baillis et sénéchaux; tom. XI, *pag.* 458.

4.° Bornes mises au droit qu'ont les évêques d'Orléans à leur installation, d'accorder des lettres de rémission; tom. XI, *pag.* 460 *à* 465.

5.° D'après la déclaration du 22 novembre 1683, et l'ordonnance de 1770, les juges doivent entériner les lettres de rémission et ne peuvent faire de remontrances qu'après l'entérinement; tom. XI, *pag.* 473.

REMONTRANCES. — 1.° Faits relatifs à l'usage des remontrances; tom. X, *pag.* 4. — A quelle époque remonte cet usage, *pag.* 6 *et* 7. — Les Rois de France les ont toujours autorisées, *pag.* 8 *et* 9. — Opinion du cardinal de Richelieu et de Mazarin sur ce point, *pag.* 10 *à* 14. — La déclaration de 1673, ne permit au parlement de faire des remontrances qu'après l'enregistrement, *pag.* 16. — Le régent révoqua cette déclaration, *pag.* 17. — Examen de la question, s'il est avantageux de laisser subsister l'ancien usage des remontrances, ou de s'en tenir à la déclaration de 1673, *pag.* 18 *à* 32

2.° Quand le Roi a répondu qu'il ne pouvoit déférer aux remontrances, le parlement peut et doit enregistrer l'édit sans attendre des lettres de Jussion; tom. XII, *pag.* 375 *et* 376.

Voy. Rémission, 5.°

RENNES (parlement de). — Observations du parlement de Bretagne sur l'édit des tutelles de 1732, et modifications qui en furent la suite; tom. XII, *pag.* 240 *et suiv.*

Voy. Tutelle.

RENONCIATION. — L'héritier décédé plusieurs années après l'ouverture de la succession sans avoir pris qualité, est réputé avoir renoncé à cette succession; tom. II, *pag.* 161. — Surtout, si un curateur a été nommé à la succession vacante, *pag.* 163.

RENTE. — 1.° Ce qui constitue l'essence d'une *rente foncière*, ne se rencontre point dans une rente pour *dons* et *legs*; tom. I, *pag.* 494. — Néanmoins dans l'intérêt de l'église, ces rentes jouissent des mêmes priviléges que les rentes *foncières*, *pag.* 495.

2.° Effets de l'affoiblissement des monnoies relativement aux rentes constituées; tom. XIII, *pag.* 393.

REPRÉSENTATION. — Dans le droit romain, il n'y avoit pas de représentation pour le droit de patronage; tom. II, *pag.* 300. — En France la représentation est admise pour le droit qui porte le même nom, *pag.* 301. — Arrêt dans ce sens, *pag.* 311.

RESCISION (lettres de). — Un majeur ne peut en prendre contre la vente d'une succession; tom. II, *pag.* 71 *et suiv.* Voy. *Succession.*

RÉSIGNATIONS DE BÉNÉFICES. — Dans les premiers siècles de l'église, de saints évêques ont résigné leurs bénéfices; tom. VIII, *pag.* 490. — Origine de l'usage de porter à Rome toutes les résignations en faveur, *pag.* 495. — D'après une jurisprudence constante en France, les provisions par résignation expédiées en cour de Rome, ont effet du jour de l'arrivée du courrier à Rome, *pag.* 496 *et* 497. — Le pape ne peut enlever ce privilége à la France, *pag.* 498 *à* 501. Voy. *Pape.*

RESPECT. — Le magistrat doit se respecter lui-même; tom. I, *pag.* 161 *à* 167.

RESSORT. — Ce mot a deux significations : l'une de rigueur, dans laquelle il ne s'applique qu'aux juges d'appel; l'autre, plus générale dans laquelle il signifie le territoire de la juridiction. Ordonnances qui le présentent dans cette dernière signification; tom. IX, *pag.* 496 *à* 498.

Voy. COMPÉTENCE.

RESTITUTION. — Le mineur peut se faire restituer contre l'aliénation de ses meubles, s'il y a lésion; tom. II, *pag.* 166 *et* 167. Voy. *Mineur.*

RETRAIT FÉODAL. — Les dîmes inféodées, acquises par l'église, *cum onere feudi*, sont-elles sujettes au retrait féodal? tom. II, *pag.* 371. — Les principes paroissent en faveur du retrait, *pag.* 376. — Arrêt qui le refuse, sauf à l'église à indemniser le seigneur suivant la coutume des lieux, *pag.* 386.

RETZ (de). — Observations sur les poursuites dirigées contre ce cardinal accusé de lèse-majesté; tom. IX. *pag.* 140. — L'arrêt du conseil rendu à la suite de cette affaire qui déclare exempts de la juridiction royale les cardinaux, archevêques et évêques, n'a jamais été enregistré par le parlement, *pag.* 142.

RÉVÉLATION. — Il est imprudent de décrier la loi naturelle, pour mieux établir la nécessité de la révélation (comme l'a fait M. du Trousset de Valincourt). Dieu est l'auteur de la raison, comme de la révélation; tom. XIII, *pag.* 18.

Voy. ÉVANGILE, JÉSUS-CHRIST.

REVENDICATION. — Dans quels cas il y a lieu à la revendication des marchandises qui se trouvent chez un failli. Les parlemens varient sur ce point, qu'il serait nécessaire de fixer pour le bien du commerce; tom. XIII, *pag.* 15.

RÉVISION. — 1.° La déclaration du 15 décembre 1708, fixe le dernier état de la jurisprudence (en 1748) dans ce qui regarde la manière de procéder au jugement des révisions; tom. XI, *pag.* 456.

2.° Il seroit utile de décider par une déclaration, que le délai pour se pourvoir en révision, ne courra que du jour de la signification de l'arrêt. Et d'établir pour la révision, la distinction admise généralement dans la procédure entre les mineurs et les majeurs; tom. XIII, *pag.* 134.

Voy. CHAMBRES DES VACATIONS.

RÉVOCATION. — Motifs des articles 39, 42 et 45 de l'ordonnance de 1731, qui établissent la révocation pour survenance d'enfans, et en déterminent les effets; tom. XII, *pag.* 318 *et* 319.

REIMS (église de). — Le comté de Roucy a toujours relevé immédiatement de la couronne et non de l'église de Reims; tom. VII, *pag.* 57 à 61.

RICHER. — Ses livres pour soutenir les libertés de l'église gallicane, ne comprennent rien de répréhensible; tom. VIII, *pag.* 536.

RIQUET. — Élevé pour la finance, n'avoit pas la moindre teinture des mathématiques; il forme et exécute le projet de réunir l'Océan à la Méditerranée par le canal de Languedoc; tom. XV, *pag.* 306 *et suiv.*

RIVIÈRE. — Le droit romain et les livres de fiefs ont confondu par rapport aux droits du souverain les rivières qui par leur jonction rendent d'autres navigables avec celles qui le sont; tom. VII, *pag.* 337 à 340.

ROBERT-PORTE, *évêque d'Avranche.* — Accusé de lèse-majesté; ce qui nous reste de son procès; tom. IX, *pag.* 76 *et* 77.

ROCHER. — Cause des enfans de Louis Rocher, contre Guérin et sa femme; tom. IV, *pag.* 162. — Discussion, *pag.* 166. — Arrêt, *pag.* 185. Voy. *Conquêts.*

ROI. — 1.° C'est un privilége du Roi de n'avoir d'autres juges en dernier ressort que le parlement, pour les causes du domaine; tom. VI, *pag.* 400. Le grand-conseil ne peut déroger pour lui à ce privilége, *pag.* 401. — Le Roi seul peut y renoncer, *ibid.* Et encore, *pag.* 423 *à* 425.

2.° Le Roi n'est jamais présumé avoir été partie dans un procès, s'il n'a été défendu par l'officier chargé de sa défense dans le genre d'affaires dont il s'agit, et dans le tribunal qui a droit d'en connoître; tom. VI, *pag.* 433 *à* 435. Voy. *Incompétence*, 1.°

3.° Les rois de France ne rendent hommage à personne pour les fiefs qu'ils possèdent; tom. VI, *pag.* 529. Voy. *Hommage.*

4.° Jésus-Christ a indiqué aux rois leurs devoirs; tom. XV, *pag.* 548.

5.° Les ordonnances de nos anciens rois, lorsqu'elles étoient générales, devoient s'observer dans tout le royaume; tom. VII, *pag.* 470 *et* 471.

Voy. ALMAIN, PEUPLE.

ROMULUS. — Parallèle de Romulus et de Thésée, d'après

Plutarque; tom. XVI, *pag.* 214 *à* 217. — Il paroît que le gouvernement de Romulus n'étoit pas purement monarchique, c'étoit un gouvernement tempéré, *pag.* 222. — Sa politique à l'égard des vaincus, *pag.* 223.

ROQUELAURE (M. de). — Cause de M. de Roquelaure, Marie Oger et Cousorts; tom. II. Faits, *pag.* 226. — Discussion, *pag.* 229. — Arrêt, *pag.* 233. Voy. *Anjou,* 2.°

ROTE. — Organisation de ce tribunal et dans quel cas ses jugemens peuvent être définitifs; on peut appeler comme d'abus d'une décision de la Rote; tom. V, *pag.* 405 *à* 408.

ROTURIER. — Étymologie du mot *roturier.* Dans son ancienne signification, ne convenoit qu'aux véritables serfs; tom. XV, *pag.* 79.

ROUCY. — Il paroît que dans le dixième siècle le comté de Roucy relevoit du roi; tom. VII, *pag.* 54. — L'origine de ce comté inconnue, *pag.* 55. — Une bulle place Roucy dans la mouvance du comté de Champagne qui en faisoit hommage à l'église de Reims, *pag.* 56. — Preuves qu'il y a erreur dans cette bulle et que Roucy a toujours relevé immédiatement de la couronne, *pag.* 57 *à* 61.

ROURE (Jean du). — Cause du prétendu Jean du Roure; tom. II. Faits, *pag.* 203. — Discussion, *pag.* 211. — Arrêt, *pag.* 224. Voy. *Adultérin,* 1.°

RUSE. — N'est point un moyen vraiment avantageux pour acquérir des biens sur les autres hommes, tom. XIV, *pag.* 454. Voy. *Fraude.*

S.

SAINT-GOBERT. — Cause de Saint-Gobert et son fils, contre Henri Desmarets; tom. V. Faits, *pag.* 295. — Discussion, *pag.* 313. — Arrêt, *pag.* 325. Voy. *Rapt.*

SAINT-HILAIRE (Chapitre de). — Cause du chapitre de Saint-Hilaire de Poitiers, et du sieur Corbin, contre Louis Taveau; tom. II. Faits, *pag.* 394. — Discussion, *pag.* 406. — Arrêt, *pag.* 411.

SAINT-NICOLAS-DES-CHAMPS. — Pauvres de cette paroisse. Voy. *Villager.*

SAINT-SACREMENT. — Religieuses du Saint-Sacrement. Voy. *Vaugermain.*

SAINT-SIMON. — Phrase de Saint-Simon, appliquée à d'Aguesseau; tom. I, *pag.* xxiv, et encore *pag.* xl.

SAINTONGE. — Dans une partie de cette province, il n'y a point de coutume écrite; on y suit des usages qu'on nomme *l'Usance de Saintes*. Dans quels cas ces usages peuvent servir de règle pour les jugemens; tom. VI, *pag.* 356.

SAISIE FÉODALE. — Il suffit qu'elle soit précédée d'une assignation pour rendre hommage, donnée au principal manoir; tom. I, *pag.* 347 *et* 348. — Arrêt qui le juge ainsi, *pag.* 355.

SALLUSTE. — Mot de cet historien sur Caton, appliqué à d'Aguesseau; tom. I, *pag.* xxj.

SALMERON. — Un des dix premiers pères qui ont fondé la société des Jésuites, soutient qu'un peuple peut déposer son Roi; tom. VIII, *pag.* 531.

SALUT. — 1.° Le salut d'un état n'exige jamais un crime; tom. XIII, *pag.* 613. — Cas où l'on peut dire qu'il s'agit du salut de l'état, *pag.* 615. — La libération de la dette publique n'est point un de ces cas, *pag.* 616.

2.° Ce qu'on doit entendre par le *salut du peuple*; tom. XIV, *pag.* 617 *et suiv.* *Voy.* *Peuple*, 2.°

SANCHEZ. — Le parlement ne souffroit point qu'on le citât devant lui; tom. V, *pag.* 437.

SAURIN. — Il auroit été capable de réfuter Spinosa; tom. XVI, *pag.* 66. — D'Aguesseau engage un ami à le charger de ce travail, *pag.* 67.

SCEAU. — Il étoit autrefois essentiel dans les actes, et remplaçoit la signature; tom. I, *pag.* 390. — Arrêt conforme, *pag.* 396.

SCIENCE. — Quelle espèce de science est nécessaire au magistrat; tom. I, *pag.* 120 *et* 121. — La science a élevé des esprits médiocres à la hauteur du génie, *pag.* 122. — Effets du mépris de la science pour les magistrats, *pag.* 123 *à* 126. — Avantages que la science donne au magistrat, *pag.* 127 *et* 128, et encore *pag.* 168 *à* 174.

SCRIBANIUS. — Son livre intitulé: *Amphithéâtre d'honneur*, jugé par le parlement plus digne du mépris que de la censure; tom. VIII, *pag.* 549. — Jouvenci le soutient, *ibid.* — Scribanius appelle le père Guignard un martyr, *pag.* 556,

SEIGNEURS. — 1.° Dans le treizième siècle, préféroient dépendre d'une abbaye que du Roi ; pourquoi ; tom. VI, *pag.* 524.

2.° Lorsqu'un bâtard avoit des biens dans les terres de différens seigneurs, comment la succession du bâtard se divisoit entr'eux ; tom. VII, *pag.* 615 *à* 620.

Voy. AUBAINS, BATARDS.

SEIGNORET (Jean-Jacques). — Cause des administrateurs de l'hôpital-général, étant aux droits de Jean-Jacques Seignoret, légataire universel de Guillaume Rocquigny ; la dame marquise de Gamache, donataire du Roi ; le fermier et le receveur du domaine, et autres parties ; tom. II. Faits, *pag.* 595. — Discussion, *pag.* 603. — Arrêt, *pag.* 612. Voy. *Aubains*, 1.°

SÉNÉCHAUX. — Les anciennes ordonnances donnent aux sénéchaux le droit de connoître par prévention des crimes de la compétence des prévôts des maréchaux ; tom. IX, *pag.* 304 *à* 324. Voy. *Prévention.*

SENLIS (François et Gabriel de). — Cause de François et Gabriel de Senlis, contre Pierre Sparvuart, ayant requis l'instance, au lieu de la prétendue Jacquette de Senlis ; tom. I. Faits, *pag.* 398 *à* 406. — Discussion, *pag.* 407 *à* 423. — Arrêt, *pag.* 423. Voy. *Créanciers, État Civil, Mariage.*

SENSATIONS. — Les sensations déterminent-elles la volonté ? Grande question ; tom. XIV, *pag.* 35. Voy. *Volonté.*

SENTENCES. — 1.° De présidiaux. Voy. *Présidiaux*, 3.°

2.° Il n'y a que les expéditions en forme de sentences qui portent en tête le nom du Roi ou du juge. Cette règle, rappelée dans l'article 4 de la déclaration du 28 mars 1720, ne s'applique point aux minutes des jugemens ni aux expéditions par extrait ; tom. XI, *pag.* 15.

SEPT PARTIES. — Par qui cet ouvrage a été composé, et ce qu'il contient ; tom. XIII, *pag.* 202.

SERGENTERIES. — Le refus fait par les commis aux sergenteries d'assurer l'exécution d'un condamné, n'est point un cas présidial ; tom. XI, *pag.* 31.

SERGIUS, *Évêque de Cyr.* — Condamné par l'empereur Justin ; tom. IX, *pag.* 70.

SERMENT. — Quoique la déclaration du 11 juin 1724 désigne

le parlement pour recevoir le serment des préposés à la garde des prisons, il peut commettre les officiers des lieux pour recevoir ce serment; tom. XI, *pag.* 482.

Voy. Greffier, 2.°

SIGNATURE. — Pendant long-temps, en France, on n'a point signé les actes. Voy. *Sceau.*

SIMPLICITÉ. — La justice l'exige du magistrat; tom. I, *pag.* 95 *et* 96. — Ses effets, et contraste du magistrat ambitieux avec le magistrat dévoué à la simplicité, *pag.* 97 *à* 102. — La simplicité des premiers romains a produit leur grandeur, *pag.* 103. — Même observation sur les anciens héros français et sur les anciens sénateurs, *ibid.* — Erreurs qui font mépriser la simplicité à plusieurs magistrats, *pag.* 104 *à* 106.

SOCIÉTÉ. — La foiblesse de l'homme l'a porté à se mettre en société; tom. XIV, *pag.* 428. — Impressions que les hommes, dans la société, produisent les uns sur les autres, *pag.* 430. — Les avantages de la société découlent principalement de la parole et de l'écriture, des arts et du commerce, de la puissance des armes et de la protection des lois, *pag.* 436. — Examen des avantages qui résultent de la parole et de l'écriture, *pag.* 437. — Des arts et du commerce, *pag.* 440. — De la protection des armes et des lois, *pag.* 442. — La société a aussi ses inconvéniens, qui découlent des mêmes sources, *pag.* 443. — Mais il n'est pas douteux que les avantages de la société ne surpassent ses inconvéniens, *pag.* 445 *à* 451.

SOCRATE. — Allégorie de Socrate sur l'amour; tom. XIV, *pag.* 255. — Il appelle *misologues* ceux qui s'élèvent contre toutes les sciences, comme on appelle *misanthropes* les détracteurs de la société civile. D'où naît, d'après Socrate, cet état de *misologie*; tom. XVI, *pag.* 156 *à* 158.

SOISSONS (comté de). — 1.° Ce comté est dans la mouvance du Roi, et non dans celle de son évêque, tom. VI, *pag.* 1. — En effet, ce comté, créé sous la première race, ne dépendoit alors que du Roi, et n'étoit qu'un office personnel amovible, comme tous les autres comtés. Voy. *Offices* et *Fiefs.* Guy de Vermandois se maintint le premier dans cette dignité, qui devint un fief par cet abus, *pag.* 15. — Hugues Capet lui donna le droit de justice, *pag.* 16. — On voit, dans Guillaume de Jumiége, que Henri I.er donna le comté de Soissons à Guillaume Buzac. Il paroît que le comte de Soissons s'étoit révolté contre le Roi, qui s'empara du comté, *pag.* 16 *à* 20. — Guillaume Buzac assista au couronnement de Philippe I.er, comme comte de Soissons. De là, présomption que le comte de Soissons étoit vassal immédiat du Roi, *pag.* 36. — Quatre preuves qu'il en étoit de même dans le douzième siècle, tirées, 1.° de deux lettres de saint Bernard *pag.* 37 *à* 41. — 2.° De lettres-patentes données par Louis le jeune, en 1155, *pag.* 41 *à* 46. — 3.° Des registres de Philippe-Auguste, *pag.* 47 *à* 50. — 4.° D'un hommage rendu au même Roi par Blanche, comtesse de Champagne, *pag.* 51 *et* 52. — Pour le treizième siècle, trois preuves de la mouvance immédiate du comté de Soissons; sentence arbitrale, rendue en 1225, *pag.* 52 *et* 53. — Jugement rendu par Saint-Louis en 1230, *pag.* 54. — Lettres-patentes de Philippe-le-bel, en 1300, *pag.* 55. — Pour le quatorzième siècle, le partage fait entre les enfans de Louis de Châtillon, et le délaissement fait par Guy de Châtillon à Enguerand de Coucy, prouvent la mouvance immédiate du comté de Soissons, *pag.* 55 *à* 80. — La moitié de ce comté, réunie depuis au domaine de la couronne, par l'avénement de Louis XII, *pag.* 105. — L'autre moitié, érigée en pairie par Charles VI, et ensuite par Louis XII, se trouve comprise dans des actes de fief et hommage faits au Roi, *pag.* 106 *à* 124. — Objections des évêques contre ces preuves, réfutées, *pag.* 125 *à* 134. — Or, à cette époque, les pairies ne pouvoient comprendre que des terres mouvantes du Roi. Voy. *Pairie.* Résumé des preuves ci-dessus, que le comté de Soissons a toujours été dans la mouvance de la couronne, *pag.* 162 *à* 166. — Mais, quand même ce comté n'eût pas été dans cette mouvance avant son érection en pairie, cette érection consommée auroit éteint les droits des évêques de Soissons. Voy. encore *Pairie*, 3.° — Examen des lettres d'érection en pairie du comté de Soissons, *pag.* 178 *et* 179. — Si les évêques avoient eu quelque droit sur ce comté, on en auroit parlé dans les lettres d'érection. Exemple de pareilles mentions, *pag.* 195 *à* 198. — Quand même les possesseurs du comté de Soissons ne jouissent plus de la dignité de pairs, la terre est restée dans la mouvance du Roi, *pag.* 206 *et suiv.* — On a jugé pour ce comté, que le droit de ressort existoit après l'extinction de la pairie; à plus forte raison la mouvance au roi doit subsister, *pag.* 225 *à* 232. — Récapitulation de tout ce qui a été dit pour établir les droits du Roi sur ce comté. Production des pièces à l'appui, *pag.* 233 *à* 237, et encore depuis, *pag.* 309 *à* 324.

2.° *Titres invoqués par les évêques de Soissons, pour établir leurs droits sur ce comté;* tom. VI, *pag.* 238. — Trois titres principaux des années 1140, 1141 et 1147, réfutés, *pag.* 239 *à* 266. — Charte de 1169, prétendue d'Hugues de Chamfleury. Contredits à cette charte, *pag.* 267. — Acte de l'an 1197. Contredits, *pag.* 268. — Plusieurs actes du treizième siècle. Contredits, 269 *à* 278. — Dix titres pour le quatorzième siècle. Contredits, *pag.* 279 *à* 294. — Actes du quinzième siècle. Contredits, *pag.* 295 *à* 297. — Point de titre qui mérite attention pour le seizième siècle, *pag.* 298 *et* 299. — Actes du dix-septième siècle. Contredits, *pag.* 300. — De tous les titres ci-dessus, douze seulement sont en bonne forme, dont huit ne parlent pas du comté de Soissons, *pag.* 301. — Les quatre autres n'établissent point suffisamment les droits des évêques, *pag.* 303 *à* 305, et encore *pag.* 309.

SOLDATS. — 1.° Chez les romains, on distinguoit deux sortes de crimes de la part des soldats : les crimes *communs* et les crimes *militaires*. Différences entre les effets de ces deux espèces de crimes, par rapport aux biens du soldat; tom. VIII, *pag.* 121.

2.° Tout crime commis par un soldat n'est pas un cas prévôtal; il faut encore, pour cela, d'après l'ordonnance de 1670, et la déclaration du 5 février 1731, que le soldat ait commis le crime dans la marche de la troupe, dans les lieux d'étape, ou d'assemblée, ou de séjour, pendant la marche; tom. XI, *pag.* 91, 93, et encore *pag.* 130.

SONGE DU VERGER, *ou* DIALOGUE DU CLERC ET DU CHEVALIER. — Cet ouvrage a eu une grande réputation. On n'en connoît pas l'auteur; tom. XV, *pag.* 145.

SOURDIS. — Poursuites dirigées contre ce cardinal, qui avoit fait enlever un gentilhomme condamné à mort; tom. IX, *pag.* 138 *à* 140. Voy. *Du Perron.*

SPARTE. — Système du gouvernement de Sparte, établi par Lycurgue; tom. XVI, *pag.* 230 *et suiv.*

SPARVUART (Pierre). *Voy.* SENLIS.

SPECTACLES. — Cessent ordinairement au dimanche de la Passion jusqu'au lendemain du dimanche de *Quasimodò*; tom. X, *pag.* 288.

SPINOSA. — Il suffiroit d'exposer clairement ses principes pour qu'ils se trouvassent réfutés; tom. XVI, *pag.* 66. — Un bon philosophe devroit s'occuper de ce travail, *pag.* 67.

Voy. ARNAUD, SAURIN.

STACE. — Beau passage de ce poëte sur le tombeau de Thésée, qui servoit d'asile aux opprimés; tom. XVI, *pag.* 220.

STATUTS RÉELS ET PERSONNELS. — Les formalités

d'un testament doivent se régler par la loi du lieu où il est fait; tom. V, *pag.* 256. — Quand il s'agit de fixer la nature des biens dont on peut disposer, il faut suivre la coutume de la situation des biens, *pag.* 256. — *Quid* pour la capacité de disposer, et pour les bornes de cette capacité? Trois sortes de dispositions dans les coutumes sur ce point: les premières, purement réelles; les secondes, personnelles; les troisièmes, mixtes, *pag.* 257 *et* 258. — Dans ces dernières, on doit examiner si la réalité l'emporte sur la personnalité, ou réciproquement, *ibid.* — La disposition de la coutume de Normandie, qui exige que le testateur survive trois mois au testament, forme-t-elle un statut réel ou personnel? *pag.* 259. — Motifs pour décider qu'elle forme un statut personnel, *pag.* 260 *à* 262. — Extrait des observations de M. d'Aguesseau sur cette question, lors de la rédaction de l'ordonnance sur les testamens, qui décide que ce statut est réel, *pag.* 280 *à* 284. Voy. encore tom. XII, *pag.* 399.

STOKMAN. — Auteur du livre intitulé: *Jus belgarum circà bullarum pontificarum receptionem;* tom. V, *pag.* 386. — Il a fait aussi un Traité intitulé: *Defensio belgarum contrà evocationes et peregrina judicia*, *pag.* 411.

STYLE. — Ouvrages qu'il est bon de lire pour se former à la pureté et à l'élégance du style; tom. XV, *pag.* 117 *à* 124. — C'est une erreur de croire que des auteurs latins ne peuvent pas apprendre à bien écrire en français, *pag.* 120. — Exercices propres à former le style, *pag.* 124 *à* 129.

SUAREZ. — Sa doctrine sur la souveraineté du peuple; tom. VIII, *pag.* 532. — Sur le droit des Papes, *pag.* 546. — Jouvenci rend un compte inexact de la condamnation du livre de Suarez, *pag.* 547 *et* 548.

SUBHASTATION. — Deux déclarations de 1702 font défenses à tous créanciers de faire vendre autrement que par subhastation les biens situés dans les pays de Bresse, Gex et Bugey; tom. XIII, *pag.* 129.

SUBROGATION. — Ce qui est nécessaire, d'après les ordonnances et le droit romain, pour que la subrogation conventionnelle puisse avoir lieu; tom. XIII, *pag.* 11.

SUBSISTANCES. — Lettres sur divers points de police, relatifs aux subsistances; tom. X, *pag.* 76 *à* 106.

SUBSTANCE ou SUBSTRACTUM. — Ce terme n'explique point la véritable nature des choses; c'est une abstraction qui représente tout ce que notre esprit peut concevoir seul, et sans apercevoir en même temps une autre idée dans laquelle il subsiste, et qui en soit le sujet; tom. XVI, *pag.* 162. — La substance n'est donc rien en réalité; c'est un pur fantôme, *pag.* 170 *à* 182.

SUBSTITUTIONS. — 1.° Leur origine; tom. III, *pag.* 172. — Différences entre les substitutions vulgaires et les substitutions pupillaires, *pag.* 173 *à* 175. — Tant que le testament subsiste, l'interruption des degrés n'interrompt pas la substitution, même fidéicommissaire, *pag.* 179. — Ainsi, lorsqu'un héritier testamentaire, chargé d'un fidéicommis, n'accepte point, le second héritier institué se trouve chargé du fidéicommis, quoique cela ne soit point expressément déclaré dans le testament, *pag.* 182 *et* 183. — Bien plus, lorsque le défunt a chargé un héritier légitime d'un fidéicommis, si cet héritier répudie le cohéritier à qui sa part accroît est tenu d'acquitter le fidéicommis, 183 *et* 184. — Mais, si le défunt a chargé d'un fidéicommis des héritiers testamentaires, et que, par la caducité du testament, sa succession vienne aux héritiers légitimes, ces héritiers ne doivent point le fidéicommis. On passe ici d'un genre de succession à un autre, *pag.* 189 *à* 197. — *Quid*, si le testament contenoit la clause codicillaire? Voy. *Codicille.* Voy. les mêmes questions, même tome, *pag.* 372 *et suiv.*, 518 *et suiv.*, et encore *Infrà*, 17.°

2.° La condition *si sine liberis* étant exprimée par rapport au premier degré de substitution, et marquée dans une clause générale du testament, doit avoir effet par rapport au second degré; tom. IV, *pag.* 153 *à* 160.

3.° C'est un principe incontestable que les substitués reçoivent les biens du testateur, et non de l'institué. Conséquence de ce principe; tom. IV, *pag.* 385 *et* 386. Voy. *Propre.*

4.° Progrès du droit sur les substitutions; tom. IV, *pag.* 529. — La novelle 159, qui réduisoit au quatrième degré les substitutions, n'étoit point observée en France. Cet abus fut corrigé par l'ordonnance d'Orléans et par celle de Moulins. Précautions établies par ces ordonances contre les substitutions trop étendues. Voy. *Inaliénabilité.*

5.° *Espèce.* Un testateur institue un héritier, substitue à cet héritier les enfans d'un tiers, et pour le cas où ce tiers mourroit sans enfans, substitue un nouvel individu. L'héritier meurt; le tiers encore vivant n'a point d'enfans. La substitution est-elle ouverte en faveur du troisième individu? tom. V, *pag.* 187 *et suiv.* — Dans les questions de cette nature, il faut surtout consulter l'intention du testateur. Ici elle paroît contraire à l'ouverture de la substitution en faveur du dernier substitué, *pag.* 188 *à* 194. — Les docteurs distinguent le cas où le testateur a fixé l'époque de l'existence des enfans, et le cas où cette époque n'est pas déterminée, *pag.* 195 *à* 200. — Si le testateur n'a pas désigné le temps où les enfans doivent exister, il faut chercher si les enfans à naître pouvoient être plus chers au testateur que le dernier substitué, *pag.* 201 *à* 207. — Dans un tel cas, si l'on décide que la substitution ne sera ouverte qu'au décès du tiers qui n'a pas d'enfans, la jouissance du bien appartient, en attendant, à l'héritier légitime du premier institué, *pag.* 211 *à* 217. — Arrêt conforme à ces principes, *pag.* 218.

6.° Motifs de l'article 63 de l'ordonnance de 1735, sur les testamens, qui défend au chargé d'élire de faire une substitution; tom. XII, *pag.* 436.

7.° Texte de l'ordonnance d'août 1747, sur les substitutions; tom. XII, *pag.* 476 *à* 506. — Questions envoyées à l'occasion de cette ordonnance, pour que les parlemens donnassent leur avis, *pag.* 507 *à* 512.

8.° Dans la nouvelle ordonnance sur les substitutions (celle d'août 1747), doit-on admettre la disposition de l'article 125 de celle de 1629, qui défendoit de substituer des choses mobilières, en exceptant néanmoins les meubles précieux. Raisons pour et contre. Jurisprudence et avis des parlemens sur cette question; tom. XII, *pag.* 513 *à* 519 (1).

9.° Doit-on, dans la même ordonnance de 1747, admettre la distinction établie par l'ordonnance de 1629, entre les personnes rustiques et les autres, relativement à la capacité de substituer. Motifs pour et contre. Avis des parlemens; tom. XII, *pag.* 520 *à* 523 (2).

10.° Celui qui a fait une substitution par un acte entre-vifs peut-il en changer les clauses par un acte postérieur? Examen de cette question, et avis des parlemens; tom. XII, *pag.* 540 (3).

11.° Le donateur peut-il grever de substitution les biens qu'il a donnés antérieurement sans aucune charge, soit qu'il se soit réservé ce pouvoir ou non. Examen de la question. Avis des parlemens consultés; tom. XII, *pag.* 543 *à* 547. — Arrêté du président de Lamoignon sur cette question, *pag.* 548.

---

(1) Ces Questions sont décidées par les articles 2, 3, 4, 5, 6, 7 et 8 de l'ordonnance de 1747. Voy. ces articles tom. XII, *pag.* 479.

(2) On ne retrouve pas cette distinction dans l'ordonnance de 1747.

(3) Cette Question a été décidée par l'article 13 de l'ordonnance de 1747.

12.° Examen de la question s'il convient d'établir, dans la nouvelle loi sur les substitutions (celle de 1747), l'interprétation donnée par quelques parlemens aux ordonnances anciennes, en étendant leur durée à quatre degrés, outre l'institué, ou s'il convient de restreindre les substitutions à deux degrés, outre l'institué; tom. XII, *pag.* 548 *à* 552 (1).

13.° Examen de la question si dans la nouvelle loi les degrés doivent se compter par souche ou par tête; tom. XII, *pag.* 553 *à* 557 (2).

14.° Si, dans la nouvelle ordonnance, on doit, relativement aux questions ci-dessus, faire quelque distinction entre les nobles et les roturiers; tom. XII, *pag.* 557 (3).

15.° Ceux qui sont appelés conjointement à une substitution, doivent-ils être comptés pour un seul degré ou pour plusieurs? Examen de cette question; tom. XII, *pag.* 557 *à* 560 (4).

16.° Examen de la question si celui en faveur de qui la substitution est ouverte de droit, mais qui ne l'a pas recueillie de fait, est censé remplir un degré; tom. XII, *pag.* 560 *à* 569 (5).

17.° Examen de la question si la caducité de l'institution emporte la caducité de la substitution fidéicommissaire; tom. XII, *pag.* 569 *à* 579 (6).

18.° Motifs des articles 34 et 35 de l'ordonnance des substitutions, qui exigent l'inventaire et la publication en cette matière; tom. XII, *pag.* 590 *et suiv.*

Voy. INSINUATION.

SUCCESSION. — 1.° C'est une règle de droit français conforme au droit romain, que l'on ne peut être restitué sous

---

(1) Voir, sur cette Question, les articles 30, 31 et 32 de l'ordonnance de 1747; tom. XII, *pag.* 485.

(2) Voir les articles 33, 34 et 35 de la même ordonnance, *ibid.*

(3) Les articles 30 et suivans de l'ordonnance de 1747 ne distinguent point les nobles et les roturiers.

(4) Question décidée par l'article 34 de l'ordonnance de 1747. Voy. tom. XII, *pag.* 486.

(5) Question décidée par les articles 36, 37, 38 et 39 de l'ordonnance de 1747; tom. XII, *pag.* 487.

(6) Question décidée par l'article 26 de l'ordonnance de 1747; tom. XII, *pag.* 484.

prétexte de lésion contre la vente d'une succession; tom. II, *pag.* 71. — Néanmoins la jurisprudence fait quelquefois exception à cette règle, *pag.* 73 *et suiv.*

2.° Sur la succession des bâtards. Voy. *Bâtards.*

SUFFRAGES. — C'est un principe certain que, lorsque les suffrages ont été entièrement fixés, soit qu'il y ait arrêt ou partage, il en résulte un droit acquis aux parties, auquel il n'est plus permis aux juges de déroger en changeant d'avis. Comment on doit vider le partage dans les suffrages; tom. XII, *pag.* 141 *et* 142, et encore *pag.* 143 *et* 144.

Voy. Voix, 2.°

SUGGESTION. — Cas où l'on peut prouver par témoins qu'un testament est l'ouvrage de la suggestion; tom. V, *pag.* 528 *et suiv.*

SULLY. — Ce qu'il pensoit du chancelier Chiverny; tom. VIII, *pag.* 568 *et* 569.

SURVIE. — La disposition de la coutume de Normandie, qui exige que le testateur survive trois mois au testament, forme-t-elle un statut réel ou personnel? tom. V, *pag.* 259. — Motifs pour décider qu'elle en forme un personnel, *pag.* 260 *à* 262. — Extrait des observations de M. d'Aguesseau sur cette question, lors de la rédaction de l'ordonnance sur les testamens, qui décide que ce statut est réel, *pag.* 280 *à* 284. Voy. encore tom. XII, *pag.* 399. Voy. *Statuts.*

SURVIVANCE. — Quand le Roi accorde des lettres de survivance, ceux qui les obtiennent n'ont rang que du jour où ils entrent réellement en exercice; tom. X, *pag.* 333 *à* 335.

SYSTÈME *de Law.* — Combattu par d'Aguesseau, cause l'exil du Chancelier; tom. I, *pag.* lxxiij.

T.

TABLE DE MARBRE. — 1.° Les officiers de la table de marbre ne sont point compétens pour juger en dernier ressort les délits commis par un officier des eaux et forêts dans les fonctions de sa charge; tom. IX, *pag.* 240 *et* 241. — Ils ne connoissent que des simples délits par rapport aux eaux et forêts, *pag.* 242 *à* 246.

2.° Quoique l'ordonnance de 1669 ait attribué aux tables de marbre l'appel de toutes sentences sur les eaux et forêts, les appellations pour cause d'incompétence ne leur appartiennent pas et doivent se porter au parlement; tom. X, *pag.* 548 *à* 550.

TACITE. — 1.° Mot de cet historien sur Agricola appliqué à d'Aguesseau; tom. I, *pag.* lvij. — Il est étonné de ce que les germains jouoient aux jeux de hasard sans être ivres; tom. XIII, *pag.* 524.

2.° Il fait observer que Tibère s'énonçait avec plus de facilité quand il venait de secourir un malheureux; tom. XIV, *pag.* 413. — Belle pensée de Tacite sur la manière dont il faut supporter le despotisme, *pag.* 623. — Lettre de Tibère rapportée par Tacite qui prouve le trouble où se trouvait la conscience de cet empereur; tom. XV, *pag.* 228.

TAILLE (impôt). La présence des recors est nécessaire dans les saisies réelles qui se font pour les tailles, tom. XIII, *pag.* 120.

TALON (Denis). — Son admiration pour d'Aguesseau; tom. I, *pag.* xx.

TAVEAU (Louis). *Voy.* St. HILAIRE.

TÉLÉMAQUE. — Comment il se fait que cet ouvrage intéresse autant que l'Odyssée; tom. XVI, *pag.* 263.

TÉMOINS. — 1.° Dans le droit romain, il suffisait d'être pubère pour porter témoignage; tom. III, *pag.* 346. — En France on distingue les témoins instrumentaires et les non instrumentaires. Les premiers qui signent des actes doivent avoir vingt ans; les seconds qui déposent d'un fait, doivent être pubères. Ils peuvent déposer de ce qu'ils ont vu dans un temps proche de la puberté, *pag.* 347 *et* 348. — Aucune loi ne fixe la qualité des reproches qu'on peut opposer aux témoins, *pag.* 346. Voy. *Pauvreté.*

2.° La prérogative du nombre des témoins n'est pas décisive; tom. III, *pag.* 398. — Dans quels cas il faut deux témoins sur le même fait, *pag.* 399.

3.° En matière criminelle, les témoins ne peuvent être entendus deux fois sur le même corps d'accusation avant le recollement. Cassation d'un arrêt de Rouen contraire à cette règle; tom. X, *pag.* 444 *à* 445.

4.° On ne doit avoir aucun égard en matière criminelle à la déposition d'un témoin mort civilement; tom. XI, *pag.* 245.

5.° Motifs des articles 6, 40, 43, 45 de l'ordonnance de 1735, relatifs aux qualités des témoins et à leur présence; tom. XII, *pag.* 429 *à* 455.

Voy. Dénonciateur, Faux, Pauvreté.

TEMPS. — Celui du magistrat appartient tout entier à la république; tom. I, *pag.* 199. — Plusieurs magistrats néanmoins, le perdent en occupations frivoles, 200 *à* 203. — Emploi du temps par le sage magistrat, *pag.* 204 *à* 208.

TÉRENCE. — Caractère de son style. Comparaison de cet auteur avec Horace et Virgile; tom. XV, *pag.* 119.

TERME. — Quand la loi se sert de ces mots: *à partir d'un tel jour*, ce jour n'est pas compté pour le délai; tom. IV, *pag.* 300.

TESTAMENT. — 1.° Le droit romain n'admettait point l'action *ab irato* contre les testamens; tom. II, *pag.* 43. — Pourquoi la jurisprudence française l'a admise et dans quelles circonstances, *pag.* 44 *et suiv.* Voy. encore même tom., *pag.* 525 *et suiv.*

2.° Les lois romaines déclarent le testament *rompu* par la naissance du posthume qui y est oublié; tom. II, *pag.* 519. — Quelques docteurs ont pensé en outre que la survenance d'enfans révoquoit les dispositions testamentaires comme les donations entre-vifs, *ibid.* — Pour opérer cette révocation, il faut que l'enfant ait du moins été conçu du vivant du testateur; ainsi, la survenance d'un petit-fils, né et conçu après la mort de son aïeul, ne révoque point le testament, *pag.* 520. Voy. *Héritier*, 1.°

3.° Un testament révoqué peut-il revivre par l'effet d'un codicille sans qu'il soit nécessaire de retranscrire les dispositions portées au premier testament? tom. IV, *pag.* 363. — Cette question doit être résolue par des lois romaines et par les arrêts, *pag.* 364 *à* 379. — Arrêt dans ce sens, *pag.* 407.

4.° Dans quels cas on peut prouver par témoins qu'un testament est l'ouvrage de la suggestion; tom. V, *pag.* 528 *et suiv.*

5.° Texte de l'ordonnance d'août 1735 sur les testamens; tom. XII, *pag.* 347. — Questions sur les testamens envoyés aux différentes cours avant la rédaction de cette ordonnance, *pag.* 370.

6.° Application des articles 4 et 39 de l'ordonnance de

1735 aux formes de tester admises dans la coutume de Bourgogne; tom. XII, *pag.* 387 *et suiv.*

7.° Pourquoi le testament olographe n'a pas été permis par l'ordonnance de 1735 dans les pays de droit écrit; tom. XII, *pag.* 418.

8.° L'article 12 de l'ordonnance sur les testamens s'applique-t-il au cas singulier d'un testateur qui, voulant ressortir la forme d'un testament mystique, auroit fait écrire ses dispositions pendant qu'il avoit l'usage de la parole, et qui feroit dresser l'acte de prescription après l'avoir perdu? Il paroît que oui; tom. XII, *pag.* 378.

10.° Application de plusieurs articles de l'ordonnance de 1735, sur les testamens, à la coutume de Normandie; tom. XII, *pag.* 395 *et suiv.*

11.° Motifs des dispositions de l'ordonnance qui abroge l'usage des testamens mutuels et des clauses dérogatoires; tom. XII, *pag.* 405 *et* 406, et encore *pag.* 439.

12.° Motifs de l'article 65 de l'ordonnance qui déclare, dans certains cas, l'élection de l'héritier irrévocable, quand le chargé d'élire l'a déclaré; tom. XII, *pag.* 437.

13.° Le mot *publier*, employé par quelques notaires pour indiquer que le testament a été lu au testateur, n'indique pas suffisamment ce fait; tom. XII, *pag.* 445 *à* 448.

Voy. AB IRATO, ACTES, CAPACITÉ, CURÉ, 3.°; DATE, 2.°; DÉMENCE, INSTITUTION D'HÉRITIER, NOTAIRE, PRODIGUE, SUBSTITUTION, 6.°; TÉMOIN, 5.°; VICAIRES, 1.°

THÉMISTOCLES. — Trait de la vie de Thémistocles, rapporté par Plutarque; tom. XV, *pag.* 227.

THÉSÉE. — Parallèle de Romulus et de Thésée, d'après Plutarque, et réflexions sur la vie de Thésée, par le même auteur; tom. XVI, *pag.* 214 *à* 240.

Voy. DÉMOCRATIE, STAGE.

THIÉRY (dom). — Est l'auteur du libelle intitulé: *Problème ecclésiastique*, attribué d'abord au père Daniel; tom. VIII, *pag.* 224.

THOMAS (Saint). — Son opinion sur le prix des choses considéré dans la vente; tom. XIII, *pag.* 530.

TIBÈRE. — 1.° Tacite remarque que Tibère s'énonçoit plus facilement quand il venoit de secourir un malheureux; tom. XIV, *pag.* 413. Voy. *Amour.*

2.° Lettre de Tibère, qui indique le trouble de sa conscience. Observations de Tacite sur cette lettre; tom. XV, *pag.* 228.

TIERS-ÉTAT. — Origine du Tiers-État; tom. XV, *pag.* 79.

TORCI (de). — Ami de d'Aguesseau; tom. I, *pag.* lxxxvj.

TOURNELLE. — Les conseillers de la grand'chambre qui sont de service à la tournelle doivent être appelés quand il s'agit d'un crime jugé par privilége en la grand'chambre; pourquoi; tom. XI, *pag.* 183 *à* 188.

Voy. GRAND'CHAMBRE.

TRADUCTION. — Avantages de la traduction pour se former le style; tom. XV, *pag.* 126 *et suiv.*

TRAGÉDIE. — Le plaisir que procure la tragédie ne vient point uniquement de l'imitation, comme le dit Aristote; tom. XVI, *pag.* 243. — La tragédie nous plaît, parce qu'elle amuse la curiosité, et l'inquiétude de notre esprit, *pag.* 246. — Parce qu'elle réveille en nous les passions, *pag.* 248. — Et encore parce qu'elle présente des images de vertu, *pag.* 250. — Comment il se fait que l'admiration que la tragédie fait naître plaît aux hommes qui ont tant de plaisir à mépriser, *pag.* 252 *à* 255. — La beauté de *l'ensemble* d'une tragédie est encore une source de plaisir, *pag.* 256. — Les anciens philosophes veulent que la tragédie ne cherche à plaire que pour mieux instruire, *pag.* 260. — Manière dont le poète imite dans la tragédie, *pag.* 262. — Secours ou instrumens de l'imitation, *pag.* 264. — La chose imitée plaît bien davantage dans la tragédie que le travail de l'imitation, *pag.* 266 *à* 272. — Causes générales du plaisir qu'on éprouve à imiter ou à juger une imitation, *pag.* 273 *à* 282. — Conjecture sur le véritable sens de la définition qu'Aristote a donnée de la tragédie, *pag.* 283 *à* 288.

TRAITRES. — La plupart des hommes aiment la trahison qui leur est avantageuse; mais ils détestent les traîtres. Différens mots à ce sujet. La différence n'est pas grande entre celui qui achète un traître et le traître qui se vend lui-même; tom. XVI, *pag.* 223 *et* 224.

TRÉBELLIANIQUE. *Voy.* QUARTES.

TRÉSORIERS DE FRANCE. — 1.° L'édit de février 1704, qui fixe la juridiction des trésoriers, porte, 1.° que leurs jugemens seront exécutés par provision, nonobstant l'appel; 2.° qu'il ne pourra être interjeté appel de leurs jugemens interlocutoires avant jugement définitif. Il est à souhaiter que le Roi restreigne ces deux priviléges contraires au droit commun. Projet de déclaration à ce sujet; tom. IX; *pag.* 271 *à* 278. Voy. *Exécution*, *Interlocutoire.*

2.° Les trésoriers de France exerçant une juridiction vraiment contentieuse dans les affaires du domaine, doivent suivre exactement les règles de procédure établies par l'ordonnance de 1667; tom. X, *pag.* 567.

TRIBONIEN. *Voy.* Institutes.

TRIBUNAUX. — Lettres sur quelques difficultés particulières de police dans les tribunaux inférieurs; tom. X, *pag.* 421 *à* 436.

TRINITÉ. — 1.° Ce grand mystère de la foi chrétienne est clairement révélé dans l'évangile; tom. XV, *pag.* 578.

2.° Ce mystère, qui paroît le plus incompréhensible, est celui dont la philosophie de Platon ait le plus approché; tom. XVI, *pag.* 194. — Il est renfermé dans le baptême. Voy. *Baptême.*

TRISTAN (Edmond). — Cause d'Edmond Tristan et consorts; tom. II. Faits, *pag.* 294. — Discussion, *pag.* 299. — Arrêt, *pag.* 310.

TROUSSET DE VALINCOUR. — Il a décrié imprudemment la loi naturelle pour établir la nécessité de la révélation; tom. XIII, *pag.* 18. Voy. *Révélation.*

TUTELLE. — Principal objet qu'on s'est proposé dans le nouvel édit des tutelles (1732); tom. XII, *pag.* 229 *et suiv.* — Observations du parlement de Bretagne sur cet édit, et modifications qui en furent la suite, *pag.* 240 *et suiv.* Voy. *Mariage*, 12.°

TUTEURS. *Voy.* Acceptation, Mineurs.

U.

UNIVERS. — L'ordre admirable de l'univers est la preuve de l'existence de Dieu qui frappe le plus le commun des hommes; tom. XVI, *pag.* 151.

UNIVERSITÉ. — Lettres sur quelques points réglementaires relatifs à la nomination des professeurs, et à leur réception dans diverses facultés, et à leurs droits; tom. X, *pag.* 197 *à* 274.

URSULINES. — Cause des Religieuses ursulines de Castel-Sarrazin, contre Gabriel et Jean de Charron; tom. V. Faits, *pag.* 514. — Discussion, *pag.* 523. — Arrêt, *pag.* 535. Voy. *Suggestion*, *Testament*.

USUFRUIT. — Lorsque l'aliénation du fonds est interdite, on ne peut même léguer l'usufruit, tom. V, *pag.* 262. — Lorsque la coutume permet de disposer du tiers des immeubles, ne peut-on léguer que le tiers d'usufruit de ces immeubles? *pag.* 263. — La raison semble répondre qu'on peut compenser la perte de la propriété par l'augmentation de la jouissance, *ibid.* — Sous quelle condition le droit romain permet le legs de l'usufruit de tous les biens? *ibid.* — Les ordonnances réputent l'usufruit du total égal à la valeur du tiers en propriété. Les coutumes sont divisées sur ce point, *pag.* 264. — Cette question est très-difficile, si l'on entre dans les principes de la récompense, *pag.* 265. Voy. *Récompense*.

USSERIUS. — Les Annales d'Usserius présentent ce qu'on peut lire de meilleur en histoire pour le temps qui a précédé la naissance de Jésus-Christ; tom. XV, *pag.* 50.

V.

VACATIONS. *Voy.* Chambre des Vacations.

VAIR (du). — Mot de du Vair sur l'état de l'éloquence de la chaire au commencement du dix-septième siècle; tom. I, *pag.* xvij.

VAGABONDS. — 1.° Les peines contre les vagabonds portées par l'ordonnance de 1669, sur les eaux et forêts, ne s'appliquent qu'aux vagabonds reconnus tels par un premier jugement. La déclaration de mai 1716, sur les amendes des eaux et forêts, l'indique; tom. X, *pag.* 543.

2.° Est vagabond celui qui n'a ni profession ni domicile depuis plus de huit mois; tom. XI, *pag.* 169. — Il en est de même de l'enfant de famille qui a quitté la maison paternelle depuis trois ans, *pag.* 180.

3.° Précautions à prendre pour les mariages qu'ils veulent contracter; tom. XII, *pag.* 210.

Voy. Lieutenant-Général, 2.°

VALÈRE (MAXIME). — Événement singulier, rapporté par cet historien, à l'occasion de l'enterrement d'une femme enceinte; tom. IX, *pag.* 604.

VALEUR (courage). — La crainte est souvent la mère de la valeur; pensée de Platon, que Plutarque applique à Romulus; tom. XVI, *pag.* 226.

VALEUR (prix). — 1.° La valeur de toute chose dépend de la proposition contre la quantité de la chose, et la demande qui en est faite; tom. XIII, *pag.* 340 *à* 345.

2.° Valeur des choses, d'après le droit naturel, d'après le droit des gens, et d'après le droit civil; tom. XIII, *pag.* 516 *et* 517.

3.° Il n'est permis ni aux princes ni aux particuliers d'augmenter la valeur des choses par de fausses nouvelles; tom. XIII, *pag.* 533.

Voy. VENTE.

VALINCOURT. — 1.° Ami de Boileau; tom. I, *pag.* lij.

2.° Observations sur plusieurs ouvrages philosophiques de M. de Valincourt; tom. XVI, *pag.* 147 *et suiv.*

VAUGERMAIN (héritiers de la dame de). — Cause des héritiers de cette dame, contre les Religieuses du Saint-Sacrement; tom. I. Faits, *pag.* 284 *à* 292. — Discussion, *pag.* 292 *à* 307. — Arrêt, *pag.* 307 *à* 313. Voy. *Communautés, Legs universel, Suggestion.*

VAVASSORIE. — En Normandie, il y avoit deux sortes de vavassories: les nobles et les roturiers. Différences entre ces deux espèces; tom. VII, *pag.* 359, et encore *pag.* 389 *à* 391.

VENGEANCE. — La vengeance est une preuve de foiblesse; aussi Juvénal la représente comme la passion favorite des femmes. Notre cœur place naturellement la magnanimité au-dessus de la vengeance; tom. XIV, *pag.* 409.

VENTADOUR. — Cause de la duchesse de Ventadour, contre les héritiers de Fervaques; tom. V. Faits, *pag.* 220. — Discussion, *pag.* 225. — Arrêt, 276. Voy. *Legs, Survie.*

VENTE. — 1.° Quand la vente est consommée, la chose vendue est toute au risque de l'acquéreur; tom. II, *pag.* 191. — Application de ce principe à une vente de dîmes déchargées de toute portion congrue. Cette vente ayant été consommée avant la déclaration de 1686, l'augmentation des portions congrues accordées par cette déclaration tombe à la charge de l'acquéreur, *pag.* 192 *et suiv.*

2.° Effet de l'affoiblissement des monnoies sur les ventes simples et sur les ventes à faculté de rachat; tom. XIII, *pag.* 392 *et suiv.*

3.° A quel point la justice naturelle permet-elle de s'écarter du prix commun dans la vente. La loi deuxième, au code *de rescind. vendit.*, est fort défectueux, par rapport à la justice naturelle; tom. XIII, *pag.* 531. — Principes généraux sur ce point, *pag.* 533 *à* 539.

4.° L'espérance d'un bien ou d'un profit peut être vendue comme le profit même. Exemple. Application de ce principe aux papiers de change; tom. XIII, *pag.* 539.

VERET (Marguerite). *Voy.* De Lastre.

VÉRITÉS. — Première distinction des vérités : les unes sont des vérités d'essence; les autres, des vérités d'existence; tom. XIV, *pag.* 1 *à* 97. — On distingue ensuite les vérités physiques, les vérités purement intelligibles, surnaturelles; enfin, les vérités d'événemens qui dépendent de la volonté humaine, *pag.* 100. — Trois moyens pour acquérir la connoissance de ces différentes vérités, *pag.* 107. — A quel instant on est certain d'avoir découvert la vérité, *pag.* 108. — Qu'est-ce que cet état de certitude, et d'où provient-il? *pag.* 109. — La certitude peut résulter du témoignage des hommes, comme de l'évidence du raisonnement, *pag.* 116. Voy. *Certitude.*

Voy. Vrai.

VERNANT (Jacques). — Ses principes sur l'infaillibilité du Pape, censurés en 1664; tom. VIII, *pag.* 516.

VERNEUIL (duc de), *Gouverneur de Languedoc.* — Son caractère; tom. XV, *pag.* 301.

VERTU. — 1.° Pourquoi la peinture de la vertu a-t-elle des charmes pour le cœur même le plus déréglé? tom. XVI, *pag.* 252.

2.° Une partie de la vertu consiste à avoir une véritable haine pour le vice. Plaisanterie d'un Roi de Sparte sur son collégue à ce sujet; tom. XVI, *pag.* 229.

VESTALES. — Ne succédoient point à leurs pères; tom. I, *pag.* 296.

VICAIRE-GÉNÉRAL DES ARMÉES. — Ne peut célébrer des mariages, et remplacer le propre curé à moins d'une déclaration expresse dans ses provisions; tom. V, *pag.* 437 *et suiv.*

VICAIRES. — Les vicaires ne peuvent recevoir de testamens. Motifs de cette disposition de l'ordonnance de 1735; tom. XII, *pag.* 382, 397 *et* 420.

VIDE. — L'auteur de l'Anti-Lucrèce ne répond pas d'une manière satisfaisante aux épicuriens sur leur opinion à l'égard du vide; tom. XVI, *pag.* 78.

VIES. — Les vies des hommes célèbres contribuent puissamment à exciter dans notre ame l'amour de la vertu; tom. XV, *pag.* 83.

VILLAYER (héritiers de M. de). — Cause des héritiers de M. de Villayer, doyen du conseil, contre ses exécuteurs testamentaires, l'Hôtel-Dieu de Paris et les pauvres de la paroisse de Saint-Nicolas-des-Champs; tom. II. Faits, *pag.* 506. — Discussion, *pag.* 517. — Arrêt, *pag.* 544.

VILLEFRANCHE. — Le bailliage de Villefranche ne paroît pas purement seigneurial; tom. X, *pag.* 325.

VILLES. — Toutes les origines des anciennes villes sont fabuleuses. Réflexion de Plutarque à ce sujet; tom. XVI, *pag.* 221.

VINOT (Marguerite). *Voy.* CHABERT.

VIOL. — N'est point un cas prévôtal; tom. XI, *pag.* 63.

VIOLENCE. — 1.° La violence n'est point un moyen avantageux pour acquérir des biens sur les autres hommes; tom. XIV, *pag.* 452.

2.° Dans l'état naturel, de quelle manière la violence peut être repoussée par la force; tom. XV, *pag.* 197.

VIRGILE. — Ses perfections. Comparaison de ce poëte avec Térence et Horace; tom. XV, *pag.* 119.

VOEUX. *Voy.* PROFESSION RELIGIEUSE.

VOIRIE. — Les appels des jugemens rendus en matière de voirie, ou contre les voyers accusés de malversation, doivent être portés au parlement et non au conseil; tom. X, *pag.* 560.

VOISIN, *Conseiller d'état, depuis Chancelier.* — Anecdotes sur son élévation; tom. VIII, *pag.* 285. Voy. *Lettres.*

VOLONTÉ. — 1.° La volonté est-elle nécessairement déterminée par l'impression que les objets font sur notre ame? tom. XIV, *pag.* 35. — Le cœur de tous les hommes, la conscience du genre humain décident cette question négativement, *pag.* 36. — Contradictions dans lesquelles tombent ceux qui refusent à l'homme le libre arbitre. Réponse à leurs objections, *pag.* 40 *à* 70. — Seroit-il vrai que toutes nos facultés sont invinciblement affectées par l'impression des objets; il ne s'en suivroit pas que l'homme ne pût avoir des idées naturelles du juste et de l'injuste, *pag.* 70 *et suiv.*

2.° En quoi consiste la perfection de la volonté considérée comme faculté de l'ame? tom. XIV, *pag.* 272 *à* 274.

VOIX. — 1.° Quand trois juges ont la même opinion, et que deux sont parens avec le troisième, sans être parens entr'eux; les trois voix se confondent-elles dans une ou en forment-elles deux? Il paroît qu'elles en forment deux; tom. XII, *pag.* 132 *à* 135.

2.° Il n'y a que les juges qui ont assisté à la plaidoirie dont les voix puissent être comptées; tom. XII, *pag.* 135.

3.° Esprit du réglement, fait en 1759, sur la manière de vider les partages qui se forment dans la chambre des eaux et forêts; tom. XII, *pag.* 150.

4.° Quoiqu'il y ait eu partage de voix, la destinée des parties est fixée en ce sens, qu'on ne peut recevoir de production postérieurement; pourquoi il en est autrement dans les matières domaniales; tom. XIII, *pag.* 30. Voy. *Jugement, Parenté.*

VOLS. — 1.° Quoique l'édit de janvier 1734 prononce la peine de la roue pour les vols avec effraction, il est d'usage, dans tous les tribunaux (en 1739), de condamner, pour ce crime, à être pendu ou aux galères perpétuelles, suivant les circonstances; tom. XI, *pag.* 159.

2.° Les vols sont réputés commis par continuation dans tous les lieux où les accusés portent les effets. Ainsi les juges de ces lieux peuvent connoître du vol; tom. XI, *pag.* 162.

3.° Le vol de bestiaux dans les pacages, sans violence, est puni des galères; tom. XI, *pag.* 514. — Quelles espèces de vols on punit de mort, *pag.* 515. — On doit, à cet égard, appliquer les ordonnances, quoique les coutumes établissent une peine contraire, *pag.* 516 *à* 528.

4.° La distinction du droit romain, entre le *furtum* et le

latrocinium est inconnue dans nos mœurs. Tout vol est un crime public, et les juges doivent en informer d'office; tom. XI, *pag.* 644. Voy. *Cas prévôtaux*, 2.°

VOYAGES. — La lecture des voyages est le moyen le plus agréable et le plus sûr d'apprendre la géographie; tom. XI, *pag.* 39 *à* 41.

VRAI. — Le vrai est l'objet de toutes nos recherches; tom. XIV, *pag.* 79. — Considéré en soi, le vrai n'est autre chose que l'Être lui-même, *pag.* 80. — C'est dans le sein de la Divinité qu'il faut chercher la nature du vrai, *pag.* 81. — Ce que c'est que la vérité, *pag.* 82.

W.

WEAR. — Ce qu'il y a de meilleur dans la *Méthode* de cet auteur; tom. XV, *pag.* 56.

WESTRIUS. — Auteur d'un *Traité sur les Jugemens romains*; tom. V, *pag.* 407.

WITH (de). — Jugement sur une *Préface historique* de M. de With; tom. XVI, *pag.* 302, et encore *pag.* 337.

Z.

ZÉNON. — Le portrait que l'école de Zénon faisoit de son sage n'est propre qu'à désabuser les hommes d'une trop belle chimère. Par là, les stoïciens ont peut-être fait plus d'épicuriens qu'Épicure même; tom. XIV, *pag.* 250.

ZIPOEUS. — Auteur de l'ouvrage *Notitia juris Belgici*; tom. V, *pag.* 429, et encore *pag.* 437 *à* 439.

FIN DE LA TABLE GÉNÉRALE DES MATIÈRES.

TABLEAU CHRONOLOGIQUE

DES

ORDONNANCES, ÉDITS ET DÉCLARATIONS

DONT IL EST PARLÉ

DANS LES OEUVRES DU CHANCELIER D'AGUESSEAU.

Nota. Les mots auxquels il est renvoyé, sont les mots de la Table des Matières.

1209, 1.er Mai.	*Édit* sur le Parage. (Philippe-Auguste). *Voy.* Parage, 1.°
1302, Mars.	*Édit* portant réglement sur le fait de la Justice. (Philippe-le-Bel). *Voy.* Magistrats, 2.° — Offices, 2.°
1344, Décembre.	*Édit* portant réglement pour l'expédition des Procès au parlement de Paris. (Philippe de Valois). *Voy.* Arrêts. — Offices, 2.°
1406.	*Ordonnance.* (Charles VI). *Voy.* Parlemens, 6.°
1421, Octobre.	*Ordonnance* portant réglement sur les Monnoies. (Charles VI). *Voy.* Monnoie.
1446.	*Ordonnance* sur le parlement de Paris. (Charles VII). *Voy.* Audiences, — Magistrats, 2.° — Procès, 2.° — Parlemens, 6.°
1453, Avril.	*Ordonnance* sur les devoirs des Présidens et Conseillers de Parlement. (Charles VII). *Voy.* Audiences. — Offices, 2.° — Parlemens, 3.°

1458, Juillet.	*Ordonnance* sur le jugement des Procès. (Charles VII). Art. 84. *Voy.* OFFICES, 2.°
1493, Juillet.	*Édit* portant réglement pour l'administration de la Justice, le devoir et la juridiction des Officiers du parlement de Paris. (Charles VIII). Art. 11. *Voy.* COMMISSAIRES, 2.° Art. 68. *Voy.* OFFICES, 2.° Art. 83. *Voy.* PARLEMENS, 6.°
1499.	*Ordonnance* portant réglement sur le fait de la Justice. (Louis XII). Art. 31. *Voy.* OFFICES, 2.° — PROCÈS, 2.°
1529.	*Édit* sur les Évocations, nommé de *la Bourdaisière*. (François I.er). *Voy.* CONSEILLERS.
1539, 10 Août.	*Déclaration* sur la confiscation des Fiefs pour crime de Lèse-Majesté. (François I.er). *Voy.* ARRIÈRE-FIEF. — LÈSE-MAJESTÉ.
1539, Août.	*Ordonnance* de Villiers-Cotterêts, pour l'administration de la Justice et l'abréviation des Procès (François I.er). Art. 122. *Voy.* PROCÈS, 2.° Art. 124. *Voy.* PARLEMENS, 3.° Art. 130. *Voy.* MERCURIALES. *Voy.* encore AVOCATS. — COMMUNAUTÉS, 1.°
1546, Août.	*Édit* portant réglement pour l'âge et réception des Officiers ès Parlemens (Henri II). *Voy.* PARLEMENS, 2.°
1556, Février.	*Édit* sur le recel de Grossesse (Henri II). *Voy.* AVORTEMENT.
1560.	*Édit* des secondes Noces (François II). *Voy.* NOCES.
1563, Janvier.	*Ordonnance* dite *de Roussillon*. (Charles IX). Art. 18. *Voy.* DÉCRET DE PRISE DE CORPS. Art. 33. *Voy.* ÉPICES, 5.°

1563, Novembre.	*Édit* portant création et établissement de la juridiction des juge et consuls de Paris, et réglement de leurs pouvoirs. *Voy.* JUGES CONSULS.
1566, Février.	*Ordonnance* de Moulins, pour la réformation de la Justice (Charles IX). *Voy.* MARIAGE. — MERCURIALES.
1566, Février.	*Ordonnance* dite *du Domaine* (Charles IX). *Voy.* DOMAINE.
1566, Juillet.	*Édit* sur l'érection des Terres en Duchés, Comtés, etc. (Charles IX). *Voy.* PAIRIES, 3.°
1572, Juillet.	*Édit* portant création des Procureurs en titre d'office (Charles IX). *Voy.* PROCUREURS, 4.°
1579.	*Ordonnance* de Blois (Henri III). *Voy.* BANS, 1.° — DATE, 1.° — ÉTAT CIVIL, 1.° — MARIAGE, 1.° et 6.° — MAGISTRATS, 2.° — MERCURIALES.
1581.	*Lettres-Patentes* portant érection en pairie du duché de Piney (Henri III). *Voy.* PAIRIES, 3.°
1594.	*Édit* de création des Assesseurs (Henri IV). *Voy.* ASSESSEUR.
1629.	*Ordonnance* portant réglement sur le fait de la Justice (Louis XIII). Art. 121. *Voy.* EXÉCUTION, 2.° Art. 125. *Voy.* SUBSTITUTION, 9.° *Voy.* encore MARILLAC.
1633, Avril.	*Édit* qui supprime les charges des Condamnés pour crime de Lèse-Majesté (Louis XIII). *Voy.* CHARGES, 3.°
1639, 26 Novembre.	*Déclaration* sur les Mariages clandestins et le Rapt. (Louis XIII). *Voy.* BANS. — BIGNON. — MARIAGE, 6.°

1667, Avril.	*Ordonnance* sur la Procédure civile. (Louis XIV). Tit. II, art. 12. *Voy.* ADJOINTS. Tit. XIV, art. 5. *Voy.* OPPOSITION. Tit. XX. *Voy.* ÉTAT CIVIL, 8.° Tit. XX, art. 3. *Voy.* FRAUDE. Tit. XX, art. 14. *Voy.* MARIAGE, 1.° Tit. XXI. *Voy.* COMPTES. Tit. XXI, art. 2. *Voy.* RAPPORTEUR. Tit. XXIV. *Voy.* PAU (Parlement de). Tit. XXIV, art. 10. *Voy.* RÉCUSATION. *Voy.* encore BRICEAU. — PROCÉDURE. — TRÉSORIERS DE FRANCE.
1669, Août.	*Ordonnance* sur les évocations et réglemens de Juges (Louis XIV). Tit. III, art. 2 et 6. *Voy.* CONSEIL (grand), 4.° et 5.° Tit. IV, art. 1, *Voy.* COMMITTIMUS, 1.° Tit. IV, art. 21 et 22. *Voy.* JUGES, 1.° *Voy.* encore ÉVOCATION, 6.°
1669, Août.	*Ordonnance* des Eaux et Forêts (Louis XIV). *Voy.* TABLE DE MARBRE, 2.° — VAGABONDS.
1670, Août.	*Ordonnance criminelle* (Louis XIV). Tit. I, art. 7. *Voy.* PUSSORT. Tit. I, art. 11. *Voy.* INFANTICIDE. — GROSSESSE. Tit. I, art. 12. *Voy.* PRÉVENTION, 2.° Tit. II, art. 12. *Voy.* MARÉCHAUSSÉE, 6.° Tit. II, art. 22. *Voy.* PRÉVÔTS, 2.° Tit. III, art. 4. *Voy.* ABSENT. Tit. IX. *Voy.* EAUX, 4.° Tit. XIV, art. 11. *Voy.* INTERPRÈTE. Tit. XVII, art. 10 et 24. *Voy.* CONTUMACE, 4.° Tit. XXV, art. 21. *Voy.* GRACES, 2.° *Voy.* encore ASSESSEUR. — PROCÉDURE.
1673, 24 Février.	*Déclaration* sur la forme de l'enregistrement des Ordonnances dans les Compagnies. (Louis XIV). *Voy.* REMONTRANCES.

1673, Mars.	*Édit* sur les Épices (Louis XIV). Art. 6. *Voy.* MINUTES. Art. 8. *Voy.* DÉCRET (vente judiciaire). Art. 16. *Voy.* ÉPICES, 4.°
1673, Mars.	*Édit* portant établissement de Greffes d'enregistrement des oppositions pour conserver la préférence aux Hypothèques. (Louis XIV). *Voy.* HYPOTHÈQUES, 2.°
1673, Mars.	*Ordonnance* du Commerce. Tit. XI, art. 4. *Voy.* BANQUEROUTE. Tit. XXI. *Voy.* COMPTES. *Voy.* encore ENDOSSEMENS. — MARCHANDS (juge et consuls des), 2.°
1674, Août.	*Édit* portant révocation de celui de Mars 1673, sur les Hypothèques. (Louis XIV). *Voy.* HYPOTHÈQUES, 4.°
1676, 26 Mars.	*Déclaration* qui règle le mode d'instruire le Procès aux Officiers du Parlement accusés de malversation. *Voy.* PARLEMENS, 2.°
1678, 23 Septembre.	*Déclaration* sur les attributions du Grand-Conseil. *Voy.* CONSEIL (Grand), 4.°
1679, 14 Décembre.	*Déclaration* sur le Duel. *Voy.* DUEL, 4.°
1679, Septembre.	*Édit* sur les Intérêts (Louis XIV). *Voy.* INTÉRÊTS.
1679, 30 Décembre.	*Déclaration* sur l'âge nécessaire à ceux qui veulent être pourvus d'Offices de Baillis, Sénéchaux, etc. *Voy.* LIEUTENANS-GÉNÉRAUX.
1680, Décembre.	*Édit* portant réglement pour l'instruction des défauts et contumaces des Procès criminels. *Voy.* CONTUMACE. — PRÉVÔTS, 5.°
1682, Mars.	*Édit* sur la déclaration de l'assemblée du Clergé de la même année. *Voy.* PAPE, 2.°

1683, 22 Novembre.	*Déclaration* sur les Lettres de Rémission. *Voy.* Rémission.
1686, 29 Janvier.	*Déclaration* portant réglement sur les Portions congrues des curés et vicaires. *Voy.* Portion Congrue.
1692, 6 Mai.	*Déclaration* sur les priviléges des Prévôts et des Officiers de Maréchaussée. *Voy.* Maréchaussée, 3.°
1696, Avril.	*Édit* qui rétablit la fonction d'Adjoint aux Enquêtes. *Voy.* Adjoints.
1697, Mars.	*Édit* sur la célébration des Mariages. *Voy.* Curé, 2.°
1702, 29 Mai.	*Déclaration* sur les Cas prévôtaux. *Voy.* Cas Prévôtaux, 1.° — Prévention, 2.°
1702, 18 Novembre.	*Déclaration* sur les Actes passés dix jours avant la Faillite. *Voy.* Banqueroute.
1702.	*Déclaration* sur la vente forcée des Biens situés en Bresse, Bugey et pays de Gex. *Voy.* Bresse.
1703, 27 Février.	*Déclaration* sur l'adresse des Lettres de Rémission. *Voy.* Rémission.
1704, Février.	*Déclaration* qui fixe la juridiction du Trésorier de France. *Voy.* Trésorier de France.
1704, 19 Juillet.	*Déclaration* sur la création des Offices de Greffiers des Insinuations. *Voy.* Insinuation, 2.°
1708, 28 Mars.	*Déclaration* sur les Cas prévôtaux. *Voy.* Cas Prévôtaux, 2.°

1708, Juillet.	*Édit* sur les Dîmes inféodées. *Voy.* DÎMES, 3.°
1708, 15 Décembre.	*Déclaration* sur la révision des Procès. *Voy.* RÉVISION.
1710, Mai.	*Édit* portant création de vingt nouvelles Juridictions consulaires. *Voy.* MARCHANDS (juge et consuls des), 4.
1710, 31 Mars.	*Déclaration* sur les Évocations. *Voy.* ÉVOCATION, 4.° — PROCUREUR-GÉNÉRAL, 1.°
1711, 13 Septembre.	*Déclaration* sur la Chasse. *Voy.* CHASSE. — EAUX ET FORÊTS, 5.°
1716, Mai.	*Déclaration* portant abrogation des Billets au Porteur. (Louis XV). *Voy.* BILLETS AU PORTEUR.
1716, Mai.	*Ordonnance* sur les amendes des Eaux et Forêts. *Voy.* EAUX ET FORÊTS. — VAGABONDS.
1720, 9 Février.	*Arrêt du Conseil*, portant évocation des causes relatives aux Billets de Banque. *Voy.* BILLETS DE BANQUE.
1720, 28 Mars.	*Déclaration* sur l'expédition des Sentences. Art. 4. *Voy.* SENTENCE, 2.°
1720, Mars.	*Édit* qui réduit les Rentes au denier cinquante. *Voy.* BÉARN. — INTÉRÊTS.
1720, 30 Octobre.	*Déclaration* sur la compétence et attributions des Prévôts. *Voy.* PRÉVÔTS, 8.°
1721, Janvier.	*Déclaration* portant rétablissement des Billets au Porteur. *Voy.* BILLETS AU PORTEUR.
1724, 24 Mars.	*Déclaration* qui ordonne que la Flétrissure accompagnera la condamnation aux galères. *Voy.* FLÉTRISSURE.

1724, 11 Juin.	*Déclaration* sur les Prisons. *Voy.* SERMENT.
1724, 5 Juillet.	*Déclaration* sur les Évocations. *Voy.* ÉVOCATION, 4.°
1730, 22 Novembre.	*Déclaration* sur le Rapt. *Voy.* MARIAGE, 14.° — RAPT, 5.°
1731, Février.	*Ordonnance* sur les Donations. Texte, tom. XII, pag. 275. Art. 1. *Voy.* DONATION, 3.° Art. 3. *Voy.* DONATION, 5.° Art. 4. *Voy.* DONATION, 6.° Art. 7. *Voy.* ACCEPTATION, 2.° Art. 9. *Voy.* ACCEPTATION, 3.° Art. 15. *Voy.* DONATION, 7.° Art. 17. *Voy.* DONATION, 8.° Art. 18. *Voy.* DONATION, 9.° Art. 27. *Voy.* INSINUATION, 3.° Art. 36 et 37. *Voy.* DONATION, 10.° Art. 39, 42 et 46. *Voy.* RÉVOCATION.
1731, 5 Février.	*Déclaration* sur les Cas prévôtaux. *Voy.* ASSASSINAT. — CAS PRÉVÔTAUX, 3.° PRÉVÔTS, 6.° — SOLDATS.
1731, 18 Mai.	*Déclaration* sur les Gens de Main-morte. *Voy.* MAIN-MORTE.
1731, Octobre.	*Déclaration* sur l'administration des Bénéfices vacans. *Voy.* BÉNÉFICE, 3.°
1732, 20 Août.	*Déclaration* sur le droit de *Committimus*. *Voy.* PROCUREURS.
1732.	*Édit* des Tutelles. *Voy.* MARIAGE, 12.° — TUTELLE.
1734, Janvier.	*Édit* sur les Vols. *Voy.* EFFRACTION. — VOLS.

1735, Août. — *Ordonnance* sur les Testamens. Texte, tom. XII, pag. 347.
Art. 4. *Voy.* TESTAMENT, 7.°
Art. 5, 9 et 23. *Voy.* NOTAIRE, 2.°
Art. 5 et 23. *Voy.* TESTAMENT, 13.°
Art. 25. *Voy.* CURÉ, 3.°
Art. 6, 40, 43 et 45. *Voy.* TÉMOIN, 5.°
Art. 12. *Voy.* TESTAMENT, 3.°
Art. 38. *Voy.* DATE, 2.°
Art. 49. *Voy.* INSTITUTION D'HÉRITIER, 2.°
Art. 50, 53 et 70. *Voy.* INSTITUTION D'HÉRITIER, 1.°
Art. 60. *Voy.* QUARTES.
Art. 63. *Voy.* SUBSTITUTION, 6.°
Art. 65. *Voy.* TESTAMENT, 11.°
Art. 67. *Voy.* CODICILLE, 2.°
Art. 70. *Voy.* INSTITUTION D'HÉRITIER, 1.°
Art. 71 et 72. *Voy.* INSTITUTION D'HÉRITIER, 3.°
Art. 76 et 77. *Voy.* TESTAMENT, 11.°

1736, 20 Janvier. — *Déclaration* sur les Compoix ou Cadastres du Languedoc.
Voy. CADASTRE.

1736, 9 Avril. — *Déclaration* sur les Registres de Baptême, etc.
Voy. ÉTAT CIVIL, 8.°

1737, Juillet. — *Ordonnance* touchant le faux principal et incident.
Voy. FAUX.

1737, Août. — *Ordonnance* concernant les évocations et les réglemens de Juges.
Voy. ÉVOCATION.

1738, Juillet. — *Ordonnance* sur l'acquisition des Gens de Main-morte.
Voy. MAIN-MORTE.

1747, Août. — *Ordonnance* sur les Substitutions. Texte, tom. XII, pag. 476 à 506.
Art. 2 à 8. *Voy.* MEUBLES.
Art. 2 à 8. *Voy.* SUBSTITUTION, 8.°

Art. 13. *Voy.* SUBSTITUTION, 10.°

Art. 30 à 32. *Voy.* SUBSTITUTION, 12.°

Art. 33 à 35. *Voy.* SUBSTITUTION, 13.° et 18.°

1749, Août. *Édit* sur les établissemens et acquisitions des Gens de Main-morte. Texte, tom. XII, pag. 62.

Art. 3 à 6, et 14 à 19. *Voy.* MAIN-MORTE, 1.°

TABLEAU DES COUTUMES

DONT IL EST PARLÉ

DANS LES OEUVRES DU CHANCELIER D'AGUESSEAU.

AIRE, en Artois, art. 21. Voy. *Baillistres.*
ANJOU........... art. 437. Voy. *Anjou.*
ARTOIS..................... Voy. *Artois.* — *Fief*, 5.° — *Planque-Lestrem.*
AUNIS...................... Voy. *Parage.*
BOURGOGNE.................. Voy. *Testament*, 7.°
BRETAGNE........ art. 281. Voy. *Bâtards*, 3.° — *Prescription*, 5.°
MONTFORT................... Voy. *Relief.*
MARCHE.......... art. 305. Voy. *Dot*, 3.°
NORMANDIE.................. Voy. *Fié-Ferme.* — *Franche-Aumône.* — *Statuts.* — *Vavassorie.*
PARIS........... art. 123. Voy. *Cens.*
art. 240. Voy. *Communauté*, 3.°
art. 279. Voy. *Conquêts.* — *Noces*, 2.°
art. 286. Voy. *Don mutuel.*
art. 334. Voy. *Frais funéraires.*
Voy. encore *Laurière.* — *Propres.* — *Reliefs.*
POITOU.......... art. 108. Voy. *Fief*, 4.° — *Franche-Aumône.*
art. 130. Voy. *Jeu de Fief.*
SAINTONGE.................. Voy. *Saintonge.*
TOURS........... art. 132. Voy. *Relief.*

AVIS DE L'ÉDITEUR.

L'Éditeur, reconnoissant des marques de bienveillance qu'il a obtenues de MM. les Souscripteurs, a crû leur faire plaisir en ajoutant, au *Fac simile* d'une lettre du Chancelier d'Aguesseau, celui d'une lettre du père de ce grand Magistrat, écrite en 1676, à M. Martinon, directeur-général des fermes unies à Avignon.

(FAC SIMILE.)

A Fresne le 14 Juillet 1730

Estes vous revenu en bonne santé Monsieur, et avez vous rapporté de Normandie toutte votre candeur naturelle: avez vous receu la reponse que vous attendiez de Bruxelles sur le malheureux le Sort, viendrez vous me voir icy. Voila trois des questions dont la derniere est la plus interessante pour l'homme du monde qui est le plus parfaitement a vous Monsieur

Daguesseau

M. Herault Cons.r d'Estat L. g.al de police

A Montp.lle 29 Xbre 1676

Monsieur

Je vous ay desja fait sçavoir que Mr Colbert m'avoit escrit de luy envoyer tous les mois ou au moins tous les quartiers la quantité des grains bleds et autres denrées et marchandises qui sortent de cette province avec la comparaison de la quantité qu'en est sortie cette année avec celle des deux ou trois années precedentes, Et comme nous voicy a la fin de cette année Je vous prie d'en me faire remettre incessamment un memoire abregé de toutes ces choses et de continuer dans la suitte de trois mois en trois mois a m'envoyer l'estat de ce qui sera sorty pendant le quartier

J'attends aussy ~~les taxes du k~~ l'estat abregé

des taxes du huictieme denier avec la note a
costé des payemens, descharges et diligences
faites sur chacun art. Je vous prie d'y faire
travailler incessamment et de me le renvoyer au
plustost Je suis.

Monsieur

Le Roy a esté si
satisfait du zele
avec lequel la province
a donné les 3 millions
qui luy avoient esté
demandés que S. M. en
a remis 300 mil.tt

Vostre tres humble et
obeissant serviteur

Daguesseau

Mr. Marimon
a Avignon

NOTE

DES OUVRAGES DE D'AGUESSEAU

Qui ne se trouvent pas dans la Collection en 13 vol. in-4.°, et qui forment, dans la nouvelle Édition, la valeur de plus d'un volume.

Texte de l'Ordonnance de 1731, sur les Donations, accompagné de Notes qui indiquent les Lettres écrites sur cette matière; tom. XII, pag. 265 et suivantes.

Questions sur cet objet, adressées aux Parlemens et Cours supérieures, et Instruction circulaire qui les accompagne; tom. XII, pag. 284 et suiv. Voy. encore pag. 341.

Texte de l'Ordonnance de 1735, sur les Testamens, accompagné de Notes qui indiquent les Lettres écrites sur cette matière; tom. XII, pag. 347 et suiv.

Questions sur cet objet, adressées aux Parlemens et Cours supérieures; tom. XII, pag. 370 et suiv. Voy. encore pag. 449.

Questions relatives à un Projet d'Ordonnance sur les Capacités et Incapacités de disposer; tom. XII, pag. 462 et suiv.

Texte de l'Ordonnance de 1747, sur les Substitutions, avec des Notes qui indiquent les Lettres écrites à ce sujet; tom. XII, pag. 476 et suiv.

Questions sur cet objet, adressées aux Parlemens et Cours supérieures; tom. XII, pag. 507 et suiv.

Extrait fait par d'Aguesseau, des Réponses à ces Questions; tom. XII, pag. 513 et suiv.

Observations sur deux Mémoires relatifs à l'effet des Endossemens en blanc des Lettres de Change; tom. XIII, pag. 16 et suiv.

Questions adressées aux Parlemens et Cours supérieures, sur les Matières bénéficiales; tom. XIII, pag. 41 et suivantes.

Édit concernant les Établissemens et Acquisitions des Gens de Main-Morte; tom. XIII, pag. 62 et suiv.

Mémoire et Projet de Réglement sur un Conseil pour la Réformation de la Justice; tom. XIII, pag. 194 et suiv.

Deux Mémoires sur le Plan de travail tendant à établir l'Uniformité de la Législation; tom. XIII, pag. 200 et suiv.

Plusieurs Lettres sur la Jurisprudence, adressées à des Hommes de lettres ou Jurisconsultes, tels que MM. de Machault, tom. XII, pag. 289 et suiv. Pothier, tom. XVI, pag. 308 et suiv. Furgole, etc., tom. XVI, pag. 314 et suiv.

TOME I.

Pag. 117, 33.e ligne, lisez *inspirée.*
120, 26.e ligne, lisez *la science.*
132, 33.e ligne, lisez *ces défenseurs.*
344, 5.e ligne, lisez *représente.*
414, 6.e ligne, lisez neque.

TOME II.

114, 13.e ligne, lisez *intérêt.*
165, 6.e ligne, lisez *la.*
227, 40.e ligne, lisez *de.*
241, 21.e ligne, lisez *procuration.*
314, 19.e ligne, lisez *on ne sait.*
328, 38.e ligne, lisez *impossible.*
351, 15.e ligne, lisez *étoit.*
355, 37.e ligne, lisez *justifié.*
424, 3.e ligne, lisez *n'est pas de faire une.*
607, 26.e ligne, lisez *est de droit et.*

TOME III.

6, 1.re ligne, lisez *ces enfans.*
11, 1.re ligne, lisez *des nullités.*
50, 16.e ligne, lisez *suspectes.*
74, 17.e ligne, lisez aboletur.
156, 23.e ligne, lisez *ne suffiroit-il pas.*
165, 22.e ligne, lisez *passés.*
229, 7.e ligne, lisez *la démence.*
260, 23.e ligne, lisez *changées.*
265, 6.e ligne, lisez *découvrir.*
390, 21.e ligne, lisez *les suffrages.*
443, 31.e ligne, lisez aliquos.
447, 1.re ligne, lisez *devoit.*
489, 10.e ligne, lisez *ses.*
505, 35.e ligne, lisez vicinus.

TOME IV.

47, 19.e ligne, lisez *la cour.*
75, 37.e ligne, lisez *défense.*
554, 20.e ligne, lisez Barbarius.

TOME V.

142, à la note, lisez *tome XV, pag.* 164.

TOME VIII.

Pag. 555, 40.ᵉ ligne, lisez adstabat.

TOME IX.

81, 20.ᵉ ligne, lisez *Louis XI.*
442, 36.ᵉ ligne, lisez *contestée.*
460, 28.ᵉ ligne, lisez *des pairs.*
525, 33.ᵉ ligne, lisez primogeniti.
590, 30.ᵉ ligne, lisez *incertaine.*

TOME XII.

312, 7.ᵉ ligne, lisez *extension.*
434, 3.ᵉ ligne, lisez *le change.*
453, 2.ᵉ ligne, lisez *conjonctures.*

TOME XIV.

300, 17.ᵉ ligne, lisez *dedans.*
348, 15.ᵉ ligne, lisez testâ.

TOME XV.

48, 35.ᵉ ligne, lisez fulsere.
110, 7.ᵉ ligne, lisez *texte.*

TOME XVI.

373, 2.ᵉ ligne, lisez *Bâtards*, 3.o
395, 29.ᵉ ligne, lisez *tome IX.*

FIN DU TOME SEIZIÈME ET DERNIER.

www.ingramcontent.com/pod-product-compliance
Lightning Source LLC
Chambersburg PA
CBHW060905220326
41599CB00020B/2845
* 9 7 8 2 0 1 9 5 4 0 1 9 7 *